SAPERE

Scripta Antiquitatis Posterioris
ad Ethicam REligionemque pertinentia

Schriften der späteren Antike
zu ethischen und religiösen Fragen

Herausgegeben von

Rainer Hirsch-Luipold, Reinhard Feldmeier
und Heinz-Günther Nesselrath

unter der Mitarbeit von
Serena Pirrotta und Christian Zgoll

Band XVIII

Für Religionsfreiheit, Recht und Toleranz

Libanios' Rede für den Erhalt der heidnischen Tempel

eingeleitet, übersetzt und
mit interpretierenden Essays versehen von

Heinz-Günther Nesselrath, Okko Behrends,
Klaus Stephan Freyberger, Johannes Hahn,
Martin Wallraff und Hans-Ulrich Wiemer

Mohr Siebeck

SAPERE wird als Vorhaben der Akademie der Wissenschaften zu Göttingen im Rahmen des Akademienprogramms von der Bundesrepublik Deutschland und vom Land Niedersachsen gefördert.

ISBN 978-3-16-151002-1

Die Deutsche Nationalbibliothek verzeichnet diese Publikation in der Deutschen Nationalbibliographie; detaillierte bibliographische Daten sind im Internet über *http://dnb.d-nb.de* abrufbar.

Das Buch wurde von Nils Jäger, Christoph Martsch, Serena Pirrotta und Thorsten Stolper in der SAPERE-Arbeitsstelle in Göttingen gesetzt, von Gulde-Druck in Tübingen auf alterungsbeständiges Werkdruckpapier gedruckt und gebunden.

SAPERE

Griechische und lateinische Texte der späteren Antike (1.–4. Jh. n. Chr.) haben lange Zeit gegenüber den sogenannten ‚klassischen' Epochen im Schatten gestanden. Dabei haben die ersten vier nachchristlichen Jahrhunderte im griechischen wie im lateinischen Bereich eine Fülle von Werken zu philosophischen, ethischen und religiösen Fragen hervorgebracht, die sich ihre Aktualität bis heute bewahrt haben. Die – seit Beginn des Jahres 2009 von der Union der deutschen Akademien der Wissenschaften geförderte – Reihe SAPERE (Scripta Antiquitatis Posterioris ad Ethicam REligionemque pertinentia, ‚Schriften der späteren Antike zu ethischen und religiösen Fragen') hat sich zur Aufgabe gemacht, gerade solche Texte über eine neuartige Verbindung von Edition, Übersetzung und interdisziplinärer Kommentierung in Essayform zu erschließen.

Der Name SAPERE knüpft bewusst an die unterschiedlichen Konnotationen des lateinischen Verbs an. Neben der intellektuellen Dimension (die Kant in der Übersetzung von *sapere aude*, „Habe Mut, dich deines eigenen Verstandes zu bedienen", zum Wahlspruch der Aufklärung gemacht hat), soll auch an die sinnliche des „Schmeckens" zu ihrem Recht kommen: Einerseits sollen wichtige Quellentexte für den Diskurs in verschiedenen Disziplinen (Theologie und Religionswissenschaft, Philologie, Philosophie, Geschichte, Archäologie ...) aufbereitet, andererseits aber Leserinnen und Leser auch „auf den Geschmack" der behandelten Texte gebracht werden. Deshalb wird die sorgfältige wissenschaftliche Untersuchung der Texte, die in den Essays aus unterschiedlichen Fachperspektiven beleuchtet werden, verbunden mit einer sprachlichen Präsentation, welche die geistesgeschichtliche Relevanz im Blick behält und die antiken Autoren zugleich als Gesprächspartner in gegenwärtigen Fragestellungen zur Geltung bringt.

Vorwort zu diesem Band

Als ich vor einigen Jahren mit der Ausarbeitung des Artikels „Libanios“ für das *Reallexikon für Antike und Christentum* beschäftigt war, wurde meine Aufmerksamkeit erstmals auf die 30. Rede des Libanios (*Pro Templis*, „Für den Erhalt der heidnischen Tempel“) gelenkt, von der es zu diesem Zeitpunkt weder eine gedruckte deutsche Übersetzung noch eine ausführlichere Kommentierung in irgendeiner der modernen Wissenschaftssprachen gab, und so wurde in mir der Wunsch geweckt, für beides zu sorgen. Rasch fanden sich auch Mitstreiter, die bereit waren, diese Rede – in der nun schon bewährten SAPERE-Manier – aus den Perspektiven ihrer jeweiligen Fächer zu beleuchten und damit wichtige Ergänzungen zu einer mehr punktuellen philologischen Kommentierung zu liefern. Ihnen allen sei für ihre kooperative und konstruktive Mitarbeit an dieser Stelle von Herzen gedankt, wie auch dem ebenfalls bereits bewährten Team der SAPERE-Arbeitsstelle, das die Manuskripte in gewohnt sorgfältiger Weise in ihre Druckfassung gebracht hat.

Libanios’ Schrift widmet sich einem Thema, das bis heute nichts von seiner Aktualität verloren hat: Wie sollte eine dominante Religion – und wie ein Staat, der sich mit den Überzeugungen dieser Religion weitgehend identifiziert – mit den Angehörigen einer nicht (mehr) dominanten Religion und ihrem kulturellen Erbe auf dem Territorium dieses Staates umgehen? Libanios’ diesbezügliche Überlegungen könnten dazu beitragen, einen für beide Seiten destruktiven „clash of civilizations“ zu verhindern.

Göttingen, im April 2011 Heinz-Günther Nesselrath

Inhaltsverzeichnis

D. Anhang

A. Einführung

Einführung in die Schrift

Heinz-Günther Nesselrath

„Ich kann Ihnen nicht gnug sagen, wie große Stücke ich auf diesen Autorem halte. In dem feinen und galanten Briefstyl kommt er dem Plinius bey, ja je zuweilen übertrifft er ihn. Unter den Alten kenne ich keinen, der mit Wolanstand und grace so Complimente schneiden könne. Seine Deklamationen stecken so voll drolligter Laune, beissender Satyre und treffender Charactere (und das alles in der wahrhaften Sprache des Demosthenes, das ist, in dem auserlesensten Griechischen), daß ich mich nicht genug wundern kann, wie ein Mann, von dem unsere schönen Geister gar vieles hätten lernen, oder bey dem sie doch wenigstens uralte Muster solcher Züge, die man für nagelneu hält, hätten finden können, so sehr hat verborgen bleiben können, daß gar viele, welche doch mit Horaz und Terenz, und was dem ähnlich ist, gar wohl bekannt sind, vor seinem Namen beynahe erschrecken dürften."
(Johann Jakob Reiske, Brief 426 an Gotthold Ephraim Lessing, bald nach dem 26.5.1772 geschrieben[1])

Unter seinen Zeitgenossen stand Johann Jakob Reiske (1716–1774), „der erste Arabist und einer der ersten, wenn nicht der erste Gräcist des 18. Jahrhunderts",[2] mit diesem ungemein positiven Urteil über Libanios recht allein;[3] aber auch in moderneren Zeiten sind Bewunderer des spätantiken

[1] R. FOERSTER (Hg.), *Johann Jakob Reiske's Briefe* (Leipzig 1897) [851–855] 851f. Schon in einem zehn Jahre früheren Brief an Johann Gottlieb Cober in Dresden, Nr. 280 von 1762 (S. 615–617 FOERSTER) bekundet REISKE seine Wertschätzung für Libanios, stellt ihn hier aber noch unter Demosthenes: „Admodum delctor Antiocheni hujus ingenio, in quo, velut extremo quodam jubare, graeca omnis occidit eloquentia. quamquam nil ad Demosthenem, pro illa tamen, quae eum tulit, aetate fuit admirabilis" (p. 616f.).

[2] So R. FÖRSTER, „Reiske, Johann Jakob", in: *Allgemeine Deutsche Biographie*, Bd. 28 (Leipzig 1889) [129–140] 131.

[3] Vgl. demgegenüber das Urteil von Reiskes Zeitgenossen Eduard GIBBON (*The decline and fall of the Roman Empire*, zitiert nach der Ausgabe von O. SMEATON, 1910, Vol. I 804): „The voluminous writings of Libanius still exist; for the most part they are the vain and idle compositions of an orator who cultivated the science of words – the productions of a recluse student, whose mind, regardless of his contemporaries, was incessantly fixed on the Trojan war and the Athenian commonwealth." Gleich danach fährt Gibbon jedoch differenzierter fort: „Yet the sophist of Antioch sometimes descended from this imaginary elevation; he entertained a various and elaborate correspondence; he praised the virtues of his own times; he boldly arraigned the abuses of public and private life; and he eoquently pleaded the cause of Antioch against the just resentment of Julian and Theodosius ... Libanius experienced the peculiar misfortune of surviving the religion and the sciences to which he had consecrated his genius."

Rhetors aus Antiocheia eher dünn gesät.[4] Dass es sich gleichwohl lohnt, ihn etwas näher kennenzulernen, versuchen die folgenden Seiten zu zeigen.

1. Libanios – Leben und Werk

1.1. Leben

1.1.1. Kindheit und Jugend in Antiocheia

Libanios wurde im syrischen Antiocheia – heute Antakya in einem Zipfel der Türkei nicht weit von der Grenze zu Syrien – am Unterlauf des Flusses Orontes im Jahr 314[5] geboren. Libanios' Vaterstadt war 300 v. Chr. von dem Seleukidenkönig Seleukos I. gegründet worden und seit 64 v. Chr. Hauptstadt der römischen Provinz Syrien; zu Beginn des 4. Jh.s n. Chr. war sie mit mehreren Hunderttausend Einwohnern[6] eine der großen Metropolen des Römischen Reiches und stand an Bedeutung nur hinter Rom selbst und Alexandria in Ägypten zurück. Noch zu Libanios' Lebzeiten wurde Antiocheia freilich von dem 330 neu gegründeten Konstantinopel überflügelt; dies könnte zu der Antipathie beigetragen haben, die Libanios später Konstantinopel entgegenbrachte.[7]

Libanios' Familie – er war der mittlere von drei Söhnen – hatte in Antiocheia eine bedeutende Stellung, aber wenige Jahre vor Libanios' Geburt einige Einbußen an Ansehen und materieller Stellung erlitten: Sein Großvater väterlicherseits war im Jahre 303/4 in einen erfolglosen Usur-

---

[4] Bemerkenswert positiv ist – nach negativer Einleitung – das Urteil von Ulrich von Wilamowitz-Moellendorff („Die griechische Literatur des Altertums“, in: ders. et al., *Die griechische und lateinische Literatur und Sprache* [Leipzig / Berlin] 3. Aufl. 1911, 289): „Es drückt ja ... auf allem, was er macht, ..., eine Atmosphäre von Bücherstaub, Phrasendunst und Langerweile. Aber der Mann hält doch die nähere Betrachtung aus. Er besaß Treue und er besaß Mut. Seine Ideale und seinen Helden Julian hat er niemals verleugnet ... Er hatte nichts als seine Kunst, aber dieser haben auch die Gegner die Achtung nicht versagt, und so ist er wirklich eine geistige Macht gewesen.“ Ähnlich ambivalent äußert sich Schmid 1924, 996–998: Einerseits „ist [Libanios] nichts anderes und will nichts anderes sein als Formkünstler der Prosarede im Sinn des strengen Klassizismus. Für alles andere fehlt ihm Talent und Interesse“ (996); „seine Persönlichkeit ist verkümmert durch die einseitige Veranlagung für das Scholastische – Rede, Studium, Bücher sind seine Welt“ (997). Daneben weist Schmid aber auch auf die „Menschlichkeit und Vornehmheit von Libanios' Gesinnung“ hin; er sei „im ganzen ein liebenswürdiger Mensch, eine Mischung aus der Art seines gepriesenen Stilvorbilds [Aelius] Aristides und der des Cicero, weniger steif als jener, weniger gewandt und geistreich als dieser“ (998).

[5] Das Jahr ist durch mehrere Selbstzeugnisse des Libanios gesichert: zweimal in seiner Autobiographie (or. 1,139. 143)), einmal in einem Brief von 392 an den in Rom lebenden Postumianus (1036,9 Foe. = 181 N.).

[6] Vgl. Chr. Kondoleon, „The City of Antioch: An Introduction“, in: dies., (Hg.) *Antioch. The Lost Ancient City* (Princeton 2001) [3–11] 10.

[7] Vgl. unten Anm. 111 zur Übersetzung.

pationsversuch gegen Kaiser Diocletian verwickelt gewesen, was ihn das Leben und die Familie bedeutende Besitztümer kostete.[8] Als Libanios etwa zehn Jahre alt war (324/5), starb sein Vater „noch vor dem besten Mannesalter" (*or.* 1,4); der nun vaterlose Sohn wurde von der Mutter sehr verwöhnt und verbrachte seine nächsten Jahre in sorgloser Unbekümmertheit; dann aber, in seinem fünfzehnten Lebensjahr „fuhr eine heftige Liebe zu Literatur und Reden in mich" (*or.* 1,5). Von diesem Zeitpunkt an – so schreibt er – konnten ihn weder Pferderennen noch Theaterdarbietungen oder Gladiatorenspiele mehr begeistern. In den folgenden fünf Jahren widmete er sich – teils unter Anleitung, teils auch selbständig – ganz dem Studium vor allem der griechischen klassischen Autoren; dagegen mied er die regulären Rhetoriklehrer geflissentlich, weil er sich von ihnen keine wirkliche Förderung erwartete (*or.* 1,8).

Im Alter von zwanzig Jahren (*ep.* 727,1) wurde er während eines Gewitters von einem Blitzschlag getroffen und hatte fortan mit einem immer wiederkehrenden Kopfleiden zu tun; dies hinderte ihn aber nicht an seiner immer weiter fortschreitenden Aneignung der klassischen Autoren.

Bald nach diesem Ereignis war Libanios' Interesse daran geweckt worden, sein Studium in Athen, damals immer noch dem wichtigsten Zentrum klassischer griechischer Rhetorik, fortzusetzen. Gegen den Widerstand seiner Mutter, aber mit Unterstützung seines Onkels Phasganios ging er 337 nach Athen, um einen bisherigen Studien dort einen krönenden Abschluss zu geben.

1.1.2. Athen und Konstantinopel

In Athen hatte sich Libanios eigentlich dem ebenfalls aus Syrien stammenden Rhetoriklehrer Epiphanios anschließen wollen; aber den Anhängern der damals in dieser Hochburg der Redekunst miteinander rivalisierenden Rhetoriklehrer war fast jedes Mittel recht, um ihrem jeweiligen Herrn und Meister neue Schüler zuzuführen, und so wurde Libanios gleich nach seiner Ankunft mehr oder weniger gewaltsam der Schule des Diophantos ‚einverleibt'.[9] Trotz dieses unerfreulichen Beginns seines Athener Aufenthalts machten seine Studien rasch gute Fortschritte, so dass sich ihm bereits etwa drei Jahre später (um 340) überraschend die Möglichkeit zu bieten schien, sogar auf einen der staatlichen Rhetoriklehrstühle in Athen zu kommen; aber die Gelegenheit zerschlug sich und brachte dem jungen Antiochener zunächst nur neidvolle Anfeindungen ein (*or.* 1,25).

Bald danach bot ihm der Rhetor Nikokles[10] in Konstantinopel einen offiziellen Rhetorenposten an (*or.* 1,31); Libanios griff jedoch nicht gleich zu,

[8] Libanios deutet diese Geschehnisse zu Beginn seiner *Autobiographie* kurz an (*or.* 1,3).

[9] Dies ist in *or.* 1,16 sehr farbig beschrieben.

[10] Zu ihm vgl. *PLRE* I 630; Nikokles war auch einer der Rhetoriklehrer des jungen Julian.

und so verfiel das Angebot. Mit Hilfe eines einflussreichen Gönners konnte er dann aber doch nur wenig später (zum Jahreswechsel 340/41) eine eigene Schule in Konstantinopel eröffnen (vgl. *or.* 1,36).

1.1.3. Zwischen Konstantinopel und Nikomedeia

Diese Schule war sehr erfolgreich; sie zählte schon bald über 80 Schüler (*or.* 1,37). Im Herbst 341 aber bekam Libanios die Rivalität des Bemarchios[11] zu spüren; dieser, einer der damals führenden Rhetoren Konstantinopels und am Hof des Kaisers Constantius II. in hohem Ansehen, kehrte just zu dieser Zeit von einer längeren Vortragsreise zurück,[12] und damit begann die erste einer langen Reihe von Auseinandersetzungen mit einem Gegner vom gleichen Fach, die Libanios immer wieder gern in seiner Autobiographie geschildert hat, weil er aus ihnen stets als Sieger hervorging. Nachdem Bemarchios dabei – ganz entgegen seinen Erwartungen – in mehreren Rededuellen schmerzliche Niederlagen erlitten hatte, griff er – jedenfalls laut Libanios (*or.* 1,40–44) – zu massiveren Mitteln, um seinen Rivalen loszuwerden, und beschuldigte ihn der Komplizenschaft mit einem Magier (*or.* 1,43). Zwar kam Bemarchios damit nicht durch, aber es gelang ihm, Libanios während Unruhen, die 342 in Konstantinopel ausgebrochen waren,[13] verhaften zu lassen. Der Arrest war nicht von langer Dauer, aber bald danach machte ein neuer Prokonsul – ein erklärter Gegner des Libanios[14] – dem jungen Rhetorikprofessor unmissverständlich klar, dass er besser aus der Stadt verschwinden solle (*or.* 1,47).

Libanios ging daraufhin ins benachbarte kleinasiatische Bithynien; nach einem Jahr in Nikaia (*or.* 1,48) fand er einen Posten als Rhetoriklehrer in der ehemaligen kaiserlichen Residenzstadt Nikomedeia und blieb dort wahrscheinlich zwischen 344/45 und 348/49.[15] Seine fünf Jahre in dieser Stadt bezeichnete er später, als er im Alter von Sechzig auf sie zurückblickte, als „Frühling oder Blüte" seines Lebens (*or.* 1,51), denn in dieser Zeit sei es ihm nicht nur physisch, sondern auch psychisch und in seinem rhetorischen Metier sehr gut gegangen. Auch in Nikomedeia freilich hatte er mit den Anfeindungen eines Rivalen zu kämpfen, der ihn in einen Prozess (*or.*

---

[11] Zu Bemarchios vgl. *PLRE* I 160.

[12] Von Libanios ist dieser Vorgang (einschließlich Bemarchios' zuversichtlicher Erwartung, seinen neuen Rivalen Libanios rasch in die Schranken weisen zu können) wieder sehr plastisch – und mit feinen ironischen Untertönen – in *or.* 1,39 geschildert.

[13] Es handelte sich um Auseinandersetzungen zwischen verschiedenen christlichen Gruppierungen (vgl. Socr. *HE* II 12,6-13,3; Soz. *HE* III 7,5f.), wovon Libanios freilich kein Wort verlauten lässt. Laut Eunapios *VS* XVI 1,7 wurde damals gegen Libanios auch der verleumderische Vorwurf der Päderastie erhoben.

[14] Zu diesem Limenios vgl. *PLRE* I 510. Libanios erwähnt Limenios' tödliche Absichten auch in *ep.* 206,1 Foe.

[15] Zur zeitlichen Bestimmung dieses Aufenthalts vgl. Wintjes 2005, 89 Anm. 7.

1,62-69) und noch andere Auseinandersetzungen (*or.* 1,70-72) verwickelte; doch ging offenbar alles zugunsten des Libanios aus und trübte sein positives Urteil über diese Zeit nicht (vgl. *or.* 1,73).

Im Sommer 349 wurde Libanios dann durch ein kaiserliches Schreiben nach Konstantinopel zurückbeordert (*or.* 1,74); er kam dieser Aufforderung nur mit sehr gemischten Gefühlen nach und fand auch in seinem rhetorischen Metier zunächst keine wirkliche Befriedigung: Die Schüler liefen ihm weg, entweder durch die Reize der Stadt verführt oder aber gerade durch diese Reize an andere Orte – etwa nach Phönizien oder nach Athen – vertrieben (*or.* 1,76); zwei Versuche, die er in aufeinander folgenden Sommern unternahm, nach Nikomedeia zurückzukehren, scheiterten (*or.* 1,77).

Doch war jetzt auch am Bosporos nicht alles nur negativ: Libanios konnte die Gunst mehrerer aufeinanderfolgender Prokonsuln gewinnen, darunter die des Strategius Musonianus, die ihm auch später noch wichtige Dienste leistete,[16] und im Jahr 353 wurde er auch von Kaiser Constantius II. sehr geehrt (*or.* 1,80). Noch im gleichen Jahr ereilte ihn auf Initiative des erwähnten Musonianus – den der Kaiser gerade zum Statthalter von Griechenland gemacht hatte – ein Ruf auf einen Rhetorik-Lehrstuhl in Athen (*or.* 1,82f.); da sich Libanios aber noch aus seiner Studienzeit an die brachialen Umgangsformen der rivalisierenden Athener Rhetorikschulen erinnerte und ihm berichtet wurde, dass sich diese Sitten kaum geändert hätten (*or.* 1,85), lehnte er die Athener Berufung ab, auch wenn er sie als höchst ehrenwert erachtete (*or.* 1,84). Stattdessen verfolgte er nunmehr eine andere sich abzeichnende Möglichkeit, um Konstantinopel erneut den Rücken kehren zu können: eine Rückkehr in seine Vaterstadt Antiocheia.

1.1.4. Zurück nach Antiocheia

Diese Absicht konnte er zunächst nur partiell verwirklichen: Nach Erwirken einer entsprechenden kaiserlichen Erlaubnis kehrte er im Frühsommer 353 zunächst für vier Monate nach Antiocheia zurück (*or.* 1,86) und erlebte dort – jedenfalls nach eigenem Bekunden – einen überwältigenden Empfang (*or.* 1,87–89). Dies beflügelte seine Bemühungen, sich dort auf Dauer wieder niederzulassen; aber ihm wurde vorerst nur ein weiterer temporärer Aufenthalt gewährt (*or.* 1,94), obwohl ihn nunmehr auch der (selbst aus Antiocheia stammende) christliche Hofbeamte Flavius Datianus[17] unterstützte.

Inzwischen aber war seine Hoffnung durch den unerwarteten Tod seiner Cousine (und Tochter seines Onkels Phasganios), die Libanios zu heiraten gehofft hatte, stark getrübt worden (*or.* 1,95). Er reiste dennoch – nicht

[16] Zu ihm vgl. *PLRE* I 611f.

[17] Zu ihm vgl. *PLRE* I 243f. (Datianus Nr. 1).

zuletzt, weil ihn Phasganios durch Briefe inständig darum bat – im Winter 353 erneut nach Antiocheia und wurde hier sogleich in die Auseinandersetzungen verwickelt, in die die Stadt mit dem Unterkaiser (Caesar) Gallus geraten war, der in ihr Residenz genommen hatte. Gallus war ein Vetter des Kaisers Constantius II. und ein Halbbruder des späteren Kaisers Julian, den die christliche Tradition seit Gregor von Nazianz „Apostata" nennt; Constantius – er war inzwischen (seit Anfang 350) der einzig noch lebende von den Söhnen Konstantins – hatte Gallus im März 351 zu seinem (im Rang etwas niedrigeren) Mitkaiser gemacht, um im Osten des Reiches einen Stellvertreter aus der eigenen Familie zu haben, solange er im Westen in Kämpfe mit rivalisierenden Thronprätendenten verwickelt war. Gallus eckte bei den aufmüpfigen Antiochenern bald ähnlich an wie neun Jahre später sein Halbbruder Julian, er griff aber zu wesentlich brutaleren Mitteln – nämlich Hinrichtungen und Einsperrungen –, um sich durchzusetzen. So fand Libanios seinen früheren Lehrer Zenobios[18] im Gefängnis vor; doch gelang es ihm mit geschickt eingesetzter Schmeichelei, seinem Lehrer Gallus' Gnade zuteilwerden zu lassen (*or.* 1,96–97).

Aber auch für Libanios selber wurde die Lage unter Gallus gefährlich, weil er – wieder einmal (wenn man seiner Darstellung glauben darf) aufgrund eines rivalisierenden Rhetoriklehrers, dem er den Rang abzulaufen drohte – böse Anschuldigungen auf sich zog: Man behauptete, er habe zwei Frauen die Köpfe abgeschnitten und für magische oder divinatorische Rituale gegen die Kaiser Gallus und Constantius verwendet (*or.* 1,98). Gallus verzichtete zwar darauf, ein Gerichtsverfahren – das böse hätte enden können – gegen Libanios einzuleiten; er war aber offenbar gleichwohl von diesen Anschuldigungen so sehr beeindruckt, dass er Libanios aufforderte, nach Konstantinopel zurückzukehren (*or.* 1,100).

Dass Libanios dieser Aufforderung nicht nachkam (*or.* 1,100), blieb vielleicht nur deshalb ohne Folgen, weil Gallus schon bald danach (im Herbst 354) seine kaiserliche Stellung verlor und wegen angeblichen Hochverrats hingerichtet wurde. Umgekehrt erwies es sich als außerordentlich günstig für Libanios, dass sein früherer Gönner Strategius Musonianus – der ihm im Jahr zuvor einen Rhetoriklehrstuhl in Athen hatte verschaffen wollen (vgl. o.) – damals Praefectus Praetorio Orientis, also Leiter der kaiserlichen Verwaltung für den größten Teil der östlichen Reichshälfte, wurde (*or.* 1,106). Günstig war ferner, dass Libanios' alter Lehrer Zenobios[19] – Libanios betrachtete ihn inzwischen als unangenehmen Rivalen, was den Rhetorikunterricht in Antiocheia betraf – durch eine Krankheit außer Gefecht gesetzt wurde und bald darauf starb (*or.* 1,104–105). So konnte Libanios im

[18] Zu Zenobios vgl. *PLRE* I 991.

[19] Vgl. o. Anm. 18. In zeitgenössischen Briefen (*ep.* 15 Foe. = 1 N., 405,4 Foe. = 6 N.) wird Zenobios nicht ganz so negativ dargestellt wie in der rückschauenden Autobiographie (*or.* 1,100. 104).

Herbst 354 endlich eine staatliche Antiochener Rhetorenstelle bekommen; vorher hatte er als Privatlehrer tätig sein müssen. Im Frühsommer 356 erreichte ihn dann auch die endgültige kaiserliche Erlaubnis, in Antiocheia zu bleiben.[20]

1.1.5. Von höchster Freude zu tiefstem Schmerz: Kaiser Julians Triumph und Tod

Die nächsten Jahre sahen Libanios auf dem Gipfel seines Erfolges als Rhetoriklehrer in Antiocheia – was sich nicht zuletzt in der großen Zahl seiner damaligen Schüler ausdrückte[21] –, auch wenn sie durch manche Schicksalsschläge nicht völlig ungetrübt blieben: Im August 358 zerstörte ein großes Erdbeben seinen geliebten früheren Wirkungsort Nikomedeia und brachte auch seinem besten Freund Aristainetos[22] den Tod; beides ließ Libanios' Haare über Nacht weiß werden (*or.* 1,118). Ähnlich hart traf ihn im Jahr darauf der Tod seines über allen geschätzten Onkels Phasganios, und kurz danach trat auch noch der seiner Mutter ein, die den Tod dieses ihres Bruders nicht verkraftete.

In diesen Jahren bahnten sich aber auch andere Entwicklungen an, die Libanios – der trotz der nun schon seit Jahrzehnten rapide voranschreitenden Christianisierung des Reiches ein Anhänger der alten Religion geblieben war – mit neuen Hoffnungen erfüllten: Am 6. November 355 hatte Kaiser Constantius II. seinen jüngeren Cousin Julian zu seinem Caesar (Unterkaiser) proklamiert, und in dieser Funktion hatte Julian sich im Westen des römischen Reiches überraschend gut bewährt. Anfang 360 wurde Julian von seinen ihm ergebenen Truppen zum Augustus proklamiert; im Sommer 361 zog er dann nach Osten, um die Entscheidung gegen Constantius zu suchen. Sie fiel überraschend unblutig aus, weil Constantius Anfang November tödlich erkrankte und Julian auf dem Totenbett zu seinem alleinigen Nachfolger erklärte; diese kampflose Gewinnung der Alleinherrschaft über das Reich durch Julian Ende 361 versetzte Libanios in größte Freude, weil er sich – mit Recht – von dem neuen Alleinherrscher wohlwollende Förderung der alten Religion und der traditionellen rhetorischen Bildung, deren Exponent er damals wie kein anderer war, erhoffte (*or.* 1,119). Die damit anbrechende Zeit von Julians Alleinherrschaft (Ende 361 – Juni 363) ist bemerkenswerterweise auch die von Libanios' größten Erfolgen als Rhetoriklehrer in Antiocheia: Zwischen 358 und 363 können in jedem Jahr zwischen 22 und 26 Schüler in seiner Schule nachgewiesen

---

[20] Vgl. Wintjes 2005, 110; *ep.* 490 Foe. (von 356).

[21] Vgl. Petit 1957a, 51–55.

[22] Zu Aristainetos vgl. *PLRE* I 104 (Nr. 1); 36 Briefe des Libanios an ihn sind aus der Zeit zwischen Frühjahr 353 und August 358 erhalten.

werden,[23] und gerade in den Jahren 362 bis 364/5 hat er offenbar viele neue Schüler gewinnen können.[24]

Als Julian dann acht Monate, nachdem er in Konstantinopel die Alleinherrschaft angetreten hatte, im Sommer 362 nach Antiocheia kam, um von hier aus einen Feldzug gegen das Perserreich vorzubereiten, brach für Libanios eine (leider nur etwa ein halbes Jahr währende) Zeit an, die in Hinsicht auf seine Träume und Hoffnungen der Höhepunkt seines Lebens gewesen sein muss. Zwar stellt er in seiner Autobiographie ausführlich dar, dass er in keiner Weise die Nähe des Kaisers schmeichlerisch gesucht habe (*or.* 1,121–124); gleichwohl hatte er in den folgenden Monaten häufigen Zutritt zu Julian,[25] und er nutzte diesen Zutritt nicht nur zu vielen Gesprächen über Rhetorik und Literatur (*or.* 1,125), sondern auch zu mäßigender Beeinflussung des Kaisers (*or.* 1,126), als in der Stadt eine Nahrungsmittelknappheit auftrat und Julians Versuche, diese mit Hilfe von dirigistischen Edikten zu steuern, die schwierige Lage nur noch weiter verschärften, wodurch sich die Beziehungen zwischen dem Kaiser und den in Antiocheia tonangebenden Kreisen – die noch dazu weitgehend christlich waren – ständig verschlechterten.

Im März 363 brach Julian dann von Antiocheia zu dem geplanten Perserfeldzug auf. Da Libanios einen baldigen Sieg des Kaisers erwartete (vgl. *or.* 1,132f.; *ep.* 1402 = 109 N.), erschütterte ihn die Nachricht von Julians Tod am Tigris durch eine Verwundung in einem Scharmützel (am 26. Juni 363) nur umso tiefer; noch der mehr als zehn Jahre später geschriebene entsprechende Passus der Autobiographie bringt diese Erschütterung über ein völlig unerwartetes Ereignis rhetorisch eindrucksvoll stilisiert zum Ausdruck (*or.* 1,133).[26]

Nach Julians Tod erwartete Libanios eine scharfe christliche Gegenreaktion,[27] und dass seine antiochenischen Mitbürger ihrer Freude über den

[23] Vgl. Petit 1957a, 71. 75–78.

[24] Vgl. hierzu Petit 1957a, 77.

[25] Ein wichtiger Wegbereiter war dabei der sich in Julians Entourage befindende Philosoph Priskos (zu ihm vgl. *PLRE* I 730, Priscus Nr. 5): Er kam mit Julian nach Antiocheia und begleitete ihn auch auf dem Perserfeldzug. Mit Libanios blieb er bis zu dessen Tod in Verbindung und überlebte ihn – selbst fast zehn Jahre älter – sogar noch um unbestimmte Zeit.

[26] „Denn als das Heer gegen die Perser schwelgte in Tötungen und Siegen, in Wettkämpfen zu Fuß und zu Pferd – dies (alles) sahen die Bewohner von Ktesiphon [der persischen Hauptstadt] von ihren Mauerzinnen aus mit an und konnten sich dabei nicht einmal auf die Dicke ihrer Mauern verlassen –, als der Perser sich bereits entschlossen hatte, durch Gesandtschaft und Geschenke bittflehend vorstellig zu werden – denn (so dachte er) es habe ja keinen Sinn, gegen einen Mann zu kämpfen, der eigentlich ein Gott sei –, als diese Gesandten also bereits dabei waren, auf ihre Pferde zu steigen – da zerschnitt eine Lanze die Seite des fähigsten Kaisers, nässte mit dem Blut des Siegers die Erde der Besiegten und machte den, der vor Angst bereits schlotterte, zum Herrn derer, die ihm auf den Fersen waren."

[27] Vgl. *ep.* 1425,3 Foe. (von 363).

Tod des Apostaten geradezu ausgelassen freien Lauf ließen, machte ihn zutiefst betroffen,[28] doch kam es zunächst weniger schlimm, als er befürchtet hatte: Julians (nur kurzlebiger[29]) Nachfolger Jovian erließ Anfang 364 ein Toleranzedikt,[30] und prominente Heiden entgingen aufs erste ärgeren Repressalien; doch änderten sich die Zeiten unter dem nächsten über den Osten des Römischen Reiches regierenden Kaiser.

1.1.6. Die schwierigen Jahre unter Kaiser Valens

Die Erhebung des Valens zum (Mit-)Kaiser – sie erfolgte in Konstantinopel am 28. März 364 durch seinen Bruder Valentinian, den das Heer nach dem Tod Jovians am 25. Februar 364 zum Kaiser ausgerufen hatte – bedeutete für Libanios eine merkliche Verschlechterung der Lage.[31] Valens war ein eifriger Verfechter des homoeischen[32] Christentums und griff bei Heiden vor allem dann brutal durch, wenn er sie magischer Praktiken verdächtigte, die er als gegen seine Herrschaft gerichtet beargwöhnte.

Zur Verschärfung der religiösen Lage kam eine politische Krise hinzu: Im September 365 ließ sich der *comes* Procopius[33] – der sich auf Verwandtschaft mit Julian berief[34] – in Konstantinopel zum Gegenkaiser ausrufen, doch endete dieser Usurpationsversuch im Mai des folgenden Jahres mit seiner Hinrichtung, und die sich anschließenden Säuberungsaktionen des siegreichen Valens brachten auch Libanios in erhebliche Gefahr: Man beschuldigte ihn, einen Panegyricus auf Procopius verfasst zu haben, und versuchte ihm deshalb eine Hochverratsanklage anzuhängen (*or.* 1,163); immerhin aber verhinderte der einflussreiche und Libanios gewogene *magister equitum* (General der Reiterei) Flavius Lupicinus[35] eine formelle Anklageerhebung (*or.* 1,164f.).

---

[28] Vgl. *ep.* 1220 Foe. = 53 F./Kr. = 120 N. (Herbst 363), *ep.* 1430 Foe. = 60 F./Kr. = 116 N. (Oktober / November 363) und *ep.* 1458 Foe. = 2 F./Kr. (Sommer 365); vgl. die entsprechende Schilderung in der Kirchengeschichte des Theodoret (III 28).

[29] Jovian kam bereits am 17. Februar 364 auf unglückliche Weise ums Leben.

[30] Festgehalten in *Codex Theodosianus* XIII 3,6; vgl. auch Themistios, *or.* 5,67b–70c.

[31] Im Sommer 364 begann er zudem unter erheblichen Gesundheitsproblemen (Gicht und Migräne) zu leiden, die ihm vier Jahre lang sehr zusetzten (*or.* 1,139–142); gleichwohl gab er seine Unterrichtspraxis nicht auf, sondern fand in ihr sogar eine Ablenkung und Erholung (*or.* 1,142).

[32] „Homoeer" ist die heute übliche Bezeichnung für christliche Richtungen des 4. Jh.s, die die „orthodoxe" (erstmals im Konzil von Nikaia 325 eingeschärfte) Lehre von der Wesensgleichheit von Gott Vater und Got Sohn bestritten; früher war dafür als Sammelbezeichnung „Arianer" üblich, die jedoch inzwischen in der Regel auf die unmitelbaren Anhänger des alexandrinischen Presbyters Arius (Areios) beschränkt angewendet wird.

[33] Zu ihm vgl. *PLRE* I 742f. (Procopius Nr. 4).

[34] Vgl. Zos. IV 4,2.

[35] Zu ihm vgl. *PLRE* I 520f. (Lupicinus Nr. 6). Lupicinus war bereits unter Julian 359–360 *magister equitum* in Gallien gewesen; er wurde dann von Jovian zum *magister equitum* für den römischen Osten bestellt und von Valens in dieser Funktion behalten.

Seit 371 hielt sich Valens längere Zeit in Antiocheia auf, um von hier aus – wie neun Jahre früher Julian – einen neuen Perserkrieg vorzubereiten; Libanios schrieb wohl in dieser Zeit sogar eine (nicht erhaltene) Lobrede auf ihn.[36]

Die Präsenz des Kaisers erwies sich bald als erhebliche Belastung für die Stadt und ihre Bewohner: Im Herbst und Winter 371/372 wurde ein Theodoros,[37] Mitglied von Valens' Hofstaat, der „Verschwörung" gegen den Kaiser bezichtigt – angeblich war sein Name im Zusammenhang mit Orakelbefragungen zu Valens' Nachfolger gefallen[38] –, und die daraufhin einsetzenden Untersuchungen nahmen die Züge einer regelrechten Hexenjagd an, und dem aus ihr entstehenden brutal durchgreifenden Schreckensregiment fielen viele heidnische Intellektuelle auch weit über Antiocheia hinaus zum Opfer, darunter Maximos von Ephesos, der als philosophischer Mentor Julians einmal eine sehr bedeutende Rolle gespielt hatte. Libanios selbst entging nach eigenen Angaben (*or.* 1,173) bei diesen Vorgängen nur knapp der Hinrichtung.

Angesichts solcher Bedrohungen ist es verständlich, dass sich Libanios in diesen Jahren fast ganz in sein Privatleben zurückzog. Im Jahr 374 entstand der erste große Abschnitt seiner *Autobiographie* (*or.* 1,1–155); er wurde wohl nur vor einem kleinen Kreis von Freunden und Vertrauten vorgetragen (vgl. u. S. 18) und könnte geradezu als Abschluss seiner rhetorischen Tätigkeit gedacht gewesen sein.[39] Insgesamt waren die Jahre 371–378 – bis zu Valens' unerwartetem Tod in der Schlacht bei Adrianopel am 9. August 378 – für Libanios offenbar eine Zeit erzwungener Passivität und nehmen damit eine Sonderstellung innerhalb seines – sonst von stetiger Lehr- und schriftstellerischer Aktivität geprägten – Lebens ein.

1.1.7. Neue Aktivität unter Theodosius

Mit dem seit Anfang 379 in der östlichen Reichshälfte (und seit September 394 für kurze Zeit auch im Gesamtreich) regierenden Kaiser Theodosius I. kam ein Herrscher (zunächst des Ost- und dann von September 394 an des gesamten Reiches) an die Macht, unter dem Libanios sich wieder erheblich stärker zu Wort melden konnte: Insgesamt vierzehn Reden – man sollte wohl besser von als Reden stilisierten Essays sprechen, da keines dieser Werke von Libanios direkt in Gegenwart des Kaisers vorgetragen wurde

[36] Vgl. den kurzen Hinweis darauf in der Autobiographie (*or.* 1,144).

[37] Zu ihm vgl. *PLRE* I 898 (Theodorus Nr. 13).

[38] Vgl. Zos. IV 13,4.

[39] So einleuchtend Wintjes 2005, 175.

– hat Libanios zwischen 379 und 392 an Theodosius gerichtet.[40] Wieviel Theodosius von diesen Reden tatsächlich erfahren hat, bleibt unklar.

Auch sonst wissen wir nicht genau, in welcher Weise und in welchem Umfang Theodosius von dem Antiochener Sophisten Notiz nahm.[41] In seiner *Autobiographie* (*or.* 1,219f.) vermerkt Libanios, wie der ihm sehr gewogene Richomer (383 als *magister militum per Orientem* in Antiocheia)[42] sich sehr positiv gegenüber dem Kaiser über Libanios geäußert habe. In *or.* 1,258 heißt es ferner, eine zum Kaiser nach Konstantinopel geschickte Antiochener Gesandtschaft sei mit einem ehrenvollen Schreiben für Libanios zurückgekehrt. Man hat in Zusammenhang damit oft angenommen, dass Libanios vom Kaiser 384 mit dem Titel eines *praefectus praetorio* ehrenhalber ausgezeichnet worden sei, doch sind gegen diese Annahme – sie stützt sich vor allem auf ein Zeugnis des Eunapios (*VS* XVI 2,8) – inzwischen gewichtige Argumente vorgebracht worden.[43] Es bleibt aber das Faktum, dass Theodosius der einzige Kaiser außer Julian ist, der in Libanios' Autobiographie positiver Attribute gewürdigt wird (vgl. *or.* 1,196. 220).[44]

Unter der Regierung des Theodosius nahm Libanios auch wieder stärker am öffentlichen Leben Antiocheias teil, und sein Einfluss nahm hier zumindest bis 387 merklich zu. Während einer Hungersnot, die in der Stadt im Jahr 382 wütete, konnte er sich selbst als Retter der Bäcker, die man als die Schuldigen des Missstands ausgemacht hatte, inszenieren und hat davon eine anschauliche Schilderung hinterlassen (*or.* 1,208–210). Im Jahre 387 will er nach eigener Darstellung (*or.* 1,252f.) eine wichtige Rolle bei staatlichen Ermittlungen nach dem sogenannten „Statuenaufruhr"[45] gespielt haben: Bei diesen Unruhen hatte eine Volksmenge aus Wut über angekündigte Steuererhöhungen Standbilder und Porträts der kaiserlichen Familie zerstört, woraufhin Antiocheia erhebliche Repressalien drohten; diesen Ereignissen (und der glücklichen Abwehr der damals Antiocheia drohenden Gefahren) widmete Libanios mehrere Reden (*or.* 23 und 19–22), von denen zwei (*or.* 19 und 20) direkt an den Kaiser gerichtet sind. Da die-

[40] Die wahrscheinliche chronologische Reihenfolge ist: *or.* 24 (379), 50 (385), 28 (385), 45 (386), 33 (386), 19 (387), 20 (387), 30 (387/88, vgl. unten S. 33–38), 51 (388), 52 (388), 49 (388), 42 (390), 47 (391?), 46 (392).

[41] Vgl. hierzu unten Wiemer S. 139–144.

[42] Zu ihm vgl. *PLRE* I 765f. Richomer war fränkischer Herkunft und Heide, stieg aber in die Spitze der Reichshierarchie auf und wurde 384 sogar römischer Konsul. Libanios hielt bis ins Jahr 392 mit ihm Kontakt; vgl. *ep.* 866, 972, 1007, 1024.

[43] Vgl. hierzu unten Anm. 5 zur Übersetzung.

[44] Bemerkenswert ist auch, dass Libanios nach eigener Darstellung (*or.* 1,262) einen (uns namentlich nicht bekannten) *comes Orientis* davon abbringen konnte, den Zypressenhain des Apollonheiligtums in der antiochenischen Vorstadt Daphne abzuholzen, indem er ihm damit drohte, dass er sich an Theodosius wenden werde.

[45] Vgl. hierzu H. Leppin 1999b, [103-123] 113–117; ders., *Theodosius der Große* (Darmstadt 2003) 122f.; J. Stenger, *Hellenische Identität in der Spätantike: Pagane Autoren und ihr Unbehagen an der eigenen Zeit* (Berlin / New York 2009) 242–244.

se Situation der direkten Anrede aber eindeutig fingiert ist – Libanios ist damals nachweislich nicht nach Konstantinopel zu Theodosius gereist –, bleibt insgesamt unklar, was für eine Rolle er in der damaligen Krisensituation wirklich gespielt hat; da zwei weitere der in diesem Zusammenhang entstandenen Reden (*or.* 21 und 22) lobende Adressen an die zwei hohen Funktionäre sind, die Theodosius damals zur Untersuchung der Vorfälle nach Antiocheia geschickt hatte, lässt sich immerhin annehmen, dass Libanios daran mitwirkte, diese „Untersuchungskommissare" wohlwollend zu stimmen.

Auch seine seit 354 bestehende Stellung als führender Rhetoriklehrer Antiocheias konnte Libanios unter Theodosius aufrechterhalten; im Jahre 380 blieb ein Versuch, diese Stellung anzufechten, erfolglos.[46] Zwar bereitete ihm das Verhalten begabter junger Männer, die sich, um lukrative Verwaltungsstellen im römischen Staatsdienst zu erlangen, immer mehr von der von Libanios gelehrten griechischen Rhetorik ab- und dem ihm verhassten Latein[47] zuwandten, zunehmend Sorgen (vgl. *or.* 1,214); doch konnte er um diese Zeit immer noch geltend machen, Rhetorikspezialisten auszubilden, die in der östlichen Reichshälfte weithin Beschäftigung fanden (*or.* 1,215).[48]

1.1.8. Die Widrigkeiten des letzten Lebensabschnitts

Daneben hatte Libanios in seinen letzten fünfzehn Lebensjahren (378 – 393/4) auch mit vielen Widrigkeiten zu kämpfen: In *or.* 2 („An die Adresse derer, die ihn ‚anstrengend' nennen", von 381) musste er sich gegen Vorwürfe verteidigen, er sei selbstbezogen, ermüdend und nur noch ein *laudator temporis acti* (was er mit einer deutlichen Kritik an Missständen der Gegenwart in dieser Rede zumindest zum Teil bestätigte). Um dieselbe Zeit erblindete sein jüngerer Bruder und starb ein Jahr später. In den 380er Jahren geriet er außerdem immer wieder in Auseinandersetzungen mit Statthaltern, die nach Antiocheia entsandt wurden;[49] andererseits ent-

---

[46] Zu den diesbezüglichen Bemühungen seiner Gegner Karterios (wahrscheinlich *consularis Syriae* 379/380; vgl. *PLRE* I 182, Carterius Nr. 3) und Gerontios (ein rivalisierender Sophist bzw. Rhetoriklehrer; vgl. *PLRE* I 393, Gerontius Nr. 4) vgl. *or.* 1,186f.

[47] Zu Libanios' Abneigung gegenüber der lateinischen Sprache vgl. *or.* 1,76. 154. 213f. 234; *or.* 2,44; *or.* 49,27; *ep.* 1004,3 Foe.; *ep.* 1036,4-7 Foe. = 67 F./Kr. = 181 N. In diversen Briefen klagt Libanios über Väter, die ihre Söhne zum Lateinstudium nach Rom schicken (vgl. *ep.* 951 Foe. = 167 N., von 390); vgl. auch *ep.* 964,2 Foe. = 171 N. und Th. Hidber, „Vom Umgang der Griechen mit lateinischer Sprache und Literatur", *Paideia* 61 (2006) [237–254] 237.

[48] In der von 381/82 stammenden Rede 62 (Πρὸς τοὺς εἰς τὴν παιδείαν αὐτὸν ἀποσκώψαντας, „An die Adresse derer, die sich über sein Erziehungssystem lustigmachen") wies er stolz wieder auf eine große Zahl von Schülern hin (§ 27–29).

[49] Vgl. *or.* 1,212 (Proklos, 383/4: *PLRE* I 746, Proclus Nr. 6; vgl. *or.* 26,30. 28,13. 29,10); *or.* 1,251 (Tisamenos, 386: *PLRE* I 916; gegen ihn richtet sich *or.* 33); *or.* 1,254 (vielleicht Deinias,

wickelte er freundschaftliche Kontakte zu dem 383 nach Antiocheia kommenden *magister militum* Richomer (vgl. *or.* 1,219 und o. S. 13). Ebenfalls in diesen Jahren[50] nahmen seine Klagen über die steigende Konkurenz zu seiner Rhetorikschule durch die Juristenausbildung und in Zusammenhang damit durch den Lateinunterricht deutlich zu (vgl. *or.* 1,214. 234. 255; 2,44; 40,5; 43,4f.; 48,28-30; 49,27-29 und o. S. 13 Anm. 45).

Libanios' Konflikte mit in Antiocheia residierenden Reichsbeamten hielten auch nach 387 (dem Jahr des Statuenaufruhrs) an: Eine (potentiell tödliche) Beschuldigung des *consularis Syriae* Eustathios,[51] Libanios habe ein Orakel über die Zukunft der Kaiserfamilie befragt (*or.* 54,40), drang nicht durch. Eustathios' Nachfolger Eutropios[52] nannte den inzwischen 75jährigen öffentlich einen senilen Schwätzer (λῆρος: *or.* 4,1), was der alte Rhetor aber mit einer fulminanten Schmährede beantwortete (*or.* 4,14–40).

Hinzu kamen in diesen Jahren große persönliche Schicksalsschläge, von denen ihm am meisten der Tod seines Sohn Kimon Arabios[53] zusetzte (*or.* 1,279f.[54]). Ihn hatte ihm eine Frau niederen Standes[55] geboren, mit der Libanios seit langem zusammen lebte. Viele Jahre hatte er sich mühevoll um Kimons Anerkennung als legitimen Erben bemühen müssen, und dann kam er sehr unglücklich ums Leben, als er nämlich auf der Rückkehr von Konstantinopel (wo er erfolglos einen Statthalterposten zu bekommen versucht hatte, um dadurch einen Sitz im Konstantinopolitaner Senat zu erwerben) sich die Verletzung zuzog, die mittelbar zu seinem Tod führte; Libanios machte deshalb bezeichnenderweise Konstantinopel für den Tod seines Sohnes verantwortlich: In den letzten Sätzen seiner Autobiographie (*or.* 1,285) gibt er seiner Genugtuung darüber Ausdruck, dass die große Stadt am Bosporos für das, was sie Kimon angetan habe, mit einer mehrmonatigen Hungersnot bestraft worden sei.

In Libanios' letzten Lebensjahren nahm seine Bedeutung als Hauptrhetoriklehrer der Stadt deutlich ab: Er hatte zwischen 388 und 393 jährlich nur noch 5–9 Schüler,[56] und in einem Brief des Jahres 393[57] schildert er

386: *PLRE* I 246); *or.* 1,255/262 (anonym: *PLRE* I 1015, Nr. 61); *or.* 1,269 (Lukianos, 388: *PLRE* I 516, Lucianus Nr. 6; vgl. *or.* 56); *or.* 1,271 (Eustathios, vgl. o. im Text); *or.* 1,282 (vielleicht Severos, *PLRE* I 834, Severus Nr. 14 – vgl. *or.* 57 – und Florentios, *PLRE* I 364, Florentius Nr. 9).

[50] Vgl. aber auch schon *or.* 1,154 (Ende des ersten Hauptteils der Autobiographie, der aus dem Jahr 374 stammt).

[51] Zu ihm – er war 388/89 Statthalter – vgl. *PLRE* I 311 (Eustathius Nr. 6); vgl. *or.* 54.

[52] Zu ihm vgl. *PLRE* I 318 (Eutropius Nr. 3).

[53] Zu ihm vgl. *PLRE* I 92f. Zuvor hatte Libanios schon den Verlust von Kimons Mutter beklagen müssen (*or.* 1,278).

[54] Vgl. auch *ep.* 1026 Foe., 1048 Foe. = 73 F./Kr. = 182 N. Vgl. Norman 1992, I 329 Anm. b.

[55] Sie war nicht frei geboren (vgl. *ep.* 1063,5 Foe. = 188 N.), aber Libanios sprach sehr gut von ihr (*ep.* 959,2 Foe. = 169 N.).

[56] Vgl. Petit 1957a, 71. 82.

[57] *Ep.* 1075 Foe. = 15 F./Kr. = 191 N.

selbst, wie ein von ihm angekündigter öffentlicher Rede-Auftritt so gut wie keine Resonanz mehr fand.

In diese letzten Lebensjahre fiel mit dem Sturz des mit Libanios befreundeten *praefectus praetorio Orientis* Flavius Eutolmius Tatianus[58] in Konstantinopel 392 auch ein wichtiger politischer Einschnitt. Dessen Nachfolger wurde Flavius Rufinus,[59] ein fanatischer Christ, über den sich Libanios gleichwohl bemerkenswert positiv äußerte, während andere Quellen[60] über ihn fast immer nur negativ sprechen. Rufinus hatte Libanios bei einem Besuch Antiocheias 392 sehr ehrenvoll behandelt, und dieser plante für ihn sogar einen Panegyricus, wie er in seinem vorletzten erhaltenen Brief (*ep.* 1111) andeutet; wahrscheinlich wollte er auch jetzt noch gute Kontakte zum Hof in Konstantinopel wahren.

Ob es zur Ausführung dieses Panegyricus noch kam, ist unbekannt, denn wahrscheinlich ist Libanios irgendwann in den Jahren 393–395 im Alter von etwa achtzig Jahren gestorben.[61]

1.2. Werk

Libanios' Oeuvre ist, nach den Schriften-Corpora des Arztes Galen und denen des Plutarch, das umfangreichste Werk eines antiken griechischen paganen Autors, das uns noch – übrigens nur zum Teil – erhalten ist. Da Libanios drei Funktionen bzw. Stellungen in sich vereinigte – er war öffentlicher Redner, Rhetoriklehrer und Angehöriger einer gebildeten Elite, der mit anderen Mitgliedern dieser Elite über den ganzen Osten (und teilweise auch den Westen) des römischen Reiches vernetzt war –, lässt sich auch sein Oeuvre in drei Bereiche unterteilen: in mehr oder weniger öffentliche Reden zu mehr oder weniger öffentlichen Anlässen, in Schriften für Libanios' eigenen rhetorischen Schulbetrieb sowie in Briefe.[62]

---

[58] Zu ihm vgl. *PLRE* I 876–878 (Tatianus Nr. 5).

[59] Zu ihm vgl. *PLRE* I 778–781 (Rufinus Nr. 18) und den an Rufinus selbst gerichteten Brief *ep.* 1106 Foe. = 66 F./Kr. = 193 N.

[60] Hier sei nur die berühmte Vers-Invektive *In Rufinum* des Dichters Claudian erwähnt

[61] Die von C. Lacombrade, „Retouche à la biographie de Libanios", *Annuaire de l'Institut de Philologie et d'Histoire Orientales et Slaves* 10 (1950) 361–366 vorgetragene These, er habe noch bis nach 404 gelebt, hat wenig für sich; vgl. Wintjes 2005, 236.

[62] In *or.* 11,1 (von 356/358; vgl. unten S. 19) rühmt sich Libanios, unter allen zeitgenössischen Vertretern der Rhetorik der produktivste zu sein (πλεῖστα δὴ τῶν νῦν ὄντων συγγράμματα πεποιηκώς) und teilt selber sein Werk folgendermaßen ein: τοὺς μὲν ἐπαινέσας, τοῖς δὲ συμβουλεύσας, οὐκ ὀλίγα δὲ ἠγωνισμένος ἐν πλάσμασιν, d.h. in Lobreden, in (politische) Beratungsreden und in Deklamationen mit fiktivem Inhalt für den Rhetorikunterricht; die Briefe sind hier (als Teil des „Privatlebens") nicht berücksichtigt.

1.2.1. Reden

Von den Reden, die Libanios für Anlässe außerhalb des Schulbetriebs geschrieben hat, haben sich 63 vollständig erhalten, ein Corpus, das sich mit dem anderer bedeutender griechischer Redner, sowohl der klassischen (wie Lysias, Isokrates und Demosthenes) als auch der nachklassischen (wie Dion von Prusa und Aelius Aristides, um wiederum nur die umfangreichsten Corpora anzuführen) ohne weiteres messen kann. Eine ganze Reihe von Reden, die in erhaltenen Werken erwähnt werden, ist nicht mehr vorhanden;[63] aus der im November 362 geschriebenen Klage-Monodie (or. 60) auf den Apollon-Tempel in der Antiochener Vorstadt Daphne, der damals durch Brand zerstört wurde, hat uns immerhin Johannes Chrysostomos – vielleicht Libanios' größter Schüler[64] und zugleich als christlicher Kleriker[65] in späteren Jahren ein einflussreicher Gegner – in seiner „Rede auf den heiligen Babylas" (die gewissermaßen die Replik auf Libanios' Klagemonodie ist) längere Zitate erhalten.

Bei nicht wenigen von Libanios für außerschulische Anlässe geschriebenen Reden ist nicht mehr bekannt, wie und wo (wenn überhaupt) sie vorgetragen wurden und an welche Adressaten sie sich richteten; bei manchen ist angesichts einer gewissen Brisanz ihres Inhalts wohl nur mit einem recht kleinen Publikum von Vertrauten und Gleichgesinnten zu rechnen (z.B. bei der *Autobiographie*). Dass sie gleichwohl erhalten blieben, zeigt aber, dass sie – sei es von Libanios selbst oder dem Betreuer seines Nachlasses – als einer fortdauernden Existenz für wert erachtet wurden.

Viele der Reden spiegeln Libanios' häufige Auseinandersetzungen mit immer neuen Statthaltern als Vertretern der zentralen Reichsgewalt;[66] dass er dabei zumindest auch als redegewandter Verteidiger von Benachteiligten auftreten konnte, zeigt seine aus dem Jahr 385 stammende Rede 50 („Zugunsten der Bauern über die Zwangsarbeiten").

---

[63] Beispielsweise ein Panegyricus auf Kaiser Valens (vgl. *or.* 1,144) oder ein Panegyricus auf Ellebichos (*or.* 22,2). Am produktivsten war Libanios in der Nikomedenser und der frühen Antiochener Zeit (vgl. *or.* 1,109. 117. 119); aus beiden ist jedoch kaum etwas erhalten. Er schrieb zahlreiche Lob-, aber auch Trauerreden und Monodien; zu dem sehr umfangreichen verlorenen Oeuvre vgl. Foerster / Münscher 1925, 2526–2528.

[64] Dass Johannes Libanios' Schüler war, wird neuerdings wieder bestritten: vgl. P.-L. Malosse, „Jean Chrysostome a-t-il été l'élève de Libanios?", *Phoenix* 62 (2008) 273–280.

[65] Johannes war seit 381 Diakon und seit 386 Presbyter in Antiocheia. Erst nach Libanios' Tod verließ er – im Jahr 398 – Antiocheia, als er zum Erzbischof von Konstantinopel berufen wurde.

[66] Vgl. *or.* 4 (gegen Eutropios, vgl. o. S. 15); *or.* 10 (gegen den Statthalter Proklos); *or.* 27–29 (gegen den Statthalter Ikarios); *or.* 32 (gegen den Statthalter Thrasydaios); *or.* 33 (gegen den Statthalter Tisamenos); *or.* 46 (gegen den Statthalter Florentios); *or.* 56 (gegen den Statthalter Lukianos); *or.* 57 (gegen den Statthalter Severos).

Der hier zur Verfügung stehende Raum gestattet nicht, alle Reden einzeln zu charakterisieren; die folgende Übersicht mag jedoch zeigen, dass sich unter ihnen viel Interessantes findet.

Von der *Autobiographie* (*or.* 1) war schon öfter die Rede. Ihr längerer erster Teil (*or.* 1,1–155) stammt aus dem Jahr 374 und lässt den damals Sechzigjährigen – zu einer Zeit, da Libanios eine öffentliche Wirkung wohl weitgehend unmöglich war (vgl. o.) – auf ein bereits bewegtes Leben zurückblicken; er tat dies offenbar vor einem handverlesenen kleinen Publikum, das den Sprecher seit langem gut kannte, was zugleich bedeutet, dass sich Libanios bei dieser Darstellung kaum größere Verzerrungen erlauben konnte.[67] Bei dem etwas kürzeren zweiten Teil der *Autobiographie*, den Libanios offenbar als eine Art an sich selber gerichtetes Tagebuch in mehreren Raten ergänzte,[68] fällt nun zwar ein Bedürfnis, sich vor anderen zu inszenieren, weitgehend fort, doch muss man hier mit Verzerrungen von Sachverhalten aufgrund anderer Faktoren rechnen: aufgrund der zum Teil langwierigen gesundheitlichen Leiden, von denen Libanios zunehmend heimgesucht wurde, aber auch aufgrund eines sich immer deutlicher bemerkbar machenden Pessimismus angesichts von Entwicklungen, die seinen Horizont verdüsterten[69] und vielleicht nicht zuletzt auch aufgrund eines gewissen Verfolgungswahns, den man als Kehrseite des bei Libanios ausgeprägten Bewusstseins seiner eigenen Bedeutung als eines führenden Vertreters der klassischen Paideia ansehen könnte. Insgesamt ist dieser Text – zum Teil Rechtfertigung und Selbstinszenierung, zum Teil Selbstreflexion über die eigene Rolle und Bedeutung in bewegter Zeit – ein hochinteressantes Dokument; auf dem Gebiet der spätantiken Autobiographie hat wohl nur noch ein anderes Werk größere Bedeutung als diese Libanios-Rede: Augustinus' einige Jahrzehnte später geschriebene *Confessiones*.

Die früheste von Libanios erhaltene Rede (*or.* 59), entstanden möglicherweise bereits 344,[70] ist ein Panegyrikos (Festrede) auf die damals regierenden Kaiser Constantius II. und Constans. Die Rede ist ein Paradebei-

[67] Mit gewissen Zurechtrückungen und Auslassungen muss man natürlich gleichwohl rechnen; vgl. hierzu Norman I 1992, 9; Martin / Petit 1979, 34f.

[68] Sie wurde bis 393 durch aktualisierende Zusätze auf nahezu den doppelten Umfang erweitert (1,156–285); zur genaueren Abgrenzung dieser Zusätze voneinander vgl. (mit gelegentlichen Diskrepanzen) vgl. Martin / Petit 1979, 4–7 und Norman 1992, I 8f. Martin / Petit 1979, 36 nennen diesen Teil ein „journal intime"; vgl. auch Cribiore 2007, 12. Es gibt freilich auch hier stärker stilisierte Partien – wie z.B. die o. zitierte Intervention des Libanios gegen die ungerechtfertigte Auspeitschung der Bäcker, die vielleicht einmal für einen Vortrag gedacht waren.

[69] Dazu gehören die bereits erwähnte immer stärkere Konkurrenz der auf dem ungeliebten Latein basierenden Rechtswissenschaft gegenüber Libanios' geliebter klassischer Rhetorik (vgl. o. S. 14).

[70] So Lieu in: S. N. C. Lieu / D. Montserrat (eds.), *From Constantine to Julian. A Source History* (London 1996) 161. Traditionell wird die Rede ein paar Jahre später angesetzt (zwischen 346 und 349: Wintjes 2005, 21 Anm. 29).

spiel für einen *basilikos logos* („Kaiser-Rede");[71] Libanios musste sie offenbar auf massiven Druck des *praefectus praetorio Orientis* (und Konsuls von 348) Philippos[72] schreiben. Das in ihr enthaltene Lob Kaiser Konstantins kam Libanios kaum aus dem Herzen; immerhin brachte er es fertig, mit keinem Wort Konstantins Förderung des Christentums zu erwähnen.

Der sogenannte *Antiochikos* („Rede auf Antiocheia", *or.* 11)[73] wurde zumindest in Teilen im Jahr 356[74] an den „Olympischen Spielen" vorgetragen, die in Antiocheia regelmäßig zu Ehren des olympischen Zeus (vergleichbar den Spielen in Olympia im griechischen Mutterland) veranstaltet wurden.[75] Diese Rede ist vor allem als „wichtigste literarische Quelle zur Geschichte und Topographie Antiocheias"[76] von Bedeutung.

Eine eigene Gruppe bilden die „Julianischen Reden"; sie werden so genannt, weil sie entweder zur Zeit von Julians Aufenthalt in Antiocheia entstanden und fast alle direkt an Julian gerichtet sind (so die Reden 12 bis 16) oder weil sie eine Würdigung des Kaisers nach seinem Tod darstellen (so die Reden 17, 18 und 24). Die wichtigsten dieser Reden sind *or.* 17, eine „Monodie" (Klagerede) auf den Tod Julians, die Anfang 365, vielleicht aber auch schon im Frühjahr 364 entstand,[77] und – wahrscheinlich aus der ersten Jahreshälfte 365[78] – *or.* 18, ein *Epitaphios* (Leichenrede) auf Julian, der eine regelrechte Biographie des toten Kaisers enthält und die längste von Libanios noch erhaltene Rede ist.[79]

Unter den nicht wenigen an Kaiser Theodosius I. gerichteten Reden (vgl. o. S. 12–14) nimmt *or.* 30 („Für die Tempel") eine besondere Stellung ein, weswegen ihr dieser Band gewidmet ist.

1.2.2. Schriften für den rhetorischen Schulbetrieb

Da Libanios mehr als ein halbes Jahrhundert lang mit Leib und Seele Lehrer der klassischen griechischen Rhetorik war, ist es nicht verwunderlich,

---

[71] Sie hält sich strikt an die Regeln, die bei dem im späteren 3. Jh. n. Chr. schreibenden Theoretiker Menander Rhetor zu diesem Redetypus nachzulesen sind.

[72] Zu ihm vgl. *PLRE* I 696f. (Philippus Nr. 7).

[73] Zu dieser Rede vgl. insgesamt Wiemer 2003.

[74] Zu dieser Datierung, die den *Antiochikos* zur zweitältesten erhaltenen Rede macht, vgl. Wiemer 2003, 444f. und Norman 2000, 3 (frühere Datierungen setzten die Rede 358/9 an).

[75] Zu den antiochenischen Olympischen Spielen vgl. Petit 1955, 125–136; laut Johannes Malalas (*Chronogr.* p. 248,5–10 Dindorf) wurden sie (als „Markenzeichen") unter Kaiser Claudius von den Bürgern des peloponnesischen Pisa (die für die eigentlichen Olympischen Spiele zuständig waren) regelrecht „gekauft". Vgl. zu den Spielen auch Lib. *or.* 11,268f.

[76] Wintjes 2005, 19.

[77] Vgl. Wiemer 1995a, 251–255; Wintjes 2005, 20 Anm. 20. Ihren Abschluss bezeugt *ep.* 1473,1 Foe. = 140 N., ein früh im Jahr 365 geschriebener Brief.

[78] Vgl. Wiemer 1995a, 251–255; Wintjes 2005, 20 Anm. 24.

[79] In der Foersterschen Teubner-Ausgabe ist sie um sieben Seiten länger als die Autobiographie.

dass ein beträchtlicher Teil seines Gesamt-Oeuvres von Schriften gebildet wird, die vielfach ganz gezielt für die Bedürfnisse seines Unterrichts verfasst wurden. Hier können nur die verschiedenen Kategorien und einige wichtige Beispiele aus ihnen kurz vorgestellt werden.

a. Übungsreden

Eine wichtige Rolle in der (lateinischen und griechischen) Rhetorik der römischen Kaiserzeit spielen Vorträge zur Unterhaltung eines entsprechend gebildeten Publikums, und eine der Hauptformen dieser Vorträge sind Deklamationen (griech. μελέται), in denen der auftretende Redner möglichst scharfsinnige und geschliffen formulierte Argumentationen zu fiktiven Gerichtsfällen vorträgt oder sein Publikum in vergangene historische Situationen entführt und dabei in die Rolle eines damals Handelnden schlüpft, der in einer Rede für oder gegen ein bestimmtes Vorgehen eintritt. Solche Deklamationen – ihre frühesten Beispiele lassen sich bis in die ‚klassischen' Zeiten eines Gorgias und Antiphon im Athen des 5. Jh.s v. Chr. zurückführen[80] – wurden seit langer Zeit in den Rhetorikschulen rund ums Mittelmeer geübt; in Libanios' Oeuvre sind insgesamt 51 – so viele wie in keiner anderen aus der Antike bekannten Sammlung rhetorischer Schriften – von ihnen zusammengestellt.

In dieser Sammlung befinden sich jedoch auch Stücke, die wahrscheinlich oder sogar mit einiger Sicherheit nicht von Libanios stammen, sondern nachträglich eingefügt wurden. Die Forschung ist sich über die Zahl der unechten Stücke nicht einig.[81] Schon der bloße Umstand aber, dass Libanios' ursprüngliche Sammlung um weitere Stücke wuchs, sagt einiges darüber aus, was für einen guten Namen er als Rhetoriklehrer hatte, denn dieser Name sollte auch für die hinzugefügten Stücke eine Art Qualitätssiegel sein.

Die Deklamationen zerfallen in zwei ungefähr gleich große Gruppen: Die eine Hälfte behandelt mythologisch-historische Themen, die andere „ethologische", d.h. hier werden bestimmte Charaktertypen in bestimmten Situationen vorgeführt. Die Vielfalt der behandelten Themen lässt sich mit einer kurzen Übersicht über ihre Inhalte andeuten.

Die ersten beiden Deklamationen des mythologisch-historischen Teils sind der Verurteilung und dem Tod des Sokrates gewidmet; es folgen sechs mit mythologischen Sujets.[82] Die meisten Themen sind der klassi-

[80] Eine gute Übersicht über die Entwicklung dieses Genres bei Russell 1996, 5-8.

[81] Vgl. Norman 1977, xliii Anm. a; Wintjes 2005, 23 Anm. 37. Als sicher unecht gelten fünf (Nr. 34, 40, 45, 49, 51), und weitere sechs (Nr. 17, 18, 20, 23, 29, 43) stehen zumindest unter einigem Verdacht.

[82] Übrigens nicht nur aus der Menschen-, sondern auch aus der Götterwelt: Nr. 7 bietet eine „Anklagerede des Poseidon gegen Ares, der Poseidons Sohn Halirrothios tötete" und Nr. 8 dazu das Gegenplädoyer des Ares.

schen Geschichte Athens entnommen (Nr. 9–23[83]); sieben beschäftigen sich mit der Auseinandersetzung des athenischen Politikers Demosthenes mit dem Makedonenkönig Philipp II. Manche Deklamationen gehen mit den geschichtlichen Fakten außerordentlich ‚kreativ' um, wie etwa Nr. 14 mit dem Tod des Kritias, des berühmt-berüchtigten Anführers der ‚Dreißig Tyrannen', wo die Inhaltsangabe wie folgt lautet: „Ein Gesetz schreibt vor, dass ein Tyrann nicht bestattet werden darf, der Tyrannentöter aber ein Geschenk erhalten soll; Kallaischros, der seinen Sohn, den Tyrannen Kritias, getötet hat, beansprucht, ihn bestatten zu dürfen."

In der zweiten („ethologischen") Gruppe ist die große Zahl von skurril-humoristischen Sujets besonders auffällig. Berühmt geworden ist gleich die erste (Nr. 26), in der ein von einer allzu redseligen Frau geplagter Griesgram sich vor dem Gericht seiner Stadt selbst anklagt, um den Schierlingsbecher trinken und auf diese Weise endlich dem unerträglichen Schwatzen seiner Frau entgehen zu dürfen. Solche „Selbst-Denunziationen" (griech. προσαγγελίαι) sind in dieser Gruppe recht häufig: Mal ist es ein unglücklicher Parasit, dem am Vortag ein heiß begehrtes Mahl entgangen ist und der deshalb jetzt nur noch sterben möchte (*decl.* 28), mal ein vom Neid Zerfressener, der diesen Weg wählt, weil er das unerwartete Glück seines Nachbarn nicht ertragen kann (*decl.* 30), mal ein Geizhals, der sich in eine Hetäre verliebt hat, sich aber dennoch nicht von dem Geld trennen kann, mit dem er sie bezahlen soll (*decl.* 32).[84] Neben Griesgramen, Schmarotzern und Geizigen treten in diesen Deklamationen noch andere Charaktere auf, die ihren Ursprung in der griechischen Komödie haben, die Libanios offensichtlich gut kannte: Unangenehme (reiche) Väter (*decl.* 27. 33. 39. 46. 47. 48), edle Söhne (*decl.* 33. 47. 48. 50), und nicht zuletzt auch Hetären (*decl.* 25. 32).

b. Progymnasmata

Bevor der angehende Redner sich an umfangreiche Deklamationen wagte, lernte er in der Rhetorikschule zunächst einmal, kleinere rhetorische Übungsstücke als ‚Bausteine' zu verfassen, sogenannte *Progymnasmata* („Vorübungen"), von denen die lange rhetorische Schultradition vor Libanios eine Reihe fester Typen entwickelt hatte: 1. den μῦθος (damit ist in der Regel eine Tierfabel in der Art Äsops gemeint); 2. das διήγημα („Erzählung", meist mit mythischem Sujet); 3. die χρεία („Maxime/Sentenz/Aperçu", oft im Rahmen einer Anekdote um eine berühmte Person illustriert); 4. die γνώμη (ähnlich situativ eingebettete Ausführung

[83] Die letzten beiden Deklamationen dieser Gruppe (Nr. 24-25) widmen sich Themen der nicht-athenischen klassischen Geschichte.

[84] Auch in der ersten („mythisch-historischen") Gruppe gibt es eine solche Deklamation (Nr. 12): Der berühmte athenische Menschenhasser Timon hat sich ausgerechnet in den schönen Alkibiades verliebt und möchte jetzt den Schierlingsbecher, weil er diese Liebe nicht mit seinem tief eingewurzelten Menschenhass vereinbaren kann.

von Sinnsprüchen oder geflügelten Worten); 5. die ἀνασκευή („Widerlegung“ der Argumentation eines Gegners); 6. die κατασκευή („Bestätigung“ oder Untermauerung eigener Argumentationsgänge); 7. der κοινὸς τόπος („Gemeinplatz“; Ausführung von vielseitig verwendbaren Gedankengängen allgemeinerer Art); 8. das ἐγκώμιον („Lobrede“; lobende Hervorhebung von Menschen, Tieren oder sonstigen Erscheinungen); 9. der ψόγος („Tadel“; negatives Gegenstück zum ἐγκώμιον); 10. die σύγκρισις („Vergleich“ zweier Menschen, Tiere oder sonstiger Erscheinungen); 11. die ἠθοποιεία („Schaffung eines Charakters“; sich in den jeweiligen Charakter einfühlende Darstellung einer bestimmten – historischen oder mythischen – Figur oder eines Typs); 12. die ἔκφρασις („Bildbeschreibung“; plastische Ausmalung eines Bildes oder einer bestimmten Erscheinung oder Situation); 13. die θέσις (Ausführung einer bestimmten ‚These‘ oder Entscheidungsfrage, z.B „Ob man heiraten soll“).

Sammlungen solcher Progymnasmata gibt es seit der frühen römischen Kaiserzeit; diejenige des Libanios ist recht umfangreich, wobei die einzelnen Typen unterschiedlich stark vertreten und viele Stücke wahrscheinlich wieder unecht sind. Am stärksten vertreten sind die διηγήματα,[85] die ἐγκώμια (neun, davon das letzte unecht; darunter so interessante Specimina wie Nr. 4: Enkomion des Thersites, eines besonders hässlichen griechischen Kämpfers vor Troja, der sich bei Homer vor allem als herumschimpfender Störenfried bemerkbar macht, und Nr. 8: Enkomion des Rindes), die ψόγοι (acht Beispiele, darunter die paradoxe Nr. 8: Tadel des Weinstocks), die ἠθοποιεῖαι (insgesamt 27 „Charakterzeichnungen“, darunter sieben unechte) und die ἐκφράσεις (dreißig, von denen aber nur die ersten sieben echt sind, darunter Nr. 6: Ekphrasis der Trunkenheit). Insgesamt bilden die Progymnasmata denjenigen Teil von Libanios’ Werk, in dem sich die meisten unechten Hinzufügungen finden – erneut ein Zeichen für die Popularität dieser Texte.

c. Hypotheseis zu den Reden des Demosthenes

Den dritten wichtigen Bestandteil von Libanios’ Arbeiten für die Rhetorikschule bilden die um das Jahr 352 für den damaligen Prokonsul von Konstantinopel, Montius Magnus,[86] geschriebenen Ὑποθέσεις τῶν λόγων Δημοσθένους („Inhaltsangaben zu den Reden des Demosthenes“), eine später sehr verbreitete Einführung in das Studium des berühmten attischen Redners, mit einer Biographie und z.T. eigenem Urteil über Echtheit oder Unechtheit der Reden, jedoch nur in gekürzter Form erhalten.[87]

---

[85] Von ihnen sind aber vielleicht nur die ersten drei echt; vgl. Foerster / Münscher 1925, 2529.

[86] *PLRE* I 535f. (Magnus Nr. 11).

[87] Vgl. Foerster / Münscher 1925, 2522.

1.2.3. Briefe

Mit dem Umfang und der Bedeutung des erhaltenen Briefcorpus des Libanios ist in der Antike nur noch dasjenige Ciceros vergleichbar. Mit Hilfe dieser Briefe[88] lassen sich etwa fünfzehn Lebensjahre des Libanios recht genau rekonstruieren: zum einen die Jahre 355–365 (*ep.* 19–839 und 1113–1542 Foe.), zum anderen 388–393 (*ep.* 840–1112, wobei keine aus dem Jahr 389 erhalten sind). Nur zwanzig Briefe (*ep.* 1–18 und 1543f.) sind aus anderen Jahren erhalten. Die Lücken in der Korrespondenz lassen vermuten, dass sehr viele Briefe verlorengegangen sind.[89] Verschwunden sind aber wohl nicht nur Briefe aus den übrigen Jahren, sondern auch aus den anderen, etwa aus den Jahren der Alleinherrschaft Julians: Libanios deutet an, dass er selbst bestimmte Briefe vernichtete, um sich politisch oder religiös nicht zu kompromittieren.[90]

Wie bei anderen Teilen von Libanios' Werk hat es auch bei seinem Briefcorpus bemerkenswerte Versuche gegeben, es noch nachträglich zu ‚vermehren': Zu dem besonderen Problem des überlieferten Briefwechsels zwischen Libanios und Erzbischof Basileios von Kaisareia[91] vgl. unten S. 24. Noch in der Renaissance unternahm es der italienische Humanist Francesco Zambeccari, weitere Libanios-Briefe auf Latein zu veröffentlichen, die Zambeccari aus den griechischen Originalen übersetzt zu haben beanspruchte, was jedoch nur für den kleinsten Teil der von ihm in Übersetzung präsentierten Briefe zutraf (vgl. unten S. 26).

1.3. Zum Fortleben des Libanios

Zu seinen Lebzeiten hat Libanios nie einen Hehl daraus gemacht, dass sein idealer römischer Kaiser der nur wenige Jahre regierende Julian (der von den Christen vielgeschmähte „Apostata") war; dies kommt nicht zuletzt in der – immerhin an den dezidiert christlichen Kaiser Theodosius gerichteten – Rede *Pro Templis* eindeutig und prominent zum Ausdruck (*or.* 30,40f. 54). Während aber die schriftstellerischen Erzeugnisse Julians, soweit sie noch erhalten sind, oft nur an einem seidenen Überlieferungsfaden hängen und sein gegen die christliche Religion gerichtetes Werk Κατὰ Γαλιλαίων nur noch in Zitaten der umfangreichen Gegenschrift des Patriarchen Kyrillos von Alexandria zu greifen ist, wurden die Reden und anderen Werke

---

[88] Von insgesamt über 1600 Libanios zugeschriebenen Briefen sind 1544 echt.

[89] Man rechnet damit, dass allein aus der zweiten Lebenshälfte wohl mehr als 2000 nicht erhalten blieben; vgl. Wintjes 2005, 25 Anm. 53.

[90] Vgl. *ep.* 1264,5 Foe. = 133 N. (ein Brief des Jahres 364). Dass man in seinen Briefen in der Tat Anhaltspunkte suchte, um ihn zu kompromittieren – was bedeutet, dass sich diese Briefe also bereits einer gewissen Zirkulation erfreuten –, bemerkt Libanios überdies an einer Stelle seiner Autobiographie (*or.* 1,175).

[91] Bas. *ep.* 335–359 = *Epistularum Basilii et Libanii quod fertur commercium* 1–26 Foe.

des Libanios oft in einer sehr beachtlichen Zahl von Handschriften überliefert. Wie konnte dieser Mann, der zu Lebzeiten und auch in den folgenden Generationen als einer der bedeutendsten Weggefährten des verhassten kaiserlichen Apostaten galt – also des Mannes, der es beinahe geschafft hatte, den Aufstieg des Christentums aufzuhalten und vielleicht sogar umzukehren –, trotzdem zum wichtigsten Rhetoriklehrer auch des christlichen Byzanz werden?

Wenigstens ein Teil der Antwort auf diese Frage muss darin liegen, dass Libanios zu seiner Zeit der mit Abstand wichtigste Vertreter der traditionellen griechischen Bildung war und sich diesen Ruf über seinen Tod hinaus bewahren konnte. Einen solchen Mann – der immerhin auch nicht wenige bedeutende Christen unterichtet hatte – konnte man von christlicher Seite nicht einfach totschweigen; man musste ihn entweder argumentativ widerlegen oder aber ihn anschlussfähig machen.

Beide Wege sind bereits im 5. Jh. offensichtlich beschritten worden. So entschied sich der Kirchenhistoriker Sokrates von Konstantinopel – der wie seine Kollegen Sozomenos und Theodoret in Libanios vor allem den Weggefährten des Apostaten Julian sah – für den ersten Weg: Er nimmt in seinem dritten Buch ausführlich und kritisch Libanios' großen *Epitaphios* auf Julian unter die Lupe, vor allem die Partien, in denen Libanios Julians *Contra Galilaeos* positiv bespricht.[92] Aber auch der andere Weg deutet sich bei den erwähnten Kirchenhistorikern zumindest an: So legen Sokrates und Sozomenos[93] den Grundstein für die Tradition, derzufolge bedeutende christliche Theologen Schüler des Libanios gewesen seien. Ein besonders bemerkenswertes Beispiel ist die zuerst von Sozomenos (*HE* VIII 2,2) überlieferte Anekdote, in der der sterbende Libanios Johannes Chrysostomos als seinen Wunschnachfolger bezeichnet; sie erfreute sich bis ins 13. Jh. häufiger Weitergabe.[94]

Vielleicht noch im 5., wohl spätestens aber im 6. Jh. n. Chr. erblickt ein bemerkenswertes Dossier von Texten die Welt, das enge Verbindungen zwischen Libanios und dem kappadokischen Kirchenvater Basileios dem Großen dokumentieren soll: ein Corpus von insgesamt 26 Briefen, die Libanios und Basileios miteinander ausgetauscht haben sollen, die aber mit ziemlicher Sicherheit eine spätere Erfindung sind.[95] Die Intention dieser

---

[92] Socr. *HE* III 22,10-23,11. 40-44. 48. 59. 61.

[93] Dabei gehen sie möglicherweise von einzelnen Briefzeugnissen des Libanios (*ep.* 501 Foe. = 68 F./Kr. = 19 N.; *ep.* 647 Foe. = 78 N.) und Gregors von Nyssa (*ep.* 13,4; *ep.* 14) aus.

[94] Vgl. Theophanes Conf., *Chronographia* p. 75,28-32 de Boor; Georgios Monachos *chron.* p. 593,16-21 de Boor / Wirth; Symeon Logothetes *chron.* p. 105,20-23 Bekker; Georg. Cedren. *comp. hist.* I p. 574,14–17 Bekker; Michael Glykas *ann.* p. 479,2-6 Bekker.

[95] Vgl. Nesselrath 2008, 57 und dens., „Libanio e Basilio di Cesarea: un dialogo interreligioso?", erscheint voraussichtlich in: *Adamantius* 16 (2010) 338–352. – Von einer „Freundschaft" des Libanios mit Basileios spricht auch noch Nikephoros Gregoras (*Hist. Rom.* II p. 1052,9f. Schopen / Bekker).

Erfindung haben bereits frühere Verfechter der Unechtheit dieses Briefwechsels[96] klar herausgestellt: Er soll zum einen eine enge Verbundenheit zwischen den beiden Schreibern als Protagonisten ihrer zeitgenössischen Kultur dokumentieren, daneben aber – und vor allem – erweisen, dass Basileios dabei der noch etwas Bessere ist und dass Libanios dies auch explizit eingesteht; dadurch erkennt der größte nichtchristliche Vertreter der traditionellen griechischen Rhetorik und Bildung zugleich die Überlegenheit der durch Basileios repräsentierten neuen Weltanschauung formell und ohne Wenn und Aber an.

Eine noch konsequentere Fortsetzung des in diesem Briefwechsel verfolgten Wegs, Libanios eng an bedeutende Vertreter der Kirche zu binden, stellt die vielleicht ebenfalls noch im 5. Jh. entstandene *Vita Basilii* (p. 155–225 Combefis) dar, deren Verfasserschaft dem Bischof Amphilochios von Ikonion – der selber ein Schüler des Libanios war – zugeschrieben wird, die aber mit Sicherheit eine spätere Fälschung darstellt:[97] In ihr wird wunderschön erzählt, wie Basileios Libanios in Antiocheia besucht, dabei Kostproben seiner rhetorisch-literarischen Bildung gibt, von Libanios zu einem Gastvortrag in seine Schule eingeladen wird und wie Libanios schließlich – nachdem er Kaiser Julian auf seinem Perserfeldzug begleitet und seinen Tod miterlebt hat – sich sogar zu Basileios ins kappadokische Kaisareia begibt und dort die christliche Taufe erbittet; weiter kann man wirklich nicht mehr gehen.

Solche Texte dürften eine Rolle dabei gespielt haben, dass Libanios und sein Oeuvre schon bald auch und gerade im christlichen Byzanz hoffähig wurden. So las im späteren 5. Jh. der heilige Severos – seiner Lebensbeschreibung durch Zacharias Scholastikos (p. 13 Kugener) zufolge – zuerst Libanios und erst danach Schriften Basileios' des Großen und Gregors von Nazianz; im gleichen Jh. stellte der gebildete Abt Isidor von Pelusion Libanios als Prosa-Klassiker auf die gleiche Stufe wie den Christen (und wahrscheinlichen Libanios-Schüler) Johannes Chrysostomos,[98] und im 9. Jh. bezeichnete der Patriarch Photios Libanios als „Maßstab und Richtschnur attischer Rede".[99] Libanios' Reden und Schulschriften waren in Byzanz nicht

[96] Vgl. A. Laube, *De litterarum Libanii et Basilii commercio* (diss. Breslau 1913) und R. Foerster im 9. (postum 1927 erschienenen) Band seiner Libanios-Edition innerhalb der langen Praefatio zu den Libanios-Briefen, 197–205; vgl. auch H. Markowski, „Zum Briefwechsel zwischen Basileios und Libanios", *Berliner Philologische Wochenschrift* 33, 1913, 1150–1152.

[97] Vgl. dazu H.-G. Nesselrath, „„Der heidnische Rhetor und der christliche Bischof: Libanios und Basileios der Große in einer spätantiken Basileios-Vita", *Jahresheft der Göttinger Freunde der antiken Literatur* 8 (2009) 11–25.

[98] Isid. *ep.* II 42: er nennt Libanios ὁ ἐπ' εὐγλωττίᾳ παρὰ πᾶσι βεβοημένος („der aufgrund seiner Beredsamkeit bei allen berühmt ist").

[99] Phot. *Bibl.* cod. 90 p. 67b19: κανὼν ἐστι καὶ στάθμη λόγου Ἀττικοῦ. Dabei hebt er besonders seine rhetorischen Schulschriften (πλασματικοὶ ... καὶ γυμναστικοὶ λόγοι) als nützlich hervor. Bemerkenswerterweise sagt Photios nichts über Libanios' eingefleischtes

nur kontinuierlicher Gegenstand des höheren Unterrichts, sondern regten auch Patriarchen und Kaiser zu Nachahmungen oder wetteifernden Antilogien an.[100]

Ein sehr beredtes Zeugnis für Libanios' Beliebtheit in byzantinischer Zeit legen ferner die insgesamt fast 500 (vor allem seit dem 13. Jh. erhaltenen) Handschriften ab, die größere oder kleinere Teile seines Werkes enthalten.[101] Ein weiteres Zeugnis dafür sind die „Zuwächse", die sein Werk in Byzanz und sogar noch im frühhumanistischen Italien erfuhr: Auf die zum Teil beträchtlichen unechten Anteile an seinen Schulschriften wurde bereits hingewiesen (vgl. o. S. 22). Noch bemerkenswerter sind diese Zuwächse bei seinen Briefen:[102] Neben dem Briefwechsel zwischen Libanios und Basileios (vgl. o. S. 24) sind hier die untergeschobenen Briefe 1547–1551 zu nennen;[103] die größte Vermehrung war den Briefen jedoch erst in der Renaissance durch die Fälschungen des italienischen Humanisten Francesco Zambeccari (vielleicht 1443–nach 1475)[104] beschieden, der in Griechenland selbst fünf Jahre lang Libanios-Briefe sammelte und neben echten von ihm ins Lateinische übersetzten Briefen auch die „Übersetzung" mehrerer hundert weiterer Briefe bot, die er in Wahrheit selber geschrieben hatte. Selten ist ein schriftstellerisches Werk so massiv erweitert worden.

Zu dieser „Erweiterung" von Libanios' Oeuvre dürfte Zambeccari dadurch angeregt worden sein, dass in der ersten Hälfte des 15. Jh.s nachweislich mehrfach Libanios-Handschriften (1433 auch eine mit Briefen) nach Italien gelangten.[105] Schon vor der Mitte des 15. Jh.s gibt es erste lateinische Übersetzungen von Libanios-Schriften;[106] diese Arbeiten werden

---

Heidentum oder über seine Idealisierung Kaisers Julians; offenbar waren diese Aspekte gegenüber Libanios' Rolle als Rhetoriklehrer bereits weitgehend in den Hintergrund getreten.

[100] Einzelheiten hierzu demnächst bei H.-G. Nesselrath, *Libanios – Zeuge einer schwindenden Welt* (voraussichtlich 2011), Kapitel „Redelehrer des christlichen Byzanz und des frühneuzeitlichen Europa".

[101] Vgl. Schmid 1924, 999.

[102] Libanios' Briefe wurden bereits von seinem jüngeren Zeitgenossen Eunapios – der im übrigen ein etwas ambivalentes Urteil über Libanios' rhetorische Kunst abgibt – gelobt (Eun. *VS* XVI 2,2), und auch Photios (*Bibl.* cod. 90 p. 67b20) hob sie als Muster hervor.

[103] In *ep.* 1547, 1550 und 1551 gibt es deutlich monotheistische, z.T. sogar christliche Töne.

[104] Zu ihm vgl. R. Förster, *Francesco Zambeccari und die Briefe des Libanius* (Stuttgart 1878), zu seinem Leben dort 1–37; ferner Foerster / Münscher 1925, 2525; Breen 1964.

[105] Vgl. Foerster / Münscher 1925, 2545.

[106] Die *decl.* 24 wird von Bened. Bursa (seit 1442 Professor in Ferrara) ins Lateinische übersetzt (Foerster / Münscher 1925, 2514). Die Klagerede auf den Tod Julians (*or.* 17) wird von Niccolò Perotti ins Lateinische übersetzt. Lionello Chierigato übersetzte die 37. Deklamation. Vgl. Foerster / Münscher 1925, 2545; Breen 1964, 50f.

im 16. Jh. von nicht-italienischen Humanisten fortgesetzt.[107] Den größten Nachruhm hatte (zu Recht) die berühmte Deklamation Nr. 26,[108] in der der griesgrämige Sprecher seiner unerträglich geschwätzigen Frau durch den Schierlingsbecher zu entkommen wünscht: Sie wird in der frühen Neuzeit bereits 1501 durch eine Übersetzung ins Lateinische einem größeren Publikum zugänglich gemacht. Der englische Dramatiker Ben Jonson hat sie in *The Silent Woman* als Vorlage benutzt, und ihr Einfluss ist auch in seinem *Volpone* bei der „Lady Wouldbe" (3. Akt, 4. Szene) zu spüren.

Kurz vor dem Ende des 15. Jh.s beginnen Libanios' Werke auch im Druck zu erscheinen: 1499 werden erstmals Briefe von ihm in einer Aldina[109] veröffentlicht. Im Jahre 1517 erscheint die Editio princeps einer Reihe von Libanios-Reden und Schulschriften in Ferrara; der Editor, Soterianus Capsalis, verwendete als Vorlage eine junge Handschrift aus dem 15. Jh.[110] Die nächste, gegenüber ihrer Vorgängerin erheblich erweiterte, Gesamtausgabe (Paris 1606–1627)[111] enthält immerhin schon 38 der (inzwischen) 64 Reden und stützt sich auch bereits auf mehr Handschriften. Einen wesentlichen Fortschritt bringt dann anderthalb Jahrhunderte später die vierbändige Ausgabe der Reden und Deklamationen, an der Johann Jakob Reiske lange gearbeitet hatte und die seine Frau Ernestine Christine erst nach seinem Tod in den Jahren 1791–1797 herausbringen konnte.[112] Das Briefcorpus war bereits 1738 – aber noch mit sämtlichen Fälschungen Zambeccaris – von J. Ch. Wolf veröffentlicht worden. Eine modernen kritischen Standards genügende Ausgabe sämtlicher erhaltener Libanios-Schriften ist zwischen 1903 und 1927 dank den Bemühungen Richard Foersters[113] erschienen, der sich schon Jahrzehnte zuvor diesem großen Projekt gewidmet hatte.

---

[107] Die *decl.* 3 (Menelaos fordert von den Trojanern die Rückgabe Helenas) und zwei Ethopoiien wurden von Erasmus von Rotterdam ins Lateinische übertragen. Vgl. Foerster 1915, 369.

[108] Vgl. Foerster / Münscher 1925, 2514 und Russell 1996, 113.

[109] In einer Sammeledition von *Epistolae diversorum philosophorum, oratorum, rhetorum sex et viginti*; hier findet man auch bereits die ersten 22 Stücke des erfundenen Briefwechsels zwischen Libanios und Basileios.

[110] Vgl. Foerster 1903, 64–67.

[111] Der Editor, Fédéric Morel (1558–1630), publiziert 1606 zunächst einen ersten Band vor allem mit Schulschriften (*Libanii Sophistae Praeludia Oratoria LXXII. Declamationes XLV et Dissertationes Morales*) – wobei die drei den Band beschließenden *Dissertationes Morales* später zu den Reden gerechnet werden – und 1627 einen zweiten Band mit insgesamt 36 Reden (wobei die letzte noch einmal eine Schul-Deklamation ist), denen noch einige Schulschriften (nämlich 19 ἐκφράσεις und 2 ἠθοποιεῖαι) angefügt sind (*Libanii Sophistae Operum Tomus II. Orationes XXXVI. Quae Historiae Augustae a Constantino Magno usque ad Theodosium M. eiúsque liberos Impp. arcana hactenus ignorata, ac Iuris prudentiae atque ἐγκυκλοπαιδείας ἀξιώματα, continent. His accedunt Monodiae, Invectivae, Ecphrases, novae*).

[112] Der erste Band war bereits einmal 1784 (aber auch da schon postum) erschienen.

[113] Dieser sicher bedeutendste Libanios-Philologe der Neuzeit schreibt seinen Namen in verschiedenen Publikationen teils „Förster", teils „Foerster"; dementsprechend richtet sich

2. Die Rede *Pro Templis*

„... habet haec Libanii Oratio praeclara quamplurima ...“
„egregium sane deinceps istud erit Theodosiani saeculi monumentum ..., quo Ecclesiastici eius Annales partim augeri, partim illustrari poterunt.“
(Gothofredus 1634, VI und VIII)

Diese Sätze stammen aus der Vorrede zum ersten zur Rede 30 des Libanios geschriebenen Kommentar; er wurde 1634 von dem bedeutenden Genfer Juristen und Politiker Iacobus Gothofredus (Jacques Godefroy, 1587–1652) publiziert und ist bis heute in Vielem grundlegend für eine Beschäfigung mit *Pro Templis* geblieben. Die folgenden Ausführungen werden daher wiederholt ihren Anfang bei Gothofredus nehmen.

2.1. Aufbau der Rede

Beim ersten Lesen der Rede fallen manche Gliederungsabschnitte klar ins Auge, während in anderen Teilen die Gedankenfolge zunächst weniger transparent ist; so verwundert es nicht, wenn bisherige Kommentatoren in ihren Gliederungsvorschlägen voneinander abweichen. Der Editor princeps Gothofredus sah die Rede folgendermaßen aufgebaut:[114] An die einleitende narratio (§ 1–7[115]) schließt sich eine Klage gegen die zerstörerischen Mönche an (§ 8–14); danach beginnt eine längere Sektion, in der Libanios den Argumenten, mit denen die Christen ihr Zerstörungswerk zu legitimieren versuchen, seine Widerlegung entgegenstellt (§ 15–41). Als erstes wendet er sich gegen den Vorwurf, die Heiden brächten immer noch verbotene Opfer dar (§ 15–16); als zweites setzt er sich mit der Anschuldigung auseinander, bei Festen seien Opfertiere (Rinder oder Schafe) geschlachtet worden (§ 17–19); als drittes bestreitet er die These, dass durch die Zerstörung von Tempeln viele Heiden dazu bewegt worden seien zu konvertieren (§ 27–29); als viertes argumentiert er gegen die Behauptung, die Beseitigung der Tempel sei für den Erdkreis nützlich (§ 30–36); als fünftes zeigt er auf, dass die Christen sich zu Unrecht auf frühere römische Kaiser berufen, denn diese seien für ihr Vorgehen gegen heidnische Heiligtümer schwer bestraft worden (§ 37–41). Es folgen Hinweise, dass heidnische Tempel auch schon deshalb durchaus erhaltenswert wären, weil man sie anderen Nutzungsmöglichkeiten zuführen könnte (§ 42–43). Ein daran anschließender Exkurs beschreibt das beklagenswerte Schicksal eines

im vorliegenden Band die Schreibweise von Försters/Foersters Namen jeweils nach der Publikation, die gerade zitiert wird.

[114] Gothofredus 1634, 1–6.

[115] Die angegebenen Paragraphenzahlen (die Gothofredus noch nicht hat; er zitiert in seinem Kommentar nach den Seiten seiner Ausgabe, p. 6–32) sind der Versuch, Gothofredus' Gliederung in der heute üblichen Zitierweise wiederzugeben.

mächtigen Tempels[116] an der Grenze zum Perserreich (§ 44–45); danach greift Libanios einen mächtigen römischen Amtsträger an, den er offenbar für die Zerstörung dieses Tempels verantwortlich macht, sowie seine Helfershelfer (§ 46–51). In seiner conclusio weist Libanios darauf hin, dass der Kaiser natürlich alle heidnische Religionsausübung einfach verbieten und die Praktizierung des Christentums per Dekret durchsetzen könne; solange er dies aber nicht tue, würden die von christlichen Übergriffen Betroffenen sich gegebenenfalls auch mit Gewalt verteidigen (§ 52–55).

Wie die Übersicht zeigt, deckt Gothofredus' Inhaltsangabe die meisten Teile der Rede ab; der von ihm gedruckte Text (und dementsprechend auch seine Übersetzung) enthält jedoch eine größere Lücke, die sich von der Mitte des § 19 (von den nicht mehr enthaltenen Worten τὸν μεμηνυκότα) bis zum Übergang in den § 28 (bis einschließlich der Worte ... πλημμελεῖν. 28. Eἰ) erstreckt;[117] so konnte Gothofredus die §§ 20–27 noch nicht erfassen. Der italienische Kommentator Romano[118] teilt die ersten sieben Paragraphen in ein Exordium (§ 1–3: der Redner appelliert an das Wohlwollen des Kaisers und bittet um Gehör), eine Narratio über ältere Zeiten (und die Bedeutung der paganen Heiligtümer in ihnen: § 4–5) sowie eine Narratio über jüngere Zeiten (§ 6–7: die Behandlung der Heiligtümer durch die römischen Kaiser seit Konstantin) auf; danach setzt er einen sehr langen Abschnitt (§ 8–30) an, dem er keine genauere Differenzierung abgewinnt (als durchgehendes Motiv wird die Schilderung durch nichts gerechtfertigter empörender gewaltsamer Übergriffe durch christliche Gruppen skizziert). Als nächster Abschnitt werden die §§ 31–36 abgegrenzt (Thema: die Nützlichkeit paganer Kulte in alter und noch in neuerer Zeit), danach die §§ 37-41 (die Bestrafungen der Kaiser, die die Kulte anzutasten wagten, im Kontrast zu dem einen, der sie noch einmal zu Ehren zu bringen versuchte: Julian), dann die §§ 42–51 (säkulare Nutzungsmöglichkeiten in Bezug auf die Heiligtümer; das beklagenswerte Schicksal des zerstörten großen Tempels an der Grenze zum Perserreich; Angriff gegen den dafür verantwortlichen hohen Amtsträger und seine Handlanger – die Stichworte zeigen, dass hier kaum von einem wirklich zusammenhängenden Abschnitt gesprochen werden kann) und schließlich die §§ 52–55 als Epilog (den hat auch schon Gothofredus in ähnlicher Weise abgegrenzt). Als ganzes wirkt dieser Gliederungsvorschlag nicht überzeugend.

Wiemer[119] teilt die ersten Abschnitte der Rede (§ 1–7) ähnlich ein wie Romano; wie Gothofredus sieht er in den nächsten sieben Paragraphen (8–14) die Anklage gegen die Übergriffe der Tempelzerstörer ausgebrei-

[116] Zur Identifizierung dieses Tempels vgl. unten Anm. 134 zur Übersetzung.
[117] Vgl. auch unten S. 40 zum Text.
[118] Romano 1982, 23–25. Van Loy 1933 gibt keine regelrechte Gliederung der Rede, sondern nur eine zusammenfassende (und manche Teile überspringende) Inhaltsangabe (8f.).
[119] Wiemer 2011, 164–167.

tet und setzt ab § 15 den „argumentierenden Teil der Rede" an, in dem sich Libanios mit erwarteten Einwänden seiner Gegner auseinandersetzt. Was Gothofredus als zwei Abschnitte gefasst hatte (vgl. o.), zieht Wiemer zu Recht in einen zusammen: Libanios' Widerlegung des Vorwurfs, die Heiden würden das Verbot des Tieropfers übertreten und hätten dafür die Zerstörung der Heiligtümer als Strafe verdient (§ 15–19). Bemerkenswerterweise lässt Wiemer aus seiner Skizzierung des Inhalts das schon bei Gothofredus nicht erfasste Textstück aus und nennt als nächstes Argument der christlichen Gegner die Hoffnung, durch die Zerstörung von Heiligtümern Konversionen zu bewirken (§ 27–29). Auch die weiteren Teile der Rede grenzt Wiemer so ab wie Gothofredus, wobei er – in einleuchtender Weise – den „Exkurs" über den großen, inzwischen aber zerstörten Tempel an der Persergrenze in § 44–45[120] als Vorbereitung gegen den im Folgenden angegriffenen hohen Amtsträger und seine Helfershelfer auffasst.

Hier noch einige Bemerkungen zu den §§ 20–26, die – vielleicht noch in Tradition zu Gothofredus wegen des Textausfalls – in den bisherigen Gliederungsversuchen recht stiefmütterlich behandelt worden sind: In § 19 legt Libanios zunächst dar, dass die nichtchristliche Landbevölkerung sich beim Einbezug von Heiligtümern in ihre traditionellen Feste nichts zuschulden kommen lässt, was der geltenden Rechtslage widerspricht und dass es für anderslautende Behauptungen keinerlei Beweise gibt. Diesem korrekten Verhalten stellt Libanios dann das ganz andere Vorgehen der christlichen Heiligtumsgegner gegenüber, die sogar Lynchjustiz praktizierten. Behauptungen der Gegenseite, dass dem nicht so sei, weist Libanios in § 20 zurück: Die Christen brächten sich nicht nur bei Krawallen sogar gegenseitig um, sondern sie töteten Andersdenkende auch dadurch, dass sie ihnen Helfer und Lebensgrundlage nähmen – da würden sie wohl kaum vor direkter Lynchjustiz zurückschrecken. Hinweise auf die das Töten verbietenden religiösen Schriften der Christen lässt Libanios nicht gelten: ihr Tun spreche eine andere Sprache und habe bereits viele Heiligtümer auf dem Lande vernichtet (§ 21). Als Beispiel für christliche Zerstörungswut führt er dann die Zerstörung einer schönen Asklepiosstatue an, die schon lange keinen Kult mehr erfahren habe (§ 22); ebenso sinnlos und unprovoziert wüteten sie auch in ländlichen Heiligtümern (§ 23). Und nun dreht Libanios den Spieß um und behauptet, dass nicht die Heiden – die sich in keiner Weise gesetzesbrecherisch verhielten –, sondern die Christen eine Strafverfolgung verdienten, denn sie seien die eigentlichen Gesetzesbrecher (§ 24). Dieser Gesetzesbruch bestehe nicht zuletzt in der Nichteinhaltung der juristischen Spielregeln: Die Christen müssten gerichtsfeste Beweise für ihre Beschuldigungen liefern und die Durchführung juristischer Schritte in jedem Fall den dafür zuständigen staatlichen Behörden

[120] Bei Wiemer 2011, 166 steht versehentlich „43–44".

überlassen (§ 25). Die Missachtung elementarster juristischer Spielregeln könne auch nicht mit dem Ziel gerechtfertigt werden, auf diese Weise Konversionen unter den Heiden herbeizuführen (§ 26) – und damit ist Libanios bei dem nächsten Argument angelangt, das er seinen Gegnern aus den Händen schlagen will (weiter ausgeführt in den Paragraphen 27–29). Der ganze Abschnitt § 20-26 lässt sich so als eine nicht ungeschickte juristische Gegenoffensive des Libanios verstehen, bei der er vom defensiven Apologeten des gesetzestreuen Verhaltens der Heiden zum offensiven Ankläger des gesetzesbrecherischen Verhaltens der Christen wird.

So lässt sich nunmehr folgende Gliederung der Rede vorschlagen:

§ 1–3: Exordium/Praefatio

Der Sprecher verweist auf seine früheren guten Ratschläge an den Adressaten und bittet ihn, ihm auch diesmal Gehör zu schenken, umso mehr, als es sich um eine sehr heikle Angelegenheit handelt (captatio benevolentiae).

§ 4–14: Narratio

§ 4–5: Narratio, 1. Teil: Die Bedeutung von Göttern und ihren Heiligtümern seit den Anfängen der Menschheit.

§ 6–7: Narratio, 2. Teil: Die Behandlung der nichtchristlichen Heiligtümer durch die römischen Kaiser seit Konstantin und der jetzige Rechtszustand.

§ 8–14: Narratio, 3. Teil: a. Die empörende Brechung dieses Rechtszustands durch die Zerstörungen und Plünderungen der Heiligtümer in jüngster Zeit, und die üblen Folgen dieser Übergriffe für die betroffene Bevölkerung, aber auch für Kaiser und Reich (§ 8-11). b. Die sich aus dieser Analyse ergebenden Forderungen an den Kaiser (§ 12-14).

§ 15–51: Argumentatio

§ 15–19: Argumentatio, 1. Teil: Widerlegung des ersten Arguments der Tempelzerstörer zu ihrer Rechtfertigung: Es gibt keinerlei Beweise für die Behauptung, dass die Heiden ein Gesetz, das Opfern verbietet, übertreten haben.

§ 20–26a: Argumentatio, 2. Teil: Der Redner dreht den Spieß um: Gerade die Tempelzerstörer sind die Gesetzesbrecher, da sie in ihrem schrankenlosen Wüten alle Elemente staatlicher Ordnung missachten.

§ 26b–29: Argumentatio, 3. Teil: Widerlegung des zweiten Arguments der Tempelzerstörer: Tempelzerstörungen führen nicht zu echten Konversionen der Nichtchristen.

§ 30–36: Argumentatio, 4. Teil: Widerlegung des dritten Arguments der Tempelzerstörer: Die Zerstörung der Heiligtümer brächte der Erde und den Menschen keinen Nutzen, sondern würde im Gegenteil schaden; deshalb behält man in Rom und Alexandria bzw. am Nil die heidnischen Opfer bei.

§ 37–42a: Argumentatio, 5. Teil: Widerlegung des vierten Arguments der Tempelzerstörer: Sie können sich nicht auf die früheren Kaiser berufen, die gegen heidnische Heiligtümer vorgingen, denn diese Herrscher wurden für diese Maßnahmen schwer bestraft. Mit ihnen kontrastiert der Redner das leuchtende Gegenbeispiel des die Heiligtümer ehrenden Kaisers Julian.
§ 42b–43: Argumentatio, 6. Teil: Gegen die Zerstörung der Heiligtümer spricht auch, dass sie als Bauwerke anderen nützlichen Zwecken zugeführt werden könnten.
§ 44–51: Argumentatio, 7. Teil: Ein krasses Beispiel für die sinnlose Zerstörung eines solchen nicht nur als Heiligtum nützlichen Bauwerks bildet das Schicksal des in § 44 beschriebenen Tempels, für dessen Vernichtung (§ 45) ein hoher Amtsträger und seine Helfershelfer mit scharfen Worten angegriffen werden (§ 46–51).

§ 52–55: Peroratio

Der Kaiser hätte die Möglichkeit, alle nichtchristlichen Religionspraktiken durch ein entsprechendes Dekret einfach zu verbieten (§ 52); da er dies jedoch nicht tut, sondern Nichtchristen nicht nur in seiner Gegenwart duldet, sondern ihnen sogar hohe Ämter anvertraut (§ 53), bietet er den Tempelzerstörern offensichtlich keine Legitimation (§ 54). Daraus leitet der Redner schließlich sogar ein Widerstandsrecht gegen Leute ab, die ohne jede rechtliche Grundlage weiter gewaltsam gegen Heiligtümer vorgehen wollen.

Das Ganze lässt gewisse symmetrische Entsprechungen erkennen: Dem recht kurzen Exordium entspricht der ähnlich kurze Epilog; die an das Exordium anschließende Narratio wird (zumindest in ihrem zweiten Teil, § 6–7) von der erzählenden Darlegung in § 37–41 aufgegriffen, die Invektive gegen die Heiligtumszerstörer in § 8–14 von einer ähnlichen Invektive in § 44–51; im Zentrum steht der große argumentierende Teil (§ 15–41), in dem es zum einen um den Nachweis geht, dass nicht die Heiden, sondern die Christen gegen das Gesetz verstoßen, und zum anderen um die Darlegung, dass Heiligtumsbewahrung Nutzen, Heiligtumsbekämpfung dagegen Schaden bringt.

Insgesamt verbindet die Rede Elemente von zwei der drei seit Aristoteles unterschiedenen Redegattungen, nämlich der symbuleutischen Rede (Libanios tritt von Anfang an als Ratgeber des Kaisers auf) und der Gerichtsrede. Dabei handelt es sich meistens um eine Verteidigungsrede, da Libanios als Verteidigungsanwalt der Nichtchristen auftritt (vgl. § 15–19. 26b–43); in einigen Abschnitten wird diese Verteidigung jedoch auch zur Anklage des unrechtmäßigen und sogar kriminellen Vorgehens der christlichen Tempelzerstörer (§ 20–26a. 46–51).

2.2. Situierung und Datierung

Vor welchem historischen Hintergrund ist diese Rede entstanden? Seit Gothofredus sind sich die Kommentatoren und Interpreten von *Pro Templis* einig, dass Libanios die Rede innerhalb der zehn Jahre zwischen 381 und 391 geschrieben hat: 381 ist Terminus post, weil in diesem Jahr Flavianos Bischof von Antiocheia wurde – er blieb es bis 404 – und er in der Rede als amtierend erwähnt wird;[121] 391 gilt als Terminus ante, weil nicht vor diesem Jahr die heidnischen Opfer in den großen Metropolen Rom und Alexandria verboten wurden, auf deren Fortbestand Libanios ebenfalls deutlich hinweist.[122] In diesem Jahrzehnt hat Libanios eine ganze Reihe von Reden oder Sendschreiben verfasst, in denen der römische Kaiser Adressat ist. Die Gesetzeslage, auf die Libanios sich beruft – Tieropfer seien verboten, aber das Darbringen von Weihrauch erlaubt[123] – hatte Theodosius in den Jahren 381 und 385 bestätigt. Gerade in der zweiten Hälfte des genannten Jahrzehnts scheinen Tempelzerstörungen in der Osthälfte des Römischen Reiches zugenommen zu haben, so dass genügend Anlass für einen Text wie *Pro Templis* gegeben war.

Was eine genaue Datierung von Libanios' Rede erschwert, ist der Umstand, dass unser Autor mit Ausnahme des Flavianos keinen der Akteure, um die es im Zusammenhang von *Pro Templis* geht, namentlich nennt[124] und auch bei Ereignissen, auf die er eingeht, leider oft sehr vage bleibt. Insbesondere die Beantwortung folgender Fragen wäre für eine Datierung der Schrift wichtig:
Auf welche Ehrung des Libanios durch Theodosius wird in § 1 angespielt?
Welcher große, jetzt aber zerstörte Tempel ist in § 44–45 gemeint?
Wer ist der hohe Amtsträger, der mit der Zerstörung dieses Tempels in § 46 in Zusammenhang gebracht wird und gegen den Libanios in § 46–48 eine scharfe Invektive richtet?
Wer ist der in § 53 erwähnte Mann, den der Kaiser sich gerade „an die Seite gestellt" habe und „der bei den Göttern seinen Eid leistet", also offenbar

---

[121] Vgl. § 15; vgl. Anm. 56 zur Übersetzung.

[122] Vgl. § 33 und 35; Genaueres unten Anmm. 99 und 103 zur Übersetzung. Oft wird die Zerstörung des großen Serapeion in Alexandria – das Libanios in *or.* 30,35 offensichtlich als noch existierend voraussetzt – als Terminus ante genommen und daraus das Jahr 391 gewonnen. Inwischen hat Johannes Hahn (Hahn 2006) nachgewiesen, dass die Serapeion-Zerstörung nicht 391, sondern sehr wahrscheinlich in den ersten Monaten des Jahres 392 stattfand; doch verschiebt dies den Terminus ante nur unwesentlich.

[123] Vgl. *or.* 30,7 und dazu unten Anm. 34 zur Übersetzung. Vgl. jedoch Behrends, unten S. 119–125.

[124] Nicht einmal den Kaiser, an den er sich wendet; hier hat jedoch schon Gothofredus 1634, 37 darauf hingewiesen, dass sich aus der Reihe der Vorgänger, auf die Libanios in *or.* 30,6-7 zu sprechen kommt (wiederum ohne Namensnennung aber doch mit genügend klaren Anspielungen), ergibt, dass der in *Pro Templis* Angesprochene Theodosius sein muss.

kein Christ ist und daher für Heiden wie Libanios ein offenes Ohr haben dürfte?

Gothofredus, der Editor princeps dieser Rede, hat auch als erster auf diese Fragen Antworten zu geben versucht;[125] manche davon haben bis heute Bestand. Die „Größe der Ehre", die Libanios in § 1 von Theodosius empfangen haben will, bezog er auf die Prätorianerpräfektur ehrenhalber, die Libanios 387/388 verliehen worden sei.[126] Den in § 44 erwähnten heidnischen Tempel identifizierte er mit einem Hauptheiligtum der Stadt Edessa, das im Jahr 382 noch unversehrt war.[127] In dem von Libanios in § 46–48 angegriffenen hohen kaiserlichen Amtsträger wollte er Maternus Cynegius erkennen – den *praefectus praetorio Orientis* (PPO) von 384 bis 388, der noch im Jahr 388 starb –, in dem in § 53 genannten neuen hohen „Mitarbeiter" des Kaisers den Nachfolger des Cynegius im Amt des PPO, Flavius Tatianus.[128] Aufgrund dieser beiden Personen-Identifikationen sah Gothofredus das Jahr 388 als Terminus post an und datierte die Abfassung von *Pro Templis* ins Jahr 390, als mit Tatianus als PPO für eine Rezeption[129] von Libanios' Ausführungen vergleichsweise günstige Umstände herrschten. Bemerkenswerterweise hat Gothofredus seine Meinung über die Datierung von *Pro templis* später noch einmal geändert:[130] Im 1665 erschienenen sechsten Band seiner Ausgabe des *Codex Theodosianus* setzte er die Entstehung der Rede nunmehr ins Jahr 387 oder 388.

Zwei Generationen nach Gothofredus äußerte sich der berühmte französische Kirchenhistoriker Louis-Sébastien le Nain de Tillemont (1637-1698) in seiner „Histoire des Empereurs" ebenfalls zur Datierung von *Pro Templis*[131] und glaubte Gothofredus in einigen Punkten widersprechen zu müssen: Es sei nicht zu beweisen, dass Libanius in § 1 auf das (387/8 bekommene?) Amt des Prätorianerpräfekten ehrenhalber anspiele; der in § 44 beschriebene Tempel sei nicht der von Edessa, sondern der der Mondgöttin in Harran / Carrhae; es sei auch nicht zu beweisen, dass Cynegius der in § 46–48 Angegriffene sei; dagegen sei der in § 53 erwähnte neue „Mitarbeiter" des Kaisers der hohe Offizier Richomer, der im Jahr 384 Konsul war und Libanios als guten Bekannten in diesem Jahr nach Konstantinopel einlud.[132] Da schon Edikte des Theodosius von 381 Opfer verboten

[125] Gothofredus 1634, 37–40.

[126] Vgl. dazu unten Anm. 5 zur Übersetzung.

[127] Vgl. unten Anm. 134 zur Übersetzung.

[128] Zu ihm vgl. o. Anm. 58 und unten Anm. 149 zur Übersetzung.

[129] Wie man sich diese vorzustellen hat, dazu vgl. unten Wiemer S. 142f.

[130] Worauf Foerster 1906, 81 Anm. 1 hinweist.

[131] Tillemont 1720, 733.

[132] Vgl. Lib. *or.* 1,219; *ep.* 866 (= 150 N.), 972 (= 71 F./ Kr. = 172 N.), 1024 (= 180 N.). Zu Richomer, *magister militum per Orientem* 383, vgl. *PLRE* I 765f. und unten Anm. 149 zur Übersetzung.

hätten, wollte Tillemont die Rede bereits in die erste Jahreshälfte 384 datieren.

Demgegenüber pflichteten im 18. Jh. der schon erwähnte Johann Jakob Reiske[133] und im 19. Jh. der Libanios-Biograph G. Sievers[134] im wesentlichen Gothofredus bei, während zu Beginn des 20. Jh.s der Libanios-Editor Richard Foerster mehr den Argumenten Tillemonts folgen wollte:[135] Zwar wollte er wie Gothofredus in dem in § 44 genannten Tempel den von Edessa erkennen, lehnte jedoch – wie Tillemont – die Identifizierung des in § 46–48 Angegriffenen mit Cynegius ab, weil Libanius an andern Stellen[136] anders von ihm spreche, und wollte den in § 53 erwähnten neuen „Mitarbeiter" des Kaisers nicht (wie Gothofredus) mit Tatianos, sondern (wie Tillemont) mit Richomer identifizieren; nach Foersters Annahme hätte Libanios so noch 384[137] in die Hauptstadt der östlichen Reichshälfte kommen und dort *Pro Templis* vortragen können.

Gegen Foerster kehrte Otto Seeck in seiner „Geschichte des Untergangs der antiken Welt"[138] zu der von Gothofredus vertretenen Datierung auf 390 zurück; dabei waren für ihn die wichtigsten Eckdaten die Anspielung auf Libanios' Empfang der Prätorianerpräfektur ehrenhalber im Herbst 388 in *Pro Templis* § 1 als Terminus post und die Zerstörung des Serapeion in Alexandria im Jahr 391 als Terminus ante. Wie Gothofredus identifizierte Seeck den in § 46–48 Angegriffenen mit Cynegius und den in § 53 erwähnten neuen hohen „Mitarbeiter" des Kaisers mit Tatianos. Bei seiner 1933 veröffentlichten Kommentierung und Übersetzung von *Pro Templis* folgte R. van Loy[139] Seecks Argumenten.

Den nächsten wichtigen Beitrag zur Datierungskontroverse lieferte dann 1951 der bedeutende Libaniosforscher Paul Petit:[140] Gegen Seeck argumentierte er, dass Libanios' Ernennung zum Praefectus Praetorio ehrenhalber bereits vor 388 erfolgt sein müsse, da bereits in der 386 entstan-

[133] Wobei Reiske eigentlich gar keine eigene Meinung äußert, sondern sich damit begnügt, Gothofredus' Ausführungen zur Datierung noch einmal abzudrucken (Reiske 1793, 153–155).

[134] Sievers 1868, 192.

[135] Foerster 1906, 80f. Anm. 3.

[136] Foerster nennt *or.* 1,231, *or.* 4,20 und 52,46. Doch hat Libanios sich auch in anderen Fällen je nach Anlass und Situation sehr verschieden über ein und dieselbe Person geäußert; vgl. Cribiore 2007, 24.

[137] Nicht jedoch (wie Tillemont geglaubt hatte) in der ersten, sondern in der zweiten Jahreshälfte (mit Hinweis auf *or.* 30,14).

[138] O. Seeck, *Geschichte des Untergangs der antiken Welt* I-VI (Stuttgart 1920–1923), Bd. V 231. 526–528. 534f.

[139] Van Loy 1933, 18f. Dagegen hatte Van Loy in einer zwanzig Jahre früheren Erörterung der Datierung von *Pro Templis* („La date du *Pro Templis* de Libanius", *BZ* 22, 1913, 313–319) für das Jahr 388 plädiert, weil er damals die Zerstörung des Serapeion auf 389 ansetzte.

[140] Petit 1951 / 1983.

denen Rede 45 (§ 1) auf sie angespielt sei;[141] da Libanios bereits 383/4 die Ehren eines *honoratus* genossen habe, müsse die entsprechende Ehrung spätestens 383 erfolgt sein.[142] Das Jahr 384 sah Petit als einen günstigen Zeitpunkt für die Rede an: Für dieses Jahr waren die Heiden Richomer und Klearchos als Konsuln vorgesehen,[143] der Heide Themistios war Stadtpräfekt von Konstantinopel und der Heide Symmachus Stadtpräfekt von Rom. Dass dagegen gerade 384 der dezidierte Heidengegner Cynegius das mächtige Amt des PPO erlangte, sah Petit nicht als Gegenargument gegen eine Abfassung von *Pro Templis* in diesem Jahr an: Libanios habe hochgestellte Persönlichkeiten auch in anderen Fällen durchaus noch zu ihren Lebzeiten angegriffen, doch habe er freilich genau darauf geachtet, in wessen Hände die entsprechenden Angriffe gerieten; so sei auch *Pro Templis* „mit Leidenschaft verfaßt, aber mit Vorsicht verbreitet worden".[144] Petit möchte die Abfassung der Rede gerade auf den Höhepunkt der (385 begonnenen) Mission des Cynegius datieren, die darin bestanden habe, das Edikt, mit dem Theodosius heidnische Opferhandlungen mit anschließender Eingeweideschau verbot,[145] in seiner Reichsdiözese *Oriens* durchzusetzen. Bis Sommer 386 war Cynegius in Syrien tätig, wo ihm die Tempel von Aig(e)ai,[146] Apameia und Edessa zum Opfer fielen, und ging anschließend nach Ägypten, wo er im März 387 bezeugt ist. Von Aktivitäten des Cynegius in Ägypten zeigt Libanios' Rede noch keine Kenntnis;[147] für Petit gehört *Pro Templis* deshalb „an den Anfang des Aufenthaltes des Präfekten in Alexandria ... also zwischen dem Sommer 386 ... und Anfang 387".[148] Den in § 53 erwähnten neuen hohen „Mitarbeiter" des Kaisers identifiziert Petit mit Eutropios, Consul designatus für 387; auch noch andere Elemente der Rede scheinen ihm ins Jahr 386 zu weisen;[149] dagegen

---

[141] Demgegenüber wollte Petit in dem 388 entstandenen Passus der *Autobiographie* (*or.* 1,257f.) keine Anspielung auf das besagte Ehrenamt erkennen.

[142] Petit wollte eine Anspielung darauf aus *or.* 1,219 (Hinweis auf einen besonderen Brief des Kaisers) gewinnen.

[143] Zu Richomer vgl. o. Anm. 132, zu Klearchos *PLRE* I 211f. (Clearchus Nr. 1).

[144] Petit 1983, 56.

[145] *Cod. Theod.* XVI 10,9 vom 25.5.385 (*Ne quis mortalium ita faciendi sacrificii sumat audaciam, ut inspectione iecoris extorumque praesagio vanae spem promissionis accipiat vel, quod est deterius, futura sub execrabili consultatione cognoscat*). Ähnlich waren im Edikt *Cod. Theod.* XVI 10,7 vom 21.12.381 Tieropfer in heidnischen Kultstätten verboten worden. Laut Petit bezieht sich Libanios in *or.* 30,16–18 geschickt auf den Wortlaut dieser Edikte.

[146] Vgl. zu Aig(e)ai *or.* 30,39 und unten Anm. 119 zur Übersetzung.

[147] Vgl. *or.* 30,35f.; dagegen wird die Zerstörung des großen Tempels im Osten Syriens (Edessa?) an der persischen Grenze eindeutig mit dem Amtsträger in Zusammenhang gebracht, gegen den Libanius die Invektive der §§ 46–48 richtet.

[148] Petit 1983, 62.

[149] Die Anspielung auf militärische Vorbereitungen in *or.* 30,14 bezieht Petit auf den Feldzug des Promotus gegen die Greuthungen 386; gerade in den Jahren 385–6 verfasst Libanios noch weitere Reden mit Theodosius als Adressat (*or.* 50; 45; 33); gerade im Jahr 386 war das Reich von keiner inneren oder äußeren Gefahr bedroht, was gut auf die Redesituation

würden die Hinweise auf die Milde und Sanftmut des Kaisers in or. 30,2 und 30,47 gar nicht ins Jahr 390 passen, in dem Theodosius das notorische Massaker in Thessalonike anordnete.

Die Datierung Petits hat weithin Zustimmung erfahren: 1977 in der von A. F. Norman publizierten griechisch-englischen Ausgabe von *Pro Templis*;[150] 1982 in der italienischen kommentierten Übersetzung Roberto Romanos („la più probabile");[151] und noch 2001 in der spanischen kommentierten Übersetzung von Angel González Gálvez.[152]

Inzwischen hat Hans-Ulrich Wiemer die Argumente Petits noch einmal kritisch geprüft,[153] vor allem was die Verleihung des Titels eines Praefectus Praetorio ehrenhalber an Libanios und die vermeintliche Anspielung darauf in *or*. 30,1 betrifft, die bisher offenbar nur Tillemont ernstlich bestritten hatte (vgl. o.). Wiemer macht plausibel, dass die für eine solche Ehrentitel-Verleihung angeführten Stellen[154] sich durchgehend einer sehr vagen Ausdrucksweise befleißigen und mit größerer Wahrscheinlichkeit auf anderes zu beziehen sind.[155] Als Terminus ante für die Abfassung von *Pro Templis* akzeptiert auch Wiemer die Zerstörung des Serapeion 391, als Terminus post das Jahr 384 (weil der damals zum PPO ernannte Cynegius offenbar für die in § 45f. evozierte Zerstörung des in § 44 beschriebenen beeindruckenden Tempels verantwortlich gemacht wird). Den in § 53 erwähnten „Mitarbeiter" des Kaisers hält Wiemer nicht für genauer bestimmbar,[156] gewinnt aber aus *or*. 30,35f. – wo Libanios sagt, dass bisher noch niemand den Nilkult angetastet habe – einen Hinweis zugunsten einer Datierung von *Pro Templis* in die Jahre 385–387, denn dies konnte nach Cynegius' Aufenthalt in Ägypten und anschließendem Tod wohl kaum mehr geschrieben werden. Dass Cynegius in *or*. 30 noch als Lebender behandelt wird, spricht für eine Abfassung der Rede noch zu seinen Lebzeiten, nicht aber für ihre Verbreitung gleich nach der Abfassung, denn so heftige Beschimpfungen eines amtierenden PPO konnte Libanios kaum öffentlich zu machen wagen.[157] Wiemers einleuchtendes Fazit: „Libanios schrieb Für die Tempel unter dem Eindruck von Cynegius' Wirken, verwahrte sie jedoch vor den

passt (vgl. *or*. 30,13), während es 387/8 bereits wieder größere kriegerische Auseinandersetzungen (mit dem als Kaiser im Westen auftretenden Maximus) gab.

150 Norman 1977, 96f.

151 Romano 1982, 22: Für Romano bilden das theodosianische Opferverbot von 385 als Terminus post und der Tod des Cynegius 388 als Terminus ante den chronologischen Rahmen.

152 González Gálvez 2001, 219–221. Die gleich vorzustellenden Argumente von Wiemer 1995b für eine Abfassung 387 (und Veröffentlichung 388) scheint González Gálvez nicht zu kennen.

153 Wiemer 1995b.

154 Lib. *or*. 1,219. 258; 45,1; 30,1; 47,16; vgl. Eunapios *VS* XVI 2,8f.

155 Wiemer 1995b, 99–103.

156 Wiemer 1995b, 125.

157 Wiemer 1995b, 126.

Augen der Öffentlichkeit, bis mit der Präfektur des Tatianus bessere Zeiten anzubrechen schienen. ... Libanius wollte den Heiden Tatianus dazu auffordern, die Heiligtümer zu schützen, indem er ihm die Untaten seines Amtsvorgängers in Erinnerung rief."[158]

Wiemers Argumentation leuchtet ein; zugleich gibt die von ihm wohl zu Recht vertretene zeitliche Trennung zwischen Abfassung und Publikation von *Pro Templis* einen guten Hinweis darauf, wie behutsam Libanios mit einem solchen Text zur Verteidigung der heidnischen Kultstätten auftreten musste – angesichts eines christlichen Kaisers, der andere Religionen allenfalls zu tolerieren bereit war, und angesichts von hohen Reichsbeamten, die – bei entsprechender dezidierter antipaganer Einstellung – durchaus bereit waren, über die geltende Rechtslage hinauszugehen, da eventuelle pagane Gegner überall in die Defensive gedrängt waren. Schon Gothofredus hat klar gesehen, dass Libanios' direkte Ansprache an den Kaiser in *Pro Templis* fingiert ist und sicher nicht in Konstantinopel gehalten wurde;[159] seit 354 hat Libanios seine Heimatstadt Antiocheia höchstens noch für kürzere Reisen verlassen. Als wahrscheinlich bester Rhetoriklehrer seiner Zeit war es Libanios jedoch gewohnt, fiktive Redesituationen zu entwerfen; dies gehörte zum Grundprogramm einer rhetorischen Ausbildung, und Libanios' Adressaten waren solche Texte sicherlich gewohnt. So konnte *Pro Templis*, nach Konstantinopel in die richtigen Hände gelangt, möglicherweise eine Wirkung entfalten, auch ohne direkt von seinem Schöpfer dem im Text genannten Adressaten vorgetragen zu werden (vgl. u.).

2.3. Zu Wirkungs-, Überlieferungs- und Editionsgeschichte von *Pro Templis*

Wenn die Rede *Pro Templis* zu Libanios' Lebzeiten überhaupt eine Wirkung im Sinne ihres Autors hatte,[160] so war sie nur von kurzer Dauer: Wenige Jahre nach ihrer Abfassung wurde das alexandrinische Serapeion, dessen prominente Existenz Libanios in § 44 noch mit dem Wunsch kommentiert, es möge niemals zerstört werden, dem Erdboden gleichgemacht. Es gibt keine Hinweise darauf, dass der Rede in Byzanz besondere Aufmerksamkeit zuteil geworden wäre; sie ist auch nur in vergleichsweise

[158] Wiemer 1995b, 128. Laut Wiemer zeigt Lib. *ep.* 916,1–3, dass Libanios die Veröffentlichung einer anderen Rede ähnlich zurückgehalten hat. Wiemer hat seine Datierung 2011, 163 bekräftigt. Vgl. auch Hahn 2006, 373 Anm. 19.

[159] Gothofredus 1634, 40f. (zu § 3) und 63 (zu § 51) weist auf Stellen hin, die zeigen, dass Libanios mit seinen Ausführungen nicht wirklich in Konstantinopel anwesend ist, auch wenn er so tut.

[160] Vgl. immerhin *Cod. Theod.* XVI 3,1 vom 2.9.390, wo Mönchen verboten wird, in die Städte zu kommen (*Quicumque sub professione monachi repperiuntur, deserta loca et vastas solitudines sequi adque habitare iubeantur*).

wenige Libanios-Handschriften aufgenommen,[161] vielleicht „propter argumentum Christianis invisum".[162]

Dieses Desinteresse setzt sich zunächst auch im westlichen Humanismus fort: In den ersten beiden gedruckten Libanios-Gesamtausgaben (vgl. o. S. 27) ist *Pro Templis* nicht zu finden; erst Gothofredus besorgte 1634 die Erstedition (immerhin schon mit Kommentierung, vgl. o.), wobei er als Vorlage eine Abschrift der ältesten Libanios-Handschrift verwandte, die *Pro templis* enthält (Monacensis gr. 483 olim Augustanus, 10. Jh.), in der aber durch Ausfall eines Blatts der gesamte Text zwischen der Mitte des § 19 und dem Anfang des § 28 verschwunden und dementsprechend bei Gothofredus noch nicht gedruckt ist (vgl. o.). Dieser Textausfall kennzeichnet auch noch die Ausgabe der Rede durch J. J. Reiske 1793, doch stellte Reiske immerhin bereits den Textausfall fest.[163] Auch sonst enthält Reiskes Ausgabe einen erheblich besseren Text, da Reiske seiner Edition den alten Codex Augustanus selbst zugrunde legte und selber eine Reihe von wohl überlegten Textverbesserungen vorschlug.[164] Die erste Ausgabe von *Pro templis*, die einen unverstümmelten Text präsentiert, ist die des aus der Schweiz stammenden und in Paris tätigen Philologen Louis de Sinner (ursprünglich Georg Rudolf Ludwig von Sinner aus Bern) 1842.[165] Wirklichen kritischen Ansprüchen genügt erst die Ausgabe von Foerster 1906;

---

[161] Foerster 1906, 81-84 zählt insgesamt 16 Handschriften auf, und davon gehören drei erst dem 17., 18. und 19. Jh. an.

[162] Vgl. Foerster 1906, 81.

[163] Reiske 1793, 176 Anm. 8: „constat ... minimum deesse folium unum, nisi plura desunt"). Der erste, der den fehlenden Text aus anderen Libanios-Handschriften wieder ans Licht holte und publizierte, war 1823 Angelo Mai in der zweiten Auflage seiner Fronto-Ausgabe (vgl. Foerster 1906, 85). Im Jahr zuvor (1822) hatte kein Geringerer als Giacomo Leopardi das bisher fehlende Textstück noch in einer anderen Handschrift entdeckt und abgeschrieben; seine Abschrift konnte der nächste Editor, de Sinner (vgl. u. Anm. 165), nutzen, dem Leopardi sie 1830 geschenkt hatte.

[164] Zum einen im fünften Band seiner *Animadversiones ad Graecos Auctores* (Leipzig 1766) 484–490, zum anderen in zahlreichen Anmerkungen zum Text in seiner postum von seiner Frau Ernestine Christine Reiske herausgegebenen Libanios-Ausgabe (Reiske 1793, 155–204).

[165] Bemerkenswerterweise in einer Textsammlung, die eigentlich christlich-patristischer Literatur gewidmet ist: Louis de Sinner, *Novus SS. Patrum graecorum seculi quarti delectus* (Paris 1842) 227–248. Vor *Pro templis* hat de Sinner noch eine weitere Libanios-Rede abgedruckt (*or.* 19 über den Statuenaufruhr, vgl. o. S. 13); vor bzw. hinter den beiden Libanios-Reden stehen Texte von Gregor von Nazianz und Johannes Chrysostomos.

Die Ausgabe von E. Monnier, *Discours choisis de Libanius* (mit französischer Übersetzung), die auch *Pro Templis* enthält, war 1867 druckfertig, wurde aber nie wirklich gedruckt und ist heute nur zweimal in Paris und einmal in Dumbarton Oaks vorhanden. Vgl. E. Egger, *Essai sur l'histoire de la critique chez les Grecs*: *introduction à l'étude de la littérature grecque* (Paris 1887) 508: „Il est à regretter que le savant biographe de Libanius, E. Monnier, n'ait pas publié le recueil des discours choisis de Libanius, dont, en 1867, il me communiquait les feuilles sortant alors de la presse." Vgl. ferner Foerster 1903, 15 und 1906, 86 sowie Romano 1982, 30 mit Anm. 186.

in ihr sind auch erstmals die das Zitieren ungeheuer erleichternden Paragraphenzahlen zu finden.

Im 20. Jh. wurde der Rede erheblich mehr Aufmerksamkeit zuteil: Van Loy nannte sie „l'oeuvre qui couronne la carrière de Libanius",[166] und sie wurde ins Französische, ins Englische und ins Italienische übersetzt;[167] Anfang des 21. Jh.s kam eine spanische Übersetzung hinzu.[168] Mit dem hier vorgelegten Band wird nun auch erstmals eine deutsche Übersetzung publiziert.

2.4. Zum Text

Der Text der vorliegenden Ausgabe basiert auf dem von Foerster und Norman (der kaum von Foerster abweicht), weicht jedoch an einer Reihe von Stellen in der Interpunktion ab; textliche Abweichungen sind in der nachfolgenden Übersicht zusammengestellt.

Stelle	Vorliegende Ausgabe	Foerster / Norman
8	τοῖς …παραπέμπουσι τὸν πότον	τοῖς …παραπέμπουσι τὸ ποτόν
9	τολμᾶται μὲν οὖν ⟨ταῦτα⟩ (Reiske)	τολμᾶται μὲν οὖν
9	τούτῳ τετύφλωταί τε καὶ κεῖται καὶ τέθνηκε ⟨ψυχή⟩ (Reiske)	οὗτος τετύφλωταί τε καὶ κεῖται καὶ τέθνηκε
15	φασι	φησι
14	τὰ δὲ τείχη ταῦτα …τί βούλεται ταυτὶ πάντα καὶ ποῖ βλέπει καὶ τί προξενεῖ ταῖς τε πόλεσι καὶ τοῖς ἀγροῖς; τὸ ζῆν τε ἐν ἀδείᾳ … .	τὰ δὲ τείχη ταῦτα …τί βούλεται ταυτὶ πάντα καὶ ποῖ βλέπει; καὶ τί προξενεῖ ταῖς τε πόλεσι καὶ τοῖς ἀγροῖς τὸ ζῆν τε ἐν ἀδείᾳ …;
19	ὅτι δὲ καὶ θύειν ἠξίουν (Gothofredus in margine)	ὅτι δὲ καὶ θύειν ἄξιον
38	εἰς ἓν συνηγμένους (Reiske)	εἰσενηνεγμένους
40	οἷον γενόμενον ἴσμεν τὸν τὴν μὲν ἀρχὴν ἐκδεξάμενον (auch bereits Norman)	οἷον γενόμενον ἴσμεν ⟨περὶ⟩ τὸν τὴν μὲν ἀρχὴν ἐκδεξάμενον (nur Foerster)
52	τάς τε εὐχὰς, ᾗπερ ἐκεῖνοι, ποιείσθω (codd.)	τάς τε εὐχὰς ᾗπερ ἐκείνῳ (Foerster) ποιείσθω

[166] Van Loy 1933, 10 – wozu freilich nicht passt, dass er sie eine Seite später „une pure déclamation que Libanius a composée pour se satisfaire lui-même" nennt.

[167] Vgl. Van Loy 1933; Norman 1977; Romano 1982.

[168] González Gálvez 2001.

B. Text, Übersetzung und Anmerkungen

ΛΙΒΑΝΙΟΥ
ΠΡΟΣ ΘΕΟΔΟΣΙΟΝ ΤΟΝ ΒΑΣΙΛΕΑ ΥΠΕΡ ΤΩΝ ΙΕΡΩΝ

Ἐπὶ πολλῶν πρότερον συμβουλῶν, ὦ βασιλεῦ, δόξας σοι 1
τοῦ προσήκοντος τετυχηκέναι καὶ τῶν τἀναντία καὶ βουλο-
μένων καὶ λεγόντων τῷ βελτίω παραινεῖν κεκρατηκὼς ἥκω
ταὐτὸ καὶ νῦν ποιήσων ἀπὸ τῆς αὐτῆς ἐλπίδος. σὺ δὲ μάλιστα μὲν καὶ νῦν πεισθείης· εἰ δὲ μή, μήτοι νομίσῃς τοῖς σοῖς
ἐχθρὸν εἶναι πράγμασι τὸν εἰρηκότα, λογιζόμενος μὲν ἄνευ
τῶν ἄλλων τὸ μέγεθος τῆς τιμῆς ἧς με τετίμηκας, ἐνθυμού-
μενος δέ, ὡς οὐκ εἰκὸς μὴ σφόδρα τὸν εὖ παθόντα φιλεῖν
τὸν εὖ πεποιηκότα. τοῦτ' αὐτὸ γάρ ἐστι καὶ δι' ὃ συμβουλεύ-
ειν οἶμαι δεῖν περὶ ὧν ἂν ἡγῶμαι χρηστόν τι λέξειν. ἄλλως
μὲν γὰρ οὐκ ἂν τῷ βασιλεῖ δυναίμην ἀποδοῦναι χάριτας,
λόγοις δ' ἂν ἴσως μόνοις καὶ τοῖς ἀπὸ τῶν λόγων.

Δόξω μὲν οὖν οὐκ ὀλίγοις κίνδυνον πολὺν ἔχουσιν ἐπι- 2
χειρεῖν, ὑπὲρ ἱερῶν σοὶ καὶ τοῦ μὴ δεῖν κακῶς αὐτὰ πάσχειν ἧπερ νῦν μέλλων διαλέγεσθαι· δοκοῦσι δέ μοι πλεῖστον ἁμαρτάνειν τῆς σῆς φύσεως οἱ τοῦτο τὸ δέος ἔχοντες.
ὀργίλου μὲν γὰρ οἶμαι καὶ χαλεποῦ τό, εἴ τι λέγοιτο τῶν οὐκ
ἀρεσκόντων αὐτῷ, χωρεῖν εὐθέως ἐπὶ τὴν τῶν εἰρημένων
δίκην, ἠπίου δὲ καὶ φιλανθρώπου καὶ πράου – ταῦτα δὴ τὰ
σά – τὸ μὴ δέχεσθαι μόνον τὴν οὐκ ἐπαινουμένην ὑφ' ἑαυ-
τοῦ συμβουλήν. οὐ γὰρ τοῦ πεισθῆναί τε καὶ μὴ κύριος ὁ
τῶν λόγων ἀκροώμενος, οὔτε φεύγειν τὴν ἀκρόασιν ἄξιον,
οὐκ οὔσης βλάβης ἐντεῦθεν οὐδεμιᾶς, οὔτ', εἰ μὴ κατὰ νοῦν
εἴη τὰ λεγόμενα, χαλεπαίνειν τε καὶ τιμωρίαν ζητεῖν, εἴ τις
ἃ βέλτιστα ἔχειν ὑπελάμβανε, ταῦτα ἐθάρρησεν εἰπεῖν. δέ- 3
ομαι οὖν εἰς ἐμέ τε τείνειν τὸν λέγοντα τὴν ὄψιν, ὦ βασιλεῦ,
καὶ μὴ τοῖς διὰ πολλῶν ἐκκρούειν καὶ σὲ κἀμὲ βουλησομέ-
νοις διδόναι τοὺς ὀφθαλμούς· ὡς πολλάκις γε νευμάτων δύ-
ναμις πλέον τῆς ἀπὸ τῶν ἀληθῶν ἰσχύος ἠνέγκατο. φημὶ
δὲ δεῖν κἀκείνους ἐάσαντάς με καθ' ἡσυχίαν τε καὶ χωρὶς
ἐπηρείας διεξελθεῖν τὸν λόγον ὕστερον αὖ πειρᾶσθαι καὶ
αὐτοὺς λόγῳ κρατῆσαι τῶν ἡμῖν εἰρημένων.

LIBANIOS
AN KAISER THEODOSIUS: FÜR DEN ERHALT DER TEMPEL

Einleitende Bemerkungen

[1] Nachdem ich schon bei vielen früheren Beratungen,[1] mein Kaiser,[2] nach deiner Meinung das Richtige getroffen und über die, die das Gegenteilige wollten und vortrugen, den Sieg davongetragen habe, weil ich Besseres riet, so komme ich – aufgrund der gleichen Erwartung – nun, um auch jetzt das Gleiche zu tun. Du aber mögest dich gerade auch in diesem Fall überzeugen lassen – falls jedoch nicht, so glaube zumindest auf keinen Fall, dass der Sprecher deinen Angelegenheiten[3] feindlich gesinnt[4] ist; ziehe (von allem Übrigen einmal abgesehen) die Größe der Ehre in Betracht, mit der du mich ausgezeichnet hast,[5] und bedenke, dass es höchst wahrscheinlich[6] ist, dass der, der Gutes empfangen hat, seinen Wohltäter außerordentlich schätzt. Dies gerade ist ja auch der Grund, weshalb ich meine, zu Rat bei allem verpflichtet zu sein, wo ich glaube, etwas Nützliches sagen zu können. Denn nicht auf andere Weise wohl kann ich dem Kaiser Dank abstatten, sondern vielleicht allein durch sinnvolle Darlegungen und das, was sich aus ihnen ergibt.

[2] Nicht wenige nun werden glauben, dass ich mich an höchst gefährliche Dinge wage, wenn ich mich anschicke, zu dir über Heiligtümer und die Notwendigkeit zu sprechen, dass sie nicht in der Weise Schaden nehmen dürfen, in der es gerade geschieht; doch scheinen mir diejenigen, die diese Befürchtung hegen, deinen Charakter ganz und gar zu verkennen. Es ist ja, denke ich, Zeichen einer jähzornigen und schwierigen Persönlichkeit, dass sie, wenn etwas gesagt wird, was ihr nicht gefällt, sogleich zur Ahndung des Gesagten schreitet, dagegen Zeichen einer umgänglichen, menschenfreundlichen und milden – und dies sind ja gerade deine Eigenschaften[7] –, dass sie den von ihr nicht gebilligten Rat lediglich nicht annimmt. Wo nämlich derjenige, der dem Vortrag zuhört, Herr darüber ist, sich überzeugen zu lassen oder nicht, dort ist es weder angebracht, sich der Anhörung Reißaus zu entziehen – da ja keinerlei Schaden daraus entstehen kann – noch, wenn das Vorgetragene nicht nach dem Sinn (des Zuhörers) ist, darüber ärgerlich zu werden und nach Bestrafung zu verlangen, wenn jemand das auszusprechen wagte, was er für das beste hielt. [3] Ich bitte dich nun, auf mich, den Sprecher, deinen Blick zu richten,[8] mein Kaiser, und deine Augen nicht denen[9] zu gewähren, die auf vielfältige Weise sowohl dich als auch mich hinters Licht führen[10] werden wollen; schon oft ja hat die Macht verstohlener Winke mehr Wirkung gehabt als die von wahren Darlegungen ausgehende Kraft. Ich aber mache geltend, dass auch jene mich in Ruhe

Οἱ πρῶτοι φανέντες ἐπὶ γῆς, ὦ βασιλεῦ, τὰ μετέωρα κα- 4
ταλαβόντες σπηλαίοις τε καὶ καλύβαις αὑτοὺς διασῴζοντες
θεῶν εὐθὺς ἔννοιαν λαβόντες καὶ γνόντες ὁπόσον ἡ 'κείνων εὔνοια τοῖς ἀνθρώποις, ἱερά τε – οἷα εἰκὸς τοὺς πρώ-
τους φύντας – καὶ ἀγάλματα σφίσιν αὐτοῖς ἐποίησαν. τῶν
πραγμάτων δὲ εἰς πόλεις προελθόντων – ἤδη τῆς περὶ ταῦτα τέχνης εἰς τοῦτο ἀποχρώσης – πολλαὶ μὲν ἐν ὑπωρείαις, πολλαὶ δὲ ἐν πεδίοις ἐφάνησαν, ἐν ἑκάστῃ δὲ μετὰ τὸ
τεῖχος ἀρχὴ τοῦ λοιποῦ σώματος ἱερὰ καὶ νεῴ· παρὰ γὰρ
δὴ τῶν τοιούτων κυβερνητῶν ἡγοῦντο μεγίστην αὑτοῖς καὶ
τὴν ἀσφάλειαν ἔσεσθαι. κἂν ἐπέλθῃς τὴν γῆν ἅπασαν ἣν 5
οἱ Ῥωμαῖοι νέμονται, πανταχοῦ τοῦτο εὑρήσεις, ἐπεὶ κἀν τῇ
μετὰ τὴν μεγίστην πρώτῃ νεῴ τινες ἔτ' εἰσιν, εἰ καὶ τῶν τιμῶν ἐστέρηνται, ὀλίγοι μὲν ἐκ πάνυ πολλῶν, οὐ μὴν ἐξῆλ-
θέ γε ἅπαν ἐξ αὐτῆς τοῦτο. καὶ μετὰ τῆς τῶν θεῶν τουτωνὶ
συμμαχίας ἐπιόντες Ῥωμαῖοι τοῖς ἐναντίοις μαχόμενοί τε
ἐνίκων καὶ νενικηκότες βελτίω τοῖς ἡττημένοις τοῦ πρὸ τῆς
ἥττης τὸν ἐπ' αὐτῇ χρόνον ἐποίουν φόβους τε ἀφελόντες καὶ
πολιτείας τῆς αὑτῶν μεταδόντες.

Παίδων τοίνυν ἡμῶν ὄντων καθαιρεῖ μὲν τὸν περιυβρί- 6
σαντα τὴν Ῥώμην ὁ Γαλατῶν ἐπ' αὐτὸν ἀγαγὼν στρατόπεδον, οἷ θεοῖς ἐπῆλθον πρότερον εὐξάμενοι· κρατήσας δὲ καὶ
ἀνδρὸς ἐπ' ἐκείνῳ ταῖς πόλεσιν ἀνθεῖν παρεσχηκότος, ἡγη-
σάμενος αὑτῷ λυσιτελεῖν ἕτερόν τινα νομίζειν θεόν, εἰς μὲν
τὴν τῆς πόλεως περὶ ἣν ἐσπούδασε ποίησιν τοῖς ἱεροῖς ἐχρή-
σατο χρήμασι, τῆς κατὰ νόμους δὲ θεραπείας ἐκίνησεν οὐδὲ
ἕν, ἀλλ' ἦν μὲν ἐν τοῖς ἱεροῖς πενία, παρῆν δὲ ὁρᾶν ἅπαντα τἄλλα πληρούμενα. καταβάσης δὲ τῆς ἀρχῆς ἐπὶ τὸν ἐξ 7
ἐκείνου – μᾶλλον δὲ τοῦ σχήματος, ὡς τό γε κρατεῖν ἑτέρων
ἦν, οἷς ἡ ἐξ ἀρχῆς παιδαγωγία καὶ τὸ μέχρι παντὸς ἴσον δύ-

und ohne beleidigendes Gebaren meine Argumentation entwickeln lassen und dann hinterher auch ihrerseits versuchen sollen, das von mir Gesagte argumentativ zu überwinden.

Die Bedeutung von Götter-Heiligtümern seit den Anfängen der Menschheit

[**4**] Die ersten Menschen, mein Kaiser, die auf der Erde erschienen, entwickelten – noch als sie sich auf den Höhen festsetzten[11] und ihre Existenz in Höhlen und Hütten sicherten – sogleich eine Vorstellung von Göttern; sie erkannten, etwas wie Fundamentales deren Wohlwollen für die Menschen ist, und sie errichteten Heiligtümer – von der Art, wie man es von den Menschen, die als erste entstanden, erwarten kann – und Kultbilder für sich selbst.[12] Als die Entwicklung dann zu Städten weiterschritt – da die hierfür erforderliche handwerkliche Kunst für dies bereits genügend vorhanden war –, erschienen viele (solcher Städte) in den Gebirgsausläufern, viele (dann) auch in den Ebenen, und in jeder waren – nach der Stadtmauer – der Beginn des übrigen Stadtkörpers Heiligtümer und Tempel; von solchen Mächten als Steuerleuten[13] nämlich würde ihnen auch – so glaubten sie – größte Sicherheit zuteil werden. [**5**] Bereise die ganze Erde, die die Römer bewohnen, und überall wirst du diesen Zustand vorfinden, da es selbst in der Stadt, die nach der größten die erste ist,[14] noch einige Tempel gibt, wenn sie auch ihrer Ehren beraubt sind; nur wenige sind es von (einst) sehr vielen, doch ist dieses Element noch nicht vollständig aus ihr verschwunden. Und es war im Bund mit eben diesen Göttern,[15] dass die Römer gegen ihre Feinde zogen, sie im Kampf besiegten und als Sieger für die Besiegten die Zeit, die auf die Niederlage folgte, zu einer besseren machten, als es die Zeit vor der Niederlage gewesen war, da sie die Befürchtungen der Besiegten als grundlos erwiesen und ihnen vollen Anteil an ihrem Staat gaben.[16]

Die Behandlung der paganen Heiligtümer durch die römischen Kaiser seit Konstantin

[**6**] In meiner Kindheit[17] nun vernichtete den, der Rom (damals) Verbrecherisches antat,[18] derjenige, der ein Heer von Galliern gegen ihn führte,[19] die sich gegen die Götter wandten, nachdem sie früher zu ihnen gebetet hatten.[20] Nachdem er nach jenem auch über einen Mann gesiegt hatte, der den Städten die Möglichkeit neuer Blüte gewährt hatte,[21] gelangte er zu dem Glauben, es sei ihm nützlich, irgendeinen anderen für Gott zu halten[22] und verwendete zum Bau der Stadt, an der ihm so viel gelegen war, die Schätze der Tempel;[23] doch änderte er nicht eine Einzelheit an den rechtmäßigen Formen der Götterverehrung. So herrschte in den Heiligtümern jetzt zwar Armut, doch konnte man sehen, dass alles andere (in den Kulten) weiterhin vollzogen wurde.[24] [**7**] Nachdem die Herrschaft auf seinen Sohn über-

νασθαι παρέσχεν – οὗτος οὖν ἐν τῷ κελεύεσθαι παρ' αὐτῶν βασιλεύων ἄλλα τε οὐ καλὰ πείθεται καὶ μηκέτ' εἶναι θυσίας. ταύτας ὁ 'κείνου μὲν ἀνεψιός, ἀρετὴν δὲ ἅπασαν κτησάμενος ἐπανάγει· καὶ τεθνεῶτος ἐν Πέρσαις – ὅ τι δεδρακὼς ἢ μέλλων, ἀφίημι νῦν – μένει μέν τινα τὸ θύειν ἱερεῖα χρόνον, νεωτέρων δέ τινων συμβάντων ἐκωλύθη παρὰ τοῖν ἀδελφοῖν, ἀλλ' οὐ τὸ λιβανωτόν. ἀλλὰ τοῦτό γε καὶ ὁ σὸς ἐβεβαίωσε νόμος, ὥστε μὴ μᾶλλον ἀλγεῖν ἡμᾶς οἷς ἀφηρέθημεν ἢ χάριν εἰδέναι τῶν συγκεχωρημένων.

σὺ μὲν οὖν οὔθ' ἱερὰ κεκλεῖσθαι ⟨ἐκέλευσας⟩ οὔτε μη- 8
δένα προσιέναι οὔτε πῦρ οὔτε λιβανωτὸν οὔτε τὰς ἀπὸ τῶν ἄλλων θυμιαμάτων τιμὰς ἐξήλασας τῶν νεῶν οὐδὲ τῶν βωμῶν· οἱ δὲ μελανειμονοῦντες οὗτοι καὶ πλείω μὲν τῶν ἐλεφάντων ἐσθίοντες, πόνον δὲ παρέχοντες τῷ πλήθει τῶν ἐκπωμάτων τοῖς δι' ᾀσμάτων αὐτοῖς παραπέμπουσι τὸν πότον, συγκρύπτοντες δὲ ταῦτα ὠχρότητι τῇ διὰ τέχνης αὐτοῖς πεπορισμένῃ μένοντος, ὦ βασιλεῦ, καὶ κρατοῦντος τοῦ νόμου θέουσιν ἐφ' ἱερὰ ξύλα φέροντες καὶ λίθους καὶ σίδηρον, οἱ δὲ καὶ ἄνευ τούτων χεῖρας καὶ πόδας. ἔπειτα Μυσῶν λεία καθαιρουμένων ὀροφῶν, κατασκαπτομένων τοίχων, κατασπωμένων ἀγαλμάτων, ἀνασπωμένων βωμῶν, τοὺς ἱερεῖς δὲ ἢ σιγᾶν ἢ τεθνάναι δεῖ· τῶν πρώτων δὲ κειμένων δρόμος ἐπὶ τὰ δεύτερα καὶ τρίτα, καὶ τρόπαια τροπαίοις ἐναντία τῷ νόμῳ συνείρεται.

τολμᾶται μὲν οὖν ⟨ταῦτα⟩ κἀν ταῖς πόλεσι, τὸ πολὺ δὲ 9
ἐν τοῖς ἀγροῖς· καὶ πολλοὶ μὲν οἱ καθ' ἕκαστον πολέμιοι, ἐπὶ δὲ μυρίοις κακοῖς τὸ διεσπαρμένον τοῦτ' ἀθροίζεται καὶ λόγον ἀλλήλους ἀπαιτοῦσι τῶν εἰργασμένων, καὶ αἰσχύνη τὸ μὴ μέγιστα ἠδικηκέναι. χωροῦσι τοίνυν διὰ τῶν ἀγρῶν ὥσπερ χείμαρροι κατασύροντες διὰ τῶν ἱερῶν τοὺς ἀγρούς·

gegangen[25] war – oder vielmehr die äußere Gestalt der Herrschaft, weil ja das eigentliche Regieren in den Händen anderer lag, denen ihre Funktion als seine Kindheitserzieher gleich große Macht in jeder Hinsicht verliehen hatte[26] –, da ließ sich dieser, während sein Kaisertum darin bestand, von ihnen Befehle zu bekommen, neben anderen unschönen Maßnahmen auch zu der Anordnung überreden, dass es keine Opfer (für die Götter) mehr geben dürfe.[27] Sie führte der,[28] der zwar jenes Mannes Vetter, sonst aber in jeder Hinsicht ausgezeichnet war,[29] wieder ein. Als er tot bei den Persern geblieben war[30] – ich lasse hier beiseite, was er bereits vollbracht hatte oder zu vollbringen im Begriff war –, blieb die Möglichkeit, Schlachtopfer darzubringen, noch eine gewisse Zeit erhalten; nach neuerlichen schlimmen Ereignissen jedoch[31] wurde es von den beiden Brüdern[32] (wieder) verboten, allerdings nicht das Darbringen von Weihrauch.[33] Dies aber hat jedenfalls auch dein eigenes Gesetz bekräftigt,[34] so dass wir nicht so sehr über das klagen, was uns genommen wurde, als Dank empfinden für das, was uns gestattet geblieben ist.

Die Zerstörungen und Plünderungen der Heiligtümer in jüngster Zeit und die üblen Folgen dieser Übergriffe

[8] Du hast in der Tat weder befohlen, dass Heiligtümer geschlossen sein sollen, noch dass niemand Zutritt zu ihnen haben soll, noch hast du Feuer oder Weihrauch oder die Ehrungen durch andere Räucherstoffe aus den Tempeln oder von den Altären verbannt; diese Leute aber in ihren schwarzen Gewändern, die mehr als die Elefanten fressen,[35] durch die Menge ihrer Humpen denen, die ihr Trinken[36] mit Gesängen begleiten, viel Arbeit machen und dieses Gebaren durch eine Blässe verbergen, die sie sich künstlich angeeignet haben[37] – obwohl das Gesetz noch besteht und in Kraft ist, mein Kaiser, laufen diese Leute Sturm gegen die Heiligtümer mit Knüppeln, Steinen und Eisen, manche sogar ohne diese Dinge mit bloßen Händen und Füßen. Und die Heiligtümer sind dann leichte Beute:[38] Die Dächer werden herabgerissen, die Mauern niedergehauen, die Kultbilder von ihren Sockeln gezogen, die Altäre umgeworfen, und bei all dem müssen die Priester entweder schweigen oder sterben; und wenn die ersten Heiligtümer zerstört liegen, folgt der Ansturm gegen die zweiten und die dritten, und Siegeszeichen wird auf Siegeszeichen gehäuft[39] – gegen Recht und Gesetz!

[9] Man wagt diese Übergriffe[40] auch in den Städten, vor allem aber auf dem Land. Zahlreich sind die Feinde der Heiligtümer schon in den einzelnen Fällen, im Anschluss an unzählige Übeltaten aber rottet sich das (zuvor) zerstreute Pack zusammen: Sie fordern voneinander ‚Rechenschaft' für ihre Heldentaten, und dann ist es eine Schande, nicht der schlimmste Übeltäter gewesen zu sein. So ziehen sie denn durch die ländlichen Gebiete

ὅτου γὰρ ἂν ἱερὸν ἐκκόψωσιν ἀγροῦ, τοῦτῳ τετύφλωταί τε
καὶ κεῖται καὶ τέθνηκε ⟨ψυχή⟩. ψυχὴ γάρ, ὦ βασιλεῦ, τοῖς
ἀγροῖς τὰ ἱερά, προοίμια τῆς ἐν τοῖς ἀγροῖς κτίσεως γεγε-
νημένα καὶ διὰ πολλῶν γενεῶν εἰς τοὺς νῦν ὄντας ἀφιγμέ-
να. καὶ τοῖς γεωργοῦσιν ἐν αὐτοῖς αἱ ἐλπίδες ὅσαι περί τε 10
ἀνδρῶν καὶ γυναικῶν καὶ τέκνων καὶ βοῶν καὶ τῆς σπει-
ρομένης γῆς καὶ τῆς πεφυτευμένης. ὁ δὲ τοῦτο πεπονθὼς
ἀγρὸς ἀπολώλεκε καὶ τῶν γεωργῶν μετὰ τῶν ἐλπίδων τὸ
πρόθυμον· μάτην γὰρ ἡγοῦνται πονήσειν τῶν εἰς δέον τοὺς
πόνους ἀγόντων ἐστερημένοι θεῶν. τῆς γῆς δὲ οὐκέθ' ὁμοί-
ων πόνων ἀπολαυούσης οὐδ' ἂν ἴσος ὁ τόκος τῷ πρὶν ἀπαν-
τῴη· τούτου δὲ ὄντος τοιούτου πενέστερος μὲν ὁ γεωργός,
ἐν βλάβῃ δὲ ὁ φόρος. καὶ γὰρ ἂν σφόδρα ἐθέλῃ τις, τό γε μὴ
δύνασθαι κωλύει.

Οὕτως ἐπὶ τὰ μέγιστα τῶν πραγμάτων βαδίζει τὰ διὰ 11
τὴν τούτων ἀσέλγειαν κατὰ τῶν ἀγρῶν τολμώμενα, οἳ φασὶ μὲν τοῖς ἱεροῖς πολεμεῖν, ἔστι δὲ οὗτος ὁ πόλεμος πόρος,
τῶν μὲν τοῖς ναοῖς ἐγκειμένων, τῶν δὲ τὰ ὄντα τοῖς ταλαι-
πώροις ἁρπαζόντων, τά τε κείμενα αὐτοῖς ἀπὸ τῆς γῆς καὶ ἃ
τρέφουσιν· ὥστ' ἀπέρχονται φέροντες οἱ ἐπελθόντες τὰ τῶν
ἐκπεπολιορκημένων. τοῖς δὲ οὐκ ἀρκεῖ ταῦτα, ἀλλὰ καὶ γῆν
σφετερίζονται τὴν τοῦ δεῖνος ἱερὰν εἶναι λέγοντες, καὶ πολλοὶ τῶν πατρῴων ἐστέρηνται δι' ὀνόματος οὐκ ἀληθοῦς· οἱ
δ' ἐκ τῶν ἑτέρων τρυφῶσι κακῶν, οἱ τῷ πεινῆν, ὥς φασι, τὸν
αὐτῶν θεραπεύοντες θεόν. ἣν δ' οἱ πεπορθημένοι παρὰ τὸν
ἐν ἄστει ποιμένα – καλοῦσι γὰρ οὕτως ἄνδρα οὐ πάνυ χρηστόν – ἣν οὖν ἐλθόντες ὀδύρωνται λέγοντες ἃ ἠδίκηνται,
ὁ ποιμὴν οὗτος τοὺς μὲν ἐπῄνεσε, τοὺς δὲ ἀπήλασεν ὡς ἐν
τῷ μὴ μείζω πεπονθέναι κεκερδακότας. καίτοι τῆς μὲν σῆς 12
ἀρχῆς, ὦ βασιλεῦ, καὶ οὗτοι, τοσούτῳ δὲ χρησιμώτεροι τῶν
ἀδικούντων αὐτούς, ὅσῳ τῶν ἀργούντων οἱ ἐργαζόμενοι·
οἱ μὲν γὰρ ταῖς μελίτταις, οἱ δὲ τοῖς κηφῆσιν ἐοίκασι. κἂν
ἀκούσωσιν ἀγρὸν ἔχειν τι τῶν ἁρπασθῆναι δυναμένων, εὐθὺς οὗτος ἐν θυσίαις τέ ἐστι καὶ δεινὰ ποιεῖ καὶ δεῖ στρατεί-
ας ἐπ' αὐτὸν καὶ πάρεισιν οἱ σωφρονισταί – τοῦτο γὰρ ὄνο-
μα τίθενται ταῖς λῃστείαις, εἰ μὴ καὶ μικρὸν εἶπον· οἱ μέν γε
πειρῶνται λανθάνειν καὶ ἃ τολμῶσιν ἀρνοῦνται, κἂν κα-
λέσῃς λῃστήν, ὕβρισας, οἱ δὲ φιλοτιμοῦνται καὶ σεμνύνον-

wie reißende Ströme, wobei sie durch die Heiligtümer auch die ländlichen Gebiete in den Untergang stürzen; aus welchem Gebiet auch immer nämlich sie ein Heiligtum herausschlagen,[41] diesem ist erblindet, am Boden und tot seine Seele.[42] Denn ihre Seele, mein Kaiser, das sind für die ländlichen Gebiete die Heiligtümer: Sie waren einst die Anfänge der ländlichen Besiedlung und Kultivierung, und sie sind durch viele Generationen auf die jetzt Lebenden überkommen. **[10]** Und die in diesen Gebieten das Land bestellen – wie große Hoffnungen hatten sie in Hinsicht auf Männer, Frauen und Kinder, auf Vieh und auf das besäte und das bepflanzte Land! Das Gebiet aber, das diesen Schlag erlitten hat, hat mitsamt den Hoffnungen auch den Leistungswillen der Bauern verloren; umsonst nämlich, glauben sie, werden sie sich abmühen, da sie sich der Götter beraubt sehen, die ihre Mühen zum notwendigen Ziel führen. Wenn aber die Erde nicht mehr von den gleichen Mühen (der Bauern) profitiert, dann kann auch der Ertrag nicht mehr in gleicher Höhe wie der frühere eingehen; wenn dies aber so ist, dann ist der Bauer ärmer, und auch die Steuer leidet Schaden.[43] Denn auch wenn jemand guten Willens ist, so hindert ihn doch die nicht mehr vorhandene Fähigkeit.

[11] In solcher Weise wirkt sich auf die wichtigsten Staatsangelegenheiten aus, was die mutwillige Zerstörungswut dieser Leute den ländlichen Gebieten antut; sie behaupten zwar, gegen die Heiligtümer Krieg zu führen, doch ist dieser Krieg (in Wahrheit) eine Quelle des Gewinns, da die einen über die Tempel herfallen, während die anderen den armen Bauern ihr Hab und Gut rauben: sowohl das, was von ihnen als Ertrag des Landes gespeichert ist, als auch das, was sie (davon) ernähren;[44] und so ziehen die Angreifer mit dem Besitz der von ihnen ‚Eroberten' ab. Denen[45] aber reicht das noch nicht, sondern sie eignen sich auch das Land dieses oder jenes an, indem sie behaupten, es sei Tempelland,[46] und viele sind (schon) ihres väterlichen Erbes beraubt aufgrund eines unwahren Besitztitels. Die aber leben dank dem Übel anderer in Saus und Braus – diejenigen, die durch Fasten, wie sie sagen, ihren Gott ehren! Wenn aber die Ausgeplünderten zu dem ‚Hirten' in der Stadt – so nämlich nennen sie einen Mann, der nicht gerade anständig ist[47] – wenn sie also zu dem kommen und unter Klagen das Unrecht, das man ihnen angetan hat, vorbringen, dann lobt dieser ‚Hirte' die einen, die anderen aber jagt er weg mit dem Hinweis, dass sie noch gut damit gefahren sind, nicht Schlimmeres erlitten zu haben. **[12]** Und doch sind auch diese deine Untertanen, mein Kaiser, und sie sind um so viel nützlicher als diejenigen, die ihnen Unrecht tun, wie es nun einmal Arbeitende gegenüber Nichtstuern sind; die einen nämlich gleichen den Bienen, die anderen den Drohnen.[48] Und wenn die hören, dass ein Stück Land etwas hat, was man plündern kann, dann ist dieses sofort in Opfer verwickelt und für Schlimmes verantwortlich, und es braucht einen Feldzug dagegen,

ται καὶ τοὺς ἀγνοοῦντας διδάσκουσι καὶ γερῶν ἀξίους εἶναί
φασιν αὑτούς. καίτοι τοῦτο τί ἕτερόν ἐστιν ἢ ἐν εἰρήνῃ πο- 13
λεμεῖσθαι τοὺς γεωργούς; οὐδὲν γὰρ αὐτοῖς ἐλάττους ποιεῖ
τὰς συμφορὰς τὸ παρὰ τῶν οἰκείων πάσχειν κακῶς, εἰ μὴ
καὶ δεινότερον τὸ οὓς εἰκότως ἂν ἐν ταραχαῖς εἶχον συμμάχους, ὑπὸ τούτων ἐν ἡσυχίας καιρῷ πάσχειν οἷα διῆλθον.

Καίτοι τί μαθών, ὦ βασιλεῦ, τὰς δυνάμεις συνέχεις καὶ 14
ὅπλα κατασκευάζῃ καὶ στρατηγοῖς κοινολογῇ καὶ τοὺς μὲν
ἐκπέμπεις οἷ συμφέρει, τοῖς δὲ ἐπιστέλλεις ὑπὲρ τῶν ἐπει-
γόντων, τοῖς δὲ ἀντεπιστέλλεις ὑπὲρ ὧν ἐρωτῶσι; τὰ δὲ τεί-
χη ταῦτα τὰ καινὰ καὶ οἱ θερινοὶ πόνοι τί βούλεται ταυτὶ
πάντα καὶ ποῖ βλέπει καὶ τί προξενεῖ ταῖς τε πόλεσι καὶ τοῖς
ἀγροῖς; τὸ ζῆν τε ἐν ἀδείᾳ καὶ καθεύδειν ἀκριβῶς καὶ μὴ θο-
ρυβεῖσθαι ταῖς ἀπὸ τῶν πολέμων ἐλπίσιν, ἀλλ' εὖ εἰδέναι
πάντας, ὅτι κἂν ἐπίῃ τις, λαβών τι κακὸν μᾶλλον ἢ λυπήσας
ἄπεισιν. ὅταν οὖν σοῦ τοὺς ἔξωθεν πολεμίους ἀνείργοντος
τῶν ὑπό σοι τινες ἐπί τινας τῶν ὑπό σοι φέρωνται τῶν κοι-
νῶν ἀγαθῶν οὐκ ἐῶντες μετέχειν, πῶς οὐ τὴν σὴν πρόνοιαν
καὶ φροντίδας καὶ πόνους ἀδικοῦσιν, ὦ βασιλεῦ; πῶς δὲ οὐκ
ἐν οἷς πράττουσι καὶ τῇ σῇ γνώμῃ πολεμοῦσι;

„Παραβαίνοντας γάρ" φασι „τὸν οὐκ ἐῶντα θύειν νόμον 15
καὶ θύοντας ἐτιμωρούμεθα." ψεύδονται, ταῦτα ὅταν λέγωσιν, ὦ βασιλεῦ· οὐδεὶς γὰρ οὕτω θρασὺς τούτων δὴ τῶν τῆς
ἀγορᾶς ἀπείρων, ὡς ἀξιοῦν εἶναι κυριώτερος νόμου, νόμον
δὲ ὅταν εἴπω, τὸν τεθεικότα λέγω. πιστεύεις οὖν, ὡς οἱ μηδὲ
τὴν τοῦ πράκτορος χλαμύδα φέροντες οὗτοι βασιλείας ἂν
κατεφρόνουν; ταυτὶ δὲ τὰ παρὰ τούτων ἐλέγετο μὲν καὶ παρὰ Φλαβιανῷ πολλάκις, ἠλέγχθη δὲ οὐδεπώποτε· οὐδὲ γὰρ
νῦν.

und schon sind zur Stelle die ‚Züchtiger'[49] – diesen Namen nämlich gibt man diesen Räuberbanden,[50] wenn ich damit nicht sogar etwas Harmloses gesagt habe: Denn Räuber versuchen verborgen zu bleiben und leugnen die Verbrechen, die sie wagen, und wenn man sie Räuber nennt, beleidigt man sie; diese aber sind noch stolz darauf und brüsten sich damit, unterrichten davon diejenigen, die ihre Untaten nicht kennen, und behaupten, sie verdienten noch Belohnungen dafür! [13] Aber was ist dieses Geschehen anderes, als dass die Bauern im Frieden einem Krieg ausgesetzt werden? Um nichts geringer ja macht ihnen ihre Leiden der Umstand, dass sie sie von ihren Landsleuten zugefügt bekommen – wenn ihnen dies nicht sogar noch alles schlimmer macht, dass sie von denen, die sie doch normalerweise in kriegerischen Wirren als Verbündete haben würden, mitten im ruhigsten Frieden solche Dinge erleiden, wie ich sie beschrieben habe.

[14] Aus welchem Grund[51] dann aber, mein Kaiser, hältst du deine Streitkräfte zusammen, lässt Waffen herstellen, berätst dich mit Generälen und schickst die einen, wohin es von Nutzen ist, den anderen gibst du Aufträge bezüglich dringender Maßnahmen, wieder anderen sendest du Antworten auf ihre Fragen? Und diese Mauern, die neuen, und die Anstrengungen im Sommer,[52] was intendiert dies alles, worauf ist es gerichtet, und welchen Nutzen bringt es den Städten und den ländlichen Gebieten? Dass sie in Sicherheit leben und ruhig schlafen können und sich nicht durch Befürchtungen, die von Kriegen ausgehen, beunruhigen lassen müssen, sondern dass alle genau wissen, dass, auch wenn einer angreift, er mit mehr Schaden wieder abziehen wird, als er verursacht hat. Wenn nun, während du dich bemühst, die äußeren Feinde zurückzuhalten, einige deiner Untertanen andere deiner Untertanen angreifen und sie nicht am allgemeinen Wohlstand teilhaben lassen wollen, wie fügen sie damit nicht (auch) deiner Fürsorge und deinen Plänen und Anstrengungen Schaden zu, mein Kaiser? Wie führen sie nicht mit dem, was sie tun, auch gegen deine Ziele Krieg?

Widerlegung des ersten Arguments der Tempelzerstörer

[15] „Wir haben nur diejenigen zur Rechenschaft gezogen, die das Gesetz übertreten, welches das Opfern verbietet, und solche Opfer durchführen!", sagen sie.[53] Sie lügen, wenn sie dies behaupten, mein Kaiser: Niemand nämlich ist so dreist von diesen im gesellschaftlichen Leben[54] völlig unerfahrenen Menschen, dass sie beanspruchen würden, über dem Gesetz zu stehen; und wenn ich ‚Gesetz' sage, dann meine ich den, der es aufgestellt hat. Glaubst du denn, dass diese Leute, die nicht einmal die Amtsrobe[55] eines Steuereintreibers aushalten, die Autorität des Kaisers verachten würden? Diese Beschuldigungen aber, die von jenen kommen, wurden auch bei Flavianos[56] oft vorgetragen, aber nie bewiesen; und so auch jetzt nicht.

ἰδοὺ γὰρ δὴ προκαλοῦμαι τοὺς κηδεμόνας τοῦδε τοῦ νόμου· τίς εἶδέ τινας τούτων τῶν ἀναστάτων ὑφ' ὑμῶν γενομένων τεθυκότας ἐπὶ τῶν βωμῶν, ὡς ὁ νόμος οὐκ ἐᾷ; τίς νέος, τίς πρεσβύτης, τίς ἀνήρ, τίς γυνή, τίς τῶν τὸν αὐτὸν οἰκούντων ἀγρὸν οὐ συμφερόμενος τοῖς θύσασι τὰ περὶ τοὺς θεούς, τίς τῶν ἐν τοῖς πλησίον; πολλὰ δ' ἂν καὶ δυσμένεια καὶ φθόνος ἐμποιήσειε γείτοσιν, ἀφ' ὧν ἔλθοι τις ἂν ἡδέως ἐπ' ἔλεγχον· ἀλλ' ὅμως οὔτε τούτων οὔτε ἐκείνων οὐδεὶς ἧκεν, ἀλλ' οὐδὲ ἥξει δεδιὼς ἐπιορκίαν, ἵνα μὴ πληγὰς λέγω. τίς οὖν ἡ πίστις τῆς αἰτίας ἢ τὸ λέγειν τούτους, ὡς ἅπερ οὐκ ἐξῆν ἔθυσαν; ἀλλ' οὐκ ἀρκέσει τοῦτο τῷ βασιλεῖ. 16

„Οὐκ ἔθυσαν οὖν;“ ἐρήσεταί τις. πάνυ γε, ἀλλ' ἐπὶ θοίνῃ καὶ ἀρίστῳ καὶ εὐωχίᾳ τῶν βοῶν ἀλλαχοῦ σφαττομένων, βωμοῦ δὲ οὐδενὸς τὸ αἷμα δεχομένου οὐδὲ μέρους οὐδενὸς καομένου οὐδὲ οὐλῶν ἡγουμένων οὐδὲ σπονδῆς ἀκολουθούσης. εἰ δέ τινες συνελθόντες εἴς τι φαιδρὸν χωρίον μόσχον ἢ πρόβατον ἢ ἄμφω θύσαντες τὰ μὲν ἑψήσαντες, τὰ δὲ ὀπτήσαντες κατακλιθέντες ἐπὶ τῆς γῆς ἔφαγον, οὐκ οἶδ' εἴ τινας οὗτοι παρέβαινον τῶν νόμων. οὐδὲ γὰρ κεκώλυκας ταῦτα, ὦ βασιλεῦ, νόμῳ, ἀλλ' ἓν εἰπὼν δεῖν μὴ ποιεῖν τἄλλα πάντα ἀφῆκας. ὥστ' εἰ καὶ μετὰ πάντων θυμιαμάτων συνέπινον, οὐ παρέβαινον νόμον οὐδέ γε εἰ πάντες ἐν ταῖς φιλοτησίαις ᾖδόν τε καὶ ἐκάλουν θεούς, εἰ μὴ καὶ τὴν οἴκοι δίαιταν γιγνομένην ἑκάστῳ συκοφαντήσεις. ἦν ἔθος πολλοὺς ἀγρότας εἰς τοὺς γνωριμωτέρους συνιόντας ἐν ταῖς ἑορταῖς θύσαντας εἶτα εὐωχεῖσθαι· τοῦθ' ἡνίκα ἐξῆν ποιεῖν, ἐποίουν. μετὰ ταῦτα πλὴν τοῦ θύειν ἡ περὶ τἄλλα ἔμεινεν ἐξουσία. καλούσης τοίνυν τῆς εἰωθυίας ἡμέρας ὑπήκουον καὶ οἷς ἀκίνδυνον ἐτίμων αὐτήν τε καὶ τὸ ἕδος. ὅτι δὲ καὶ θύειν ἠξίουν, οὐδεὶς οὔτ' εἶπεν οὔτ' ἤκουσεν οὔτ' ἔπεισεν οὔτ' ἐπείσθη· οὐδ' ἂν εἴποι τις τῶν ἐκείνοις ἐχθρῶν, ὡς ἢ αὐτόπτης θυσίας γέγονεν ἢ ὡς ἔχει τὸν μεμηνυκότα. εἰ δ' ἦν ταῦτα ἢ τὸ ἕτερόν γε, τίς ἂν ἤνεγκε τούτους ἕλκοντας καὶ βοῶντας καὶ κατηγοροῦντας οὐκ ἐν τῷ Φλαβιανοῦ δικαστηρίῳ, ἀλλ' ἐν τοῖς ὡς ἀληθῶς δικαστηρίοις; οὕτω γὰρ μᾶλλον ᾤοντο ἂν ἀναιρήσειν τὸ θύειν ἀνελόντες τῶν τεθυκότων τινάς.

[16] Wohlan denn, ich will die Hüter dieses Gesetzes in die Schranken fordern: Wer hat irgendwelche von denen, die von euch um Haus und Hof gebracht wurden, auf den Altären opfern sehen, wie das Gesetz es verbietet? Welcher Junge, welcher Alte, welcher Mann, welche Frau, wer von denen, die das gleiche Landgebiet bewohnen, der mit denen nicht einverstanden ist, die Opfergaben für die Götter darbringen, wer von denen unter den Nachbarn? Viele Anlässe könnten doch Feindschaft und Neid Nachbarn liefern, aufgrund deren jemand gern zur Anzeige schreiten mag; aber dennoch ist weder von diesen noch von jenen jemand gekommen, und es wird auch keiner kommen, weil er den Meineid fürchtet, um von den Schlägen dafür nicht zu reden.[57] Welche Beglaubigung also gibt es für die Anschuldigung, außer dass jene behaupten, sie hätten Opfer gebracht, die nicht erlaubt waren? Das aber wird dem Kaiser nicht genug sein!

[17] „Haben sie also nicht Opfer dargebracht?" wird jemand jetzt fragen. Sicher haben sie das, aber für ein gemeinsames Mahl, ein Mittagessen, einen geselligen Schmaus, wobei die Rinder anderswo geschlachtet wurden, aber kein Altar das Blut (der geschlachteten Tiere) empfing und kein Teil (von ihnen) verbrannt wurde, auch keine Opfergerste den Anfang machte und kein Trankopfer den Beschluss.[58] Wenn aber irgendwelche Leute an irgendeinem schönen Platz zusammengekommen sind, ein Kalb oder ein Schaf oder auch beides geschlachtet, die geschlachteten Tiere dann zum Teil gekocht, zum Teil gebraten und sich dann auf der Erde niedergelassen und (miteinander) gegessen haben – ich weiß nicht, ob diese Leute irgendwelche Gesetze übertreten haben. **[18]** Du hast ja diese Dinge auch nicht gesetzlich verboten, mein Kaiser, sondern indem du verkündetest, dass man eine bestimmte Handlung nicht ausführen dürfte,[59] hast du alle anderen erlaubt. Selbst wenn sie daher unter dem Duft allen möglichen Räucherwerks zusammen getrunken haben, haben sie kein Gesetz übertreten; und sie haben dies auch nicht, wenn sie alle beim Einander-Zuprosten Götter besungen und angerufen haben – es sei denn, du willst eines jeden private Lebensweise in falschen Verdacht bringen. **[19]** Viele Landbewohner hatten den Brauch, an Festtagen bei den Prominenteren zusammenzukommen, ein Opfer zu veranstalten und dann zu feiern; dies taten sie, solange es zu tun erlaubt war. Später blieb außer dem Opfern die Erlaubnis in Bezug auf alles andere erhalten; wenn sie nun der gewohnte Festtag rief, folgten sie und ehrten mit den Dingen, mit denen dies ungefährlich war, sowohl ihn als auch das Heiligtum. Dass sie aber auch ein Opfer zu veranstalten beansprucht hätten,[60] das hat niemand je gesagt noch gehört noch dazu angestiftet noch sich anstiften lassen, und es könnte auch niemand von den Feinden dieser Leute sagen, dass er entweder selbst ein solches Opfer gesehen hat oder jemanden beibringen kann, der dies angezeigt hat. Wenn dies aber der Fall gewesen wäre oder wenigstens der eine

ἀλλ' οὐκ αὐτῶν ταῦτα εἶναι φήσουσι παραδιδόναι τοῖς 20
ἀποκτενοῦσιν ἄνθρωπον, οὐδ' ἢν τὰ δεινότατα εἰργασμένος ᾖ. ἐγὼ δὲ ὅσους μὲν ἐν στάσεσιν ἀπεκτόνασιν οὐδὲ τὴν τῆς προσηγορίας αἰσχυνόμενοι κοινωνίαν, παρίημι, μή τις εἰς τὸ ἀπερίσκεπτον τὰ τοιαῦτα ἀνενέγκῃ· ἀλλ' ἐν οἷς ἐξηλάσατε τοὺς ταῖς αὐτῶν ἐπιμελείαις πενίᾳ βοηθοῦντας ἔν τε γραυσὶ καὶ πρεσβύταις οὔσῃ καὶ παιδίοις ὀρφανοῖς καὶ τούτων τοῖς πλείοσι τὰ πολλὰ πεπηρωμένοις τοῦ σώματος, ταῦτα οὐ φόνος; ταῦτα οὐ θάνατος; ταῦτα οὐκ ἔστιν ἀποκτεῖναι καὶ πικροτάτῳ γε θανάτῳ, διὰ τοῦ λιμοῦ; τοῦ τρέφεσθαι γὰρ αὐτοῖς ἀπολωλότος τοῦτ' ἐλείπετο δήπου. εἶτ' ἐκείνους μὲν ἀπολλύντες οὐδὲν αἰτιαθέντας ἀπώλλυτε, τούτους δ' ἂν παραβεβηκότας νόμον ⟨οὔ⟩ ; οὕτω τὸ ⟨τὰ⟩ δικαστήρια φυγεῖν τὸν τοῦ μὴ τεθυκέναι τοὺς ἀνθρώπους ἔλεγχον ἔχει. οὕτως οὓς ἔκτειναν οὐ κρίναντες τὸ μηδ' ἀφορμῆς εἰς τὸ κρίνειν εὐπορεῖν ὡμολογήκασιν.

Εἰ δέ μοι γράμματα λέγουσιν ἀπὸ βίβλων αἷς φασιν 21
ἐμμένειν, ἐγὼ τὰ πράγματα ἀντιθήσω τὰ παρὰ φαῦλον ἐκείνοις πεποιημένα. εἰ δὲ μὴ τοῦτο τοιοῦτον ἦν, οὐδ' ἂν ἐτρύφων· νῦν δ' ἴσμεν αὐτοὺς καὶ ὅπως χρῶνται μὲν ταῖς ἡμέραις, χρῶνται δὲ ταῖς νυξίν. οὔκουν ἦν εἰκὸς τοὺς οὐκ ὀκνοῦντας ἐκεῖνα τοῦτο φυλάξασθαι; ἀλλ' ἐξῄρηται τοσαῦτα τοσούτων ἀγρῶν ἱερὰ ὕβρει καὶ παροινίᾳ καὶ κέρδει καὶ τῷ μὴ βούλεσθαι κατέχειν αὑτούς.

τεκμήριον δέ· ἦν ἄγαλμα ἐν Βεροίᾳ τῇ πόλει χαλκοῦν, 22
Ἀσκληπιὸς ἐν εἴδει τοῦ Κλεινίου παιδὸς τοῦ καλοῦ, καὶ ἡ τέχνη τὴν φύσιν ἐμιμεῖτο· τοσοῦτον δὲ ἦν τὸ τῆς ὥρας, ὥστε καὶ οἷς ὑπῆρχεν αὐτὸν καθ' ἡμέραν ὁρᾶν, εἶναι τῆς θέας ὅμως ἐπιθυμίαν. τούτῳ θύεσθαι θυσίας οὐδεὶς οὕτως ἀναιδής, ὡς εἰπεῖν ἂν τολμῆσαι. τοῦτο τοίνυν, ὦ βασιλεῦ, τὸ

der beiden Umstände:[61] Wer hätte es geduldet, dass diese Leute Verhaftungen vorgenommen, ein lautes Geschrei veranstaltet und Anklage erhoben hätten, und zwar nicht vor dem Gericht des Flavianos, sondern vor den wahrhaftigen Gerichten?[62] Unter solchen Umständen glaubten sie denn, sie würden das Opfern wohl eher unterdrücken, wenn sie einige von den Opferern umbrächten.

Gerade die Tempelzerstörer sind die Gesetzesbrecher

[20] Aber dies – so wird man sagen – sei nicht ihre Art, einen Menschen seinen Henkern auszuliefern, auch nicht, wenn er das Schlimmste verbrochen hat. Ich aber will hier einmal beiseite lassen, wieviele sie bei Krawallen umgebracht haben, ohne sich dabei zu schämen, dass sie den gleichen Namen teilen,[63] damit nicht jemand solche Übergriffe auf unüberlegtes Handeln im Affekt zurückführt; Fälle aber, bei denen ihr[64] diejenigen verjagt habt,[65] die durch ihr fürsorgliches Handeln der Armut abzuhelfen versuchten, die alte Frauen und Greise und verwaiste Kinder, von denen die Mehrzahl an vielen körperlichen Gebrechen leidet, betrifft – ist das nicht Mord? Ist das nicht Verurteilung zum Tod? Heißt dies nicht jemand umbringen, und zwar mit dem bittersten denkbaren Tod, durch Hunger? Denn wenn ihnen die Möglichkeit, sich zu ernähren, vernichtet war, blieb ja nur dies übrig. Dann habt ihr also, indem ihr jene[66] vernichtetet, (auch) die vernichtet, die keines Unrechts beschuldigt worden waren – diese[67] aber, obwohl sie ein Gesetz übertreten haben, würdet ihr nicht töten? Damit liefert das Vermeiden der Gerichte den Beweis, dass die Leute keine Opfer veranstaltet haben. Ferner zeigt sich: Dadurch, dass sie die, die sie umgebracht haben, (vorher) nicht vor Gericht stellten, haben sie zugegeben, dass sie über keine Handhabe verfügen, ein Gerichtsverfahren einzuleiten.

[21] Und wenn sie mir Texte aus den Büchern zitieren, an die sie sich zu halten behaupten,[68] dann werde ich sie mit den Taten konfrontieren, die sie herunterspielen.[69] Wenn dies nicht so wäre, würden sie nicht so herrlich und in Freuden leben; jetzt aber wissen wir ja, wie sie ihre Tage und wie sie ihre Nächte zubringen.[70] War es da nicht zu erwarten, dass Leute, die vor jenen Dingen nicht zurückschrecken, sich vor diesen in Acht nehmen würden?[71] Nein: So viele Heiligtümer so vieler ländlicher Gebiete sind durch ihren Frevelmut, ihre an Betrunkene erinnerndes Wüten, ihre Gier und ihren Unwillen, sich zu zügeln, ausgelöscht.

[22] Hier ein Beispiel dafür: In der Stadt Beroia gab es eine bronzene Götterstatue, einen Asklepios[72] in Gestalt des schönen Sohnes des Kleinias;[73] die Kunst dieses Standbildes war ganz nach der Natur, und es zeigte so viel an jugendlicher Schönheit, dass auch diejenigen, die jeden Tag die Möglichkeit hatten, es zu sehen, dennoch (immer wieder) Verlangen hatten, es zu betrachten. Dass dieser Statue Opfer dargebracht würden –

τοιοῦτον πολλῷ μέν, ὡς εἰκός, πόνῳ, λαμπρᾷ δὲ ἠκριβωμένον ψυχῇ κατακέκοπται καὶ οἴχεται, καὶ τὰς Φειδίου χεῖρας πολλαὶ διενείμαντο. διὰ ποῖον αἷμα; διὰ ποίαν μάχαιραν;
διὰ ποίαν ἔξω τῶν νόμων θεραπείαν; ὥσπερ οὖν ἐνταῦ- 23
θα καίτοι θυσίαν οὐδεμίαν εἰπεῖν ἔχοντες ὅμως πολλὰ μέρη τὸν Ἀλκιβιάδην, μᾶλλον δὲ τὸν Ἀσκληπιὸν ἔτεμνον ἀποκοσμοῦντες τὴν πόλιν τοῖς περὶ τὸ ἄγαλμα, οὕτω χρὴ νομίζειν αὐτοῖς καὶ τὰ περὶ τοὺς ἀγροὺς ἐσχηκέναι. τέθυκε μὲν ἱερεῖον οὐδείς, ἐν οἷς δὲ καμόντες αὑτοὺς ἀνέπαυον ἱεροῖς, ταῦτα ἀνῄρηται μείζω τε ὁμοίως καὶ ἐλάττω, καὶ νεναυαγηκόσιν οἱ ταῦτα παθόντες ἐοίκασιν ἀνθρώποις ἐκπεσοῦσι τῶν νεῶν ἐφ' ὧν ἔπλεον.

Πότεροι τοίνυν τῶν δίκην ὀφειλόντων εἰσίν, οἱ τετηρη- 24
κότες τοὺς νόμους ἢ οἱ τὴν αὑτῶν βούλησιν ἀντ' ἐκείνων πεποιημένοι; εἰ γὰρ δεινὸν μέν, ὦ βασιλεῦ, τὸ τοῖς ὑπὸ σοῦ γραφεῖσιν ἀπειθεῖν, φαίνονται δὲ πεισθέντες μὲν οἱ μὴ τεθυκότες, ἐναντία δὲ πεποιηκότες οἱ διαφθείραντες ἃ μένειν τοῖς ἔχουσιν ἐδέδοκτό σοι, οἱ δίκην εἰληφότες ἐν αὐτῷ τῷ λαβεῖν ὀφείλουσιν· ἣν γὰρ οὐ προσῆκεν ἔλαβον, ζῆν μὲν ἐάσαντες οἷς ἐνεκάλουν, ἃ δ' οὐκ ἦν αἰτιάσασθαι τῶν γε ἀψύχων ὄντα κατεσκαφότες.

Καὶ μὴν εἰ καὶ σφόδρα τοῦτο ἦν ἀδίκημα, τὸ μὲν ἀξίους 25
δεῖξαι δίκης ἐκείνους τούτων ἦν, τὸ δὲ ἐπιθεῖναι τὴν δίκην τοῦ δικαστοῦ· δικαστοῦ δὲ οὐκ ἦν ἀπορῆσαι τῶν ἐθνῶν ὑπ' αὐτοῖς ὄντων ἁπάντων. οὕτω καὶ τοὺς φονέας οἱ τῶν ἀπεσφαγμένων οἰκεῖοι τιμωροῦνται λόγοις μὲν τοῖς παρ' ἑαυτῶν, ψήφῳ δὲ τῇ τῶν δικαζόντων· οὐδεὶς δὲ ἁρπάσας ἐπὶ τὸν ἀνδροφόνον ξίφος προστίθησιν αὐτὸ τῷ 'κείνου ⟨τραχήλῳ⟩ χρησάμενος ἀντὶ τοῦ δικαστηρίου τῇ χειρί, οὐδὲ γὰρ ἐπὶ τυμβωρύχον οὐδὲ προδότην οὐδὲ τῶν τὰ ἄλλα ἀδικούντων οὐδένα οὔτε πρότερον οὔθ' ὕστερον, ἀλλ' ἀντὶ τῶν ξι-
φῶν εἰσαγγελίαι καὶ γραφαὶ καὶ δίκαι. καὶ τὸ δι' ὧν ὁ νόμος 26

niemand war so schamlos, eine solche Behauptung zu wagen. Und dieses Standbild, mein Kaiser, das in solcher Schönheit mit viel Mühe (wie man sich denken kann) und mit strahlender Beseeltheit ausgeführt war, ist jetzt zerstört und (für immer) dahin, und die Arbeit der Hände des Pheidias[74] haben viele (andere Hände) zerschlagen. Wegen welcher Art von blutigem Opfer? Wegen welcher Art von Gebrauch eines Opfermessers? Wegen welcher Art von Ritus, der sich außerhalb der Gesetze bewegt hätte? **[23]** In welcher Weise sie also nun in diesem Fall, obwohl sie keinerlei Opferhandlung vorwerfen konnten, dennoch den Alkibiades oder vielmehr den Asklepios in viele Stücke zerschlagen und mit ihrem Wüten gegen die Statue der Stadt ihren Schmuck genommen haben, in dieser Weise – so muss man annehmen – hat sich auch ihr Wüten in den ländlichen Gebieten verhalten: Niemand hat ein Opfertier geschlachtet, aber die Heiligtümer, in denen die Leute ermattet sich ausruhten, die sind zerstört, in gleicher Weise größere und kleinere, und die, denen das widerfahren ist, die sind jetzt genauso dran wie Menschen, die Schiffbruch erlitten haben und aus den Schiffen herausgestürzt sind, auf denen sie fuhren.

[24] Welche von beiden Seiten nun gehört zu denen, die eine Strafverfolgung verdienen? Diejenigen, die die Gesetze beachtet haben, oder diejenigen, die ihren eigenen Willen statt der Gesetze durchgesetzt haben? Wenn es nämlich ungeheuerlich ist, mein Kaiser, den von dir erlassenen Gesetzen nicht zu gehorchen, und wenn diejenigen, die nicht geopfert haben, offensichtlich den Gesetzen gehorcht haben, diejenigen aber, die vernichtet haben, was nach deinem Beschluss seinen Besitzern verbleiben sollte, offensichtlich das Gegenteil getan haben, dann verdienen diejenigen, die eine Strafverfolgung in die eigene Hand genommen haben, eine solche genau aufgrund dieses Umstands: Sie haben nämlich die in die eigene Hand genommen, die ihnen nicht zukam, indem sie die leben ließen, gegen die sie Beschuldigungen erhoben, und dagegen vernichteten, wogegen sie keine Beschuldigungen erheben konnten, weil es nun einmal zu den unbeseelten Dingen gehörte.

[25] Selbst aber wenn dies wirklich ein Verbrechen wäre, dann wäre es die Aufgabe dieser Leute gewesen, jenen nachzuweisen, dass sie eine Strafe verdienen, die Strafe aufzuerlegen wäre aber immer noch Sache des Statthalters;[75] eines Statthalters aber brauchte man nicht zu ermangeln, da alle Provinzen ihnen unterstellt sind. So können die Angehörigen von Ermordeten die Mörder zur Rechenschaft ziehen: durch Darlegungen, die von ihnen selbst kommen, und durch die Entscheidung derjenigen, die das Urteil zu fällen haben. Niemand aber ergreift ein Schwert gegen den Mörder und setzt es ihm an die Kehle, indem er statt des Gerichts selbst zur Gewalt greift, und man verfährt so ja auch nicht gegen einen Grabräuber oder einen Verräter oder irgendeinen anderen Verbrecher – und man tat

βούλεται γενέσθαι τὴν τιμωρίαν ἀρκοῦν οἶμαι τῷ δικάζοντι. ἀλλ' οὗτοι μόνοι τῶν ἁπάντων περὶ ὧν κατηγόρουν ἐδίκαζον καὶ δικάσαντες αὐτοὶ τὰ τῶν δημίων ἐποίουν.

τί δὴ ζητοῦντες; εἰργομένους ἐντεῦθεν τοὺς τὰ τῶν θεῶν τιμῶντας ἐπὶ τἀκείνων ἐνεχθῆναι; τουτὶ δ' ἐστὶ πάντων εὐηθέστατον. τίς γὰρ οὐκ οἶδεν, ὡς αὐτοῖς οἷς ἔπαθον μᾶλλον ἢ πρὶν ἐν οἷς ἦσαν ταῦτα τεθαυμάκασιν; ὥσπερ οἱ τῶν σωμάτων ἐρῶντες ἐκ τοῦ κωλύεσθαι μὴ τοῦτο ποιεῖν μᾶλλον τοῦτο ποιοῦσι καὶ γίγνονται τῶν αὐτῶν ἐρασταὶ σφοδρότεροι.

εἰ δὲ ταῖς κατασκαφαῖς ἐγίγνοντο τῆς γνώμης αἱ περὶ 27
ταῦτα μεταβολαί, πάλαι ἂν σῇ ψήφῳ τὰ ἱερὰ κατέσκαπτο· πάλαι γὰρ ἂν ἡδέως ταύτην εἶδες τὴν μεταβολήν. ἀλλ' ᾔδεις οὐ δυνησόμενος· διὰ τοῦτ' ἀπέσχου τῶν ἱερῶν τούτων. τούτους δ', εἰ καί τι τοιοῦτον προσεδόκων, μετὰ σοῦ προσῆκεν ἐλθεῖν ἐπ' αὐτὸ καὶ μεταδοῦναι τῷ κρατοῦντι τῆς φιλοτιμίας. ἦν δέ, οἶμαι, μηδὲν ἁμαρτάνοντας κατορθοῦν ἅπερ ἤθελον κάλλιον ἢ μετὰ τοῦ πλημμελεῖν.

Εἰ δέ σοι φήσουσί τινας ἑτέρους ὑπὸ τούτων γεγενῆσθαι 28
τῶν ἔργων καὶ μετ' αὐτῶν εἶναι τῇ περὶ τοῦ θείου δόξῃ, μή σε λανθανέτωσαν δοκοῦντας, οὐ γεγενημένους λέγοντες. ἀφεστᾶσι μὲν γὰρ οὐδὲν μᾶλλον αὐτῶν, φασὶ δέ. τοῦτο δέ ἐστιν οὐκ ἐκείνους ἕτερα τιμᾶν ἀνθ' ἑτέρων, ἀλλὰ τούτους πεφενακίσθαι. ἔρχονται μὲν γὰρ ἐπὶ τὰ φαινόμενα ⟨καὶ⟩ τὸν τούτων ὄχλον καὶ διὰ τῶν ἄλλων ὧν οὗτοι πορεύονται, καταστάντες δὲ εἰς σχῆμα τὸ τῶν εὐχομένων ἢ οὐδένα καλοῦσιν ἢ τοὺς θεούς, οὐ καλῶς μὲν ἐκ τοῦ τοιούτου χωρίου, καλοῦσι δ' οὖν. ὥσπερ οὖν ἐν ταῖς τραγῳδίαις ὁ τὸν τύραννον εἰσιὼν οὐκ ἔστι τύραννος, ἀλλ' ὅπερ ἦν πρὸ τοῦ προσωπείου, οὕτω καὶ ἐκείνων ἕκαστος τηρεῖ μὲν αὑτὸν ἀκίνητον, δο-
κεῖ δὲ τούτοις κεκινῆσθαι. καίτοι τί τὸ πρᾶγμα αὐτοῖς γεγέ- 29
νηται βέλτιον, ὅταν λόγος μὲν ᾖ τὰ 'κείνων, τὸ δὲ ἔργον ἀπῇ; δεῖ γὰρ δὴ τά γε τοιαῦτα πείθειν, οὐ προσαναγκάζειν. εἰ δ'

dies weder früher, noch wird man es in Zukunft tun –, sondern anstelle der Schwerter gibt es Anzeigen und Anklageschriften und Prozesse. **[26]** Und das Procedere, durch welche Leute[76] das Gesetz die Durchführung der Bestrafung vorsieht, ist, wie ich glaube, für den rechtsprechenden Beamten ausreichend. Aber diese Leute haben als einzige von allen über die, die sie anklagten, auch zu Gericht gesessen, das Urteil gefällt und auch selbst die Tätigkeit des Henkers ausgeübt!

Widerlegung des zweiten Arguments der Tempelzerstörer

Und mit welchem Ziel? Dass die Verehrer der Götter, wenn man sie daran hindert, infolgedessen zur Religion jener Leute gebracht werden? Dies zu erwarten ist absolute Torheit: Wer weiß denn nicht, dass die Leute gerade durch das, was sie erlitten haben, noch mehr als früher der Religion anhängen, deren Anhänger sie schon waren?[77] So wie diejenigen, die physisches Liebesverlangen empfinden, infolge der Versuche, sie an der Ausübung dieses Verlangens zu hindern, dies noch mehr betreiben und noch heftiger zu dem gleichen Verlangen hinstreben.

[27] Wenn aber durch die Zerstörungen (von Heiligtümern) die entsprechenden Wandlungen der Gesinnung erzielt würden, dann wären die Heiligtümer schon lange auf deinen Beschluss hin zerstört; denn schon lange hättest du diese Wandlung gern gesehen. Aber du wusstest, dass du dies so nicht vermögen würdest, und deshalb hast du dich von diesen Heiligtümern ferngehalten. Diese Leute aber – auch wenn sie eine solche Wandlung erwarteten – hätten sie zusammen mit dir angehen und hätten ihren Herrscher an ihrem Ehrgeiz beteiligen müssen. Es wäre, denke ich, besser gewesen, dass sie ihre Ziele erfolgreich umgesetzt hätten, ohne unrechte Taten zu begehen, als mit solchen Übergriffen.

[28] Sollten sie dir aber sagen, dass einige Leute aufgrund dieser Handlungen[78] ‚andere' geworden sind und jetzt mit ihrer Ansicht über das Göttliche auf ihrer Seite stehen, dann sollte dir nicht verborgen bleiben, dass sie von Leuten reden, die nur diesen Anschein erwecken, aber nicht wirklich ‚anders' geworden sind. Sie sind sich nämlich in keiner Weise untreu geworden,[79] sondern sie behaupten dies lediglich; und dies bedeutet, dass sie nicht Anderem anstelle des Einen nunmehr die Ehre erweisen, sondern dass diejenigen, die das behaupten, sich haben hinters Licht führen lassen. Sie gehen nämlich zu den Riten, die öffentlich abgehalten werden, und[80] zur Menge dieser Leute, und sie laufen auch auf den übrigen Wegen mit, die diese Leute einschlagen;[81] wenn sie aber die Haltung von Betenden annehmen, rufen sie entweder gar keinen an oder aber ihre (alten) Götter – dies mag von einem solchen Ort aus[82] nicht schön sein, aber sie tun es nun einmal. Wie daher in Tragödien derjenige, der die Rolle des Tyrannen übernimmt,[83] nicht wirklich ein Tyrann ist, sondern das bleibt, was er vor

ὁ μὴ τοῦτο δυνάμενος ἐκείνῳ χρήσεται, εἴργασται μὲν οὐδέν, οἴεται δέ {τουτὶ ἀσθενές}. λόγος δὲ μηδ' ἐν τοῖς τούτων αὐτῶν τοῦτο ἐνεῖναι νόμοις, ἀλλ' εὐδοκιμεῖν μὲν τὸ πείθειν, κακῶς δὲ ἀκούειν τὴν ἀνάγκην. τί οὖν μαίνεσθε κατὰ τῶν ἱερῶν, εἰ τὸ πείθειν μὲν οὐκ ἔστι, βιάζεσθαι δὲ ⟨δεῖ⟩ ; σαφῶς γὰρ οὕτως καὶ τοὺς ὑμετέρους ἂν αὐτῶν παραβαίνοιτε νόμους.

Ἀλλὰ τὸ μηδ' εἶναί φασιν ἱερὰ χρήσιμον εἶναι τῇ γῇ καὶ 30
τοῖς ἐπ' αὐτῆς ἀνθρώποις. ἐνταῦθα τοίνυν δεῖ μέν μοι πολλῆς, ὦ βασιλεῦ, τῆς παρρησίας, δέδοικα δὲ μή τινα λυπήσω τῶν ἐμαυτοῦ κρειττόνων. χωρείτω δ' οὖν ὅμως ὁ λόγος ἓν τοῦτο ἀπαιτούμενος, τὴν ἀλήθειαν.

Εἰπάτω γάρ μοί τις τῶν τὰς μὲν πυράγρας καὶ σφύρας 31
καὶ ἄκμονας ἀφέντων, περὶ δὲ οὐρανοῦ καὶ τῶν τὸν οὐρανὸν ἐχόντων ἀξιούντων διαλέγεσθαι, ποτέροις ἀκολου-
θοῦντες οἱ τὰ μέγιστα ἀπὸ μικρῶν καὶ φαύλων τῶν πρώτων ἀφορμῶν Ῥωμαῖοι δυνηθέντες ἐδυνήθησαν, τῷ ⟨θεῷ⟩
τούτων ἢ οἷς ἱερὰ καὶ βωμοὶ ⟨καὶ⟩ παρ' ὧν ὅ τι χρὴ ποιεῖν ἢ
μὴ ποιεῖν ἤκουον διὰ τῶν μάντεων; Ἀγαμέμνονα δὲ τὸ πανταχοῦ τεθυκέναι πλέοντα ἐπ' Ἴλιον αἰσχρῶς ἐπανήγαγεν ἢ
νενικηκότα τῆς Ἀθηνᾶς αὐτῷ τὸ τέλος εὐρούσης; Ἡρακλέα
δὲ τὸν πρὸ τούτου τὴν αὐτὴν καθελόντα πόλιν οὐ θυσίαις
ἴσμεν τῶν θεῶν προσλαβόντα τὴν ῥοπήν; ἔτι τοίνυν λαμ- 32
πρὸς μὲν ὁ Μαραθὼν οὐ διὰ τοὺς μυρίους μᾶλλον Ἀθηναί-
ων ἢ διὰ τὸν Ἡρακλέα καὶ Πᾶνα, θεία δὲ ἡ Σαλαμὶς οὐ διὰ
τὰς ⟨τριακοσίας⟩ τῶν Ἑλλήνων μᾶλλον ναῦς ἢ τοὺς ἐξ Ἐλευ-
σῖνος συμμάχους, οἳ μετ' ᾠδῆς τῆς αὐτῶν ἐπὶ τὴν ναυμα-
χίαν ἧκον. μυρίους ⟨δ'⟩ ἄν τις ἔχοι λέγειν πολέμους τῇ τῶν
θεῶν εὐνοίᾳ κυβερνηθέντας καί, νὴ Δία γε, καὶ εἰρήνης καὶ
ἡσυχίας χρόνους.

Τὸ δὲ μέγιστον, οἱ μάλιστα τοῦτο τὸ μέρος ἀτιμάσαι δο- 33

Aufsetzen der Maske war, so achtet auch von jenen ein jeder darauf, in seiner inneren Haltung unverändert zu bleiben, und erweckt bei diesen[84] nur den Anschein, er habe sich aufgrund dieser Vorgänge geändert. [**29**] Wenn dies aber so ist:[85] In welcher Weise haben sie[86] einen Fortschritt gemacht, wenn die Redeweise zwar die jener Leute ist, die wirkliche Tat aber fehlt? Man muss ja doch in solchen Dingen Überzeugung vermitteln und darf nicht Zwang ausüben; wenn derjenige aber, der das eine nicht kann, zum Mittel des zweiten greift, dann hat er nichts ausgerichtet, sondern glaubt dies nur {dies ist schwach[87] }. Und es heißt ja, dass auch in den Gesetzen gerade dieser Leute dies nicht vorgesehen ist, sondern dass das Überzeugen in gutem Ruf steht, in schlechtem dagegen der Zwang.[88] Warum also wütet ihr[89] gegen die Heiligtümer, wenn das Überzeugen nicht möglich ist und man zum Zwang greifen muss? Ganz offensichtlich wohl überschreitet ihr auf diese Weise eure eigenen Gesetze.

Widerlegung des dritten Arguments der Tempelzerstörer

[**30**] Aber man behauptet: Wenn es Heiligtümer nicht einmal (mehr) gäbe, dann sei dies nützlich für die Erde und die auf ihr lebenden Menschen. An diesem Punkt nun, mein Kaiser, muss ich einmal völlig offen reden; ich fürchte freilich, damit einem der im Vergleich zu mir Höhergestellten[90] zu nahe zu treten. Dennoch muss mein Vortrag weitergehen, da er ja nur dies eine einfordert: die Wahrheit.

[**31**] Es soll mir nämlich einmal jemand von denen sagen, die die Feuerzangen und Hämmer und Ambosse aufgegeben haben[91] und (jetzt) beanspruchen, über den Himmel und die, die den Himmel innehaben, zu reden: Welcher von beiden Seiten folgten die Römer und wurden stark, sie, die zu größter Macht aus kleinen und elenden Ausgangspunkten gelangten – dem Gott dieser Leute oder denen, für die es Heiligtümer und Altäre gibt und von denen sie durch Seher hörten, was man tun solle oder nicht?[92] Und den Agamemnon, führte den der Umstand, dass er bei seiner Fahrt gegen Ilion Opfer darbrachte, in Schande zurück oder als Sieger, da Athena für ihn den erfolgreichen Ausgang fand?[93] Und was Herakles betrifft, der vor Agamemnon bereits die gleiche Stadt eroberte – wissen wir nicht, dass er durch Opfer die ausschlaggebende Hilfe der Götter hinzugewann?[94] [**32**] So ist ferner Marathon glorreich nicht so sehr wegen der zehntausend Athener als vielmehr wegen Herakles und Pan,[95] und göttlich ist Salamis[96] nicht so sehr wegen der dreihundert[97] Schiffe der Griechen als vielmehr wegen der Verbündeten aus Eleusis, die unter den Klängen ihres eigenen Gesanges zur Seeschlacht kamen.[98] Unzählige (weitere) Kriege könnte man nennen, die durch das Wohlwollen der Götter gesteuert wurden, und – beim Zeus! – auch Zeiten des Friedens und der Ruhe.

[**33**] Der wichtigste Punkt aber: Diejenigen, die diesem Aspekt am meis-

κοῦντες καὶ ἄκοντες τετιμήκασι. τίνες οὗτοι; οἱ τὴν Ῥώμην
τοῦ θύειν οὐ τολμήσαντες ἀφελέσθαι. καίτοι εἰ μὲν μάταιον
ἅπαν τοῦτο τὸ περὶ τὰς θυσίας, τί μὴ τὸ μάταιον ἐκωλύθη;
εἰ δὲ καὶ βλαβερόν, πῶς οὐ ταύτῃ γε μᾶλλον; εἰ δ' ἐν ταῖς
ἐκεῖ θυσίαις κεῖται τὸ βέβαιον τῆς ἀρχῆς, ἁπανταχοῦ δεῖ
νομίζειν λυσιτελεῖν τὸ θύειν καὶ διδόναι τοὺς μὲν ἐν Ῥώμῃ
δαίμονας τὰ μείζω, τοὺς δ' ἐν τοῖς ἀγροῖς ἢ καὶ τοῖς ἄλλοις
ἄστεσιν ἐλάττω, δέξαιτο δ' ἂν τις εὖ φρονῶν καὶ τὰ τηλι-
καῦτα. καὶ γὰρ ἐν τοῖς στρατεύμασιν οὐκ ἴσον μὲν τὸ παρ' 34
ἑκάστου, φέρει δέ τι τῇ μάχῃ τὸ παρ' ἑκάστου. οἷον δή τι κἂν
ταῖς εἰρεσίαις· οὐκ ἴσοι μὲν ἅπαντες οἱ βραχίονες, συντελεῖ
δέ τι καὶ ὁ τοῦ πρώτου λειπόμενος. ὁ μέν τις τῷ σκήπτρῳ τῷ
τῆς Ῥώμης συναγωνίζεται, ὁ δέ ⟨τις⟩ ταύτῃ σώζει πόλιν ὑπή-
κοον, ὁ δέ τις ἀγρὸν ἀνέχει παρέχων εὖ πράττειν. ἔστω τοίνυν ἱερὰ πανταχοῦ, ἢ ὁμολογούντων οὗτοι δυσμενῶς ὑμᾶς
πρὸς τὴν Ῥώμην ἔχειν, δόντας αὐτῇ ποιεῖν ἀφ' ὧν ζημιώσε-
ται.

Οὐ τοίνυν τῇ Ῥώμῃ μόνον ἐφυλάχθη τὸ θύειν, ἀλλὰ καὶ 35
τῇ τοῦ Σαράπιδος τῇ πολλῇ τε καὶ μεγάλῃ καὶ πλῆθος κε-
κτημένῃ νεῶν, δι' ὧν κοινὴν ἁπάντων ἀνθρώπων ποιεῖ τὴν
τῆς Αἰγύπτου φοράν. αὐτὴ δὲ ἔργον τοῦ Νείλου, τὸν Νεῖλον
δὲ ἑστιάματά ἐστιν ἀναβαίνειν ἐπὶ τὰς ἀρούρας πείθοντα,
ὧν οὐ ποιουμένων ὅτε τε χρὴ καὶ παρ' ὧν, οὐδ' ἂν αὐτὸς ἐθε-
λήσειεν. ἅ μοι δοκοῦσιν εἰδότες οἱ καὶ ταῦτα ἂν ἡδέως ἀνελόντες οὐκ ἀνελεῖν, ἀλλ' ἀφεῖναι τὸν ποταμὸν εὐωχεῖσθαι
τοῖς παλαιοῖς νομίμοις ἐπὶ μισθῷ τῷ εἰωθότι. τί οὖν; ἐπεὶ μὴ 36
ποταμός ἐστι καθ' ἕκαστον ἀγρὸν τὰ τοῦ Νείλου τῇ γῇ παρέχων, οὐδ' εἶναι τἀν τούτοις ἱερὰ δεῖ, ἀλλ' ὅ τι δόξειε τοῖς
γενναίοις τουτοισὶ πάσχειν; οὓς ἡδέως ἐκεῖνο ἂν ἐροίμην,
εἰ τολμήσουσι παρελθόντες γνώμην εἰπεῖν πεπαῦσθαι μὲν
τὰ γιγνόμενα τῷ Νείλῳ, μὴ μετέχειν δὲ αὐτοῦ τὴν γῆν μηδὲ σπείρεσθαι μηδὲ ἀμᾶσθαι μηδὲ διδόναι πυροὺς μηδ' ὅσα
δίδωσι μηδ' ἀνάγεσθαι γῆν ἐπὶ πᾶσαν ἃ νῦν· εἰ δ' οὐκ ἂν ἐπὶ
τούτοις διάραιεν τὸ στόμα, οἷς οὐ λέγουσι διελέγχουσιν ἃ
λέγουσιν. οἱ γὰρ οὐκ ἂν εἰπόντες δεῖν τῶν τιμῶν ἀποστε-
ρεῖσθαι τὸν Νεῖλον ὁμολογοῦσι τοῖς ἀνθρώποις συμφέρειν
τὰς τῶν ἱερῶν τιμάς.

ten die Ehre zu verweigern scheinen, ehren ihn sogar wider Willen. Wer sind diese Leute? Diejenigen, die es nicht gewagt haben, Rom das Darbringen von Opfern wegzunehmen.[99] Wenn aber nun diese ganze Opfer-Angelegenheit eine Torheit ist, warum wurde dieser Torheit nicht Einhalt geboten? Und wenn sie sogar schädlich ist, wieso dann nicht deswegen umso mehr? Wenn aber in den dort dargebrachten Opfern die Sicherheit der Herrschaft liegt, so muss man annehmen, dass das Darbringen von Opfern überall nützlich ist und dass dabei die Gottheiten in Rom größere Wohltaten verleihen, die dagegen auf dem Land oder auch in den anderen Städten geringere – doch würde ein vernünftig denkender Mann auch Wohltaten in dieser (geringeren) Größe wohl annehmen. **[34]** Auch in den Heeren ist ja der von einem jeden geleistete Beitrag nicht gleich, doch trägt der von einem jeden geleistete Beitrag etwas zur Schlacht bei. Wie etwas dieser Art ja auch bei Rudermannschaften der Fall ist: Nicht alle Arme sind gleich stark, einen Beitrag leistet aber auch der, der hinter dem ersten (an Kraft) zurücksteht. (So ist es auch mit den Göttern:)[100] Der eine kämpft als Verbündeter des Zepters Roms, der andere bewahrt für Rom eine Stadt unter römischer Herrschaft, ein dritter unterstützt ländliches Gebiet und verleiht ihm Prosperität. So sollen denn auch überall Heiligtümer existieren, oder aber diese Leute sollen zugeben, dass ihr[101] euch feindlich gegenüber Rom verhaltet, da ihr ihm zu tun erlaubt, wofür es Schaden erleiden wird.[102]

[35] Nun wurde aber nicht nur für Rom das Darbringen von Opfern aufrechterhalten, sondern auch für die volksreiche und große Stadt des Sarapis[103] mit ihrer Vielzahl von Schiffen, durch die sie die Fruchtbarkeit Ägyptens zum gemeinsamen Besitz aller Menschen macht. Sie[104] aber ist ein Werk des Nils, für den Nil aber gibt es festliche Speisungen,[105] die ihn dazu veranlassen, die Felder zu überschwemmen; sollten diese nicht veranstaltet werden, wann und durch welche Personen es notwendig ist, dürfte auch er seinen Dienst nicht tun wollen. Dies, so glaube ich, wissen diejenigen, die auch diese Riten gerne abschaffen würden, und tun es deshalb nicht, sondern lassen zu, dass der Fluss gemäß den alten Bräuchen für die gewohnte Gegenleistung gut bewirtet wird. **[36]** Was folgt daraus? Dass deshalb, weil es nicht in jedem ländlichen Gebiet einen Fluss gibt, der die Wohltaten des Nil der Erde bietet, auch die in diesen Gebieten vorhandenen Heiligtümer nicht sein dürfen, sondern erleiden müssen, was diesen feinen Gesellen wohl gut schiene? Die möchte ich doch gerne einmal Folgendes fragen: Werden sie es wagen, vorzutreten und das Ansinnen zu äußern, dass mit den Riten für den Nil Schluss sein soll, dass das Land an ihm keinen Anteil haben, auch nicht besät, nicht abgemäht werden, keinen Weizen geben noch all das, was es sonst gibt, noch schließlich „über die ganze Erde hin“[106] verschifft werden soll, was jetzt verschifft wird?

Ὅταν τοίνυν καὶ τοῦ σεσυληκότος μνημονεύωσι, τὸ μὲν ὡς οὐκ ἐπὶ τὰς θυσίας προῆλθε, παρείσθω· ἀλλὰ τίς οὕτω μεγάλην τῶν περὶ τὰ ἱερὰ χρήματα δέδωκε δίκην, τὰ μὲν αὐτὸς αὑτὸν μετιών, τὰ δ' ἤδη καὶ τεθνεὼς πάσχων ἐπ' ἀλλήλους τε ἰόντων τῶν ἐκ τοῦ γένους καὶ λελειμμένου μηδενός; καίτοι πολὺ βέλτιον ἦν αὐτῷ τῶν ἀπ' ἐκείνου τινὰς ἄρχειν ἢ τὴν ἐπώνυμον αὐτῷ τοῖς οἰκοδομήμασιν αὔξεσθαι πόλιν, δι' ἣν καὶ αὐτὴν πλὴν τῶν ἐκεῖ κακῶς τρυφώντων ἅπαντας ἀνθρώπους ἔχει καταρωμένους, τῇ σφῶν αὐτῶν ἀπορίᾳ τὴν εὐπορίαν ἐκείνῃ παρέχοντας. 37

Καὶ ὅταν τοίνυν μετ' ἐκεῖνον τὸν ἐκείνου λέγωσι καὶ ὡς καθεῖλε νεώς, οὐκ ἐλάττω περὶ τοῦτο πονησάντων τῶν καθαιρούντων ἢ τῶν οἰκοδομησάντων – οὕτως οὐκ ἦν ῥᾴδιον ἀλλήλων διαζεῦξαι τοὺς λίθους δεσμοῖς ἰσχυροτάτοις εἰς ἓν συνηγμένους –, ὅταν οὖν ταῦτα λέγωσιν, ἐγὼ μεῖζόν τι προστίθημι, ὅτι ἐκεῖνός γε καὶ δῶρα ναοὺς τοῖς ἀμφ' αὑτὸν ἐδίδου καθάπερ ἵππον ἢ ἀνδράποδον ἢ κύνα ἢ φιάλην χρυσῆν, κακὰ δὲ ἀμφοῖν τὰ δῶρα τοῖς τε δοῦσι τοῖς τε λαβοῦσιν. ὁ μὲν γὰρ ἐν τῷ τρέμειν καὶ δεδιέναι Πέρσας ἅπαντα τὸν βίον ἐβίω φοβούμενος ἔαρ ἕκαστον ἔξοδον ἔχον, ὥσπερ τὰ παιδία τὰς Μορμόνας, τῶν δὲ οἱ μὲν ἄπαιδες καὶ πρὸ διαθηκῶν ἀπῆλθον οἱ δυστυχεῖς, τοῖς δ' ἦν ἄμεινον μὴ παιδοποιήσασθαι. 38

τοιαύταις μὲν ἀδοξίαις, τοσούτῳ δὲ πολέμῳ τῷ πρὸς ἀλλήλους συζῶσιν οἱ ἀπὸ τούτων ἐν μέσῳ τῶν ἀπὸ τῶν ἱερῶν κιόνων στρεφόμενοι, δι' οὕς, οἶμαι, ταῦτα· τοιαύτας τοῖς τέκνοις εἰς εὐδαιμονίαν ἀφορμὰς οἱ πλουτεῖν εἰδότες ἐκεῖνοι παρέδωκαν. καὶ νῦν οὓς ἄγει μὲν εἰς Κιλικίαν νοσήματα τῆς τοῦ Ἀσκληπιοῦ χρῄζοντα χειρός, αἱ δὲ περὶ τὸν τόπον ὕβρεις ἀπράκτους ἀποπέμπουσι, πῶς ἔνεστι μὴ κακῶς τὸν τούτων αἴτιον λέγοντας ἀναστρέφειν; 39

Wenn sie aber zu diesen Fragen den Mund wohl nicht aufbekommen,[107] dann widerlegen sie mit dem, was sie nicht sagen, das, was sie sagen. Diejenigen nämlich, die wohl nicht äußern würden, dass man den Nil seiner Ehren berauben soll, die geben zu, dass den Menschen die Ehrungen der Heiligtümer nützen.

Widerlegung des vierten Arguments der Tempelzerstörer

[37] Wenn sie sich nun auf den berufen, der die Heiligtümer beraubt hat,[108] dann sei hier beiseite gelassen, dass er ja gar nicht gegen die Opfer vorging; aber wer sonst noch wurde so hart für seinen Umgang mit dem Besitz der Heiligtümer bestraft? Zum einen bestrafte er sich höchstselbst,[109] Anderes erlitt er dann auch, als er bereits tot war, da die Angehörigen seines Geschlechts sich gegeneinander wandten und schließlich keiner mehr übrig war.[110] Dabei wäre es sicher viel besser für ihn gewesen, dass seine Nachfahren auf dem Thron säßen, als die nach ihm benannte Stadt mit Bauten zu vergrößern; gerade wegen ihr muss er von allen Menschen – außer natürlich denen, die in jener Stadt auf üble Weise schwelgen[111] – Verfluchungen gewärtigen aufgrund ihres eigenen Elends, da sie ja jener Stadt ihren Reichtum ermöglichen.[112]

[38] Und wenn sie nun nach jenem seinen Sohn anführen, und wie er Tempel niederriss[113] – wobei diejenigen, die sie niederrissen, damit nicht weniger Mühe hatten als diejenigen, die sie erbauten; so wenig leicht war es, voneinander die Steine zu trennen, die mit stärksten Klammern zu einer Einheit zusammengefügt[114] worden waren – wenn sie also das anführen, dann setze ich noch etwas Größeres hinzu: dass jener ja auch als Geschenke Tempel seinen Gefolgsleuten gab,[115] als ob es sich um ein Pferd, einen Sklaven, einen Hund oder eine goldene Schale handle. Zum Übel aber wurden diese Geschenke beiden Seiten, den Gebern[116] und den Empfängern: Der eine nämlich verbrachte sein ganzes Leben damit, vor den Persern zu zittern und zu zagen;[117] er fürchtete jedes Frühjahr, das die Möglichkeit eines Angriffs enthielt, wie die kleinen Kinder die Gespenster.[118] Von den Empfängern aber gingen die einen kinderlos, und bevor sie noch ein Testament hatten machen können, aus dem Leben – die Unglückseligen –, und für die anderen wäre es besser gewesen, keine Kinder in die Welt zu setzen.

[39] Solcherart sind die schändlichen Umstände und so groß ist der wechselseitige Unfriede, in dem die Nachkommen dieser Leute leben, da sie sich inmitten der aus den Heiligtümern stammenden Säulen aufhalten, um deretwillen sie dies eben erleiden, wie ich glaube; solcherart sind die Ressourcen zum Glück, die ihren Kindern jene Leute vermacht haben, die sich aufs Reich-Sein verstehen. Und was jetzt die betrifft, die nach Kilikien Krankheiten führen, die der helfenden Hand des Asklepios bedürfen,[119] die aber die Freveltaten, die an diesem Ort verübt wurden, wieder unver-

Βασιλεῖ δὲ τοιαῦτα ἔστω τὰ βεβιωμένα, ὥστε τοῖς ἐπαί- 40
νοις ζῆν καὶ τετελευτηκότα· οἷον γενόμενον ἴσμεν τὸν τὴν
μὲν ἀρχὴν ἐκδεξάμενον τὴν ἐκείνου, τὴν Περσῶν δὲ καθελόντα ἄν, εἰ μὴ προδοσία τὸ πέρας ἐκώλυσε. μέγας δέ ἐστιν
ὅμως καὶ τεθνεώς· δόλῳ μὲν γὰρ ἀπέθανεν, ὥσπερ Ἀχιλ-
λεύς, ἐκ δὲ τῶν πρὸ τοῦ θανάτου πεπραγμένων, ὡς ἐκεῖνος,
ᾄδεται. καὶ ταῦτα τούτῳ παρὰ τῶν θεῶν, οἷς ἀπέδωκεν ἱε- 41
ρὰ καὶ τιμὰς καὶ τεμένη καὶ βωμοὺς καὶ αἷμα. παρ' ὧν ἀκού-
σας, ὡς τὸ τῶν Περσῶν αὔχημα ταπεινώσας εἶτα ἀποθανεῖ-
ται, τῆς ψυχῆς ἐπρίατο τὸ κλέος, πολλὰς μὲν πόλεις ἑλών,
πολλὴν δὲ γῆν δῃώσας, παιδεύσας δὲ τοὺς διώκοντας φεύγειν, μέλλων δέ, ὡς ἅπαντες ἴσασι, δέξεσθαι πρεσβείαν κο-
μίζουσαν τῶν πολεμίων δουλείαν. τοιγαροῦν ἠσπάζετό τε
τὸ τραῦμα καὶ βλέπων ἠγάλλετο καὶ μὴ δακρύων αὐτὸς τοῖς
τοῦτο δρῶσιν ἐπετίμα, εἰ μὴ νομίζοιεν αὐτῷ παντὸς ἀμείνω
γήρως εἶναι τὴν πληγήν. καὶ αἱ πρεσβεῖαι τοίνυν αἱ πολλαὶ
αἱ μετ' ἐκεῖνον ἐκείνου πᾶσαι καὶ τὸ λόγοις ἀνθ' ὅπλων χρῆ-
σθαι τοὺς Ἀχαιμενίδας, ἐκείνου τοῦ δέους αὐτῶν ἐγκατα-
τεθειμένου ταῖς ψυχαῖς. τοιοῦτος ἡμῖν ὁ τὰ ἱερὰ τοῖς θεοῖς
ἀνιστάς, κρείττω μὲν ἔργα λήθης ἐργασάμενος, κρείττων δὲ
λήθης γεγενημένος.

Ἐγὼ δὲ ἠξίουν τὸν πρὸ τοῦδε τὰ μὲν τῶν ἐναντίων κα- 42
θαιρεῖν καὶ κατασκάπτειν καὶ κατακάειν, ἐπειδήπερ ἐγνώ-
κει τῶν θεῶν καταφρονεῖν, εἰ καὶ ἱερῶν γε καὶ ὁ τῶν ὄντων
τοῖς πολεμίοις φειδόμενος ἀμείνων, οἰκείων μέντοι ναῶν
πόνῳ καὶ χρόνῳ καὶ πολυχειρίᾳ καὶ πολλοῖς ταλάντοις κα-
τεσκευασμένων καὶ προκινδυνεύειν ἄξιον.

εἰ γὰρ πανταχόθεν μὲν σωστέον τὰς πόλεις, λάμπουσι δὲ τούτοις μᾶλλον ἢ τοῖς ἄλλοις αἱ πόλεις καὶ οὗτοι τῶν ἐν αὐταῖς μετά γε τὰ κάλλη τῶν βασιλείων κεφάλαιον, πῶς οὐ καὶ τούτοις μεταδοτέον προνοίας καὶ ὅπως ἐν τῷ σώματι τῶν πόλεων εἶεν σπουδαστέον; πάντως δέ εἰσιν οἰκοδομή-

richteter Dinge nach Hause schicken – wie sollten diese Menschen nicht ihren Heimweg unter Verfluchungen dessen antreten, der an dieser Misere schuld ist?

[40] Eines Kaisers Leben aber soll von der Art sein, dass er auch als Toter noch durch die ihm gezollten Lobpreisungen weiterlebt; von dieser Art war, wie wir wissen, derjenige,[120] der die Herrschaft jenes Mannes übernahm[121] und der die Herrschaft der Perser niedergeworfen hätte, wenn nicht Verrat dieses Ziel vereitelt hätte.[122] Groß aber ist er dennoch, auch als Toter; durch Hinterlist nämlich starb er, wie Achill, und aufgrund seiner vor dem Tod vollbrachten Taten wird er wie jener besungen.[123] **[41]** Und dies wurde ihm von den Göttern zuteil, denen er Heiligtümer, Ehren, heilige Bezirke, Altäre und Blutopfer zurückerstattete.[124] Von ihnen hatte er gehört, dass er den Stolz der Perser demütigen und dann sterben werde,[125] und so erkaufte er mit seinem Leben seinen Ruhm: Viele Städte eroberte er und viel Land verwüstete er; er lehrte die, die zu verfolgen gewohnt waren, zu fliehen, und er war im Begriff – wie alle wissen! – eine Gesandtschaft zu empfangen, die die Unterwerfung der Feinde übermitteln sollte. So nahm er seine Wunde freudig an, war stolz auf sie, als er sie erblickte, und da er selbst nicht weinte, tadelte er die, die dies taten, da sie offenbar nicht glaubten, dass diese Wunde für ihn besser sei als jedes Alter.[126] Und so sind denn auch die vielen Gesandtschaften, die nach ihm stattfanden, alle sein Werk, wie auch der Umstand, dass die Perser[127] sich nunmehr der Worte statt der Waffen bedienen, da die Furcht vor jenem Kaiser ihnen immer noch in den Knochen sitzt.[128] Von solcher Art war uns der, der die Heiligtümer den Göttern wieder aufrichtete: Stärker als das Vergessen waren die Taten, die er verrichtete, und stärker als das Vergessen ist auch er selbst geworden.

[42] Ich nun hätte erwartet, dass sein Vorgänger die Heiligtümer der Feinde des Reiches niederriss, zerstörte und niederbrannte, da es für ihn nun einmal beschlossene Sache war, die Götter zu verachten – auch wenn, was Heiligtümer betrifft, derjenige besser ist, der auch die verschont, die bei den Feinden bestehen –, die eigenen Tempel jedoch, deren Errichtung viele Arbeit und Zeit, viele Hände und viele Kosten in Anspruch nahm, die hätte er sogar schützen müssen.

Die Heiligtümer könnten als Bauwerke anderen nützlichen Zwecken zugeführt werden

Wenn nämlich unsere Städte in jeder Hinsicht bewahrenswert sind, wenn diese Städte durch diese Tempel mehr als durch ihre anderen Bestandteile leuchten, und wenn diese Tempel – zumindest nach der Schönheit der kaiserlichen Paläste – eine Hauptattraktion in ihnen ausmachen, wie muss dann nicht auch diesen Tempeln Fürsorge zuteil und darauf geachtet wer-

ματα κἂν εἰ μὴ νεῴ γε. δεῖ δέ, οἶμαι, τῷ φόρῳ τῶν δεξομένων· δεχέσθω τοίνυν ἑστώς, ἀλλὰ μὴ καταφερέσθω. μηδὲ τὸ χεῖρα μὲν ἀποκόπτειν ἀνθρώπου δεινὸν ἡγώμεθα, πόλεων δὲ ὀφθαλμοὺς ἐξορύττειν μέτριον· μηδ' ἐν μὲν τοῖς σεισμοῖς τὸ πίπτον ὀδυρώμεθα, σεισμῶν δὲ οὐκ ὄντων οὐδὲ βλαπτόντων αὐτοὶ τὸ 'κείνων ποιῶμεν.

οὐκοῦν τῶν μὲν βασιλέων οἱ νεῴ κτήματα, καθάπερ καὶ 43
τὰ ἄλλα· τὸ δὲ τὰ αὑτῶν καταποντίζειν ὅρα εἰ σωφρονούντων. ἀλλ' ὁ μὲν βαλάντιον ῥίπτων εἰς τὴν θάλατταν οὐχ ὑγιαίνει, οὐδ' εἴ τις κυβερνήτης τέμνοι κάλων οὗ δεῖ τῷ πλοίῳ, καὶ ναύτην δὲ εἰ κελεύσειε τῇ θαλάττῃ τὴν κώπην ἀφεῖναι, δεινὰ ἂν δοκοῖ ποιεῖν· πόλιν δὲ εἴ τις ἄρχων ποιοῖ μέρει τηλικούτῳ χείρονα, τὰ μέγιστα ὤνησε; τί γὰρ δεῖ διαφθείρειν, οὗ τὴν χρείαν ἔνι μεταποιῆσαι; πῶς δὲ οὐκ αἰσχρὸν στρατόπεδον πολεμεῖν λίθοις οἰκείοις καὶ στρατηγὸν ἐφεστηκότα παρακαλεῖν κατὰ τῶν πάλαι πολλῇ σπουδῇ πρὸς ὕψος ἀναβάντων, ὧν τὸ πέρας ἑορτὴν τοῖς τότε βασιλεῦσιν ἔθηκε;

Καὶ μηδεὶς οἰέσθω σὴν ταῦτ' εἶναι κατηγορίαν, ὦ βασι- 44
λεῦ. κεῖται μὲν γὰρ πρὸς τοῖς ὁρίοις Περσῶν νεὼς ᾧ παραπλήσιον οὐδέν, ὡς ἔστιν ἁπάντων τῶν τεθεαμένων ἀκούειν· οὕτω μέγιστος μεγίστοις ἐγεγόνει τοῖς λίθοις, τοσοῦτον ἐπέχων τῆς γῆς ὁπόσον καὶ ἡ πόλις. ἤρκει γοῦν ἐν τοῖς ἐκ τῶν πολέμων φόβοις τοῖς οἰκοῦσι τὴν πόλιν μηδὲν εἶναι πλέον τοῖς ἑλοῦσι τὴν πόλιν οὐκ ἔχουσι κἀκεῖνον προσεξελεῖν, τῆς ἰσχύος τοῦ περιβόλου πᾶν ἐλεγχούσης μηχάνημα. ἦν δὲ δὴ καὶ ἐπὶ τὸ τέγος ἀναβᾶσι πλεῖστον ὅσον τῆς πολεμίας ὁρᾶν, οὐ μικρὸν πολεμουμένοις πλεονέκτημα ἀνθρώποις. ἤκουσα δὲ καὶ ἐριζόντων τινῶν, ἐν ὁποτέρῳ τὸ θαῦμα μεῖζον ἱερῷ, τῷ μηκέτ' ὄντι τούτῳ ἢ ὃ μήποτε πάθοι ταὐτόν,
ἐν ᾧπερ ὁ Σάραπις. ἀλλὰ τοῦτο μὲν τὸ τοιοῦτο καὶ τοσοῦτον 45
ἱερόν – ἵν' ὑπερβῶ τὰ τῆς ὀροφῆς ἀπόρρητα καὶ ὅσα ἀγάλματα σιδήρου πεποιημένα κέκρυπτο τῷ σκότῳ διαφεύγον-

den, dass sie im Körper der Städte erhalten bleiben? Sie sind doch auf jeden Fall Bauwerke, auch wenn sie eben keine Tempel wären.[129] Es braucht doch, glaube ich, für die Steuer Gebäude, um sie aufzunehmen;[130] so mag der Tempel die Steuer aufrechtstehend empfangen, aber man soll ihn nicht niederreißen. Und lasst uns doch nicht es einerseits zwar für schrecklich halten, einem Menschen eine Hand abzuhauen, andererseits aber für erträglich, Städten ihre Augen herauszureißen! Lasst uns auch nicht bei Erdbeben[131] über das klagen, was umstürzt, und dann selber, wenn es keine Erdbeben gibt oder sie keinen Schaden zufügen, deren Werk tun!

[43] Nicht wahr, die Tempel sind doch kaiserlicher Besitz, wie auch das übrige? Den eigenen Besitz aber zu versenken – sieh zu, ob dies das Verhalten vernünftiger Leute ist. Jedenfalls ist der, der seine Geldbörse ins Meer wirft, nicht bei Trost, und auch ein Steuermann nicht, wenn er das Tau durchschneidet, dessen das Schiff bedarf, und wenn er einem Seemann befiehlt, sein Ruder dem Meer zu überlassen, wird man denken, dass er einen schlimmen Fehler begeht; wenn aber ein Regierender eine Stadt um einen so bedeutenden Bestandteil unattraktiver macht, hat er dann eine große Wohltat begangen? Warum muss man denn etwas zerstören, dessen Funktion man neu bestimmen kann? Und wie ist es nicht eine Schande, dass ein Heer gegen die Steine eigener Bauten Krieg führt[132] und dass ein Feldherr dabei das Kommando führt und (seine Soldaten) gegen diese ins Feld ruft, die einst unter großem menschlichen Einsatz in die Höhe wuchsen und deren Vollendung den damaligen Kaisern ein festlicher Anlass war?

Ein krasses Beispiel für die sinnlose Zerstörung eines solchen Heiligtums

[44] Und niemand soll glauben, dass dies eine Anklage gegen dich ist, mein Kaiser. [Höre dazu folgendes Beispiel:][133] Es liegt an der Grenze zum Perserreich in Ruinen ein Tempel,[134] zu dem es nichts Vergleichbares gab, wie man von allen hören kann, die ihn gesehen haben; so gewaltig aus gewaltigen Steinen war er ausgeführt, und so viel Land bedeckte er wie auch die zugehörige Stadt. So war es in angstvollen Kriegszeiten für die Bewohner der Stadt genug, dass die Eroberer ihrer Stadt keinen wirklichen Vorteil hatten, da sie nicht in der Lage waren, auch noch jenen Tempel in Besitz zu nehmen; denn die Stärke seines Mauerrings ließ jede Belagerungsmaschine scheitern. Es war ferner denen, die auf das Dach stiegen, möglich, einen sehr großen Teil des Feindeslandes zu sehen, kein geringer Vorteil für Menschen, die sich im Krieg befinden. Ich habe auch schon Leute darüber streiten hören, welcher Tempel ein größeres Wunder darstellt: dieser, der nicht mehr existiert, oder derjenige – möge er niemals das gleiche Schicksal erleiden! –, in dem Sarapis weilt.[135] **[45]** Aber dieses Heiligtum,

τα τὸν ἥλιον – οἴχεται καὶ ἀπόλωλε, θρῆνος μὲν τοῖς ἰδοῦσιν, ἡδονὴ δὲ τοῖς οὐχ ἑωρακόσιν – οὐ γὰρ ἴσον ἐν τοῖς τοιούτοις ὀφθαλμοί τε καὶ ὦτα –, μᾶλλον δὲ τοῖς οὐκ ἰδοῦσιν ἄμφω, καὶ λύπη καὶ ἡδονή, τὸ μὲν ἐκ τοῦ πτώματος, τὸ δ' ὅτιπερ οὐ τεθέανται.

ἀλλ' ὅμως εἴ τις ἀκριβῶς σκοπήσειεν, οὐ σὸν τοῦτο, τοῦ 46
δὲ ἠπατηκότος ἀνθρώπου μιαροῦ καὶ θεοῖς ἐχθροῦ καὶ δειλοῦ καὶ φιλοχρημάτου καὶ τῇ τικτόμενον αὐτὸν δεξαμένῃ γῇ δυσμενεστάτου, ἀλογίας μὲν ἀπολελαυκότος τύχης, κακῶς δὲ χρωμένου τῇ τύχῃ δουλεύοντος τῇ γυναικί, πάντα ἐκείνῃ χαριζομένου, πάντα ἐκείνην ἡγουμένου· τῇ δ' ἀνάγκῃ πάνθ' ὑπηρετεῖν τοῖς ταῦτα ἐπιτάττουσιν, ὧν τῆς ἀρετῆς ἀπόδειξις τὸ ζῆν ἐν ἱματίοις πενθούντων καὶ μείζων γε
ταύτης τὸ ἐν ἐκείνοις ὧν οἱ καὶ τῶν σάκκων ὑφάνται. τοιοῦ- 47
τον ἐργαστήριον ἠπάτησέ σε, ἐφενάκισεν, ὑπηγάγετο, παρεκρούσατο· πολλοὺς δὲ καὶ θεοὺς παρὰ τῶν ⟨παίδων τῶν⟩ θεῶν μαθόντες ἴσμεν ἀπατηθέντας. ὡς γὰρ δὴ καὶ θυόντων ἱερεῖα καὶ οὕτως ἐγγύς, ὡς ἐπὶ τὰς ἐκείνων ῥῖνας τὸν καπνὸν εἰστρέχειν, καὶ ὡς ἀπειλούντων καὶ μείζω μικροῖς ἐπαγόντων καὶ κομπούντων καὶ πεπιστευκότων μηδὲν ἂν αὐτῶν ποτε φανῆναι δυνατώτερον, τοιούτοις πλάσμασι καὶ τέχναις καὶ ῥήμασι μεμηχανημένοις δεινοῖς ἐμβαλεῖν ὀργὴν τὸν πρᾳότατον βασιλέων ἐξήγαγόν πως αὐτοῦ, ἐπεὶ τά γε ὄντως αὐτοῦ φιλανθρωπία, ἔλεος, οἶκτος, ἡμερότης, ἐπιείκεια, τὸ σῴζειν μᾶλλον ἢ ἀπολλύναι. ἀλλ' ὄντων τῶν τὰ δικαιότερα λεγόντων, ὅτι, εἴπερ τι τοιοῦτον εἴη, δίκην μὲν δεῖ τοῦ τολμήματος λαβεῖν, τούτῳ δὲ αὐτῷ προνοηθῆναι τοῦ μέλλοντος, ὁ τὴν Καδμείαν νικῆσαι νίκην οἰόμενος δεῖν πανταχόθεν ἐνίκησεν.

Ἔδει δὲ αὐτὸν ⟨μὴ⟩ μετὰ τὰς οἰκείας ἡδονὰς τὰ σαυτοῦ 48
θεραπεύειν μηδ' ⟨ὁρᾶν⟩ ὅπως μέγας εἶναι δόξῃ τοῖς τὴν μὲν γεωργίαν ἀποδρᾶσιν, ὁμιλεῖν δὲ ἐν τοῖς ὄρεσι λέγουσι τῷ τῶν ὅλων ποιητῇ, ἀλλ' ὡς τὰ σὰ {καὶ} καλὰ καὶ ἐπαίνων

das von solcher Art und Größe war – ich will hier nicht von den verborgenen Schätzen seines Daches reden oder davon, wie viele Weihgeschenke aus Eisen[136] in seinem Dunkel verborgen waren und dem Sonnenlicht entgingen –, es ist dahin und zerstört, ein Grund zur Klage für die, die dies sahen, zur Freude für die, die es nicht gesehen haben – denn in solchen Fällen wiegen Augen und Ohren nicht gleich –, oder vielmehr zu Beidem für die, die es nicht gesehen haben: zur Trauer wie auch zur Freude, zum einen aufgrund seiner Zerstörung, zum anderen weil sie sie nicht mitansehen mussten.

Die Verantwortlichen für diese sinnlose Zerstörung

[**46**] Aber gleichwohl: Wenn man die Sache genau betrachtet, ist dies nicht deine Schuld, sondern desjenigen, der dich getäuscht hat;[137] er ist ein verworfener Mensch, den Göttern verfeindet,[138] feige, geldgierig und der größte Hasser der Erde, die ihn bei seiner Geburt aufnahm; er hat von der Unvernunft des Geschicks profitiert und dieses Geschick in übler Weise missbraucht; ein Sklave seiner Frau,[139] in allem ihr gefällig, sie als sein Ein und Alles betrachtend; sie aber muss zwanghaft in allem denen gehorchen, die diese Dinge befehlen und deren Beweis von 'Tugend' darin besteht, dass sie in Trauergewändern leben,[140] und ein noch größerer als dieser, dass sie es in solchen tun, deren Weber die Hersteller auch von Säcken sind. [**47**] Von solcher Art ist die Bande,[141] die dich getäuscht, hintergangen, in die Irre geführt und betrogen hat; doch wissen wir – von den Kindern der Götter[142] belehrt –, dass auch (schon) viele Götter getäuscht wurden. Als ob da nämlich Leute Opfertiere opferten und zwar so nahe, dass der Rauch schon in jener Leute Nasen dringt, als ob man Drohungen ausstoße und kleinen Dingen größere folgen lasse, sich brüste und der Überzeugung sei, nichts Mächtigeres als sie könne jemals auf den Plan treten: mit solchen Erfindungen, Ränkezügen und gefälschten Aussagen, die ungemein gut Zorn erregen können, haben sie den sanftmütigsten allen Kaiser gewissermaßen dem eigenen Naturell entfremdet; denn in Wirklichkeit sind seine Eigenschaften Menschenfreundlichkeit, Erbarmen, Mitleid, Milde, Nachsicht und das Bestreben, eher zu bewahren als zu vernichten. Doch während es Leute gab, die gerechtere Ansichten vortrugen – des Inhalts, dass, wenn tatsächlich etwas Derartiges vorliege, man zwar den Übergriff bestrafen, aber gerade dadurch der Zukunft vorbeugen solle –, hat derjenige, der meinte, dass man einen „kadmeischen Sieg"[143] erringen müsse, sich auf ganzer Linie durchgesetzt.

[**48**] Er hätte sich jedoch nicht erst nach seinen eigenen Lüsten um deine Interessen kümmern und auch nicht darum bemüht sein sollen, dass er denen bedeutend erscheint, die aus der Landwirtschaft weglaufen und behaupten, sie würden in den Bergen mit dem ‚Schöpfer des Alls' Umgang

ἄξια παρὰ πᾶσιν ἀνθρώποις δοκοῖ. νῦν δὲ μέχρι μὲν τοῦ λαβεῖν καὶ κενῶσαί σοι τοὺς θησαυροὺς πολλοὶ φίλοι καὶ ἐπιτήδειοι καὶ πρὸ τῶν ψυχῶν αὐτοῖς ἡ σὴ βασιλεία, καιροῦ δὲ ἥκοντος καὶ βουλῆς παρούσης εὔνοιαν ἀπαιτούσης ταυτὶ μὲν ἠμέληται, τὰ δὲ ἴδιά σφισιν ἐσπούδασται.

κἂν προσελθών τις αὐτοῖς „τί ταῦτα;" ἔρηται, τὸ μὲν αὐ- 49
τῶν ἔξω τῆς αἰτίας ποιοῦσι, καὶ ὅτι πεποιήκασιν ἀποκρίνον-
ται ἅ γε τῷ βασιλεῖ ἔδοξε καὶ ἐκεῖνον τὴν ἀπολογίαν ὀφεί-
λειν καὶ τοιαῦτα λέγουσιν· οἱ δ' ὀφείλοντες ἦσαν οὗτοι οἱ οὐ-
δέποτε λόγον ἕξοντες οὐδένα ὑπὲρ τῶν πεπραγμένων. τίς
γὰρ ἂν ὑπὲρ τοιούτων κακῶν γίνοιτο λόγος; οἱ δὲ πρὸς μὲν
τοὺς ἄλλους ἀρνοῦνται μὴ σφῶν εἶναι τοῦτο τὸ ἔργον, ἐν-
τυγχάνοντες δὲ σοὶ καταμόνας δι' οὐδενὸς ἄλλου τὸν σὸν
οἶκον οὕτως εὖ πεποιηκέναι φασίν. ὧν τὸν σὸν ἀπαλλάξει-
αν οἶκον οἱ γῆ τε καὶ θαλάττη τὴν σὴν ἐπι- στήσαντες κεφα-
λήν· ὡς οὐκ ἔσθ' ὅ τι μεῖζον ἂν παρ' αὐτῶν λάβοις. οἱ γὰρ
ἐν φίλων ὀνόματι καὶ κηδεμόνων ἀφ' ὧν ἂν βλάψαιεν λέγοντες τῷ πιστεύεσθαι πρὸς τὴν βλάβην ἀφορμῇ χρώμενοι
ῥᾳδίως ἐζημίωσαν.

Ἀλλ' ἐπὶ τούσδε μέτειμι τῆς ἀδικίας αὐτῶν τὴν ἀπόδει- 50
ξιν ἐκ τῶν νῦν εἰρημένων ποιησόμενος. Φέρε γάρ, διὰ τί φα-
τε κατασκαφῆναι τὸ μέγα τοῦθ' ἱερόν; οὐ διὰ τὸ δόξαι τῷ
βασιλεῖ; καλῶς. οὐκοῦν οἱ καθαιροῦντες οὐκ ἠδίκουν τῷ τὰ
δοκοῦντα τῷ βασιλεῖ ποιεῖν. ὅστις οὖν τὰ μὴ δοκοῦντα τῷ
βασιλεῖ πεποίηκεν, ἀδικεῖ; οὐκοῦν ὑμεῖς οὗτοί γέ ἐστε οἷς
οὐδὲν ἔνι τοιοῦτον εἰπεῖν ὑπὲρ ὧν δεδράκατε. εἰπέ μοι, διὰ 51
τί τὸ τῆς Τύχης τοῦτο σῶν ἐστιν ἱερὸν καὶ τὸ τοῦ Διὸς καὶ τὸ
τῆς Ἀθηνᾶς καὶ τὸ τοῦ Διονύσου; ἆρ' ὅτι βούλοισθ' ἂν αὐτὰ
μένειν; οὔ, ἀλλ' ὅτι μηδεὶς τὴν ἐπ' αὐτὰ δέδωκεν ὑμῖν ἐξουσίαν. εἰλήφατε δὲ τὴν κατ' ἐκείνων ἃ διεφθάρκατε; ⟨οὔ.⟩ πῶς
οὖν οὐκ ὀφείλετε δίκην; ἢ πῶς ἃ δεδράκατε καλεῖτε δίκην,
τῶν πεπονθότων οὐδὲν ἐν οὐδενὶ πεποιηκότων ὃ δέχοιτ' ἂν
αἰτίαν;

Ἦν σοι, βασιλεῦ, κηρύξαι· „μηδεὶς τῶν ὑπ' ἐμοὶ νομιζέτω 52

pflegen,[144] sondern darum, dass deine Regierung als gut und lobenswert bei allen Menschen angesehen wird. So wie es aber jetzt ist, hast du, solange es ums Bekommen und ums Ausleeren einer Schatzhäuser geht, viele Freunde und Nahestehende, und deine Herrschaft ist ihnen teurer als ihr eigenes Leben; wenn aber eine entsprechende Situation kommt und eine Beratung ansteht, die wirkliches Engagement verlangt, dann stehen diese Bekundungen hintan und man kümmert sich nur um die eigenen Belange.

[49] Und wenn dann jemand auf sie zutritt und fragt „Was geht hier vor?", dann nehmen sie ihr eigenes Handeln aus jeder Verantwortung heraus, antworten, sie hätten nur getan, was doch der Kaiser beschlossen habe, und sagen, jener schulde eine Erklärung, und dergleichen mehr. Die aber, die so etwas schulden, waren diese Leute selbst, die niemals irgendeine Rechtfertigung für das, was geschehen ist, ablegen werden; welche Rechtfertigung nämlich könnte es für solche Untaten geben? Und sie leugnen gegenüber den anderen, dass dies ihr Werk sei; wenn sie dir jedoch allein begegnen, behaupten sie, durch nichts anderes deinem Haus einen so großen Dienst erwiesen zu haben. Mögen von diesen Leuten dein Haus diejenigen befreien, die dein Haupt zum Herrscher über Land und Meer eingesetzt haben! Denn es gibt kein größeres Geschenk, das du von ihnen bekommen könntest. Denn die, die als angebliche Freunde und Fürsorger Dinge vortragen, mit denen sie wohl Schaden anrichten dürften, tun dies leicht, indem sie das ihnen entgegengebrachte Vertrauen als Ausgangspunkt für den Schaden missbrauchen.

[50] Aber ich werde mich direkt an sie wenden, um den Beweis ihres unrechten Handelns aus dem jetzt Gesagten vorzulegen. Wohlan: Weshalb, sagt ihr, wurde dieses große Heiligtum zerstört? Nicht deshalb, weil der Kaiser dies angeordnet hatte? Also gut! Die Zerstörer haben also deswegen kein Unrecht getan, weil sie die Anordnung des Kaisers ausführten. Wer also das getan hat, was der Kaiser nicht anordnete, tut Unrecht? Dann also seid ihr just diese Leute, die ihr nichts derartiges für das vorbringen könnt, was ihr getan habt. **[51]** Denn sag mir: Weshalb ist dieses Heiligtum der Tyche noch unversehrt, ebenso das des Zeus, das der Athena und das des Dionysos?[145] Etwa weil ihr wolltet, dass sie so bleiben? Oh nein, sondern weil niemand euch Erlaubnis gegeben hat, gegen sie vorzugehen. Aber habt ihr denn diese Erlaubnis gegen jene Heiligtümer erhalten, die ihr zerstört habt? Nein! Wieso verdient ihr folglich keine Bestrafung? Oder wie könnt ihr was, was ihr getan habt, eine „Bestrafung" nennen, da diejenigen, die sie erlitten haben, in keiner Hinsicht irgendetwas getan haben, was eine Beschuldigung verdienen dürfte?

Abschließender Appell an den Kaiser

[52] Du, Kaiser, hättest verkünden lassen können: „Niemand von meinen

θεοὺς μηδὲ τιμάτω μηδὲ αἰτείτω τι παρ' αὐτῶν μήθ' ἑαυτῷ μήτε παισὶν ἀγαθὸν πλὴν εἰ σιγῇ τε καὶ λανθάνων, ἅπας δὲ ἔστω τοῦ παρ' ἐμοὶ τιμίου καὶ βαδιζέτω μεθέξων τῶν ἐκείνῳ δρωμένων καὶ τάς τε εὐχάς, ᾗπερ ἐκεῖνοι, ποιείσθω καὶ τὴν αὑτοῦ κεφαλὴν ὑπαγέτω τῇ τοῦ τὸν λεὼν ἁρμοττομένου χειρί· τὸν δ' ἀπειθοῦντα πᾶσα ἀνάγκη τεθνάναι."

ταῦτ' ἦν μέν σοι κηρύξαι ῥᾴδιον· οὐ μὴν ἠξίωσάς γε οὐδ' 53
ἐπέθηκας ζυγὸν ἐνταῦθα ταῖς τῶν ἀνθρώπων ψυχαῖς, ἀλλ' οἴει μὲν τοῦτ' ἐκείνου βέλτιον εἶναι, οὐ μὴν ἀσέβημά γε ἐκεῖνο, οὐδ' ἐφ' ᾧ τις ἂν δικαίως {καὶ} κολασθείη. ἀλλ' οὐδὲ τῶν τιμῶν τούς γε τοιούτους ἀπέκλεισας, ἀλλὰ καὶ ἀρχὰς ἔδωκας καὶ συσσίτους ἐποιήσω – καὶ τοῦτό γε πολλάκις – καὶ προὔπιες, καὶ νῦν πρὸς ἄλλοις τισὶ παρέζευξας σεαυτῷ, συμφέρειν τῇ βασιλείᾳ νομίσας, ἄνδρα ὀμνύντα θεοὺς πρός τε τοὺς ἄλλους καὶ σέ· καὶ οὐκ ἀγανακτεῖς οὐδ' ἀδικεῖσθαι τοῖς τοιούτοις ὑπολαμβάνεις ὅρκοις οὐδ' εἶναι πάντως κακὸν τὸν ἐν τοῖς θεοῖς ἔχοντα τὰς βελτίους ἐλπίδας.

Σοῦ τοίνυν οὐκ ἐλαύνοντος ἡμᾶς – ὥσπερ οὐδ' ὁ τοὺς 54
Πέρσας ἐκεῖνος μεθ' ὅπλων ἐληλακὼς τοὺς ἐναντίως ταύτῃ τῶν ὑπηκόων πρὸς ἑαυτὸν ἔχοντας – πῶς ἐλαύνουσιν οὗτοι; κατὰ τί δὲ δίκαιον ποιοῦνται τὰς ἐφόδους; πῶς δ' ἀλλοτρίων ἅπτονται μετ' ὀργῆς ἀγρῶν; πῶς δὲ τὰ μὲν καταφέρουσι, τὰ δὲ ἀράμενοι φέρουσιν, ὕβρει τῇ τοῦ τὰ τοιαῦτα ποιεῖν προστιθέντες ὕβριν τὴν ἐκ τοῦ καλλύνεσθαι τοῖς πεπραγμένοις;

Ἡμεῖς, ὦ βασιλεῦ, σοῦ μὲν ταῦτα καὶ ἐπαινοῦντος καὶ 55
ἐπιτρέποντος οἴσομεν οὐκ ἄνευ μὲν λύπης, δείξομεν δ' ὡς ἄρχεσθαι μεμαθήκαμεν· εἰ δ' οὐχὶ καὶ σοῦ διδόντος οἵδε ἥξουσιν ἢ ἐπὶ τὸ διαπεφευγὸς αὐτοὺς ἢ διὰ τάχους ἀναστάν, ἴσθι τοὺς τῶν ἀγρῶν δεσπότας καὶ αὑτοῖς καὶ τῷ νόμῳ βοηθήσοντας.

Untertanen soll an Götter glauben noch ihnen Ehre erweisen noch etwas Gutes von ihnen für sich selber oder seine Kinder erbitten, es sei denn schweigend und im Verborgenen; sondern jeder sei dem unterstellt, der bei mir in Ehren steht,[146] er gehe hin, um an den Riten teilzunehmen, die für jenen vollzogen werden, er verrichte seine Gebete, wie es jene zu tun pflegen,[147] und er beuge sein Haupt unter die Hand dessen, der das Volk lenkt![148] Jeder aber, der nicht gehorcht, hat ganz unweigerlich sein Leben verwirkt."

[53] Dieses Edikt zu erlassen wäre für dich leicht gewesen; aber du hast dies jedenfalls nicht für richtig gehalten und nicht den Seelen der Menschen in diesem Bereich ein Joch auferlegt, sondern du glaubst zwar, dass diese deine Religion besser ist als jene, aber du siehst in jener jedenfalls keine Gottlosigkeit noch etwas, wofür jemand in gerechter Weise bestraft werden könnte. Ja, du hast tatsächlich die Vertreter dieser Religion nicht einmal von den Ehrenstellungen ausgeschlossen, sondern ihnen sogar Machtpositionen gegeben und sie zu deinen Tischgenossen gemacht – und dies viele Male – und auf ihr Wohl getrunken; und jetzt hast du (neben manchen anderen) dir, weil du darin einen Nutzen für deine Herrschaft sahst, einen Mann an die Seite gestellt,[149] der bei den Göttern seinen Eid leistet, sowohl in der Gegenwart von anderen als auch in deiner eigenen, und du bist darüber nicht ungehalten oder glaubst, dass dir durch solche Eide Unrecht zugefügt werde oder dass der unbedingt ein schlechter Mensch sei, der auf die Götter seine besseren Hoffnungen setzt.

[54] Da du gegen uns demzufolge nicht vorgehst – so wie auch jener Kaiser, der in Waffen gegen die Perser vorging, es nicht gegen die von seinen Untertanen tat, die in Bezug auf diese Religion gegen ihn eingestellt waren[150] –, wieso tun es dann diese Leute? Mit welchem Recht machen sie ihre Angriffe? Wie können sie in ihrer Raserei das Land anderer Leute antasten? Wieso reißen sie das eine nieder und plündern und rauben das andere, indem sie dem Frevel dieser Taten noch den Frevel hinzufügen, sich mit ihren Taten zu brüsten?

[55] Wir, mein Kaiser, werden dies, wenn du es denn gutheißt und anordnest, zwar nicht ohne Betrübnis ertragen, aber wir werden zeigen, dass wir gelernt haben, gehorsam zu sein. Sollten diese Leute jedoch ohne deine Erlaubnis in Zukunft entweder gegen das vorgehen, was ihnen bisher entgangen ist, oder gegen das, was in Eile wieder aufgerichtet wurde, so wisse, dass die Herren der Ländereien sowohl zu ihrem eigenen als auch zum Schutz des Gesetzes Maßnahmen ergreifen werden.

Anmerkungen zur Übersetzung

1 Damit weist Libanios selbst auf frühere Reden hin, in denen er sich an Theodosius gewandt habe (und fingiert zugleich, er habe seine Ratschläge in Theodosius' Gegenwart geäußert, vgl. u. Anm. 8); gemeint sein können *or.* 24 („Über die Ahndung des Todes Julians"), 50 („Zugunsten der Bauern, betreffend die Zwangsarbeiten"), 28 („Zweite Rede gegen Ikarios"), 45 („An den Kaiser, betreffend die Gefangenen"), 33 („An Kaiser Theodosius gegen Tisamenos"). Einen ganz ähnlichen Anfang wie die vorliegende Rede hat (die ebenfalls an Theodosius gerichtete) *or.* 51 („An den Kaiser gegen die, welche die Statthalter bedrängen", von 388): „Da ich (schon) viele Darlegungen über bedeutende und ernste Themen an dich gerichtet habe, habe ich allenthalben deine Aufmerksamkeit und eine freundliche Einstellung gegenüber meinen Vorschlägen gefunden, und so bin auch jetzt hierher gekommen, um Ausführungen über Dinge zu machen, die des Bedenkens wert und in einer Weise unbedeutender sind als jene früheren" (Πολλῶν, ὦ βασιλεῦ, γεγενημένων μοι πρὸς σὲ λόγων ὑπὲρ μεγάλων τε καὶ σπουδαίων πραγμάτων πανταχοῦ σε καὶ προσέχοντα λαβὼν καὶ πρὸς τὰς παραινέσεις ἡδέως ἐσχηκότα καὶ νῦν εἰσῆλθον ὑπὲρ ἀξίων φροντίδος καὶ οὐδὲν ἐλαττόνων ἢ 'κεῖνα ποιησόμενος τοὺς λόγους).

2 Βασιλεύς ist in der römischen Kaiserzeit die übliche griechische Bezeichnung für den römischen Kaiser; vgl. *LSJ* s.v. III 3 (dort wird als ältester Beleg ein Epigramm des in augusteischer Zeit schreibenden Dichters Antipatros von Thessalonike, *Anth. Pal.* X 25, angegeben).

3 Oder: „deiner Regierung" bzw. „deiner Politik"? Zu τὰ πράγματα in diesem Sinn vgl. *LSJ* s.v. πρᾶγμα III 2.

4 Mit diesem Vorwurf setzt sich Libanios auch in anderen Reden auseinander: vgl. *or.* 32,27 (ἐχθρὸν μὲν οἷς τοῦτο οὐκ ἤρεσκεν ἔφασκον εἶναί με τῷ βασιλεῖ).

5 Diese etwas kryptische Äußerung wurde früher in der Regel so verstanden, als spiele Libanios hier auf die Übertragung einer Prätorianerpräfektur ehrenhalber auf ihn an (so bereits Gothofredus 1634, 39 und 40; Van Loy 1933, 389; Petit 1983, 43f. 47–53; Romano 1982, 33); andere Stellen, aus denen man diese Ehrung abzulesen versuchte, sind *or.* 1,219 (Hinweis auf zwei Briefe, einen Richomers, einen sogar des Theodosius; vgl. auch 1,258), *or.* 2,8 (Hinweis auf τὸ γραμματεῖον ἐκεῖνο, ὃ διεωσάμην), *or.* 45,1 (Hinweis auf χάριν τὴν μεγίστην, die er erhalten habe), *or.* 47,16 (Hinweis auf γράμματα, mit denen er vom Kaiser geehrt worden sei). Ferner notiert Eunapios (*VS* XVI 2,8), Kaiser hätten Libanios diese Ehre angeboten, er aber habe sie abgelehnt (vgl. die zitierte Stelle in *or.* 2,8: τὸ γραμματεῖον ἐκεῖνο, ὃ διεωσάμην) mit der Begründung, die Bezeichnung „Sophist" sei für ihn der bedeutendere Titel. In einer gründlichen Untersuchung dieser Stellen (einschließlich der hier vorliegenden) hat Wiemer 1995b (vor allem 97–103) herausgearbeitet, dass sie kein Fundament für die Annahme einer solchen „Ehren-Präfektur" bieten, sondern wahrscheinlich auf die kaiserliche Ausnahmegenehmigung zu beziehen sind, mit der es Libanios gestattet wurde, seinen unehelichen Sohn Kimon (vgl. o. S. 15) als seinen rechtmäßigen Erben einzusetzen.

6 Positive Wiedergabe der Litotes οὐκ εἰκὸς μὴ σφόδρα.

7 Zu Theodosius' φιλανθρωπία vgl. *or.* 19,18 (Hinweis auf die Milde, ἡμερότης, des Kaisers; vgl. auch § 22), 20,16 (φιλανθρωπία, vgl. auch § 26. 50), 45,2 (φιλανθρωπία, vgl. auch § 32), 50,1 (Apostrophe: ὦ φιλανθρωπότατε βασιλεῦ; vgl. auch § 33).

8 Libanios spricht hier so, als befinde er sich in direkter physischer Gegenwart des Kaisers; aber bereits GOTHOFREDUS 1634, 40 wies darauf hin, dass dies nicht wirklich der Fall sein kann.

9 Die hier skizzierten Gegner müssen natürlich einflussreiche Christen sein; ähnliche Kreise sind wohl in § 47 gemeint.

10 Oder vielleicht „auf Abwege bringen", nicht aber „nous séparer l'un de l'autre" oder „separarci", wie VAN LOY bzw. ROMANO übersetzen, was aber die Bedeutung von ἐκκρούειν nicht hergibt. Zu ἐκκρούειν im Sinn von „betrügen" vgl. Lib. *or.* 43,18 (τῆς ἐλπίδος ἐκκρούεται) und bereits Plat. *Phaedr.* 228e (ἐκκέκρουκάς με ἐλπίδος) und Dem. *or.* 18,313.

11 Vgl. hierzu, wie Platon im dritten Buch der *Nomoi* (678a–680b) das Leben der primitiven Menschen schildert: Auch hier beginnt das menschliche Leben aus Sicherheitsgründen – nach einer vorangehenden Flutkatastrophe – in den Höhen (τὰ μετέωρα) und steigt dann in die Vorberge und schließlich in die Ebenen hinab (vgl. im folgenden Satz ἐν ὑπωρείαις und ἐν πεδίοις). Der im syrischen Antiochia lebende Libanios hätte außerdem die in seiner Umgebung vorhandenen semitischen Höhenheiligtümer kennen können, die sicherlich als Bestätigung für die These von den zunächst auf Bergen gelegenen Verehrungsstätten für Götter dienen konnten (aus einem solchen war das Heiligtum des Zeus Kasios auf dem gleichnamigen Berg – biblisch Ṣāpôn / Saphon, vgl. Jes. 14,13 und Ex. 14,2, heute türkisch Keldağʿ und arabisch Jabal al-Aqraʾ – hervorgegangen, dem auch Kaiser Julian während seines Aufenthalts in Antiochia seine Aufmerksamkeit widmete; zu diesem Berg und seinen Kulten vgl. jetzt auch R. LANE FOX, *Travelling Heroes. Greeks and their Myths in the Epic Age of Homer* [London 2008] 259–272).

12 „Für sich selbst" (σφίσιν αὐτοῖς) ist nicht ganz ohne Schwierigkeiten: VAN LOY übersetzt „ils ... leur dressèrent des statues", übersetzt also nur αὐτοῖς (ohne σφίσιν); FOERSTER erwog, ⟨παρὰ⟩ σφίσιν αὐτοῖς zu lesen.

13 Vgl. hierzu Platons Bemerkungen zu göttlichen Mächten als ‚Hirten' von Menschen in *Nomoi, Politikos, Kritias* (NESSELRATH 2006, 124–126. 129f. zu *Criti.* 109b1–c4).

14 Umschreibung für die östliche Reichshauptstadt Konstantinopel. Zu dieser Umschreibung vgl. andere Libanios-Stellen: *or.* 18,11 („in der größten Stadt nach Rom"); 59,94 („die größte der hier gelegenen Städte und zweite im Vergleich zu der größten von allen").

Die Tempel in Konstantinopel, von denen Libanios hier spricht, dürften zum Teil noch aus der Zeit des alten Byzantion (d.h. vor der Neugründung durch Konstantin) übrig geblieben sein. Bemerkenswerterweise spricht Zosimos (II 31,2) davon, dass Konstantin in einer ersten Phase (324) sogar selber noch zwei heidnische Tempel errichtet habe, einen für die Göttermutter Rhea und einen für die „Tyche von Rom" (vgl. DAGRON 1974, 373f.); darüber hinaus waren noch auf der alten Akropolis von Byzanz drei Tempel (für Helios, Artemis Selene und Aphrodite) vorhanden, denen Konstantin laut Johannes Malalas freilich die Einkünfte nahm (*Chronogr.* p. 324 DINDORF: τοὺς ὄντας ... τρεῖς ναοὺς ἐν τῇ πρῴην λεγομένῃ ἀκροπόλει τοῦ Ἡλίου καὶ τῆς Ἀρτέμιδος σελήνης καὶ τῆς Ἀφροδίτης ἐκέλευσεν ἀχρηματίστους τοῦ λοιποῦ διαμεῖναι); vgl. DAGRON 1974, 375. Demgegenüber heben christliche Schriftsteller hervor, dass Konstantin seine neue Stadt ohne ein heidnisches Heiligtum gründete (vgl. Eus. *VC* III 48,2; Augustin. *Civ. Dei* V 25: *sine aliquo daemonum templo simulacroque*).

15 Dieses Argument zugunsten des alten Götterglaubens wird auch von weiteren gebildeten Heiden dieser Zeit verwendet. 384 ließ der heidnische römische Stadtpräfekt Symmachus in seiner dritten *Relatio* an Kaiser Valentinian II. die personifizierte Roma selbst zur Wiederaufstellung des Victoria-Altars im römischen Senat so argumentieren: „Dieser Götterkult hat den Erdkreis meinen Gesetzen unterworfen, diese heiligen Bräuche trieben Hannibal von Roms Mauern und die gallischen Senonen vom Kapitol zurück" (*Rel.* 3,9). Der heidnische Geschichtsschreiber Eunapios von Sardes (sein

Bericht ist bei Zosimos V 5,8–6,3 erhalten) erzählt, wie der Westgote Alarich von einer Belagerung und Eroberung Athens abgehalten wurde, als er die Göttin Athena und den Heros Achill auf den Mauern der Stadt erblickte. Nach der Eroberung Roms 410 durch den gleichen Alarich widmete Augustinus die ersten fünf Bücher seines Werks *De civitate Dei* der Auseinandersetzung mit (heidnischen) Beschuldigungen, dass der Fall Roms durch die Abwendung von den alten Götterkulten verursacht worden sei (vgl. O. Zwierlein, „Der Fall Roms im Spiegel der Kirchenväter", *ZPE* 32, 1978, [45–80] 56f. = Lucubrationes Philologae II, Berlin / New York 2004, [427–466] 438f.).

16 Eine knappe, aber eindrucksvolle Würdigung der ‚konstruktiven' Leistung der römischen Reichsbildung. Die – im Vergleich zu griechischen Gepflogenheiten sehr generöse – Verleihung des römischen Bürgerrechts würdigen bereits Dionys von Halikarnass *Ant.* I 9,4 (die Römer wurden zum größten Volk „durch die menschenfreundliche Aufnahme derer, die sie um eine Wohnstätte baten, durch die Weitergabe des Bürgerrechts an die, die in nobler Weise im Krieg überwunden worden waren, und durch die allen Sklaven, die bei ihnen freigelassen worden waren, gegebene Erlaubnis, Bürger zu sein") und Aelius Aristides *or.* 26,59f. („Ihr habt ... sämtliche Untertanen eures Reiches ... in zwei Gruppen eingeteilt und überall die gebildeten Edlen und Mächtigen zu Bürgern gemacht ... Weder das Meer noch eine dazwischenliegende Ländermasse bilden ein Hindernis, römischer Bürger zu sein ... Keiner ist ein Fremder, der sich eines Amtes oder einer Vertrauensstellung würdig erzeigt", Übers. R. Klein; vgl. die Behandlung dieses Passus bei F. Battistoni, *Parenti dei Romani: mito troiano e diplomazia* [Bari 2010] 75–77). Vgl. bald nach Libanios noch den Dichter Claudian, *Paneg. Stil.* III 150–152: *haec est in gremium victos quae sola recepit / humanumque genus communi nomine fovit, / matris, non dominae ritu, civesque vocavit, quos domuit ...*; ferner Rutilius Namatianus, *De reditu suo* I 63f.: *Fecisti patriam diversis gentibus unam; / profuit iniustis te dominante capi.*

17 Nicht ganz korrekt: Konstantin besiegte Maxentius an der Milvischen Brücke am 28.10.312, Libanios wurde aber erst 314 geboren.

18 Gemeint ist Maxentius (*PLRE* I 571, Maxentius Nr. 5), der am 28.10.306 bei Rom zum Kaiser ausgerufen wurde und sich genau sechs Jahre (vgl. die vorangehende Anm.) halten konnte. Als durch Usurpation an die Macht gelangter und später durch den „christlichen Kaiser" Konstantin überwundener Herrscher hatte Maxentius lange eine „schlechte Prese" (wie auch hier bei Libanios), doch wurde sein Bild inzwischen revidiert (vgl. H. Leppin in: H. Leppin / H. Ziemsen, *Maxentius: der letzte Kaiser in Rom*, Mainz 2007, 28–34).

19 Gemeint ist Konstantin (*PLRE* I 223, Constantinus Nr. 4), der am 25.7.306 im britannischen Eboracum (York) von den Truppen seines (kurz zuvor gestorbenen) Vaters Constantius Chlorus zum Kaiser ausgerufen wurde. Sein Herrschaftsbereich waren zunächst nur die römischen Provinzen in Britannien und Gallien, weshalb Libanios seine Armee etwas despektierlich (und in Hinsicht auf frühere Bedrohungen Roms durch Gallier geradezu anzüglich) als „Gallier" bezeichnet.

20 Ein an bemerkenswerten Insinuationen reicher Satz: Zwar hat Konstantins Gegner Maxentius Rom Böses angetan, sein Überwinder aber führt ein Heer aus ‚Galliern', die ihren alten Göttern untreu geworden sind; sie können schon deswegen keine richtigen Römer sein.

21 Zu dieser Würdigung von Konstantins letztem (324 in den Schlachten von Adrianopel, Kallipolis und Chrysopolis besiegten) Gegner Licinius (*PLRE* I 509, Licinius Nr. 3) vgl. E. Stein, *Geschichte des spätrömischen Reiches I: Vom römischen zum byzantinischen Staate* (Wien 1928) 145f.; ein differenziertes Urteil über Licinius' Stärken und Schwächen findet sich in der *Epitome de Caesaribus* (41,9f.). Libanios' positive Wertung des Licinius dürfte auch dadurch begründet sein, dass er seine Herrschaft (und etwas später auch sein Leben) als Gegner des Christen-Begünstigers Konstantin verlor (Eusebios,

HE X 8,14 weiß von Bischofsverfolgungen durch Licinius in seinen letzten Jahren zu berichten).

22 Konstantins Hinwendung zum Christentum wird hier mit reinem Nutzdenken verknüpft. Vgl. Zosimos II 29,1, der Konstantin solches Nutzdenken gegenüber den alten Göttern vorwirft, die er verlässt, sobald sie ihm keinen Vorteil mehr bringen. Ferner impliziert der Wortlaut (und die Wortstellung) des griechischen Textes, dass der Gott, an den Konstantin zu glauben sich entschlossen hat, gar keiner ist.

23 Vgl. hierzu auch Lib. *or.* 62,8: „Er [Konstantin] entblößte die Götter ihres Reichtums" und bereits Julian (*Adv. Heracl.* 22 p. 228BC). – Der Anschluss dieses Satzes an den vorangehenden könnte implizieren, dass Konstantin dem Christentum vielleicht nur deshalb seine Gunst schenkte, um über die Schätze der paganen Tempel verfügen zu können. Zu den von Konstantin vorgenommenen Konfiskationen von Tempeleigentum vgl. G. Bonamente, „Sulla confiscazione dei beni mobili dei templi in epoca costantiniana, in: Ders. / F. Fusco (Hrgg.), *Costantino il Grande dall' Antichità all' Umanesimo I* (Macerata 1992) [171–201] 188–201.

24 Zu dieser wohl zu positiven Einschätzung – die Libanios vor allem um seiner eigenen folgenden Argumentation willen so formuliert hat – vgl. Norman 1977, 106 Anm. a. Laut Zosim. II 29,1 blieb Konstantin auch nach der endgültigen Erringung der Alleinherrschaft zunächst den alten Kulten treu, weil er sich davon Nutzen versprach (ἐχρῆτο δὲ ἔτι καὶ τοῖς πατρίοις ἱεροῖς, οὐ τιμῆς ἕνεκα μᾶλλον ἢ χρείας), vgl. o. Anm. 22; laut Zosim. IV 36,4 hatte er auch noch den Titel eines Pontifex Maximus angenommen (wie auch seine Nachfolger bis einschließlich Valentinian I. und Valens; als erster Kaiser soll Gratian, der Sohn Valentinians I., die Annahme dieser Würde verweigert haben). Erst nach der Tötung seines Sohnes Crispus und seiner Frau Fausta soll Konstantin sich dem Christentum zugewandt haben, um auf diese Weise „Reinigung" von den gerade genannten Untaten zu erlangen (Zosim. II 29,3f.). Christliche Kirchenhistoriker dagegen heben Konstantins zum Teil gewalttätige Maßnahmen gegen die pagane Religion hervor; vgl. Eus. *VC* III 38. 54–56. 58; Socr. *HE* I 18,1–3. 6. 10f.; Soz. *HE* V 5,5 (laut Theodoret *HE* V 21,1 zerstörte er jedoch keine Tempel, aber verbot Opfer und das Betreten der heidnischen Heiligtümer). Zu Konstantins antipaganen Maßnahmen vgl. Bradbury 1994 und unten Behrends S. 117–126.

25 Wörtlich „herabgestiegen"; die Wortwahl impliziert Niedergang.

26 Zu dieser Darstellung der Abhängigkeit von Konstantins Sohn und Nachfolger Constantius II. von seinen Palast-Eunuchen (= Paidagogoi?) vgl. Libanios selbst an anderer Stelle (*or.* 62,9: „er machte zu Beratern und Lehrern rohe Menschen, irgendwelche verderblichen Eunuchen: Denen hatte er die Herrschaftsgeschäfte abgetreten und gab selber nur den Namen dazu; das kaiserliche Gewand hatte er, die Macht sie"; zu Constantius' Eunuchen-Wirtschaft vgl. auch *or.* 14,3; 18,130).

27 Vgl. das in *Cod. Theod.* XVI 10,2 zitierte Edikt des Constantius II. (*sacrificiorum aboleatur insania*), das sich freilich auf ein schon vorangehendes Konstantins beruft (*quicumque contra legem divi principis parentis nostri et hanc nostrae mansuetudinis iussionem ausus fuerit sacrificia celebrare ...*). Vgl. dazu unten Behrends S. 120f. Weitere Opferverbote des Constantius finden sich in *Cod. Theod.* XVI 10,4–6. Zu gesetzlichen Maßnahmen des Constantius gegen das Heidentum vgl. im übrigen Leppin 1999a, 466–474.

28 Constantius' Vetter, Mitkaiser (genauer: Unterkaiser, ‚Caesar', seit dem 6.11.355) und dann auch alleiniger Nachfolger (nach Constantius' Tod am 3.11.361) war Julian (*PLRE* I 477f., Iulianus Nr. 29).

29 Auch in dieser Formulierung ist die polemische Spitze gegen Constantius II. unübersehbar: Julians einziger Fehler war es, Constantius' Vetter zu sein.

30 Julian kam auf seinem Perserkrieg während eines Rückzugsscharmützels am 26. Juni 363 ums Leben. Bei Libanios verfestigte sich in den folgenden Jahren immer mehr die Ansicht, dass Christen für diesen Tod verantwortlich gewesen seien (vgl. *or.* 18,274f. [von 365], *or.* 1,134 [von 374], *or.* 24,6 [von 379]; noch nicht in *ep.* 1187,2 Foe. von 364

und *or.* 17,23 [ebenfalls von 364); in dieser Rede, deren Adressat ein christlicher Kaiser ist, schweigt er davon wohlweislich.

31 Schon bei Herodot V 19,2 bedeutet νεώτερα πρήγματα πρήξειν „einen Umsturz planen"; an unserer Stelle dürfte der Usurpationsversuch des Procopius (*PLRE* I 742f., Procopius Nr. 4) September 365 – Mai 366 gemeint sein. Procopius war offenbar über seine Mutter mit Julian verwandt.

32 Gemeint sind die Kaiser Valentinian I. (reg. 26.2.364 – 17.11.375) und Valens (reg. 28.3.364 – 9.8.378).

33 Die in *Cod. Theod.* IX 16 aufgenommenen Edikte des Valentinian und Valens sind in mancher Hinsicht ambivalenter Natur: Zum einen werden astrologische und magische Praktiken streng verboten (IX 16,7 und 8; vgl. auch Zos. IV 3,2); zum anderen werden gewisse pagane Riten aber auch erlaubt (IX 16,9: *Haruspicinam ego nullum cum maleficiorum causis habere consortium iudico neque ipsam aut aliquam praeterea concessam a maioribus religionem genus esse arbitror criminis. Testes sunt leges a me in exordio imperii mei datae, quibus unicuique, quod animo inbibisset, colendi libera facultas tributa est* ...; vgl. hierzu Zos. IV 3,3). Bemerkenswert ist, dass auch Theodoret (*HE* V 21,4) vermerkt, dass zur Zeit des Valens die heidnischen Opferfeuer noch gebrannt hätten; doch könnte dies hier von dem orthodoxen Kirchenhistoriker geschrieben sein, um den die Homöer begünstigenden Kaiser zusätzlich zu diskreditieren.

34 In *Cod. Theod.* XVI 10,7 (von 381) werden Opfer in Tempeln zu Zwecken der Divination verboten; bekräftigt wird dieses Verbot in *Cod. Theod.* XVI 10,9 (von 385). Die Darbringung von Weihrauch wird dann explizit in *Cod. Theod.* XVI 10,12 (November 392, nachdem der heidnische *Praefectus Praetorio Orientis* Tatianus durch den Christen Rufinus ersetzt ist – d.h. erst einige Zeit, nachdem Libanios *Pro Templis* schrieb) – verboten.

35 Hier könnte Libanios eine Platon-Reminiszenz intendieren, die die an dieser Stelle geschilderte Gefräßigkeit der Tempelzerstörer noch schlimmer erscheinen lässt: In Platons *Kritias* werden Elefanten als das gefräßigste Tier überhaupt dargestellt (*Criti.* 114e–115a; vgl. Nesselrath 2006, 292).

36 Statt des überlieferten τὸ ποτόν (was „das Getränk" bedeutet) ist wohl besser τὸν πότον („das Trinken") zu lesen.

37 Libanios lässt auch an anderen Stellen kein gutes Haar an den christlichen Mönchen: vgl. *or.* 2,32, *or.* 45,26 und 62,10. Vgl. aber auch andere Autoren (Julian, *Adv. Heracl.* 18 p. 224AB; Eun. *VS* VI 11,6-10 p. 472; Eun. fr. 48,2 Blockley; Zos. V 23,4f.) und sogar *Cod. Theod.* XII 1,63 [Flucht zu den Mönchen, um städtischen Kurialen-Pflichten zu entgehen]; der Bischof Ambrosius berichtet, wie er sich einmal von Theodosius vorhalten lassen musste: *Monachi multa scelera faciunt* (*ep. extra collectionem* 1,27 Zelzer; in § 1 dieses Briefes ist von Mönchen die Rede, die ein *Valentinianorum conventiculum* angezündet haben). Vgl. auch Nesselrath 2011.

38 Dieses (zuerst bei dem Komödiendichter Strattis, fr. 36 K.-A., Dem. *or.* 18,72 und Arist. *Rhet.* I 12 p. 1372b33 belegte) Sprichwort (Μυσῶν λεία) verwendet Libanios auch an vielen anderen Stellen: *ep.* 194,1. 469,2. 620,7. 696,2. 763,6. 819,3. 1277,3. 1383,3; *or.* 11,123. 12,40. 18,34. Vgl. E. Salzmann, *Sprichwörter und sprichwörtliche Redensarten bei Libanios* (Tübingen 1910) 41.

39 Ein τρόπαιον war in klassischer Zeit ein Steinhaufen, mit dem ein siegreiches Heer markierte, wo es ein anderes Heer in die Flucht geschlagen („gewendet": τρέπω, τρόπαιον) hatte (vgl. z.B. Thuc. I 30,1. 54.1f. 63,3. 105,6 etc.). Solchen Steinhaufen gleichen – jedenfalls in Libanios' Darstellung – wohl auch die paganen Tempel, nachdem die christlichen Mönche über sie hergefallen sind.

40 Das nicht überlieferte ταῦτα wurde von Reiske ergänzt.

41 Das mit ἐκκόπτειν nahegelegte Bild ist das vom Herausschlagen eines Auges; vgl. z.B. Ar. *Av.* 583. 1613, Dem. *or.* 18,67. 24,140f. (bei Libanios selbst vgl. *ep.* 726,3, *or.* 57,28. 61,12, *decl.* 12,44. 16,16. 41,29).

42 Während Foerster aus dem überlieferten τοῦτῳ ein οὗτος machte, behielt Reiske τοῦτῳ bei und fügt am Ende des Satzes ψυχή hinzu, dessen Ausfall sich aufgrund des gleich folgenden ψυχή leicht als Haplographie erklären lässt.

43 Der durch die Zerstörung bzw. Abschaffung der ländlichen Kulte eintretende landwirtschaftliche (und volkswirtschaftliche) Schaden ist auch ein Argument bei Symmachus (*Rel.* 3,15–17).

44 Mit ἃ τρέφουσιν ist wohl das Vieh gemeint, das ebenfalls mit dem gefüttert wird, was das Land hervorbringt.

45 Norman übersetzt τοῖς δὲ („others") und im folgenden Satz οἱ δ' („others, again, ...") so, als handle es sich jeweils um eine neue Gruppe; demgegenüber machen die Übersetzungen von Van Loy und Romano keinen Unterschied, und dies scheint plausibler.

46 Vgl. zu dieser Beschuldigung Zos. V 23,4 („sie eigneten sich den Großteil der Erde an"); Wallraff (unten S. 172f.) hält freilich auch eine andere Interpretation dieser Stelle für möglich.

47 Mit diesem ‚Hirten' ist der damalige Bischof von Antiocheia, Flavianos gemeint (vgl. unten Anm. 56). Die Qualifizierung οὐ πάνυ ist doppeldeutig: Sie kann bedeuten, dass der hier erwähnte ‚Hirte' „nicht besonders" oder „ganz und gar nicht" anständig ist (vgl. *LSJ* s.v. πάνυ I 3).

48 Die „Nutzlosigkeit" der Mönche hebt auch Zosimos deutlich hervor (V 23,4: „weder zum Krieg noch für irgend einen anderen Belang notwendig für das Staatswesen"). Die Bezeichnung „Drohnen" für unnütze und schädliche Elemente in einem Staatswesen hat bereits Platon eingeführt, vgl. *Rep.* VIII 552c. 556a. 559c. 564b; Libanios verwendet sie auch *or.* 18,130.

49 Mit dem Begriff σωφρονισταί beschreibt Libanios sarkastisch die Tätigkeit der Mönche; bereits Demosthenes verwendet den Begriff einmal ironisch (*or.* 19,286).

50 Die Bedeutung „Räuberbanden" für λῃστεῖαι scheint singulär, in diesem Kontext aber gefordert zu sein.

51 Zu der Wendung τί μαθών (eigentlich „was fällt dir ein, dass ...") vgl. Ar. *Nub.* 402, *Lys.* 599, *Plut.* 908, Men. *Dysc.* 110.

52 Gemeint sind offensichtlich Fortifikationsarbeiten, es ist aber umstritten, in welchen historischen Zusammenhang sie zu setzen sind: als Vorbereitungen für Feldzüge in Makedonien und Thessalien 391 (so Van Loy 397) oder für Unternehmungen gegen die Greuthungen/Ostgoten 386 (Petit 1951, 305 = 1983, 63f.) ?

53 Überliefert ist an dieser Stelle φησι, aber φασι passt wesentlich besser in den Kontext, da hier offensichtlich Libanios' christliche Gegenspieler sprechen (die auch anderswo in dieser Rede mit bezeichnet sind: § 11 [zweimal]. 12. 21. 30. 49) und nicht irgendein fiktiver Sprecher, den man vielleicht mit φησι einführen könnte. Auch Van Loy und Romano übersetzen φασι.

54 Agora bezeichnet hier einen Mittelpunkt des öffentlichen Lebens; auch im Sinne von „Ort des Gerichts" (vgl. z. B. Plat. *Rep.* IV 425cd; eine ἀγορὰ δικῶν bei Lukian, *Bis Acc.* 4). Libanios zeichnet die, für die er hier eintritt, ähnlich wie Dion von Prusa in seinem *Euboikos* den einfachen Jäger, der sich im städtischen politischen Leben überhaupt nicht zurecht findet (Dion *or.* 7,21–33).

55 Zur Chlamys (die in der späteren Antike auch Kaiser und Würdenträger am Hof in Konstantinopel trugen) vgl. R. Hurschmann, „Chlamys", *DNP* 2 (1997) 1133.

56 Zu Flavianos, Patriarch von Antiocheia 381–404, vgl. D. Gorec, „Flavien (7)", *DHGE* 17 (1971) 380–386.

57 Da es in der Kaiserzeit üblich wurde, einen Eid auf den Genius des Kaisers zu leisten, konnte ein Meineid als Verletzung der *maiestas* des Kaisers verfolgt werden; als Strafe dafür ist die Auspeitschung bezeugt (vgl. Dig. XII 2,13,6: *Si quis iuraverit in re pecuniaria per genium principis dare se non oportere et peieraverit ...: imperator noster cum patre rescripsit fustibus eum castigandum dimittere*); vgl. A. Völkl, „Meineid", *DNP* 7 (1999) 1161.

58 Hier werden typische Bestandteile eines traditionellen paganen Schlachtopfers aufgezählt: Bestreuen des für das Opfer vorgesehenen Tieres mit Gerste, Schlachtung des Tieres am Altar (der dann das Blut auffängt), Verbrennung von Teilen des getöteten Tiers auf dem Altar (für den betreffenden Gott), abschließende Trankopferspende; zu diesem Ablauf vgl. z. B. H.-G. Nesselrath, „Tempel, Riten und Orakel: Die Stellung der Religion im Leben der Griechen", in: R. G. Kratz / H. Spieckermann (Hrsgg.), *Götterbilder – Gottesbilder – Weltbilder, Band II: Griechenland und Rom, Judentum, Christentum und Islam* (Tübingen 2006) [45-67] 52f.

59 Laut *Cod. Theod.* XVI 10,17 (*Ut profanos ritus iam salubri lege submovimus, ita festos conventus civium ... non patimur submoveri. Unde absque ullo sacrificio ... exhiberi populo voluptates secundum veterem consuetudinem, iniri etiam festa convivia ... decernimus*) waren Tierschlachtungen noch 399 erlaubt, wenn sie nicht im Rahmen eines Opferrituals stattfanden, wie es in Anm. 58 skizziert ist. Wenige Jahre später (407) wurden aber auch diese Schlachtungen verboten; vgl. *Cod. Theod.* XVI 10,19,3 (*Non liceat omnino in honorem sacrilegi ritus funestioribus locis exercere convivia vel quicquam sollemnitatis agitare* ...).

60 Statt des überlieferten ἄξιον wurde hier das von Gothofredus am Rand notierte ἠξίουν in den Text genommen (vgl. auch bereits Van Loys Übersetzung: „Qu'ils aient jugé bon ...").

61 Gemeint ist: entweder die direkte Beobachtung einer strafbaren Handlung oder ihre Beobachtung durch einen Dritten.

62 Mit diesem Satz will Libanios sagen, dass man es den christlichen Angreifern nicht hätte durchgehen lassen, wenn sie sich „reguläre" juristische Befugnisse angemaßt hätten; zugleich insinuiert er, dass das Gericht des Bischofs Flavianos sich die Befugnisse ‚wahrer' Gerichte anmaßt. Zur bischöflichen Jurisdiktion vgl. *Cod. Theod.* I 27,1 (von 318), Const. Sirm. I (von 333): *Sanximus ... sententias episcoporum quolibet genere latas sine aliqua aetatis discretione inviolatas semper incorruptasque servari; scilicet ut pro sanctis semper ac venerabilibus habeantur, quidquid episcoporum fuerit sententia terminatum* ... Vgl. A. H. M. Jones, *The Later Roman Empire* Vol. I (Oxford 1964) 90f. 480. – Zum Text: wie die Übersetzung hoffentlich zeigt, muss das überlieferte ἤνεγκε nicht geändert werden (Van Loy wollte stattdessen ἀνέσχε, Monnier bereits ἀνεῖχε lesen).

63 Damit sind Unruhen gemeint, bei denen rivalisierende Gruppen von Christen (z.B. Homöer und Anhänger des Athanasios) sich gegenseitig umbrachten, z.B. bei den Unruhen von 342 in Konstantinopel (vgl. Socr. *HE* II 12–13, Soz. *HE* III 7,4f.), von denen auch Libanios damals in Mitleidenschaft gezogen wurde (vgl. *or.* 1,44, wo er aber nichts davon sagt, dass sich hier christliche Gruppen untereinander bekämpften). Teilweise gewalttätige innerchristliche Unruhen gab es aber auch in Antiocheia (vgl. Hahn 2004, 157–160. 180).

64 Mit „ihr" spricht Libanios seine christlichen Widersacher nunmehr direkt an.

65 In seiner Rede „An die Adresse derer, die mich schwer erträglich genannt haben" (*or.* 2) von 380 weist Libanios darauf hin, dass, als Julian den Tempeln die Opfer zurückgegeben hatte, von dem dadurch wiederhergestellten religiösen Leben nicht zuletzt auch die Bedürftigeren davon profitierten (*or.* 2,30: „dieser Reichtum in einem Heiligtum war eine Art öffentliche Unterstützung für die Bedürftigen"), indem sie an den (in unserer Rede in § 18f. geschilderten) Opfermahlzeiten teilhaben konnten; damit war es nach dem erneuten Opferverbot vorbei.

66 Gemeint sind die gerade erwähnten Helfer der Armen.

67 Hier sind diejenigen gemeint, die sich eines heidnischen Opfers schuldig gemacht hätten.

68 Gemeint sind die biblischen Schriften, auf die sich die Christen berufen.

69 Die Wendung παρὰ φαῦλον ποιεῖσθαι findet sich auch sonst bei Libanios (*or.* 14,26; zu παρὰ φαῦλον τίθεσθαι vgl. *decl.* 3,12 und 4,8) und mehrfach bei Libanios' großem rhetorischen Vorbild Aelius Aristides (*or.* 7,19 Lenz; *or.* 10,10 Lenz); vgl. auch Ps.-Dion.

Hal. *Ars rhet.* 4,2 p. 271,8 U.-R. und Julian *ep.* 80 p. 87,20 Bidez. Aufgrund dieser Beleglage ist es unnötig, φαῦλον in φαύλων zu ändern, wie Sinner und Mai vorschlugen und Van Loy und Romano befürworten.

70 Schon in § 8 hat Libanios auf den gewaltigen Ess- und Trinkkonsum der christlichen Mönche hingewiesen. Eunapios bezeichnete das Leben der Mönche noch drastischer als „schweinemäßig" (*VS* VI 11,6–10 p. 472).

71 Mit dieser sarkastischen Frage gibt Libanios zu verstehen, dass man von Leuten mit ungezügeltem Lebenswandel auch keinen Respekt vor den Heiligtümern anderer Religionen erwarten darf.

72 Es muss sich um das syrische Beroia (heute Aleppo, arab. Halab) handeln, das vom Gründer des Seleukidenreiches mit makedonischen Veteranen besiedelt wurde. Die hier erwähnte Statue dürfte daher frühestens hellenistisch sein, was den Hinweis, dass sie wie der im späteren 5. Jh. v. Chr. lebende Athener Alkibiades (vgl. die nächste Anm.) aussah, umso bemerkenswerter macht. Da sie wenige Zeilen später als ein Werk des berühmten Phidias bezeichnet wird, müsste sie – wenn diese Zuscheibung denn richtig ist – noch aus dem späteren 5. Jh. stammen und später nach Beroia importiert worden sein. Eine bronzene Asklepios-Statue in der Gestalt des Alkibiades ist nichts Alltägliches. Im *LIMC*-Artikel „Asklepios" weist B. Holtzmann in seinem Katalog der erhaltenen Asklepios-Darstellungen als Nr. 27 (unter den Darstellungen des Asklepios als eines bartlosen Jünglings) eine Büste aus, die heute im Konservatorenpalast in Rom steht (nr. 1160) und die (moderne) Aufschrift „Alkibides" trägt. Antike Zeugnisse berichten, dass Alkibiades auch noch in anderen Fällen dazu diente, Götter darzustellen: für Hermesköpfe (vgl. Clem. Al. *Protr.* 53,6; Procl. *In Plat. Alcib.* 114 Westerink) und laut dem Älteren Plinius (*NH* XXXVI 28) einmal für einen Eros mit Blitz.

73 Mit dem Sohn des Kleinias ist der berühmte Athener Alkibiades (um 450 – 404 v. Chr.) gemeint, dessen außergewöhnliche Schönheit gut bezeugt ist (vgl. Plat. *Prot.* 309a–c; Plut. *Alcib.* 1,3; Ath. XII 534c).

74 Diese Zuschreibung ist bezweifelt und als „rhetorical exaggeration" bezeichnet worden (Norman 1977, 121, Anm. a).

75 Der Terminus δικαστής bezeichnet in der Spätantike auch den Statthalter einer Provinz (ἔθνος); vgl. bei Libanios selber, z.B. *or.* 1,63f. 69. 71. Libanios spielt hier natürlich auch mit der Grundbedeutung „Richter".

76 Die Worte δι' ὧν könnten sowohl rechtliche Schritte (wie die gerade zuvor genannten εἰσαγγελίαι καὶ γραφαὶ καὶ δίκαι) als auch Amtsträger bezeichnen, durch die die juristische Ahndung stattfindet; die zweite Möglichkeit liegt hier vielleicht etwas näher, weil es auch im unmittelbar Folgenden um Personen geht.

77 Libanios hat sich auch sonst eine erzwungene Konversion als wenig nützlich bezeichnet: In *or.* 18,122 gibt es dazu eine sehr klare Stellungnahme (bemerkenswerterweise geht es hier um die unter Julians kurzer Herrschaft akute Frage, ob man Christen dazu zwingen solle, wieder zur ‚alten' Religion zurückzukehren): „Die, die körperlich krank sind, kann man heilen, indem man sie unter Druck setzt; eine falsche Vorstellung über Götter dagegen kann man nicht durch Schneiden und Brennen vertreiben, sondern auch wenn die Hand (den Göttern) ein Opfer darbringt, so ist doch die Gesinnung mit der Hand nicht einverstanden, klagt den Körper der Schwäche an und bewundert weiterhin, was sie früher bewunderte; und so gibt es nur ein Schattenbild einer Veränderung, nicht eine (wahre) Umstellung der Meinung"; weil auch Julian dieser Meinung gewesen sei (so Libanios hier weiter), habe er bewusst auf Zwangsausübung gegenüber Christen verzichtet (*or.* 18,123–125 und in unserer Rede § 54). Auch in *ep.* 1411,1 Foe. weist Libanios deutlich auf die Diskrepanz zwischen äußerem religiösen Tun und innerer Überzeugung hin, die bei forcierten Bekehrungen aufzutreten pflegt (auch in diesem Fall geht es um Rekonversionen von Christen): „Äußerlich nämlich folgen sie dir ... und treten an die Altäre (der Götter) heran, zuhause

aber stimmen sie die Frau und ihre Tränen und die Nacht wieder um und ziehen sie von den Altären weg"; in *ep.* 819 Foe. (= 51 F./Kr. = 103 N.) betont er die politische Klugheit, einen Christen nicht durch Verfolgung zum Märtyrer zu machen, wie dies mit Bischof Markos von Arethusa geschehen sei (§ 6). Ebenso rät er in *ep.* 1364 Foe. = 105 N. (von 363, zu einer Zeit, als Julians Rekonversionspolitik noch in vollem Gang war) zu maßvollem Vorgehen als einem Gebot vorausschauender Klugheit: „wir sollten uns über die Wiederaufrichtung der Heiligtümer freuen, diese Wiederherstellung jedoch nicht mit Aggressivität begleiten, damit man uns nicht, wenn wir das damals [d.h. durch Christen] Geschehene verurteilen, das Gleiche vorhalten kann" (§ 6). Auch Libanios' prominenter Zeitgenosse Themistios hebt in seinem positiven Kommentar zum Toleranzedikt Kaiser Iovians (*or.* 5, 67bc, von Anfang 364) hervor, dass man religiöse Konformität nicht erzwingen kann: „du weißt sehr wohl, dass ein Kaiser seine Untertanen nicht zu allem zwingen kann, sondern dass es Dinge gibt, die Zwang nicht unterliegen und mächtiger sind als Drohung und Befehl, wie ... vor allem die Religion." Auf christlicher Seite gibt es Äußerungen ähnlicher Art von keinem Geringeren als Athanasios (*Historia Arianorum* 33,2f.): „Es ist ein Zeichen von Leuten, die dem nicht vertrauen, an was sie glauben, wenn sie diejenigen gewaltsam zwingen wollen, die nicht wollen ... denn nicht durch Schwerter oder Geschosse und auch nicht durch Soldaten wird die Wahrheit verkündet, sondern durch überzeugendes Argumentieren und guten Rat."

78 Gemeint sind die Zerstörungen heidnischer Heiligtümer.

79 Mit ἀφεστᾶσι ... αὑτῶν wendet Libanios das christliche Konzept der Apostasie (vgl. Julian Apostata!) auf Angehörige der alten Religion an und impliziert, dass sie nicht zum Christentum konvertieren können, ohne sich selbst untreu zu werden. Dass es in der Tat „Apostasien" zurück zur alten Religion gab, zeigen die Bestimmungen in *Cod. Theod.* XVI 7,1–7 (aus den Jahren 381–426).

80 An dieser Stelle hat Foerster καὶ hinter φαινόμενα ergänzt, um den Satz konstruierbar zu machen; erwägenswert wäre auch, stattdessen mit Reiske an dieser Stelle αὐξάνοντες zu ergänzen („Sie gehen nämlich zu den Riten, die öffentlich abgehalten werden und vergrößern die Menge dieser Leute, und ...").

81 Gemeint ist die Teilnahme an christlichen Gottesdiensten und Prozessionen.

82 D. h. in einer christlichen Kirche oder im Rahmen einer christlichen Prozession.

83 Es entbehrt nicht einer polemischen Spitze, dass Libanios in Zusammenhang mit Christen gerade die Schauspielrolle des Tyrannen evoziert; er hätte sicher auch harmlosere Rollen als Vergleich heranziehen können. Zum Ausdruck ὁ τὸν τύραννον εἰσιὼν vgl. *or.* 64,74 (ὁ ... τὴν Πλαγγόνα εἰσιὼν) und bereits Dem. *or.* 19,247, wo Demosthenes mit sarkastischem Blick auf den einstigen „Drittrollen-Schauspieler" (Tritagonisten) Aischines bemerkt, dass solche Leute besonders gern Tyrannen oder andere Szepterträger spielen würden (τὸ τοὺς τυράννους καὶ τοὺς τὰ σκῆπτρ' ἔχοντας εἰσιέναι).

84 Gemeint sind die Christen, die glauben, die brachial bekehrten Heiden seien echte Christen geworden.

85 Zu dieser Bedeutung von καίτοι vgl. Denniston 1954, 561f.

86 Gemeint sind wieder die Christen, die eine Konversion der anderen anstreben.

87 Reiske hat in seiner Ausgabe die Bemerkung τουτὶ ἀσθενές (die wie der Kommentar eines Lesers klingt) getilgt.

88 Vgl. hierzu die o. Anm. 77 angeführte Athanasios-Stelle.

89 Das Bemühen um Eindringlichkeit lässt den Redner erneut zur direkten Anrede „ihr" greifen.

90 Wer ist gemeint? Reiske 1793, 179 vermutete: der Kaiser selbst (so auch Van Loy und Romano), was freilich nach der nur wenige Worte vorher stehenden direkten Anrede an den Kaiser ein ziemlich harter Übergang wäre. Wahrscheinlicher ist daher, dass Libanios schon hier jemand wie den später in § 46 Angegriffenen im Auge hat.

91 Die hier stehende Aufzählung der Schmiedewerkzeuge ist eine Reminiszenz an Hom. *Od.* III 434 (ἄκμονά τε σφῦράν τ' εὐποίητόν τε πυράγρην), einen Vers, der bemerkenswerterweise aus der ausführlichen Schilderung eines typischen (paganen) Schlachtopfers (Hom. *Od.* III 417–463) stammt. Die verächtliche Bemerkung über Leute, die ihr gutes Handwerk verlassen haben, um jetzt – als Christen – über Himmel und himmlische Mächte zu schwätzen, erinnert an die Darstellung der Pseudo-Philosophen, die Lukian in seiner Schrift *Fugitivi* charakterisiert (dort Kap. 12).

92 Die gleiche Argumentation bei Symmachus, *Rel.* 3,9 (es spricht die personifizierte Roma): *Hic cultus in leges meas orbem redegit, haec sacra Hannibalem a moenibus, a Capitolio Senonas reppulerunt.*

93 Hier dürfte Athena als die gemeint sein, die Odysseus die List mit dem Hölzernen Pferd eingab; damit würde die von Van Loy übernommene Konjektur κλέος von P. Orgels (statt des überlieferten τέλος), die auch Romano erwähnt, hinfällig. – Zumindest eines der von Agamemnon dargebrachten Opfer könnte man freilich als fragwürdig erachten (und es wurde z.B. von Lucrez I 82–101 als Beispiel für verderbliche *religio* zitiert): die Opferung der eigenen Tochter Iphigenie in Aulis, um Wind für die Überfahrt nach Troja zu erhalten.

94 Dass Herakles mithilfe bestimmter Opfer Troja erobern konnte, scheint nirgendwo sonst belegt (Normans Verweis auf Paus. V 14,2 geht fehl, weil dort von Opfern des Herakles in Olympia die Rede ist) und könnte hier von Libanios improvisiert sein.

95 Auch in *or.* 18,65 erwähnt Libanios die Unterstützung der Athener durch Herakles und Pan bei Marathon. Der erste, der die Hilfe des Gottes Pan bezeugt, ist Herodot (in VI 105,2 kündigt Pan selbst dem athenischen Läufer Philippides, der sich auf dem Weg nach Sparta befindet, diese Hilfe an); in der Kaiserzeit sprechen von dieser Hilfe der Sophist Polemon (*decl.* 1,35 und 2,41, wo auch die Anwesenheit des Herakles erwähnt ist), Lukian (*Bis Acc.* 10) und Pausanias (I 28,4).

96 „Göttlich" heißt Salamis, der Ort der berühmten Seeschlacht der vereinigten Griechen gegen die Perser 480, in einem mehrfach von Herodot (VII 141,4. 142,2. 143,1) zitierten (und von Lukian parodierten: *JTr* 20) delphischen Orakelspruch (Ὦ θείη Σαλαμίς, ἀπολεῖς δὲ σὺ τέκνα γυναικῶν ...); Libanios selbst spielt auf diesen Spruch kurz in *or.* 15,40 an.

97 „Dreihundert" ist eine Ergänzung Foersters (das griechische Zahlzeichen τ' für 300 konnte leicht vor dem folgenden τῶν ausfallen); in *or.* 12,48 nennt Libanios diese Zahl, die auf Aischylos (*Pers.* 339) zurückgeht; dagegen ist Herodot VIII 82,2 von 380 Schiffen die Rede (in VIII 48 von 378).

98 Vgl. Hdt. VIII 65 und Plut. *Them.* 15,1.

99 Heidnische Opfer wurden in Rom im Februar 391 durch *Cod. Theod.* XVI 10,10 (vom 24.2.391) verboten; Libanios' obige Bemerkung muss also vorher geschrieben sein.

100 Die Einfügung in runden Klammern soll helfen, die folgenden Worte zu verstehen: Libanios spricht hier offenbar von den Aufgaben verschiedener Götter, auch wenn er das Wort „Götter" vermeidet.

101 Mit „ihr" sind die damals regierenden Kaiser, Theodosius und Valentinian II. (Augustus 375–392), gemeint.

102 Dieser Satz ist natürlich aus christlicher Perspektive (und nicht der des Libanios) formuliert: Wenn die Kaiser die Fortsetzung heidnischer Kulte in Rom zulassen, ziehen sie der Stadt den Zorn des christlichen Gottes zu.

103 Alexandreia, wo die heidnischen Opfer im Juni 391 – einige Monate nach Rom – verboten wurden (*Cod. Theod.* XVI 10,11, vom 16.6.391).

104 Gemeint ist wohl die Fruchtbarkeit (φορά); so verstehen auch Van Loy und Romano, während Norman αὐτὴ auf Ägypten bezieht, womit Libanios auf ein berühmtes Wort Herodots (II 5,1: Ägypten als „Geschenk des Nils") anspielen würde.

105 ἑστιάματά ἐστιν ist Konjektur Foersters (überliefert sind die Lesarten ἑστιᾶ [„libri" Foerster] bzw. ἑστιᾶι [A], ferner ἐστιν ἃ οἴδαμεν [C^s] und ἔστιν ἃ (?) μεν [P^3]

in marg.). Der (nicht sehr häufige) Ausdruck ἑστιάματα bezeichnet Speisungen für Götter bereits bei Euripides (*IT* 387); im übertragenen Sinn verwendet ihn Libanios *or.* 1,279. Alternativ behält Norman das überlieferte ἑστιᾷ bei und übernimmt dann einen Vorschlag Reiskes, der πείθουσα statt des überlieferten πείθοντα liest; Subjekt dieses Teilsatzes wäre dann Ägypten („Ägypten aber ist ein Werk des Nils und bewirtet den Nil festlich, womit es ihn dazu bringt, die Felder zu überschwemmen").

106 Die Worte γῆν ἐπὶ πᾶσαν klingen wie der Schluss eines Hexameterzitats (vgl. Apoll. Rhod. IV 1295 νύκτ' ἔπι πᾶσαν); vgl. Ael. Aristid. *or.* 1,36 Lenz (Πέμπουσι δὴ θείᾳ πομπῇ γῆν ἐπὶ πᾶσαν ἀφορμὰς τοῦ βίου), Heliod. *Aeth.* II 11,1 (Ἐρινὺς γῆν ἐπὶ πᾶσαν ... ἐλαύνουσά σε).

107 Zu dem Ausdruck διάραιεν τὸ στόμα vgl. Dem. *or.* 19,112. 207 (beide Male οὐδὲ διῆρε τὸ στόμα) und *or.* 21,67 (μηδὲ διᾶραι ... τὸ στόμ' ἔχειν ἐμέ).

108 Gemeint ist Kaiser Konstantin; vgl. o. Kap. 6 mit Anm. 23.

109 Gemeint ist Konstantins Wüten gegen die eigene Familie (Ermordung seiner Frau Fausta und des Sohnes Crispus).

110 Von den drei Söhnen Konstantins, die nach seinem Tod 337 die Kaiserherrschaft übernahmen, kam Konstantin II. bereits 340 in einer kriegerischen Auseinandersetzung gegen seinen Bruder Constans ums Leben; Constans überlebte 350 den Kampf gegen Usurpator Magnentius nicht, und Constantius II. verstarb (freilich nicht auf dem Schlachtfeld, sondern an einem Fieber), als sein Vetter Julian 361 gegen ihn zu Felde zog.

111 Zur enormen Vergrößerung des alten Byzantion durch Konstantin, als er diese Stadt zu seinem Konstantinopel machte, vgl. Zos. II 30,4–31,2. 32,1. Auch anderswo lässt Libanios an der ausschweifenden Lebensweise der Bewohner von Konstantinopel kein gutes Haar: Vgl. *or.* 1,48 („die Stadt, die durch ihr ausschweifendes Leben niedergedrückt wird"), 215 („die große schwelgende Stadt am Bosporos"), 279 („in der Stadt Thrakiens, die durch den Schweiß der anderen Städte herrlich und in Freuden lebt"), und in einem Brief an Themistios (*ep.* 1477,5 Foe. = 59 F./Kr. = 141 N.) beschreibt er die Konstantinopolitaner als Leute, „die mehr als Kratinos [der für seinen Trinkkonsum berühmte Dichter der Alten Komödie] trinken, mehr als Herakles essen und in einer Fülle von Köchen schwelgen" (vgl. auch *or.* 1,75). Sogar Themistios – selbst einer der Spitzenvertreter der Konstantinopolitaner Gesellschaft – spricht gelegetlich vom „schwelgenden Volk des Konstantin" (*or.* 9 p. 92b: ὁ ... Κωνσταντίνου δῆμος ὁ τρυφῶν).

112 Scharfe pagane Kritik am Parasitismus Konstantinopels findet sich bei Libanios' jüngerem Zeitgenossen Eunapios (*VS* VI 2,8): „In unseren Zeiten vermag weder die von Ägypten kommende Menge der Lastschiffe noch die aus ganz Kleinasien, Syrien und Phönizien sowie aus den anderen Provinzen zusammenkommende Menge an Getreide ... das trunkene Volk füllen und sättigen, das Konstantin, indem er die anderen Städte von Menschen leerte, nach Byzantion umsiedelte"; vgl. auch Zos. II 32,1.

113 Die Zerstörung von Tempeln durch Constantius II. (der im Dezember 354 die Schließung der heidnischen Tempel anordnete: *Cod. Theod.* XVI 10,4) erwähnt Libanios auch an anderen Stellen (*or.* 62,8; Anspielungen in *or.* 13,13; 17,7; 18,23). Der Vorwurf findet sich bereits bei Julian (*Adv. Heracl.* 22 p. 228BC). Vgl. auch Theodoret *HE* V 21,7–15 (Zerstörung des Zeus-Tempels von Apameia). Zu einer modernen Beurteilung dieser Nachrichten vgl. Leppin 1999a, 475–479.

114 Hier ist Reiskes Konjektur εἰς ἓν συνηγμένους aufgenommen; das überlieferte εἰσενηνεγμένους würde „eingefügt" bedeuten, was jedoch dem vorangehenden διαζεῦξαι nicht richtig entspricht.

115 Vgl. hierzu Lib. *or.* 17,7 („er profanierte die Tempel und gab sie Lustknaben zum Bewohnen"), *or.* 18,23 („er [Julian] sah ... den Reichtum der Heiligtümer auf die zügellosesten Menschen verteilt).

116 Eigentlich würde man hier den Singular erwarten („dem Gebenden", τῷ δόντι), aber Libanios könnte den Plural wegen der rhetorisch effektvollen Assonanz (δοῦσι — λαβοῦσιν) gewählt haben.

117 Während der Zeit, in der Constantius II. über die östliche Reichshälfte herrschte (337–361), waren die Sasaniden in der Tat eine ständige Bedrohung: Bereits 338 (ein Jahr nach Constantius' Regierungsantritt) fiel Schapur II. (309–379) in die römische Provinz Mesopotamia ein. Wahrscheinlich 344 fand die große Schlacht bei Singara statt, dreimal (338, 346 und 350) wurde die bedeutende Grenzfestung Nisibis von den Persern belagert, 359 Amida eingenommen; 360 fand ein neuer Einfall Schapurs II. in die römische Provinz Mesopotamia statt. Vgl. M. H. Dodgeon / S. N. C. Lieu, *The Roman Eastern Frontier and the Persian Wars (AD 226–363)* (London / New York 1991) 164–230; E. Winter / B. Dignas, *Rom und das Perserreich. Zwei Weltmächte zwischen Konfrontation und Koexistenz* (Berlin 2001) 51–54.
In *or.* 18,206 gibt Libanios ebenfalls eine sehr ungnädige Beschreibung von Constantius' Abwehrbemühungen gegen die Perser: „Er führte jedes Jahr zu Beginn des Sommers – wenn es mit Einsetzen des Frühjahrs zu Belagerungen kam – ein Heer über den Euphrat und platzierte eine so riesige Truppe um sich herum und hatte (dennoch) im Sinn, sobald die Feinde sich zeigten, Reißaus zu nehmen ... und hielt es für eines Feldherrn würdiger, nicht zu kämpfen und den eigenen Leuten, während sie umkamen, nicht beizustehen."

118 Der Vergleich findet sich bereits Xen. *Hell.* IV 4,17, dann auch bei Libanios selbst in *or.* 33,42.

119 Es handelt sich um das Asklepios-Heiligtum von Aigai/Aigeai/Aigaiai (die Schreibung variiert: Aigaiai ist die Namensform bei Strabon XIV 5,18, Aigeai bei Cassius Dio, Aigai bei Philostrat und Sozomenos). Zu seinen Wunderheilungen vgl. Philostr. *VA* I 7,2. 8,2. Laut Eus. *VC* III 56 und Soz. *HE* II 5,5 wurde es 331 von Konstantin zerstört (während Libanios diese Tat hier Constantius zuzuschreiben scheint). Julian restaurierte es (vgl. Lib. *ep.* 695 Foe.), und Libanios selbst nahm seine Dienste im Jahr 367 in Anspruch (*or.* 1,143; aus *ep.* 706–708 Foe. geht hervor, dass Libanios zuvor die Hilfe des Gottes bereits durch Dritte zu erlangen suchte).

120 Erneut folgt (wie in § 7) als positiver Kontrast auf die Herrschaft des Constantius die Herrschaft Julians. Vor τὸν ... ἐκδεξάμενον hat Foerster ein περὶ eingefügt, so dass der Satz dann lauten würde: „Etwas von dieser Art hat sich in Hinsicht auf denjenigen ereignet, der ..." Doch hat bereits Norman die Ergänzung Foersters nicht aufgenommen, und wie die obige Übersetzung zeigt, ist sie nicht notwendig.

121 Libanios übergeht, dass die „Übernahme" der Herrschaft Constantius' II. durch Julian nur deshalb friedlich erfolgte, weil Constantius ‚rechtzeitig' einer Krankheit erlag und Julian – der dabei war, mit einem Heer gegen ihn zu marschieren – auf dem Totenbett zu seinem Nachfolger einsetzte.

122 Im Lauf der Zeit setzte sich bei Libanios immer mehr der Gedanke fest, dass Julian auf seinem Perserfeldzug durch Leute der eigenen Seite, nämlich Christen, umgekommen sei: Dies ist noch nicht so in einem 364 geschriebenen Brief (*ep.* 1187,2 Foe. = 129 N.) und auch nicht in der vielleicht noch 364 (vgl. o. S. 19) verfassten Klage-Monodie auf Julian (*or.* 17,23); dagegen betrachtet Libanios es im 365 geschriebenen *Epitaphios* es bereits nahezu als sicher, dass der Täter ein Christ aus den Reihen des römischen Heeres war (*or.* 18,274f.), und so ist es auch im 374 geschriebenen ersten Teil der *Autobiographie* (*or.* 1,134) und in der 379 verfassten Rede „Zur Vergeltung für Julian" (*or.* 24,6).

123 Hier könnte eine Anspielung auf epische Darstellungen der Taten Julians vorliegen; vgl. dazu Socr. *HE* III 21,14: „Kallistos, der in der Leibgarde des Kaisers diente, hat Julians Geschichte im epischen Versmaß erzählt und sagt in seiner Darstellung des damaligen Krieges, er sei von einem Dämon getroffen worden und daraufhin gestorben." Von diesem Kallistos ist außerordentlich wenig bekannt (vgl. *PLRE* I 176, „Cal-

listus“ Nr. 1); vielleicht ist er identisch mit einem Kallistion, an den Libanios’ *ep.* 1233 Foe. gerichtet ist; vgl. O. Seeck, „Kallistio“, *RE* Suppl. IV (1924) 864.

124 Zu Julians Restitutionsmaßnahmen für pagane Kulte vgl. Lib. *or.* 18,121–129.

125 Der Artikel über Julian im *Suda*-Lexikon (ι 437) kennt noch den Wortlaut eines Orakels (sicher eines vaticinium ex eventu), in dem Julian die Entrückung aus dieser Welt prophezeit wird, sobald er die Perser bei Seleukeia besiegt habe: „Doch wenn du mit deinem Herrscherstab das Blut der Perser / bis nach Seleukeia getrieben und mit deinem Schwert bezwungen hast, / da dann führt dich zum Olymp ein feuerleuchtender Wagen, / wirbelnd in Sturmesbrausen, / nachdem du abgeworfen hast die vielduldende Last der sterblichen Hülle. / Und kommen wirst du in den mit himmlischem Licht erfüllten Palast des Vaters, / von dem du (einst) getrennt wurdest und in einen menschlichen Leib gelangtest“ (ἀλλ' ὁπόταν σκήπτροισι τεοῖς Περσήϊον αἷμα / ἄχρι Σελευκείης κλονέων ξιφέεσσι δαμάσσῃς, / δὴ τότε σε πρὸς Ὄλυμπον ἄγει πυριλαμπὲς ὄχημα, / ἀμφὶ θυελλίῃσι κυκώμενον ἐν στροφάλιγξι, / ῥίψαντα βροτέων ἐθέων πολύτλητον ἀνίην. / ἥξεις δ' αἰθερίου φάεος πατρώϊον αὐλήν, / ἔνθεν ἀποπλαγχθεὶς μεροπήϊον ἐς δέμας ἦλθες). Fand sich dieses Orakel bereits im Epos des Kallistos (vgl. o. Anm. 123) ?

126 Diese Ausführungen stützen sich ebenfalls auf heroisch-verklärende Darstellungen von Julians letzten Stunden, wie sie Libanios selbst in *or.* 18,272 (hier vergleicht er Julians letzte Stunden mit dem Lebensende des Sokrates, wie es in Platons *Phaidon* beschrieben ist) und 24,7 gegeben hat; Amm. XXV 3,15–23 (im letzten Paragraphen dieser Partie ist ebenfalls ein „sokratisches“ Gespräch des sterbenden Julian mit den Philosophen Priskos und Maximos angedeutet).

127 Libanios spricht hier klassizistisch von den „Achaimeniden“ (ähnlich *or.* 17,32) statt zeitgenössisch-korrekter von den Sasaniden.

128 In der Tat scheint es nach 363 bis zu Libanios’ Lebensende keine größeren Kriege mit den Persern mehr gegeben zu haben (abgesehen von begrenzten Auseinandersetzungen in den 370er Jahren um die Oberherrschaft in Armenien); freilich darf man nicht vergessen, dass Julians Tod ihnen erhebliche Gebietsgewinne beschert hatte und von ihrer Seite daher wohl auch kein Grund zum Krieg bestand.

129 Zur Betrachtung von Tempeln als erhaltenswerter Bausubstanz vgl. *Cod. Theod.* XVI 10,3 von 346 (*volumus, ut aedes templorum, quae extra muros sunt positae, intactae incorruptaeque consistant*) und XVI 10,8 von 382 (*Aedem ..., in qua simulacra feruntur posita artis pretio quam divinitate metienda iugiter patere publici consilii auctoritate decernimus*), ferner *Cod. Theod.* XVI 10,15 von 399 (*Sicut sacrificia prohibemus, ita volumus publicorum operum ornamenta servari*).

130 Vgl. hierzu *Cod. Theod.* XVI 10,19,2 (*Aedificia ipsa templorum, quae in civitatibus vel oppidis vel extra oppida sunt, ad usum publicum vindicentur. ... omniaque templa in possessionibus nostris ad usus adcommodos transferantur*).

131 In Libanios’ Lebenszeit wurde der Osten des römischen Reiches mehrfach von großen Erdbeben heimgesucht: Ein Beben von 358 zerstörte das von Libanios geliebte Nikomedeia und tötete dort auch seinen engen Freund Aristainetos (vgl. *or.* 1,118); am 21. Juli 365 richtete ein gewaltiges Seebeben vor der Küste von Kreta – vor allem durch den nachfolgenden Tsunami – riesige Schäden auf Kreta selbst, aber auch an den Küsten Nordafrikas (einschließlich Ägyptens), Griechenlands, Zyperns und Siziliens an (wichtigste Quelle: Amm. XXVI 10,15–19). Dieses apokalyptische Ereignis deutete Libanios in seinem Epitaphios auf Julian (*or.* 18,292f.) als eine schreckliche Hommage der Erde selbst an den toten Kaiser. Vgl. M. Henry, „Le témoignage de Libanius et les phénomènes sismiques de IVe siècle de notre ère. Essai d'interprétation“, *Phoenix* 39 (1985) [36–61] 37f.; G. J. Baudy, „Die Wiederkehr des Typhon. Katastrophen-Topoi in nachjulianischer Rhetorik und Annalistik: zu literarischen Reflexen des 21. Juli 365 n.C.“, *JbAC* 35 (1992) [47–82] 72f. (Baudy gelangt zu dem bemerkenswerten, aber kaum glaubhaften Ergebnis, dass dieses Erdbeben nie wirklich, sondern nur in der Imagi-

nation seiner Quellen stattgefunden habe); G. Baudy, „Ammianus and the Great Tsunami", *JRS* 94 (2004) [141–167] 147.

132 Wie Theodoret *HE* V 21,7–15 berichtet, ließ der Bischof Markellos den zuständigen *comes Orientis* und seine Truppen kommen, um den großen Zeus-Tempel im syrischen Apameia zu zerstören; laut Soz. *HE* VII 15,13f. kam Markellos bei einer weiteren Tempelzerstörung im Umland, zu der er wiederum Soldaten und Gladiatoren aufgeboten hatte, ums Leben. Im Frühjahr 392 halfen der Präfekt Euagrius als ziviler Statthalter und der *comes* Romanus als Militärbefehlshaber dem Erzbischof Theophilos von Alexandreia, das große Serapeion zu zerstören (Eunap. *VS* VI 11,3–5). Bereits in konstantinischer Zeit wurde der Asklepios-Tempel von Aig(e)ai (vgl. o. Anm. 119) mit Hilfe von Soldaten (Eus. *VC* III 56,2: δεξιᾷ ... στρατιωτικῇ) zerstört.

133 Die Partikelverbindung μὲν γὰρ im folgenden Satz hat explikative Funktion (vgl. Denniston 1954, 67), die hier durch die Klammerbemerkung wiedergegeben wird.

134 Es hat verschiedene Versuche gegeben, diesen Tempel zu identifizieren. Gothofredus 1634, 59 (vgl. auch 39) erwog den Zeustempel von Apameia (vgl. Theodoret. *HE* V 21,7–15) und den Tempel der Mondgöttin in Karrhai/Harran, sprach sich dann aber für den großen Tempel von Edessa aus (mit Hinweis auf Lib. *or.* 20,27f.), den Theodosius noch im Jahr 382 verboten hatte zu schließen (*Cod. Theod.* XVI 10,8); Tillemont 1720, 733 Anm. 16 dachte erneut an den Tempel in Karrhai. Reiske 1793, 193 hielt auch das Heiligtum von Palmyra für möglich.

135 Ein klarer Terminus ante quem für diese Rede: Das alexandrinische Serapeion, dessen Verschonung von Zerstörung sich Libanios hier so inständig wünscht, erlitt eben diese Zerstörung im Frühjahr 392; vgl. dazu jetzt Hahn 2006 und 2008.

136 Die Spezifikation „aus Eisen" ist eigenartig, weshalb Reiske 1793, 194 eine Textverderbnis vermutete („f.[ortasse] lege καὶ ἀγάλματα Σεβήρου, χρυσοῦ πεποιημένα").

137 Gemeint ist sicher (vgl. Petit, 1951, 295–300 = 1983, 57–62) Maternus Cynegius (*PLRE* I 235f.), *praefectus praetorio Orientis* der Jahre 384 bis 388, der im römischen Osten dem im Jahr 385 erlassenen Verbot heidnischer Opfer (*Cod. Theod.* XVI 10,9, vom 25.5.385) durch entsprechendes Handeln Geltung verschaffte. Laut Zos. IV 37,3 hatte Theodosius Cynegius nach Ägypten mit dem Auftrag geschickt, „allen die Riten für die Götter zu untersagen und die Tempel zu verschließen" (πᾶσι τὴν εἰς τὰ θεῖα θρησκείαν ἀπαγορεῦσαι καὶ κλεῖθρα τοῖς τεμένεσιν ἐπιθεῖναι), und Cynegius erfüllte diesen Auftrag nicht nur in Ägypten, sondern im ganzen römischen Osten: „Cynegius verschloss den Zutritt zu allen Heiligtümern im Osten, in Ägypten und auch in Alexandreia selbst, er unterband die seit unvordenklichen Zeiten gepflegten Opfer und jeglichen überkommenen Kult." Vgl. ferner *Chron. min.* I 244f. (*Consularia Constantinopolitana*, in: *MGH Auctores antiquissimi* IX ed. Th. Mommsen).

138 Damit soll hier ausgedrückt sein, dass der Betreffende sowohl den Göttern verhasst als auch selbst ein Feind der Götter (d.h. ein Christ) ist.

139 Cynegius' Frau hieß Achantia (*PLRE* I 8), vgl. *Chron. min.* [o. Anm. 137] I 245. Mit dem Hinweis auf diese Frau stellt Libanios die Handlungsweise des Cynegius noch stärker in Frage; vgl. K. Cooper, „Insinuations of Womanly Influence: An Aspect of the Christianization of the Roman Aristocracy", *JRS* 82 (1992) [150-164] 161 („The characterization of Cynegius as slave to the will of his wife ... is clearly designed to sound a warning of the potentially tragic result when a great man's judgement is in the power of a woman").

140 Trauergewänder sind schwarz; mit den Trägern dieser schwarzen Gewänder sind also wieder Mönche gemeint, auf deren Einflüsterungen Achantia nach Libanios' Darstellung hört.

141 Die pejorative Bedeutung „Bande" für ἐργαστήριον findet sich bereits bei Demosthenes (*or.* 32,10: ἐργαστήρια μοχθηρῶν ἀνθρώπων, *or.* 39,2 und 40,9: jeweils ἐργαστήριον συκοφαντῶν).

142 Dieser (hier durch Konjektur hergestellte) Ausdruck geht auf Plat. *Rep.* II 366b (οἱ θεῶν παῖδες ποιηταὶ) zurück und meint die Dichter.

143 Gemeint ist hier weniger ein Sieg mit hohen eigenen Verlusten („Pyrrhus-Sieg", mit dem Schöpsdau zu Plat. *Leg.* I 641c5-7 den „kadmeischen Sieg" vergleicht) als einer mit unheilvollen Folgen: Angespielt wird auf den Zweikampf der Oidipus-Söhne (und Kadmos-Nachkommen) Eteokles und Polyneikes, der mit dem Tode beider endete; vgl. Apost. *Paroem.* 9,30; Gregor. *Paroem.* 2,45. Eine andere Erklärung des Sprichworts ist, dass die Thebaner (= Kadmeer) zunächst gegen die Sieben gegen Theben siegreich waren, dann aber von den Epigonen doch noch besiegt wurden (Paus. IX 9,3f.; Eust. *in Il.* p. 361,3 [zu *Il.* II 851] und p. 490,2 [zu *Il.* IV 407]). Beide Erklärungen finden sich bei Hesych κ 60. Zwei weitere Erklärungen präsentiert das Lexikon des Photios (κ 11): Oidipus löste das Rätsel der Sphinx, aber dies führte ihn nur zur Hochzeit mit der eigenen Mutter; Kadmos tötete den die Ares-Quelle bewachenden Drachen und musste Ares danach acht Jahre lang Dienst tun. Eine fünfte Erklärung liefert *Schol. Arist.* p. 497,15–22 Dindorf (die Thebaner besiegten zwar die Sieben gegen Theben, unterlagen aber anschließend den Athenern, die sie zwangen, die getöteten Feinde zur Bestattung freizugeben), eine sechste Zenob. vulg. 4,45 (Kadmos habe Linos, der eine eigene Buchstabenschrift entwickelt hatte, umgebracht, um die seine [phönizische] bei den Griechen zu verbreiten, sei aber dann von seinen Mitbürgern verjagt worden). Frühester Beleg des Sprichworts ist Hdt. I 166,2. Libanios verwendet es auch *ep.* 731,5; 1122,3; *or.* 28,18; *decl.* 1,184.

144 Laut Theodoret. *HE* V 20,4f. richteten viele Mönche auf den Bergen um Antiochia ihre Einsiedeleien ein; auch bei Johannes Chrysostomos ist die häufigste Charakterisierung der um Antiocheia lebenden Mönche „die auf den Bergen" (vgl. Nesselrath 2011, 261f. Anm. 52). Vgl. hierzu auch Hahn 2004, 152–156.
Zu Libanios' Ausdrucksweise hier (ὁμιλεῖν ... τῷ τῶν ὅλων ποιητῇ) bietet Plat. *Tim.* 28c (τὸν ... ποιητὴν ... τοῦδε τοῦ παντὸς) ein gewisses Vorbild; bemerkenswerter ist jedoch, dass die Wendung ὁ τῶν ὅλων ποιητής zuerst sehr häufig bei Philon von Alexandreia begegnet und dann auch in christlichen Autoren sehr stark präsent ist: vor allem in den Apologeten des 2. Jh.s (29 Belege in Justins *Dialogus cum Tryphone*, ferner zwei in Athenagoras' *Legatio* und sechs in Theophilus, *Ad Autolycum*), aber auch bei Hippolytos, Origenes, Eusebios (allein 13 Belege in der *Praeparatio Evangelica*, aber auch viele weitere in anderen Schriften), Athanasios, Gregor von Nyssa, Basileios, Johannes Chrysostomos, Theodoret. Es handelt sich damit um einen offenbar typisch christlichen Ausdruck, den Libanios hier mit ironischen Untertönen verwendet.

145 Es handelt sich um Tempel in Antiocheia: vgl. Lib. *or.* 15,79 (Aufzählung der in Antiocheia ‚präsenten' Götter), zum Tempel der Athena *ep.* 847,1 Foe., zum Tempel des Dionysos *or.* 45,26.

146 Gemeint ist offensichtlich Christus.

147 Gothofredus und Reiske haben den hier gedruckten Text (ᾗπερ ἐκεῖνοι = „quo ritu illi preces et vota faciunt, Christiani puta" erklärt Reiske), während Foerster und Norman ᾗπερ ἐκείνῳ lesen („let everybody ... pray as he [= „the one that I adore", also Christus] did" Norman).

148 Mit der Formulierung τοῦ τὸν λεὼν ἁρμοττομένου (vgl. Pind. *Nem.* 8,11: οἵ ... ἅρμοζον στρατόν) dürfte der christliche Bischof gemeint sein.

149 Mit παρέζευξας ist ziemlich sicher die Erhebung eines Mannes durch den Kaiser zum Mitkonsul gemeint (vgl. Lib. *or.* 12,96 und 17,22; etwas anders, aber ähnlich *or.* 12,10: τῷ βασιλεῖ τὸν ὕπατον παραζεύξαντες). Trifft dies zu, kommen drei prominente Heiden in Frage, die Theodosius zu Mitkonsuln neben sich machte: 1. Richomer (*PLRE* I 765f.) im Jahr 384/85 (an ihn dachte an dieser Stelle Foerster); 2. Eutropius (*PLRE* I 317f., Eutropius Nr. 2) im Jahr 386/87 (an ihn dachte Petit); 3. der PPO Tatianus (*PLRE* I 876-878, Tatianus Nr. 5), mit dem Seeck, Van Loy und Romano, aber auch bereits Sievers 1868, 192, die hier bezeichnete Person identifizieren wollten (Ta-

tianus wurde im Jahr 391 zum Mitkonsul gemacht und hätte als designatus in der hier gemachten Weise im Jahr 390 von Libanios gewürdigt werden können).

150 Noch einmal kommt Libanios hier auf sein Idol Julian zu sprechen; dessen Toleranz gegenüber den Christen hebt er auch anderswo hervor: vgl. *or.* 18,121–125.

C. Essays

Libanios' Rede *Pro Templis* in rechtshistorischer Sicht

Okko Behrends

1. Die Tempel und die Kultur der Rhetorik

Libanios' Schutzrede für die Tempel, der beanspruchten Form nach ein dem Kaiser Theodosius in einer offiziellen Rede erteilter Rat, ist rechtshistorisch bedeutend als ein – in sorgfältiger Kritik zu wägendes - Zeugnis über Stand, Rechtsgrundlage und Entwicklung der damaligen antipaganen kaiserlichen Politik und der sie begleitenden Ausschreitungen. Sie ist zugleich in ihrer Stilisierung ein eigentümliches Dokument des in ihr kaschierten, aber dadurch – im Verbund mit zahlreichen anderen, von Libanios erhaltenen Äußerungen – um so nachdrücklicher hervortretenden Rangverlustes, den die von Libanios vertretene Beredsamkeit, unlängst noch eine zu den höchsten Ehrenstellen berechtigende Kunstlehre, in seiner Zeit im Zuge der gleichen Politik erlitten hatte. Dass die Rede insofern eine ihrem Verfasser schmerzliche Wahrheit verhüllt, ist von erheblicher Bedeutung für die Frage, in welchem Umfang ihre Aussagen Glauben verdienen oder als stilisiert einzuordnen sind. Zugleich ist sie dadurch eine Bestätigung des Eindrucks, dass sich in der öffentlichen Stellung und in zahlreichen Äußerungen des Libanios ein durchgehendes Element von Uneigentlichkeit zeigt, das sich daraus erklärt, dass hier ein Spross einer hochangesehenen, aber um ihren Reichtum gebrachten Curialienfamilie die Rolle eines von politischer Verantwortung freien Redelehrers nutzt, um die in seinen Texten lebendige, zu seiner Zeit aber nur noch in bedrückten Resten vorhandene Poliskultur zu verteidigen. Die Folge war, dass er nicht selten beschwor, was es nicht mehr gab.[1]

[1] Laut PETIT 1955, 17 beschritt Libanios die Rhetorenlaufbahn, weil es ihm aufgrund seines Erbes nicht möglich gewesen wäre, im Kurialenstand eine führende Rolle zu spielen: „il se mettait ainsi pour toujours dans une situation fausse, menant en une cité si digne de son dévouement une existence sans devoirs ni responsabilités. Cette contradiction marqua son esprit, à notre sens, d'une empreinte indélébile." In den Angehörigen des *ordo curialis,* denen sich Libanios ständisch zugehörig fühlt, sieht er die eigentlichen Aktivbürger (ebd. 25) und beschreibt diesen Stand in seinen Reden im Widerspruch zur zwangstaatlichen Realität als eine Quelle stolzer Freiheit (ebd. 28). Übereinstimmend urteilt WOLF 1951, 87 zur Meinung des Libanios, durch fleißiges Studium der alten Redner könne politische

Anlass der Rede, deren Ausarbeitung etwa in das Jahr 386 fällt,[2] waren die Tempelzerstörungen großen Stils, die Theodosius' seit 384 amtierender *praefectus praetorio Orientis* Maternus Cynegius durchgeführt hatte, und zwar, wie Libanios behauptet, allein mit Hilfe gewalttätiger Mönche und keineswegs mit Zustimmung oder im Geiste des in der Rede angesprochenen Kaisers, dem er vielmehr gegenüber der Ausübung der alten Religiosität eine recht weit gehende Toleranz bescheinigt.[3] Dass aber eine solche systematisch angelegte, von einem höchsten Machtträger geleitete und in aller Öffentlichkeit vollzogene Aktion, die zudem keineswegs nur die Nachbarschaft von Libanios' Wirkungsstätte Antiochia, sondern das gesamte damals noch auf den Osten beschränkte Herrschaftsgebiet des Theodosius, d.h. ganz Kleinasien und Ägypten betraf und auch Griechenland einschloss,[4] gegen den kaiserlichen Willen erfolgte und nicht in irgendeiner Form mit ihm abgestimmt war, hat alle Wahrscheinlichkeit gegen sich. Das dahinter stehende hoffnungsvolle, auf einen ganz anders gesinnten Kaiser setzende Urteil ist denn auch nicht zu Unrecht als „wishful thinking" bezeichnet worden.[5] Dieser Eindruck wird dadurch verstärkt, dass die Rede nicht nur – wie seit Jacobus Gothofredus aus guten Gründen feststeht – niemals gehalten wurde,[6] sondern der Autor sich in ihr mit recht großem Aufwand als ein wichtiger, immer wieder erfolgreicher Ratgeber des Kaisers vorstellt, der sich Hoffnung machen darf, auch diesmal Gehör zu finden, und zwar gegen als anwesend geschilderte, zu aller Art Störungen bereite und auf die Gelegenheit zu einer Gegenrede wartende, durchaus anders gesinnte Ratgeber (§ 1).[7] Denn auch das ist, wie sich zeigen lässt und dem Redner bewusst war, ein reines Wunschbild.

Im § 2 folgen zunächst Beschwörungen: Theodosius werde kraft seines ruhigen und milden Wesens in der Lage sein, auch heikle und kritische Meinungen anzuhören, und sei dank seines Charakters fern davon, einfach nicht hinzuhören oder gar gegen den, der Missfälliges rate, Strafmaßnahmen zu ergreifen. Dann schließt sich eine scheinbar aus der Eingebung des Augenblicks entstandene, auf einen naiven Leser authentisch wirken-

---

Macht gewonnen werden: „Die Macht des Rats, wie sie im Antiochicus (or. 11, § 133/149) beschrieben wird, ist eine Fiktion".

[2] Vgl. Nesselrath S. 37f.

[3] Vgl. einerseits §§ 8–14, 19f., 24f., 48–51, andererseits §§ 2 und 46f. Theodosius habe das Gesetz der Brüder Valentinian und Valens bestätigt, dass Weihrauchopfer gestattet seien und auch die Tempel nicht zu schließen geboten (§§ 7f.).

[4] Hahn 2004, 79–81.

[5] Bradbury 1994, 128.

[6] Vgl. Nesselrath S. 38.

[7] Mit der „Größe der Ehre, mit der du mich ausgezeichnet hast" ist hier nach meinem Eindruck die von Libanios als Teil der stilisierten Redeinszenierung behauptete Betrauung mit der Aufgabe gemeint, in seiner Eigenschaft als berühmter Rhetor den Kaiser durch Reden beraten zu dürfen.

de Momentaufnahme an, die den an sich wahrscheinlichen Umstand voraussetzt, dass die christlichen, der Tempelzerstörung gewogenen Anwesenden die Mehrheit bildeten und den Redner am liebsten schon während seines Vortrags diskreditiert hätten (§ 3).

Zwar stellt sich Libanios hier nicht geradezu als Mitglied des kaiserlichen (in dieser Zeit *consistorium* genannten) *consilium* hin,[8] einem Gremium, in dem für kunstvolle Reden auch kein rechter Platz ist; er versetzt sich aber in die Rolle eines, der das Ohr des Kaisers hat und damit – jedenfalls zeitweise – zu „denen um den Kaiser" (τῶν ἀμφὶ βασιλέα) zählt.[9]

Eben diese damit beanspruchte Stellung eines hochgeschätzten kaiserlichen Ratgebers ist illusionär, und zwar in pointierter Weise, da Libanios immer wieder beklagt, dass der Redner in seiner Zeit die Rolle als Ratgeber eingebüßt hat. Die Klage, dass infolge eines neuartigen Vorrangs, der den im Recht Ausgebildeten in allen staatlichen Stellen gewährt werde, die Art, wie die Rhetorik rät und argumentiert, nichts mehr gilt, hören wir von ihm in vielen Variationen: Ihre Zöglinge werden aus den Beratungsstuben mit Schimpf und Schande hinaus gejagt;[10] seine Gegner können auf die Frage, wer von seinen Schülern, denn noch zu den höchsten Ehren gelange, mit „Niemand!" antworten;[11] kein wohl beratener junger Mann ist mehr bereit, sich in der Redekunst ausbilden zu lassen – sie bietet keine Laufbahnchancen mehr.[12] Die Bewegung ist so umfassend, dass auch die kaiserliche Kanzlei *ab epistulis*, die von Hause aus eine Domäne der Rhetorik war, von dieser Bewegung erfasst wird;[13] die von Constanti-

---

[8] Mommsen weist in seinem (bis zur Herrschaft Diocletians reichenden) Staatsrecht den „politischen Staatsrath" als informelles Gremium für Augustus, Tiberius und Alexander Severus; vgl. Mommsen, Röm. Staatsrecht II^3 S. 992 mit Anm. 2 und 3, S. 903f. Dem Rat pflegten der *praefectus praetorio*und der *praefectus urbi* anzugehören, und wer ehrenhalber in die Ratssitzung berufen wurde, galt gewiss auch später als „Freund des Kaisers" (vgl. *HA Marc. Aurel.* 22,4). Zum spätantiken Nachfolge-Institut O. Seeck, „Consistorium", in: *RE* IV 1 (1900) 930–932.

[9] In einem Brief an Themistios (*Ep.* 62,5) beschreibt er diese Stellung als informelle Vorstufe einer Berufung in den Senat von Konstantinopel.

[10] Vgl. *or.* 18,288: „Die Schüler der Rhetorik aber ... werden wie „Totschläger" (ἀνδροφόνοι) aus den Toren gejagt." Das auffällige Epitheton „Männertöter", das bei Homer Helden wie Hektor und Achill vorbehalten ist, könnte ein Zitat aus der zeitgenössischen Polemik sein und darauf verweisen, dass die Rhetoren aus der Sicht ihrer erfolgreichen Konkurrenten ad personam argumentierten und insofern mit „Totschlagsargumenten" vorgingen.

[11] Vgl. *or.* 62,5. Wolf 1951, 75 identifiziert in Libanios' (bei ihm vollständig wiedergegebener) rhetorischer Frage die vier wichtigsten Berufe, die dem Absolventen der Rhetorenschule offenstehen: die Advokatur, das Decurionat, die Sophistik und die Beamtenlaufbahn. Sie alle sind dem Redeschüler jetzt verschlossen.

[12] *Or.* 62,44.

[13] *Or.* 62,14. Nachdem Libanios zuvor (§ 13) geschildert hat, wie die Studenten und ihre Väter angesichts der Attraktivität der neuen Alternative der Mut verlässt, das Rhetorikstudium zu wählen, hebt er hervor, dass sogar die Creme der Studierenden in ihren Karriereerwartungen enttäuscht werden, da sie „persische Pumphosen und Gürtel bei denen

us berufenen Ratgeber haben sich – behauptet Libanios – verabredet, keine Redeschüler mehr hoch kommen zu lassen und begünstigen stattdessen Christen und einfacher Leute Kinder.[14] Libanios spricht voll Verachtung von diesem Nachwuchs, der es durch das Recht zu etwas bringen kann; er nennt ihre Vertreter herabsetzend „Schreiber", wobei er gelegentlich pointiert daran anknüpft, dass zu ihrem Studium auch das Erlernen der (erst von Justinian in den Juristenschriften verbotenen) Kurzschrift gehört.[15] Das hat zu der merkwürdigen Mißdeutung Anlass gegeben, als wären damals auch bloße Stenographen in die höchsten Stellen avanciert.[16] Geistige Selbständigkeit vermittelt in den Augen des Libanios auch das Rechtsstudium nicht. Mit Blick auf die besonders Ehrgeizigen, die nicht in das aufgrund einer augusteischen Kolonie lateinisch geprägte Beryt,[17] sondern gleich nach Rom gegangen waren, vergleicht er die von ihren Stu-

---

sehen, welche die Briefe (!) des Kaiser verwalten". Damit ist die dieser Elite der Rhetoren nunmehr verschlossene Kanzlei *ab epistulis* gemeint.

[14] *Or.* 62,10f.

[15] Dieser pointierte Sprachgebrauch ist besonders deutlich in *or.* 62,50f., wo Libanios ausführt, dass die Erlangung eines Amtes „ein Geschenk der Fortuna" sei, und nicht „in der Natur der Kunstlehre [= Rhetorik]" liege: „Dies verhielt sich zwar immer so, besonders aber zur Zeit der Herrschaft des Constantius, der die Beamten (ὕπαρχοι) uns aus dem Volk der Schreiber (ἀπὸ τοῦ τῶν ὑπογραφέων ἔθνους) bestellte. Und diese saßen nun auf den Amtstühlen und gaben Anordnungen, die Rhetoren zogen sich zurück und zitterten." Dass Libanios hier von studierten Juristen spricht, macht er im folgenden deutlich (§ 52): „Wenn wir aber doch den Lehrern zurechnen, was zu geben oder zu versagen Sache der Götter ist, dann werden wir den Rhodier höher schätzen als Ulpian." G. Beseler, „Libaniana", *Byzantinisch-neugriechische Jahrbücher* 14 (1938) [1-40] 11 Anm. 2 erläutert, dass mit dem „Rhodier" Ciceros Lehrer Apollonios Molon und mit Ulpian der berühmte severische Jurist gemeint ist.

[16] Petit 1955, 363 nimmt zu Unrecht drei gleichwertige Laufbahnqualifikationen an: „la culture classique, le droit – qui suppose la connaissance du latin – et la sténographie", fasst aber dann die Konkurrenz der Rhetorenschüler in der Kategorie der „Sekretäre" zusammen (ebd.: „Libanios ... considère avec mépris la promotion rapide des secrétaires aux postes supérieurs"). Die Bedeutung der juristischen Siglen oder Kürzel bezeugen eine sie zusammenstellende Schrift des Valerius Probus und nicht zuletzt ihr Verbot durch Justinian, der die (*const. Tanta* § 22) *siglorum obscuritates* abschafft, weil man in seiner Zeit auf ihre Kenntnis nicht mehr setzen konnte und durch sie Betrug möglich war (vgl. Isidor, *Etym.* I 23). Dass die bloße Kenntnis der tironischen Noten zu einer höheren Laufbahn berechtigte, ist eine Schimäre. Auch die Annahme von Liebeschuetz 1972, 244, dass die Bevorzugung von Personen, „who might be thought educated in nothing but shorthand", mit dem Tod des Constantius zu Ende ging, zeigt, dass man hier einer polemischen Stilisierung des Libanios auf den Leim gegangen ist.

[17] Libanios beklagt bezeichnenderweise, dass nun auch die Kinder der Curialen, denen er sich zugehörig fühlt, das Recht zu lernen beginnen und sich der Rhetorik entziehen, *or.* 62,21: „In den gesamten anderen Zeiten sah man die Jugend der arbeitenden Bevölkerung, deren Sorgen auf den notwendigen Unterhalt gerichtet war, nach Phönizien gehen, um die Gesetze zu erlernen. Die aus wohlhabenden Häusern berühmter Geschlechter und von vermögenden und zu munera verpflichteten Vätern blieben bei uns. ... Nun aber gibt es einen großen Andrang vieler zu jener Ausbildung und Jünglinge, die zu reden und den Hörer zu erschüttern verstehen, gehen nach Beryt, als ob sie da etwas lernen könnten." Zur Rechts-

dien zurückkehrenden Rechtsschüler kurz und gut mit „Schafen".[18] Hinter diesem Vorwurf darf man etwas Ernsteres vermuten, nämlich dass die Rechtsausbildung unter den Bedingungen der damaligen Zeit die Absolventen in der Regel zu mehr oder minder willfährigen Exekutoren der sich immer mehr verschärfenden Bedingungen des spätantiken Zwangsstaates machte, was Libanios um so empfindlicher wahrnehmen musste, als die neue Karrierewissenschaft es zugleich begünstigte, dass Angehörigen einfacherer Schichten, die keine Solidarität gegenüber der alten kurialen Führungsschicht besaßen, in hohe Machtpositionen aufstiegen. Fritz Schulz, der in seiner „Geschichte der römischen Rechtswissenschaft" diesen Vorgang zum ersten Mal in seiner Bedeutung erkannt hat,[19] stellte denn auch schon richtig fest, dass der *Codex Theodosianus*, der die Konstitutionen von 312 bis 438 (von Konstantin bis Theodosius II.) zusammenfasst und seinen Schwerpunkt in den in dieser Zeit ergangenen zwangsstaatlichen Regelungen hat, tatsächlich auf dieses „neue Interesse an der Jurisprudenz" zurückgeht.[20]

Dass Libanios sich auch in der Rede *Pro Templis* gegen diese Entwicklung stemmt, wird einesteils durch die in ihr gegen jenen großen Trend beanspruchte Beraterpose sichtbar und andernteils darin, dass er die Berater, die hinter der von Cynegius durchgeführten Maßnahme stehen, in ganz ähnlichen abfälligen Farben schildert, die er für das neue durch die Jurisprudenz rekrutierte Amtspersonal verwendet.[21]

Die entscheidende Bekräftigung gewährt die Rede *Contra Institutionis Irrisores*, auf deren Bedeutung in diesem Zusammenhang Eduard Norden hingewiesen hat.[22] Libanios wehrt sich in ihr gegen die Tadler seines Un-

---

schule von „Beryt" (so sagt man in der Rechtsgeschichte statt „Berytos") grundlegend P. Collinet, *Histoire de l'école de droit de Beyrouth* (Paris 1925).

[18] *Ep.* 951 Foe. = 167 N.: „Sage dem Kalliopios, er möge nicht dem Frühling übel nachreden, weil er einige von unseren jungen Leuten übers Meer nach Rom führt. ... Hätten sie Verstand, würden sie die Mahnung der Tatsachen annehmen. Denn die Tatsachen machen deutlich, dass sich diejenigen, die von jener Stadt <Rom> vielen Städten bereitgestellt werden, nicht viel von angefütterten Herdentieren (βοσκήματα) unterscheiden." Vgl. die Parallelstelle u. Anm. 56.

[19] Schulz 1961, 343: „Der Rhetor, der das Recht nicht studiert hat, wird von den Behörden nicht mehr als Advokat zugelassen." Siehe auch Wolf 1951, 87; Liebeschuetz 1972, 242.

[20] Schulz 1961, 343: „Diesem neuen Interesse an der Jurisprudenz ist der Codex Theodosianus zu verdanken."

[21] Das Wort ἐργαστήριον im § 47 – das sich auf die Kreise bei Hofe bezieht, die für das eintraten, was Cynegius durchführte, und die mit den eingangs der Rede anwesend gedachten Gegnern identisch sind – assoziiert mit dem Vorwurf der „Ränkeschmiede" zugleich die Herkunft aus den „Handwerkstuben", die Libanios den neuen Beratern zum Vorwurf macht (*or.* 62,21). Zugleich fehlt in der Rede *Pro Templis* auch nicht der dazu gehörende (vgl. oben Anm. 14) Hinweis auf den steigenden Einfluss der Christen; sie hätten (vgl. § 46) auf Cynegius insbesondere über dessen Frau Einfluss genommen.

[22] Norden 1958, 451. Er bezieht (wohl interpretierend und nicht versehentlich) das, was Libanios beklagt, schon auf den Vater des Constantius, wenn er Libanios' Hauptgedanken

terrichts, die ihm vorhalten, nichts Nützliches zu lehren und daher keine Schüler mehr zu haben. Er beruft sich zu seiner Entschuldigung auf die unglücklichen Zeitumstände, das Auftreten der übermächtigen Konkurrenz der Rechtsausbildung, die ihm keine Gegenwehr erlaube,[23] und spricht dann den für seine Haltung entscheidenden Gedanken aus: Die Zerstörung der Tempel und der Ehrverlust der Redekunst sind eine Einheit. Auf die Frage seiner Kritiker, was denn die unglücklichen Zeitumstände hervorgerufen habe, antwortet er so:

> „Constantius und seine Herrschaft! Er nahm den zündenden Funken[24] allen Übels von seinem Vater entgegen und trieb die Verhältnisse in einen großen Flächenbrand. Der eine nämlich entkleidete die Götter ihres Reichtums,[25] der andere riss ihre Tempel auch noch nieder und lieferte sich, jedes heilige Gesetz[26] austilgend, denen aus, die wir kennen [Libanios wird sie gleich kennzeichnen, O.B.], wobei er die Entehrung von den Heiligtümern auf die Redekunst ausdehnte. Das war folgerichtig. Denn diese beiden, das Heilige und die Redekunst, sind in meinen Augen Hausgenossen und Verwandte. 9. Und von den Philosophen und Rednern und von den Priestern des Hermes [d.h. von den Rednern] und der Musen [d.h. von den Dichtern] hat er niemals jemanden an den Hof gerufen, er kannte sie nicht, lobte sie nicht, sprach nicht zu ihnen und hörte ihre Reden nicht an. Dagegen hieß er willkommen, hatte um sich und machte zu Ratgebern und Lehrern barbarisches Gesindel,[27] üble Eunuchen.[28] Ihnen überließ er die Arbeit des Herrschers, er selbst behielt den Namen; das Herrscherkleid war bei ihm, bei jenen die Macht." (*or*. 62,8f.)

Die Worte stellen ins Licht, was Libanios auch in *Pro Templis* letztlich verteidigt: die kulturelle Bedeutung der von ihm gelehrten Bildungstradition. Die Tempel sind weniger Träger einer lebendigen Religion als Ausdrucksformen der Libanios tragenden, sich in polytheistischen Bildern bewegenden Kultur.[29] Manche bewegende Passagen in *Pro Templis* lesen sich denn auch wie Illustrationen der Zusammengehörigkeit des Pagan-Heiligen und der Worte, die es beschwören: wenn Libanios (§ 9) die Landschaften durch die Vernichtung ihrer Heiligtümer geblendet sieht, weil aus

---

zusammenfassend schreibt: „Seitdem Konstantin die Tempel niedergerissen und alle heiligen Gesetze getilgt hat, ist es mit der Beredsamkeit zu Ende; denn die λόγοι sind unlöslich verknüpft mit den ἱερά, das wissen Redner, Philosophen, Dichter."

[23] *Or*. 62,1–23. Die Darlegungen beeindrucken durch die Ehrlichkeit, mit der auf die Diagnosen der Kritiker eingegangen wird.

[24] Zum Bild des Funkens vgl. Lucr. V 609 (*accidere ex una scintilla incendia passim*) und Iuv. 14,244f. (*ignem cuius scintillas ipse dedisti / flagrantem late*).

[25] Ebenso wird die Rolle Konstantins in *Pro Templis* (§ 6) dargestellt.

[26] Gemeint sind die *„sacra"* des *ius divinum*, d.h. die Regeln, nach denen die Götter verehrt werden .

[27] Als „Barbaren" beschreibt Libanios mit besonderen Emphase die Juristen der Angehörigen der Kanzlei *ab epistulis*, indem er sie in persischer Tracht vor Augen rückt. Vgl. oben Anm. 13.

[28] Vgl. *Pro Templis* § 7.

[29] Es ist bezeichnend und zugleich anrührend, dass er (§ 22) in der zerstörten Götterstatue des Asklepios im Tempel von Beroia nur den Verlust der in ihr bewahrten Schönheit des Alkibiades beklagt.

ihnen ihre Seele blickte, und wenn er in einer Variation des gleichen Bildes sagt, dass den Städten mit der Zerstörung der Tempel die Augen ausgerissen würden (§ 42). Damit ist durchaus vereinbar, dass er in der Rede zugleich einen scharfen Blick dafür beweist, wie sich die Lebensverhältnisse insbesondere auf dem Lande und in der Stadt (§§ 10. 31) unter der neuen, von Konstantin herkommenden Herrschaftslegitimation noch unfreiheitlicher und bedrückter gestalten als vorher.

So spricht er in *Pro Templis* engagiert und mit großem polemischen Nachdruck, aber nicht in der Tonart eines existentiell beteiligten *homo religiosus*. Er empfindet sehr fein, dass die alten Kulte die Arbeit der Landbevölkerung in höhere, sie ehrende Zusammenhänge einordneten und ihrer Tätigkeit einen in der humanen Urbarmachung des Landes wurzelnden religiösen Sinn gaben (§ 5. 10). Aber er würde, wie er am Ende der Rede betont, sich einem Gesetz des Kaisers Theodosius beugen, das alle paganen Religionsübungen verbieten und das Christentum nebst Unterordnung unter die Bischöfe zu allgemeinen Pflicht machen würde (§ 52). Seine Religiosität ist, wie man treffend gesagt hat, die eines durch die leidenschaftliche Rückwendung zur klassischen Poliskultur herausgehobenen Lehrers der Redekunst und als solche auch mit einem Schuss rationalistischen Skeptizismus' versetzt.[30] Sein Verhältnis zum Recht ist durch die gleiche Rückwendung geprägt.

2. Rhetorik ohne Recht

Libanios' Haltung zum Verhältnis von Recht und Rhetorik ist sehr dezidiert: Seiner Ansicht nach nimmt der Redner mit dem Recht nichts auf, was von ihm förderlich in seine eigene Ausbildung integriert werden könne.[31] Vielmehr sei die Rechtskunde geeignet, dem Redner das, was er gelernt hat, zu verderben.[32] Libanios möchte den Rechtskundigen nur als Handlanger des Redners sehen und wünscht sich eine Zeit zurück, in der dieser bescheiden neben dem Redner stand und auf dessen Aufforderung wartete, einen Rechtstext zur Verlesung zu bringen.[33] Es ist präzis der Zustand, den Cicero für Griechenland schildert, wenn er die dort gering geachte-

[30] Vgl. Petit 1955, 191: Libanios' Heidentum sei „essentiellement hellénique et culturel, une religion de professeur" und zeige „les traces et le discret scepticisme d'un rationalisme amateur".

[31] Vgl. *or.* 62, 22.

[32] Vgl. *or.* 62,23: „Es genügt mir, gezeigt zu haben, dass die von einem früheren Studium erworbene Redefähigkeit notwendig von dem späteren Studium [des Rechts] verdrängt wird und das eine nun dominiert, das andere aber bei den einen ganz, bei den anderen zu einem nicht geringen Teil verloren ist."

[33] Vgl. *or.* 62,44. Solche Aufforderungen gibt es in den Reden Ciceros nicht selten (z. B. *Pro Quinctio* 60: *recita edictum*); sie richten sich aber an untergeordnete Helfer, niemals an Juristen.

ten rechtskundigen πραγματικοί, die gegen geringes Entgelt dem Redner zu Diensten waren, den großen Juristen seines Gemeinwesens gegenüberstellt.[34]

Libanios' Ansicht steht denn auch in einem auffälligen Kontrast zu der Auffassung, die in der Rhetorik des lateinischen Westens galt. Hier war es seit Cicero und Quintilian selbstverständlich, dass ein Redner, der den Namen verdient, das Recht nicht nur kennen, sondern zugleich mit dem Stolz, dass es die Redekunst war, die dem menschlichen Leben Recht und Zivilisation gebracht hat, als notwendige Ordnung zivilisierten Lebens vertreten können muss.[35] Libanios' Abwehr der Rechtskunde ist um so auffälliger, als die von Cicero mit großer Wirkung vertretene gegenteilige Lehre nicht etwa in Rom, sondern in Athen ausgearbeitet wurde, und zwar von Philon von Larissa, der als erster Philosoph der Akademie (dem Vorbild des Aristoteles folgend) Rhetorik in das Curriculum seiner Philosophenschule aufnahm und zu diesem Zweck (auf den Spuren des Stifters der dritten Akademie, Karneades, und dessen literarisch produktiven Schülers Kleitomachos, der Philons Lehrer war) eine anspruchsvolle, für Rom taugliche Rechtstheorie entwickelt und im Rahmen der Statuslehre vorgetragen hatte. Die Vorlesungen, die Philon als Exulant seit 88 v.Chr in Rom hielt, haben diesem Programm in Rom zum letzten Durchbruch verholfen. In ihrer latinisierten Fassung ist diese Lehre über Ciceros Schulgenossen in der Rhetorik, Servius Sulpicius Rufus, für die klassische römische Rechtswissenschaft grundlegend geworden.[36] Kennzeichnenderweise unterschied diese Theorie in ihrer ersten Rezeptionsphase unter dem Einfluss des griechischen *pragmatikos* zwischen dem *status negotialis* der alltäglichen Rechtsgeschäfte, der noch auf den Rechtskundigen im griechischen Sinn verweist, und dem *status iuridicialis* der großen Staatsreden; diese Unterscheidung wurde aber sogleich von der Bemerkung begleitet, dass auch die Rechtsfragen des *status negotialis* in Rom Sache der hochangesehenen Iurisconsulti seien[37] und daher bald zugunsten eines umfassenden, den römischen Verhältnissen Rechnung tragenden Streitstands der rechtlichen Qualifikation

---

[34] Cicero, *De or.* I 198 (*ut apud Graecos infimi homines mercedula adducti ministros se praebent in iudiciis oratoribus ei, qui apud illos* πραγματικοί *vocantur, sic in nostra civitate contra amplissimus quisque et clarissimus vir*).

[35] Zentrale Texte hierfür sind Cicero, *Inv.* I 2–3; *De or.* I 32–36; *Pro Sestio* 91f. und Quintilian Inst. XII 3. In *De or.* I 197 formuliert Licinius Crassus deshalb: *qui perfecti esse oratores esse vellent, iuris civilis esse cognitionem necessariam.* Dass dem Recht ein fester Platz in der Allgemeinbildung zugewiesen ist, bezeugt für die spätere Zeit etwa Isidor, *Etym.* II 20,2–6; V 1–27.

[36] Vgl. dazu zuletzt O. Behrends, „Die geistige Mitte des römischen Rechts", *Savigny-Zeitschrift, Rom. Abt.* 125 (2008) 27–107. Die Ergebnisse sind zur Zeit Gegenstand einer lehrreichen Kontroverse. Siehe jetzt auch O. Behrends, „Wie haben wir uns die römischen Juristen vorzustellen? Eine Frage, aus Anlaß einer Kontroverse erörtert", *Savigny-Zeitschrift, Rom. Abt* 128 (2011) 83–129.

[37] Vgl. Cicero, *Inv.* I 14.

(*status qualitatis*) aufgegeben.[38] Das damit im Westen zur Herrschaft gelangte Ideal des das Recht kennenden und vertretenden Rhetors kann Libanios nicht unbekannt gewesen sein. Die Zweite Sophistik, in deren Tradition ihn der in seiner Zeit für den Redelehrer übliche Name σοφιστής stellt,[39] hat mit der großen allseits gebildeten Rhetorik, die im Westen von Cicero inauguriert wird, nicht gebrochen. Mit Favorinus etwa zählte sie in ihren Reihen einen bedeutenden, auch mit griechischen Reden hervorgetretenen Anhänger der skeptischen Akademie, dessen Interesse an allen Fragen des Rechts uns durch Aulus Gellius breit dokumentiert ist.[40]

Erklärlich wird die Haltung des Libanios, die ihn dazu bestimmt, das Recht aus der kultivierten Allgemeinbildung, als deren Hort er die Rhetorik sieht, herauszuhalten, eben durch seine klassizistische Rückwärtsgewandtheit auf die Zeit der großen Redner der attischen Polis, die ihm den Namen eines zweiten Demosthenes eingetragen hat und ihn eine Zeit zurückwünschen ließ, in welcher der Rechtskundige auf das Verlesen von Rechtstexten beschränkt war.[41] Libanios erlaubt sich damit ein beeindruckendes Maß an Realitätsverweigerung: Sie lässt ihn nicht nur von einer späteren, zumindest gleichwertigen Blütezeit der Rhetorik absehen, sondern auch verkennen, dass das seine Lebenszeit bestimmende Vordringen des Juristen in allen Formen der römischen Herrschaft ein Phänomen war, das – unter neuen, zwangstaatlichen Bedingungen – Möglichkeiten nutzte, die in den Formen der römischen Provinzialverwaltung angelegt waren und daher, wo sie Unfreiheit und Staatshörigkeit einführten, sehr wohl kritisiert, aber nicht einfach geleugnet werden konnten. Libanios hat sich anders entschieden. Wo er sich nicht darauf beschränkt, die Ausbildung an den Rechtsschulen als minderwertig und ihre Zöglinge als ungebildet hinzustellen, zieht er es vor, vor den Folgen dieser neuen Realität die Augen zu verschließen. So wie er die in *Pro Templis* als Rhetor die Pose des ge-

---

[38] Das ergibt ein vergleichender Blick auf die das gleiche System vorstellenden Stellen Cicero, *Part. orat.* 129f., *Top.* 89f. und Isidor, *Etym.* II 5,3. Der Grund ist einfach: Das ausgearbeitete und durch Servius über das klassische Edikt zur Herrschaft gebrachtete System (vgl. Cicero, *Brut.* 152, *Leg.* I 170) musste der Tatsache Rechnung tragen, dass für das römische Recht und seine Juristen seit alters Fragen des Privatrechts keinen geringeren Rang haben als die des Verfassungsrechts. Das klassische Rechtsdenken sieht Verfassungsrecht (die Übersetzung „öffentliches Recht" für *ius publicum* ist verfälschend reduktiv) und Privatrecht (*ius privatum*) als einander wechselseitig voraussetzende Aspekte der gleichen Rechtsordnung. Vgl. Ulpian 1 *instit.* D 1,1,1,2 und Cicero, *Part. orat.* 130.

[39] Vgl. Wolf 1951, 9: „*Was man sich unter einem Sophisten dieser ‚zweiten Sophistik' vorzustellen hat, kann Libanios lehren.*"

[40] Norden 1958, 422 nennt die durch einen Zufall unter den Reden des Dion Chrysostomos erhaltene griechische Rede Favorins „das wichtigste und umfangreichste Dokument der modernen Richtung innerhalb der frühen zweiten Sophistik". Von den Zeugnissen des Gellius ist besonders anschaulich das Kapitel XX,1, das Favorin in einem Gespräch mit dem Juristen African zeigt. Siehe aber auch Gellius II 12,5: IV 1,14-19; XIV 2.

[41] Vgl. oben Anm. 33.

wichtigen Kaiserberaters einnimmt, obwohl er weiß, dass man in ernsten Fragen kunstreiche Reden schon längst nicht mehr hören wollte, so beklagt er im Blick auf mehrere allzu früh verstorbene Meisterschüler, was dem Rechtssystem in den Städten, den Gerichten und den kaiserlichen Amtstellen durch ihren Hingang entgangen sei, obwohl ihm an sich klar war, dass auf dem Herrschaftsgebiet der Themis die Ausbildung, die er vermittelte, keine Karriereaussichten mehr bot.[42]

Im Rückblick auf seinen Lebensweg ist Libanios im übrigen gegenüber dem Aufstieg der Jurisprudenz nicht ohne selbstkritische Nachdenklichkeit: Er ist sich am Anfang seiner *Autobiographie* gewiß, dass dann, wenn sein allzu früh verstorbener Vater auf seine Erziehung hätte Einfluss nehmen können – und nicht allein seine Mutter, die ihn gewähren ließ, als er, im Jahr 314 geboren, mit Beginn der Pubertät eine ausschließliche Liebe zur griechischen, in Demosthenes kulminierenden Rhetorik entwickelte[43] – er eine Lebenstellung erworben hätte, wie sie in seiner Zeit nur ein Studium des Rechts hätte verschaffen können.[44] Das deutet darauf, dass ein urteilsfähiger Zeitgenosse bereits unter der im Jahre 337 endenden Herrschaft Konstantins den Vorgang wahrnehmen konnte, den Libanios in seiner Lebenszeit unter Constantius kulminieren sah. Im Verlauf der Darstellung seines Lebens kommt Libanios dann gleich dreimal auf die seiner Lehrtätigkeit den Boden entziehende Alternative der höheren Bildung zu sprechen. Er stellt ohne Beschönigung fest, dass die Rhetorik in seiner Zeit den Rang einer Lehre, die zu Erfolg und Wohlstand zu führen, vollständig verloren hat[45] und beschreibt dann das dafür ursächliche Vordringen des Latein sprechenden Rechts als einen Vorgang von der Kraft eines Naturereignisses.[46] Damit stellt Libanios fest, dass dieser tiefgreifende Wandel nicht auf positiver Gesetzgebung beruhte, sondern auf einem Wandel der Werte, gegen den aus seiner Sicht nur die Götter des Hellenismus helfen könnten.[47] Es gibt also nicht etwa ein Gesetz, dass das Latein, die Sprache des römischen Rechts, im Osten zur alleinigen Gerichtssprache gemacht hätte. Eine in der Literatur begegnende Annahme, dass eine entsprechende Regelung später durch Gesetz aufgehoben worden sei,[48] ist ganz verfehlt und ohne jede Grundlage in der dafür angeführten Quelle.[49] Das Griechi-

---

[42] *Or.* 1,153. Vgl. Wolf 1951, 75.

[43] *Or.* 1,5.

[44] *Or.* 1,6. Vgl. Wolf 1951, 85.

[45] *Or.* 2,44.

[46] *Or.*1,214. Vgl. oben Anm. 17 und die folgende Anm.

[47] *Or.* 1,234.

[48] Norman 1992, I 29 Anm. b: „Only in 439 was Greek admissible in official legal procedures, Nov. Theod. 16."

[49] Die dafür angeführte Konstitution (oben Anm. 48) sagt nur, dass Testamente, bei denen das Lateinerfordernis auf dem *ius proprium Romanorum* des *ius Quiritium* beruhte, nun generell in all ihren Verfügungen auch auf Griechisch zulässig sind. *Nov. Theod.* 16,8: *Illud*

sche war in Rom sehr früh und vor allem im Rahmen des für alle Menschen geltenden *ius gentium*, wie das Stipulationsrecht zeigt, in Rom als kulturell gleichberechtigte Sprache anerkannt worden[50] und selbstverständlich, wo dies sinnvoll war, auch in Gerichtsverfahren zugelassen.[51]

Fritz Schulz hat daher zu Recht eine ohne Gesetz auskommende Erklärung angeboten und die Ansicht vertreten, das Vordringen des Latein sei eine „Vorwirkung" des Klassizismus gewesen, der die Universitäten Beryt und Konstantinopel erfasst und die große lateinische Kodifikation Justinians, der man in der Tat einen klassizistischen Geist zugesprochen hat, vorbereitet und ermöglicht habe. Aber erstens ist das Pathos der justinianischen Gesetzgebung nicht klassizistisch, sondern das eines sich religiös legitimierenden und sich in der Tradition Konstantins in einer neuen Zeit fühlenden Herrschers.[52] Und zweitens gibt es nicht den geringsten Grund, in dem von Libanios beschriebenen, etwa zweihundert Jahre früher beginnenden neuen Prestige des Rechts, das auch den einfachen Schichten die begehrten höheren Verwaltungsstellen öffnete und zunächst einmal im *Codex Theodosianus*, dem Gesetzbuch des spätantiken Zwangsstaates mündete, etwas „Klassizistisches", auf die Wiederherstellung einer idealisierten Vergangenheit Gerichtetes zu sehen.

Einen Fingerzeig gibt dagegen die von Libanios beschriebene Parallelität zwischen der Tempelzerstörung und der Diskreditierung der Rhetorik durch die von der kaiserlichen Verwaltung begünstigte Rechtswissenschaft, zumal da er betont, dass die neue Personalpolitik auch die (einst von Licinius im Osten aus der Verwaltung und vom Hofe entfernten) Christen

quoque huic legi perspicimus inserendum, ut, quoniam Graece iam testari concessum est, legata quoque ac directas libertates, tutores etiam Graecis verbis liceat in testamentis relinquere, ut ita vel legata relicta vel libertates directae tutoresve dati videantur, ac si legitimis verbis ea testator dari fieri observarique iussisset. Man bedenke, dass seit der constitutio Antoniniana von 212 hier überall mit römischen Bürgern zu rechnen ist. Ulpian 22 ad edictum D 1,5,17: *In orbe Romano qui sunt ex constitutione imperatoris Antonini cives Romani effecti sunt.*

[50] Vgl. O. Behrends, „Die Stipulation des vorklassischen und klassischen *ius gentium* und die Frage der zulässigen Sprachen. Alle oder nur Lateinisch und Griechisch?", *Festschrift für Detlef Liebs* (Berlin 2011) 57–96.

[51] Vgl. nur nach dem Protokoll und dem Ort des Geschehens die eindeutig auf Griechisch ablaufenden Verfahren vor Augustus (6 v. Chr.), vor dem *praefectus Aegypti* (a. 295) und einem ägyptischen Gaustrategen (a. 320) in *Fontes Iuris Antejustiniani* „Negotia" Ziff. 185, 186, 187.

[52] Vgl. zu Justinians Kodifikationsgesinnung O.Behrends, „Das staatliche Gesetz in biblischer und römischer Tradition", in: ders., *Der biblische Gesetzesbegriff. Auf den Spuren seiner Säkularisierung* (Göttingen 2006) 225–341 und „Der Schlüssel zur Hermeneutik des Corpus Iuris Civilis. Justinian als Vermittler zwischen skeptischem Humanismus und pantheistischem Naturrecht", in: M. Avenarius, *Hermeneutik der Quellentexte des Römischen Rechts* (Baden-Baden 2008) 193 – 297.

begünstigt.[53] Dies weist darauf hin, dass auch in diesem Fall der zündende Funken dessen, was sich unter Constantius zu einer umfassenden Bewegung entwickelt hatte und durch Julian nur kurz unterbrochen wurde, auf Konstantin zurückgeht und der von der kaiserlichen Personalpolitik mächtig geförderte, die Rhetorik verdrängende Prestigegewinn des Rechts mit der Rolle zu tun hat, die es in dem Vorgang spielt, den man die Konstantinische Wende zu nennen sich angewöhnt hat.[54] In der Tat spricht alles dafür, dass es sich so verhält.

3. Der Aufstieg des Rechts und die Konstantinische Wende

Libanios ist insofern ein unvergleichlicher Zeuge; nur darf man ihn nicht als Chronisten missverstehen. Alle seine Äußerungen sind vielmehr von dem Bestreben getragen, für die von ihm vertretene, an den großen attischen Vorbildern orientierte Redekunst einen in der Öffentlichkeit angesehenen Platz zu beanspruchen, mochte dies auch unter den Bedingungen seiner Zeit vielfach nur noch in imaginärer Weise möglich sein. Um diese Illusion zu erzeugen, bedient er sich erprobter rhetorischer Mittel: Er lässt das Entgegenstehende als unbedeutend und überwindbar erscheinen, indem er es einesteils in seine Bestandteile zerlegt und so nur in Form von Einzelheiten erwähnt, was sich zusammengeführt als ein machtvolles Ganzes dargestellt hätte. Daher erwähnt er die Enteignung der Tempel, das Vordringen des Lateins, die Monopolisierung der Verwaltungsstellen durch die lediglich „schreibenden" Juristen und die damit einhergehende Ausschließung seiner Schüler jeweils in isolierter Weise, lässt aber nirgends ausdrücklich Zusammenhänge entstehen. Das hat erhebliche Missverständnisse ausgelöst: Man erhob nicht nur, wie bereits erwähnt, die „Kurzschrift" der Juristen zu einer eigenständigen Berufsqualifikation,[55] sondern meinte auch, die von Libanios beklagten Romfahrten der Jugend auf das Lateinlernen beschränken und von den Karrierechancen der Ausbildung im Recht abtrennen zu können.[56] Greift man dagegen die bei Li-

[53] Vgl. hierzu noch einmal (wie oben Anm. 14) die Kernaussage der Stelle *or*. 62,10 über die Tendenz der zur Zeit des Constantius für die kaiserliche Personalpolitik Zuständigen: „Sie führten bei Hofe ein die Blassen, die Feinde der Götter, die um die Gräber kreisen ...".

[54] Vgl. nur den von E. Mühlenberg herausgegebenen Sammelband „Die Konstantinische Wende" (Gütersloh 1998) und darin vor allem den ersten, eine Reihe grundsätzlicher Klärungen bietenden Beitrag Girardet 1998.

[55] Siehe oben Anm. 16.

[56] So ist *or*. 43,4f. von Wolf 1951, 53 (dessen Übersetzung ich übernehme) entsprechend isoliert interpretiert worden: „Ihr wißt ja, daß die Gegenwart die Rollen der griechischen und der lateinischen Bildung vertauscht hat, dass die lateinische jetzt beliebter ist und als Spenderin alles Guten gilt, die Griechische aber als Geschwätz und als ein Weg zu Mühen und Armut. Daher die häufige Verschickung der Jünglinge und die Schiffe, die nur *ein*

banios durchaus vorhandenen Winke auf, nicht zuletzt den zentralen Hinweis, dass die Zerstörung der Tempel der paganen rhetorischen Kultur die Grundlage entzieht und gegen das Vordringen des Lateins nur die alten Götter helfen können (vgl. oben Anm. 47), dann ergibt sich, sobald man nach den Gründen der Privilegierung der Juristen fragt, ein einfaches und geschlossenes Bild: Mit den alten Eliten, wie sie Libanios ausbildete, war das, was die Konstantinische Wende verlangte, nicht durchzuführen! Die Ersetzung des gebildeten Rhetors, dessen Kultur ihn vielfältig mit der paganen Religion verband, durch den Juristen, dessen erste Loyalität das positive Recht ist und dessen Studium den Aufstieg aus einfachen, nicht selten bereits christlichen Kreisen begünstigte, war daher eine machtpolitisch einleuchtende Folge der Auswechslung der die Kaisermacht legitimierenden Religion.

Die Notwendigkeit eines personalpolitischen Revirements stellte sich dabei für Konstantin nach dem 324 errungenen Sieg über Licinius in verschärftem Maße. Licinius hatte die Christen benachteiligt und aus der gesamten Staatsorganisation in Heer und Verwaltung herausgehalten und von seinem Hof entfernt.[57] Eusebios berichtet denn auch, dass Konstantin damals in die östlichen Provinzen vor allem christliche Staathalter gesandt und denen, die noch dem alten Glauben anhingen, das Darbringen von Opfern und den Vollzug der alten Kulthandlungen verboten habe.[58] Hinzu kam als eine spezifisch rechtliche Aufgabe die von Konstantin in zwei in den *Codex Theodosianus* aufgenommenen Konstitutionen als notwendig

---

Ziel haben: Rom, und das hoffnungsfrohe Händeklatschen der verreisenden Kinder. Ihre Hoffnungen heißen: Amt, Herrschaft, Heirat, Aufenthalt in der Residenz, Verkehr mit dem Kaiser." Der letzte Satz lässt, wenn man ihn in seinen Kontext stellt (vgl. oben Anm. 18 und 46), keinen Zweifel daran, dass die Ausbildung zum Juristen gemeint ist.

[57] Bleicken 1992, 53 mit Nachweisen. Bleicken sieht bei Licinius eine „Neigung, die Christen auf Distanz zu halten" und „eng zu interpretieren", was Licinius in Mailand im Jahr 313 mit in Geltung gesetzt hat und was Bleicken –darin der einseitigen Sicht von Seeck 1890 folgend – sogar „sein Edikt" nennt, nicht aber es „zu sabotieren". Es widerspricht aber eindeutig dem Geist und dem Buchstaben jener gemeinsam erlassenen Konstitution, die Christen als illoyale Bürger zu behandeln und von allen öffentlichen Verwendungen auszuschließen. Ob Licinius unter den Bedingungen der Zeit wirklich „vernünftiger" handelte, wie Bleicken meint, ist mir zweifelhaft, da eine zukunftsfähige Idee bei ihm nicht zu erkennen ist. Jedenfalls gibt die Politik des Licinius einen klaren Hinweis darauf, wer der geistige Vater des sog. Mailänder Toleranzedikts war: nicht er, der ihm zuwiderhandelt, sondern Konstantin, der seine Tendenz verwirklicht.

[58] Über die praktischen Maßnahmen, die Konstantin nach der Besiegung des Licinius traf, heißt es (Eus., *VC* II 44,1): „Und zuerst schickte er Statthalter zu den Völkern, die in Eparchien (sc. Provinzen) eingeteilt waren, wobei die meisten dem heiligen Glauben geweiht waren. All denen aber, die Heiden zu sein schienen, wurde verboten zu opfern. Dasselbe Gesetz galt auch für Ränge, die höher waren als das Amt eines Provinzialstatthalters, und zwar für diejenigen, die den höchsten Rang einnahmen und das Amt eines Eparchen (sc. Präfekten) innehatten. Denn wenn es sich um Christen handelte, erlaubte er ihnen, sich durch diesen Titel auszuzeichnen, oder wenn sie anders disponiert waren, verbot er ihnen, den Götzendienst auszuüben" (Übers. H. Schneider).

betonte gründliche Reinigung der östlichen Rechtsordnung von den seiner Rechtspolitik widersprechenden Anordnungen des „Tyrannen" Licinius.[59] Man darf daher in dem, was Konstantins Verwaltung in diesem Zusammenhang nach und nach veranlasst hat, die eigentliche Grundlegung für das sehen, was Libanios dann unter der Herrschaft seines Sohnes Constantius als „Flächenbrand" erlebte.

Es kommt hinzu, dass das Recht mit der Konstantinischen Wende über Verwaltungseffektivität hinaus auch noch unter einem höheren Aspekt an Bedeutung gewann: Die Aufnahme der bisher als Gefährdung der römischen Ordnung verfolgten Minderheit in die römische Rechtsordnung war auch eine eminent rechtliche und verfassungspolitische Tat. Sie war von Seiten der Christengemeinden in einem entsprechend verfassungspolitisch relevanten Sinn vorbereitet, nämlich durch ihre schon im 2. Jh. einsetzende Übung, um den Fortbestand des römischen Reichs zu beten.[60] Die Christen boten sich damit unter Preisgabe der für ihre Anfänge maßgebende Naherwartung des Weltendes als loyale, auf die Zukunftsfähigkeit der Rechtsordnung setzende Reichsbürger an. Die Annahme dieses Angebots integrierte Menschen in die römische Rechtsordnung, deren Glaubenshaltung durch die in sie aufgenommene Rechtsgesinnung eine existentielle, psychisch daseinssichernde Bedeutung gewann, die an Kraft den eschatologischen Ängsten, die sie, wie überliefert ist, zurücktreten ließ, gleichrangig war.[61] Zugleich konnte ihre Selbstorganisation nach Form und Zwecken durchaus als sozial stabilisierend angesehen werden. Das Recht bewährte sich daher durch ihre Anerkennung aus der Sicht der Herrschaft als das zentrale verfassungspolitische, die Reichsbevölkerung zusammenführende Integrationsmittel. Dass ein solcher Vorgang einen nachhaltig wirkenden Prestigegewinn des Rechts auszulösen vermochte, ist verständlich. Und es war nur natürlich, dass das, was das Recht gewann, auf Kosten der Rhetorik gehen musste, deren pagan geprägte Kunstprosa traditionell der Kaisergesetzgebung Glanz verlieh und deren Wirkungen sich denn auch nie aus ihr verlieren sollten.[62] Es ist daher höchst kennzeichend, dass Libanios gerade von der Kanzlei *ab epistulis*, die im Unterschied zur regelmäßig

[59] *Cod. Theod.* XV 14,1 und XV 14,2.

[60] Vgl. Tertullian, *Apologeticum* 30,1.

[61] Tertullian, *Apologeticum* 32,1: *Est et alia maior necessitas* (!) *nobis orandi pro imperatoribus, etiam pro omni statu imperii rebusque Romanis, qui vim maximam universo orbi imminentem ipsamque clausulam saeculi acerbitates horrendas comminantem Romani imperii commeatu scimus retardari. Itaque nolumus experiri et, dum precamur differri, Romanae diuturnitati favemus.* Das Weltende (*clausula saeculi*) ist nach diesem Glauben durch die dem römischen Reich gewährte Frist (*commeatus*) aufgeschoben. Vgl. 2. Thess. 2, 6-8.

[62] Vgl. G. Stühff, *Vulgarrecht im Kaiserrecht. Unter besonderer Berücksichtigung der Gesetzgebung Konstantins des Großen* (Weimar 1969); D. V. Simon, *Konstantinisches Kaiserrecht, Studien anhand der Reskriptenpraxis und des Schenkungsrechts* (Frankfurt a.M. 1977); W. E. Voß, *Recht und Rhetorik in den Kaisergesetzen der Spätantike. Eine Untersuchung zum nachklassischen Kauf- und Übereignungsrecht* (Frankfurt a.M. 1982). In der Abhandlung von Voß ist treffend her-

fachjuristisch besetzten Kanzlei *a libellis* typischerweise zuvor gerne Rhetoren berief, berichten konnte, dass in ihr seine Schüler keine Chance mehr hatten, weil in sie vom Kaiser nur noch Juristen berufen wurden.[63]

Diese Zusammenhänge, welche die Konstantinische Wende unter den Aspekt einer mit rechtlichen Mitteln durchgesetzten Verfassungsreform treten lassen, werden schon in der von Galerius im Jahr 311 gewährten Tolerierung (*indulgentia*) deutlich, die den Christen das Gemeindeleben unter der Auflage gestattet, für das Heil des Kaisers, des Gemeinwesens (der *res publica*) und ihr eigenes zu beten,[64] wobei ihre Ablehnung der hergebrachten, als verbindliche Einrichtung des „*ius divinum*" beschriebenen Religion nach wie vor deutlich missbilligt wird.[65] Der eigentlich neue Schritt vollzieht sich erst mit dem traditionell sogenannten „Toleranzedikt von Mailand". Der Sache nach ist dieses, wie Girardet überzeugend gezeigt hat, das Ergebnis eines Kompromisses, ausgehandelt zwischen einem damals bereits zur „Wende" entschlossenen Konstantin und einem zurückhaltenden Licinius.[66] Der rechtlichen Form nach war es eine von den beiden Au-

---

ausgearbeitet, dass die rhetorische Form der Kaisergesetze ein Repräsentationsmittel war, das als Einkleidung die rechtliche Substanz der Aussage nicht berührte.

[63] Vgl. oben Anm. 13.

[64] Es handelt sich um eine regelrechte, durch „Durchführungsverordnungen" noch näher zu qualifizierende Auflage, wie der Schluss des von Laktanz, *De mortibus persecutorum* 34,1–5 wiedergegebenen Textes deutlich macht: *Ut denuo sint Christiani et conventicula sua componant, ita ut ne quid contra disciplinam agant. 5. <Per> aliam autem epistolam iudicibus significaturi sumus, quid debeant observare. Unde* (!) *iuxta hanc indulgentiam nostram debebunt deum suum orare pro salute nostra et rei publicae ac sua, ut undique versum res publica perstet[ur] incolumis et securi vivere in sedibus suis possint.*" Laktanz behandelt die Rechtssetzung als Edikt, weil er auf die Bekanntmachung sieht (vgl. 33,11; 35,1), der Kaiser selbst spricht von einer Epistula, weil er auf die Abfassung blickt. Ein rechtserheblicher Unterschied ist damit nicht gemacht. Vgl. unten Anm. 67. Die Parallelüberlieferung bei Eus. *HE* VIII 17,3–10 ergibt nichts anderes.

[65] Galerius beschreibt (vgl. Lact. *Mort. pers.* 34) die vorherige Politik und ihre Motive nicht als falsch, sondern als gescheitert. Ihr Ziel war gewesen, die Christen zu den zweimal erwähnten „*veterum instituta*" zurückzuführen und die Verhältnisse „*iuxta leges veteres et publicam disciplinam Romanorum*" zu ordnen. Auf diese Weise sollten die Christen zur Vernunft (*ad bonas mentes*) gebracht werden. Es gelang nicht, weil die Christen in ihrer Entschließung („*in proposito*") verharrten. Einen nachvollziehbaren Grund dafür sieht Galerius nicht, nur eine undeutlich gerechtfertigte, unbelehrte Willenskraft: *quadam ratione ... tanta voluntate ... et tanta stultitia.* Die Zurückführung der Staatsreligion auf „*instituta*" ist bezeichnend und bezieht sich auf das kaiserzeitliche *ius divinum.* Vgl. Anm. 70.

[66] Vgl. Girardet 1998. Es ist eine Verständigung, wie Girardet 1998, 53 im Anschluß an K. Bringmann, „Die konstantinische Wende", *Historische Zeitschrift* 260 (1969) [21–47] 45 pointiert formuliert, „die den kleinsten gemeinsamen Nenner zwischen dem Christen Konstantin und dem Nichtchristen Licinius darstellt". Die Bezeichnung „Christ" schon damals auf Konstantin anzuwenden, ist m.E. unbedenklich, wenn man dafür genügen läßt, dass er, wie in dem Kompromiss geschehen, das von den Christen verehrte *quidquid est divinitatis in sede caelesti* grundsätzlich als Ausdruck der von ihm für seine Herrschaftslegitimation gesuchten Gottheit anerkennt. Damit ist vereinbar, dass, wie der Anfang des auf Konstantin im Jahre 313 gehaltenen Panegyricus Latinus des Jahres 313 zeigt (vgl. B.

gusti Konstantin und Licinius zusammen erlassene Kaiserkonstitution, die in Briefform an die Statthalter ihrer Machtgebiete ging und von ihnen als kaiserliches Edikt zu publizieren war.[67]

Das verfassungspolitische Neue daran war das Folgende: Unter dem Prinzip, dass die Gottheit nicht nur in den Formen einer einzigen Religion in einer der Wohlfahrt des Reiches dienenden Weise verehrt werden kann, wurde das Christentum von einer immer noch missbilligten Religion in den Status eines Glaubens erhoben, dessen Gebete fähig sind, dem kaiserlichen Handeln und den staatlichen Verhältnissen Segen zu verschaffen. Die in dem Mailänder Kaisergesetz angeordnete Rückgabe sämtlicher Kirchengüter wird abschließend ausdrücklich durch diesen Gesichtspunkt gerechtfertigt: Die Förderung des Christentums gewährt den öffentlichen Verhältnissen und dem, was die Kaiser zu ihrer Förderung tun, *divinus favor* („göttliche Gunst").[68]

Man muss diese wohldurchdachte Gesetzgebung in Beziehung setzen mit der religiösen Legitimation, die das römische Kaisertum von Anfang an trug, seit der in auguraler Tradition stehenden Investitur des Augus-

MÜLLER-RETTIG, *Lobreden auf römische Kaiser* I [Darmstadt 2008] 180–186), die Entscheidung für den christlischen Monotheismus noch nicht Teil der allgemeinen, offiziellen Selbstdarstellung war.

[67] SEECK 1890 versucht eine radikale Destruktion der Bedeutung dieser Normsetzung, berücksichtigt aber in seiner scharfsinnig durchgeführten Attacke nicht hinreichend, dass der Satz *Quod principi* [und natürlich auch: *principibus*] *placuit, legis habet vigorem* auch für die wichtige, von der Kanzlei *ab epistulis* betreute Briefform galt (Ulpian 1 institutionum D 1,4,1 pr und § 1) und dass eine auf Anweisung erfolgte Edizierung einer solchen Konstitution nichts daran ändert, dass das, was im Brief stand, ein Kaisergesetz war und nun als solches überall durch Edikte veröffentlicht wurde. SEECKS Bemerkung (382) „was Edikte eines Beamten dem Publikum kund thun, ist darum noch kein Edikt des Kaisers", ist nur in einem ganz äußerlichen, den Publikationsakt betreffenden Sinn richtig, berührt aber nicht die Frage der Normqualität. Zum Vergleich: Die Normsetzung des Galerius, die auch als Epistula erging, wird von Laktanz gleichwohl wegen der Form der anschließenden Publikation als kaiserliches Edikt angesehen. Das Problem, dass Laktanz für das sog. Toleranzedikt den Text eines Edikts des Staathalters von Bithynien zitiert, d.h. eines Gebietes, das zur Zeit des Mailänder Zweikaiser-Briefes unter der Herrschaft des Maximinius Daia stand, löst SEECK selbst durch die Annahme, dass die kaiserliche Kanzlei den Brief mit der Aufforderung, seinen Inhalt zu edizieren, an die Statthalter des damaligen Machtbereiches der beiden sofort, an die in Daias Herrschaftsbereich erst nach dessen Besiegung durch Licinius gesandt habe. Zu dem heutigen, überwiegend von SEECK geprägten oder zumindest verunsicherten Meinungsstand etwa BLEICKEN 1992, 18. BLEICKENS Versuch, die Kaiserkonstitution von Mailand im wesentlichen auf Licinius und dessen kurzfristiges Interesse an der Eroberung der von Maxentius beherrschten Gebiete zurückzuführen, folgt der Stoßrichtung des Artikels von SEECK und ist alles andere als überzeugend.

[68] Nach den auf die Wiederherstellung der Kirche gerichteten Regelungen, in denen von den anderen Religionen nicht mehr die Rede war, heißt es (Lact. *Mort. pers.* 48,11): *Hactenus fiet, ut, sicut superius comprehensum est, divinus iuxta nos favor, quem in tantis sumus rebus experti, per omne tempus prospere successibus nostris cum beatitudine publica perserveret.*

tus.[69] In dieser Sichtweise wurde das kaiserzeitliche *ius publicum*, das in seiner republikanischen Endform reines *ius humanum* gewesen war, von einem die Monarchie legitimierenden und zugleich von ihr zu verantwortenden *ius divinum* gekrönt.[70] Es war die Verletzung dieses kaiserzeitlichen *ius divinum*, begangen durch Verweigerung der die göttliche Legitimation der Herrschaft ausdrückenden Kaiseropfer, welche die Verfolgungen der Christen sich immer wieder erneuern ließ. Laktanz macht das deutlich, wenn er ein Zitat aus Ulpians *De officio proconsulis* anführt.[71] In den gleichen Kategorien wurden die Verfolgungen auch beendet: in der widerwilligen Duldung durch Galerius, der in seinem von Laktanz zitierten Tolereranzedikt die zweimal berufenen *instituta veterum* gegen die Christen anführt und das von ihnen ausgehende Entstehen abgesonderter „Völker" (der „Gemeinden") beklagt, in einer positiven Wendung im Mailänder Toleranzedikt, das – in die Kategorien des klassischen *ius divinum* übertragen – die christliche Kirche als eine *institutio* anerkennt, die in ihren Formen den Auftrag aller Religionen erfüllt, den menschlichen Verhältnissen den Segen des Göttlichen zu verschaffen. Damit bekundete die kaiserliche Macht zum ersten Mal, dass auch das *quidquid est divinitatis in sede caelesti*, das von den Christengemeinden verehrt wird, der Herrschaft und den Verhältnissen Segen zu spenden vermag.

Der in dieser Regelung zunächst auffallende Religionspluralismus – es gibt mehrere Wege, dem Kaiser und den Verhältnissen göttlichen Segen zu verschaffen – nutzt eine im *ius divinum* enthaltene Möglichkeit. Beide das römische Recht prägenden Rechtstheorien enthalten die relativierende Unterscheidung zwischen der staatlichen oder bürgerlichen Religion auf der einen und der natürlichen Religion auf der anderen Seite. Diese Unterscheidung verlangt Achtung vor der Vielfalt der äußeren positiven Formen, in denen das Göttliche verehrt wird, und überlässt die Wahrheitsfrage selbst der Philosophie. Beide Traditionen sehen Religion als etwas, was dem privaten und öffentlichen Leben der Menschen zu helfen bestimmt ist. Die ältere stoische Lehre, die Augustinus aus den Schriften des

---

[69] Vgl. dazu O. Behrends, „Princeps legibus solutus", in: R. Grote (Hrg.), *Die Ordnung der Freiheit. Festschrift für Christian Starck* (Tübingen 2007) 3–20, und ders., „Die Republik und die Gesetze in den Doppelwerken Platons und Ciceros", in: V. Gerhardt et al. (Hrsgg.), *Politisches Denken. Jahrbuch* 2008, 133 – 182.

[70] Vgl. O. Behrends, „Der Ort des Ius divinum. Vom klassisch-republikanischen Rechtssystem des skeptischen Rationalismus zur Rechtsquellenlehre des religiös legitimierten Kaisertums", in: H. de Wall (Hrg.), *Bürgerliche Freiheit und christliche Verantwortung. Festschrift für Christoph Link* (Tübingen 2003) 557f. Treffend zur Bedeutung des zum *„munus principis"* gewordenen *„ius publicum"* Girardet 1998, 50–57.

[71] Lact. *Div. Inst.* 5,1 = Lenel, Palingenesia Iuris Civilis II S. 975 Ziff. 1191: *Domitius (sc. Ulpianus) de officio proconsulis libro septimo rescripta principum nefaria collegit, ut doceret, quibus poenis affici oporteret eos qui se cultores dei confiterentur*. Das durch dieses Strafrecht geschützte *ius divinum* erscheint bei Ulpian 1 institutionum D 1,1, 1,2 als *ius publicum in sacris, in sacerdotibus.*

großen vorklassischen Juristen Q. Mucius Scaevola pontifex maximus mitteilt, hatte die Vielfalt durch den Gedanken geschont, dass man die staatlich geförderte Religion als anschauliche, für die Öffentlichkeit geeignete Ausdrucksform der wahren Religion interpretieren müsse.[72] In der jüngeren klassischen, von der akademischen Skepsis geprägten Tradition erhielt das die Wendung, dass man die positive Religion als Einrichtung (*institutio*) aus dem – ihre Formen rationaler Kritik entziehenden – *mos maiorum* rechtfertigte und ihr die natürliche Religion gegenüberstellte, die in dem natürlichen Bedürfnis des Menschen gefunden wurde, für alles, was er als unbeherrschbar erfährt, eine hilfreiche Macht glauben und anrufen zu können.[73]

Aber so sehr diese Unterscheidungen das Zustandekommen des Mailänder Kompromisses ermöglicht haben, so eindeutig war, dass der in ihm ausgedrückte Religionspluralismus mit der Anerkennung des Christentums im Widerspruch stand. Die für das antike *ius divinum* prägende Relativierung der Wahrheit der positiven Religionen war an die Existenz verschiedener, an politische Verbände gebundener Religionsübungen gebunden; gegenüber dem menschheitlichen Geltungsanspruch der christlichen Religion ließ er sich nicht aufrechterhalten. Konstantin reagierte darauf so, dass er sich diesen Wahrheitsanspruch zu eigen machte: Die Art und Weise, in der er als Kaiser, allein ermächtigt durch das von ihm zu verwaltende *ius divinum*, im Jahre 324 auf dem Konzil zu Nikaia in die hochkomplexe, Philosophie und geschichtliche Offenbarungsreligion verbindende christliche Glaubensformel eingriff und später immer wieder gegen „Häresien" vorzugehen hatte, zeigt das in aller Deutlichkeit. Insofern lag in der Anerkennung des Christentums mit innerer Notwendigkeit von Anfang an etwas, was über bloße Toleranz hinausführte.

Die Haltung, die Konstantin in den in Eusebios' *Vita Constantini* bewahrten Briefen gegenüber der Öffentlichkeit bekundet – ihre Authentizität wird heute nicht mehr bestritten – zieht ersichtlich die Konsequenz aus diesem Wahrheitsanspruch. Besonders auffällig ist, dass der Kaiser in dem bedeutenden, nach der Überwindung des Licinius an die Provinzialen des Ostens gerichteten Brief vom Herbst 324, an dessen Ende er das Christentum den „Glauben der Wahrheit" (*VC* II 60,2) nennt, gleich zu Anfang mit der höchstwahrscheinlich die Vergangenheit rückwirkend umdeutenden Behauptung hervortritt, dass schon sein Vater Constantius Chlorus, nach dessen Tod er zum Kaiser ausgerufen wurde, in der Zeit der diokletianischen Verfolgung „Werke der Milde vollbracht" habe und „bei allen seinen

[72] Vgl. Augustinus, *Civ. Dei* IV 27.

[73] Die Hauptquellen sind einesteils Cicero, *Part. orat.* 129 und *Top.* 90, andernteils eine Reihe näherer Bestimmungen in *Nat. deor.* I 44 und *Tusc. disp.* I 30; vgl. auch *Nat. deor.* III 5. 9. 88.

Taten mit erstaunlicher Frömmigkeit den Erlösergott anzurufen pflegte"[74]. Historisch ist daran die bewusste Selbststilisierung bedeutsam: Sie soll offenbar vergessen machen oder einer *interpretatio Christiana* zuführen, dass Konstantin sich längere Zeit als Verehrer des Sol Invictus zu legitimieren versucht hatte.[75]

Der auf diese Weise von Konstantin auf der Grundlage des Mailänder Kompromisses in das *ius divinum* eingeführte Unterschied zwischen einer Religion, die als die wahre anerkannt ist, und den traditionellen Formen der paganen Religion, deren Geltung im Unterschied zur philosophischen Wahrheit positivrechtlich ist, hat am Ende alles geprägt, was der Kaiser in der Religionspolitik mit den Mitteln des Rechts verfügt hat. Wenn Konstantin in dem Brief aus dem Jahr 324 einerseits die pagane Religionsübung für falsch erklärt, andererseits jede Belästigung derer, die im Irrtum verharren wollen, verbietet,[76] dann nutzt er damit die im *ius divinum* enthaltene Unterscheidung zwischen wahrer und der davon unabhängigen, staatlich geordneten Religion als Rechtfertigung grundsätzlicher Toleranz, lässt ihr aber, da er in das *ius divinum* eine Religion mit Wahrheitsanspruch aufgenommen hat, nicht mehr die alte im *mos maiorum* wurzelnde Kraft. Vielmehr handhabt er ein entschieden ungleiches *ius divinum*. Die christliche Kirche wird gefördert, u.a. durch eine Fülle von Privilegien, die Bleicken kürzlich übersichtlich zusammengestellt hat,[77] dagegen wird die traditionelle Religionsübung in vielfältiger Weise delegitimiert. Das anschaulichste Beispiel der ungleichgewichtigen Förderung ist der Gegensatz zwischen Konstantins großzügiger Förderung des Kirchenbaus und der von ihm verfügten allgemeinen Enteignung der Tempel. Das Letztere stellt rechtlich nichts Geringeres als eine Profanierung dar, nämlich die Überführung von *res sacrae*, die als geweihte Gegenstände dem Vermögensrecht entzo-

---

[74] Vgl. Schneider 2007, 278, der unter Berufung auf Girardet ansprechend „eine nachträgliche *interpretatio Christiana* seitens Konstantins" vermutet.

[75] Vgl. etwa Bleicken 1992, 59f. mit Hinweis auf bis 319 und für Antiochia sogar noch 324/325 bezeugte Münzen. Zu der Doppeldeutigkeit des „Strahlenkranzes", den die 328 auf dem *Forum Constantini* errichtete, vergoldete Bronzestatue des Kaisers trug, siehe R. Leeb, *Konstantin und Christus. Die Verchristlichung der imperialen Repräsentation unter Konstantin dem Großen als Spiegel seiner Kirchenpolitik und seines Selbstverständnisses als christlicher Kaiser* (Berlin 1992) 12–17.

[76] *VC* II 56,2: „Diejenigen, die sich zurückziehen, sollen, wie sie es wollen, ‚die Haine' ihrer falschen Lehre (τὰ τῆς ψευδολογίας τεμένη) haben." Schneider 2007 gibt das vieldeutige Wort τεμένη (heilige Bezirke) mit „Haine" wieder, weil er eine Beziehung zu der in Eus. *VC* II 5 (Schneider 2007, 230–233) wiedergegebenen Rede des Licinius im Hain der Götter sieht.

[77] Bleicken 1992, 58f.: indem er die Kleriker von *munera* befreite (313), die Bischofsgerichtsbarkeit (318) und eine eigene vor der Gemeinde erfolgende Form der Freilassung (321) anerkannte, ferner ein kirchliches Erbrecht gewährte und die Sonntagsheiligung einrichtete (beides 321).

gen waren, in kaiserliches Vermögen.[78] Libanios, der seine Kritik an Konstantin auf diese Verfügung beschränkt (*Pro Templis* §§ 4. 37), hat ihre fiskalische Wirkung ganz richtig verstanden, wenn er (ibid. § 43) in einem ihre Erhaltung anmahnenden Gleichnis die Tempel mit Geldbörsen vergleicht. Entscheidend war aber, dass die Tempel ihre Rolle als Kultstätten verloren hatten: Die Götterbilder wurden zu Kunstwerken, die in der neuen Hauptstadt und den anderen Reichsstädten aufgestellt wurden, oder um ihres Goldwertes willen zerstört, die Türen der Tempel zum Zeichen der Desakralisierung geöffnet.[79] Gleichzeitig entfiel, da nunmehr alles dem Kaiser gehörte, das einer Reihe von Tempelgottheiten im Reich gewährte Erbrecht.[80] In pointiertem Gegensatz dazu hatte Konstantin im Jahre 321 den Kirchen das Erbrecht gewährt, und zwar im Namen einer allgemein gepriesenen, aber in Wahrheit in diesem Fall umgelenkten Testierfreiheit.[81]

Das alles enthielt eine klare Botschaft: Die paganen Kulte und Opfer sind nicht mehr nötig. Wo keine Götterbilder mehr standen und die Bereitstellung der Opfertiere keine Grundlage mehr im Tempelvermögen fand, musste der Opferdienst schon faktisch zum Erliegen kommen.[82] Die auf diese Weise allenthalben fühlbar gemachte Abwertung der Opfer steht zugleich im Zentrum der mit dem Mailänder Toleranzedikt beginnenden Konstantinischen Wende; denn mit ihm waren nicht nur die paganen Kaiseropfer, deren Verweigerung durch die Christen gerade auch in der letzten Verfolgungszeit als schweres Religions- und Majestätsverbrechen behandelt worden war,[83] auf die nachdrücklichste Weise für nicht mehr wesentlich erklärt, sondern darüber hinaus und gerade den christlichen Gebeten die Fähigkeit zugesprochen worden, der Herrschaft und den Verhältnissen göttlichen Segen zu verschaffen. Es war daher folgerichtig, wenn Konstantin, wie Eusebios berichtet, in den im Jahre 324 unter seinen Machtbereich gebrachten Provinzen des Ostens allen paganen Amtsträgern solche Kaiseropfer gesetzlich untersagte und nur den christlichen Amtsträgern erlaubte, als Vertreter der kaiserlichen Macht ihre Religion

[78] Rechtlich ist ein Tempel eine *res sacra* oder eine *res quae pro sacro habetur* (das letztere, wenn, wie in den Provinzen die Regel, nicht *ex auctoritate populi consecratum*, vgl. Gaius II 5 und 7); er ist *divini iuris* und steht in niemandes Vermögen (Gaius I 9). Desakralisierung oder Exauguration von Tempeln war grundsätzlich möglich; ein vorkonstantinisches Beispiel ist die im Jahr 262 erfolgte Verwandlung des Tempels des Apollon von Didyma in eine Festung gegen die plündernden Goten. Vgl. dazu Avenarius 2005, 407.

[79] Eus. *VC* III 54,1–7. Die dort sehr anschaulich beschriebene, systematische Ausplünderung der Tempel wird von Libanios *Pro Templis* § 6 bestätigt. Die Erträge an Gold waren so groß, dass man den Erfolg der neuen konstantinischen Goldwährung, des Solidus, damit in Zusammenhang bringt.

[80] Überliefert sind acht Fälle. Vgl. Avenarius 2005, 404–412.

[81] *Cod. Theod.* XVI 2,4 (a. 321).

[82] Anschaulich dazu Hahn 2004, 132.

[83] Vgl. die präzisen Unterscheidungen bei Mommsen, *Römisches Strafrecht* (1899) 569 Anm. 2.

zu bekunden (vgl. oben Anm. 58). Auf der gleichen Linie liegt, dass Konstantin, um die Missbilligung des Kaiseropfer allgemein durchzusetzen, verbot, sein Bildnis in Götterschreinen aufzustellen.[84]

Einer Religionspolitik, welche die paganen Opfer in der Hauptsache von ihren tatsächlichen Voraussetzungen her beschneidet, ist ein positives Verbot zunächst einmal fremd. Eine solche Politik kann aber sehr wohl in dem, was sie anfänglich geflissentlich vermeidet, kulminieren. Ob nun Konstantin ein solches Verbot noch erlassen hat oder erst sein Sohn – hier stehen die Aussage des Libanios und ein Gesetz des Constantius einander diametral gegenüber, worüber im Schlussabschnitt gehandelt werden soll –, ist eine Frage, deren Bedeutung nicht überschätzt werden sollte, da Richtung und Dynamik der konstantinischen Religionspolitik in jedem Fall die gleiche bleibt.

Eusebios berichtet gleich zweimal davon, dass Konstantin im Jahr 324 ein allgemeines Verbot der Opfer erlassen habe.[85] Es könnte aber sein, dass Eusebios hier, so wie er es bei dem an der zweiten Stelle angeblich von Konstantin erlassenen Verbot von Gladiatorenkämpfen macht, die in Einzelregelungen erkennbare rechtspolitische Tendenz zuspitzend zu einem Verbot verallgemeinert und daher dessen Datum verfrüht angesetzt hat.[86] Gleichwohl sind die Zusammenhänge, in die der Biograph Konstantins das postulierte Verbot einordnet, lehrreich. In der ersten Notiz erwähnt er es in stimmigem Zusammenhang mit der Vorschrift, die Kirchen zu vergrößern, da folgerichtig der in den Formen der neuen Religion gesuchte Segen tunlichst von möglichst vielen Reichsbürgern erbeten werden sollte.[87] Die zweite Notiz schließt an die berühmte Äußerung an, in der sich Konstantin gegenüber den Bischöfen während einer informellen Begegnung als „Bischof derer außerhalb der Kirche" bezeichnet und erklärt die-

[84] Eus. *VC* IV 16. Dagegen gehörte zuvor zu dem Opfer, das von denen verlangt wurde, die sich von dem Verdacht reinigen wollten, Christen zu sein, eben diese Gemeinschaft von Kaiserbüste und Götterbildern; vgl. Plin. *Ep.* X 96,5.

[85] Eus. *VC* II 45,1 und IV 25,1. Der Zeitpunkt ist nicht unglaubwürdig, da Konstantin mit einem früheren Verbot der Sache seines stärker auf die paganen Loyalitäten setzenden Gegners Licinius genützt hätte.

[86] Das Gladiatoren-Verbot wird bestätigt durch die Konstitution *Cod. Theod.* XV 12,1 (a. 325), in der Konstantin sein Missfallen gegenüber solchen Kämpfen ausdrückt (*Cruenta spectacula in otio civili et domestica quiete non placent*), aber konkret wegen dieser Missbilligung nur bestimmt, dass im Strafrecht an Stelle der Arena-Strafe die Bergwerkstrafe treten soll. Ein generelles Verbot macht aus dieser Bestimmung erst die Redaktion, welche die Konstitution als *lex unica* des Titels CJ 11,44, *De gladiatoribus penitus tollendis*, erhält. Der Titel *De gladiatoribus* des *Codex Theodosianus* setzt dagegen auch in den beiden anderen Gesetzen, die bei festgehaltener Missbilligung ebenfalls nur Einzelfragen regelten (*Cod. Theod.* XV 12,2 [a. 357], 12,3 [a. 397], ungenau insofern Bradbury 1994, 135), den Fortbestand der Institution voraus. Rechtlich muss bei solchen Gesetzen zwischen der weiten Motivation und der konkreten Regelung sorgfältig unterschieden werden. Dass Euseb, der auf die rechtspolitische Tendenz sieht, das nicht tut, ist verständlich.

[87] *VC* II 45,1.

se „verba ipsissima" glaubwürdig in der Weise, dass Konstantin seine Stellung als traditioneller *pontifex maximus* unter dem Einfluss des von ihm ungleichgewichtig gehandhabten *ius divinum* dahin interpretierte, die äußeren Umstände für die paganen Mitbürger so zu gestalten, dass ihnen die Entwertung der hergebrachten Religion fühlbar gemacht und der Übertritt zur neuen Religion nahegelegt wurde.[88]

Diese Haltung bewahrt einen klaren Rest von Toleranz. Besonders auffällig ist in diesem Zusammenhang Konstantins in den *Codex Theodosianus* aufgenommene Gesetz, dass bei Blitzeinschlägen in den Kaiserpalast und öffentliche Bauten weiterhin das tradierte Wissen der Haruspizin[89] zur Blitzsühne herangezogen werden soll,[90] obwohl Konstantin diese Blitzsühnerituale in dem älteren in Bezug genommenen Gesetz ausdrücklich als „*superstitio*" bezeichnet[91] und entsprechende Kulthandlungen in Privathäusern mit schärfsten Strafen bedroht.[92] Diese erst im *Codex Justinianus* fehlende Konzession an eine offenkundig pagane Religionsübung – man bedenke, dass zu den *aedes publicae* infolge der konstantinischen Vermögenseinziehung auch die Tempel gehörten – zeigt die fortdauernde Kraft der im kaiserzeitlichen *ius divinum* enthaltenen Unterscheidung zwischen Wahrheitsfrage und von der Gewohnheit legitimierten Form. Der Gegensatz hatte zwar seit der Konstantinischen Wende eine erhebliche rechtspolitische Dynamik entfaltet; man denke nur an die Unterdrückung besonders anstößiger Kulte.[93] Gleichwohl begünstigte sie aber offenbar die alte Bräuche schützende Vorgehensweise, den von Haruspizin beruhigten Himmelsgott nach älteren Vorbildern, wie wir sie etwa im *Octavius* des Minucius Felix finden, einer Art *interpretatio Christiana* zuzuführen und damit die ihm geltenden Riten als religiös akzeptable Gewohnheit zu tolerieren.[94] In ähnlicher Weise lässt sich auch die von Konstantin wenig später bekundete Toleranz gegenüber ländlichen Bittgängen einordnen, welche die „göttlichen Gaben" der Weinernte vor Hagelschlag schützen sollen.[95] Der gemeinsame Nenner ist, dass es nicht um Opfer an bestimmte Götter des Polytheismus geht. Daher hält sich auch das Gesetz des Constantius, dass ländliche Tempel, an die sich Volksfeste anschließen, zu schützen

[88] *VC* IV 24.

[89] G. Wissowa, *Religion und Kultus der Römer* (München ²1912) 544–546.

[90] *Cod. Theod.* XVI 10,1.

[91] Vgl. *Cod. Theod.* IX 16,1 (a. 319).

[92] *Cod. Theod.* IX 16,1: Der Haruspex, der gegen das spezielle Verbot (vgl. *Cod. Theod.* XIII 16,1 [a. 319]) ein Haus betritt, wird verbrannt (!), derjenige, der ihn in das Haus gelockt hat, mit Vermögensverlust und Verbannung bestraft. Dahinter steht ersichtlich die Angst vor Wahrsagerei und Verschwörung.

[93] Vgl. nur Eus. *VC* III 55,1–4 zur Beseitigung des Aphroditekultes von Aphaka.

[94] Vgl. Min. *Oct.* 18,11. Vgl. auch die kaiserliche Ehrenerklärung für die *haruspicina Cod. Theod.* IX 16,9 (a. 371).

[95] *Cod. Theod.* IX 16,3 [= *brev.* IX 13,1] (a. 321/4 [317-319]).

seien, durchaus in den Bahnen der Politik seines Vaters.[96] Diese Haltung hat auch sonst manche dauerhaftere Ausnahme möglich gemacht, wenn auch nicht von der Art, wie sie der von Constantius II. im Jahr 353 besiegte westliche Usurpator Magnentius für möglich gehalten hat.[97] Wenn aber Konstantin verbietet, Christen zur Teilnahme an der Ausübung von Lustralopfern zu zwingen, dann setzt das voraus, dass solche *a diversarum religionum hominibus* geübte Riten an sich noch toleriert wurden.[98] In dieser Toleranz lebt eine Kernaussage des skeptischen *ius divinum* fort, derzufolge sich das, was in Religionsfragen durch hergebrachte Gewohnheit legitimiert ist, rationaler Kritik entzieht. Für die alten von entsprechenden Verhaltensweisen begleiteten Gesinnungen galt nichts anderes. Libanios konnte daher mit Recht sagen, dass Theodosius in seiner Umgebung pagane Schwurformen tolerierte und sich auch in seiner Gesetzgebung nicht dazu verstieg, bloße Gesinnungen zu verfolgen.[99] Für die Dynamik der Gesamtentwicklung ist es aber wesentlich, dass diese grundsätzliche Toleranz gegenüber der *superstitito* nicht auf die „Häresien" erstreckt werden konnte, die den Wahrheitsanspruch der christlichen Glaubensformel in Frage zu stellen schienen.

Der Rückblick auf die skizzierte Entwicklung erlaubt es, den wesentlichen Befund zu bekräftigen, dass die konstantinische Religionspolitik mit den Mitteln des Rechts und gestützt auf eine durchdachte Interpretation des *ius divinum* durchgesetzt worden ist. Das bedeutet, dass das „neuerwachte Interesse am Recht" (Fritz Schulz), das sich in dem allenthalben mit der konstantinischen Gesetzgebung einsetzenden *Codex Theodosianus* manifestiert, seine Wurzel gerade auch in diesem Zentrum der einen neuen Anfang wagenden Reichspolitik hatte. Damit wird zu einer belastbaren Wahrscheinlichkeit, dass der „zündende Funke", der die von Libanios erlebten und erlittenen Vorgänge – die Verdrängung der Schüler der traditionellen Rhetorik vom Hof und aus der kaiserlichen Verwaltung und ihre Ersetzung durch gelehrige Zöglinge der Juristenausbildung – auslöste, tatsächlich von der Konstantinischen Wende initiiert worden ist.

4. Libanios als Zeuge: Hat bereits Konstantin die Opfer verboten?

Die folgende abschließende Untersuchung gilt der Frage, in welchem Umfang das Wunschdenken des Libanios, das ihn in der Rede *Pro Templis* die

[96] *Cod. Theod.* XVI 10,3 (346 [342] Nov.1). In gleicher Weise schützt die ländlichen Feste die Konstitution *Cod. Theod.* XVI 10,17 (a. 399).

[97] *Cod. Theod.* XVI 10,5 (a. 353): *Aboleantur sacrificia nocturna Magnentio auctore permissa et nefaria deinceps licentia repellatur.*

[98] *Cod. Theod.* XVI 2,5 (a. 323).

[99] *Pro Templis* §§ 53f.

Pose eines wegen seiner einsichtsvollen Ratreden bei Hofe gesuchten Sophisten einnehmen ließ, auch seine Mitteilungen über die von Konstantin ausgegangene Religionspolitik und die daraus entstandene Rechtslage eingefärbt hat. Dafür, dass es sich so verhält und Libanios sich in der eigentümlich unwirklichen Lage, in der er den Text verfasste, manches zurechtgemacht hat, was seine eigenen Erfahrungen in Antiochia wiederspiegelt, nicht aber die objektive Rechtslage, gibt es eine Reihe Indizien.

Als erstes ist der eigentümliche Schluss der Rede zu nennen, in dem er Kaiser Theodosius auffordert, entweder die von Cynegius initiierten Zerstörungen formell anzuordnen - dann würden zwar alle betrübt sein, aber als Untertanen gehorchen – oder aber (wie er mit einem auffällig aufbegehrenden „so wisse ..." in § 55 ankündigt) Selbsthilfe zu gewärtigen. Es ist eine merkwürdige Klimax in einer Rede, die nicht nur herausgestellt hat, dass der Kaiser zur Sicherung des Friedens unter den Bürgern verpflichtet ist (§ 14), sondern auch mit dem Hinweis, dass die Tempel wertvolle und erhaltungswürdige kaiserliche Vermögensgegenstände sind (§§ 42f.), einen Gesichtspunkt zur Geltung gebracht hat, der in einer Rechtsordnung, in welcher der Schutz der baulichen Schönheit ein altes, stets wachgehaltenes Ziel war und selbstverständlich auch für Tempel galt,[100] großes Gewicht hat.

Verständlich wird demgegenüber der von Libanios gewählte Abschluss zum einen, wenn man bedenkt, dass dem Redner nicht unklar gewesen sein kann, dass die Aktion des Cynegius aller Wahrscheinlichkeit nach mit Wissen des Kaisers erfolgte. In einer solchen Lage war eine konfrontative Aufforderung, eine bestätigende Anordnung zu erlassen, sinnvoll und mutig, eine Bitte um Hilfe gegen Cynegius und seine Helfer hätte dagegen auf jeden Leser hilflos und fast lächerlich gewirkt. Zum anderen dürfte in dem gewählten Ausweg nachwirken, dass Libanios positive Erfahrung mit entsprechenden Selbsthilfeaktionen hatte. Im Jahre 363 hatte er in einer Rede vor Kaiser Julian mit Stolz darauf hingewiesen, es seien in Antiochia zahlreiche Tempel „durch den massiven Widerstand von Personen, die mit ihrem Abriss nicht einverstanden waren, gerettet worden".[101] Tatsächlich scheint Libanios – unter den Bedingungen des Zwangsstaates verständlich genug – die Freiheit, die er um seiner mit den Tempeln so eng verbunde-

---

[100] Vgl. *Cod. Theod.* XVI 10,3 (a. 346) und XVI 10,8 (a. 380/382). Damit (vgl. auch prägnant *Cod. Theod.* XVI 10,15 [a. 399]: *volumus publicorum operum ornamenta servari*) wird für Sakralbauten wiederholt, was die Senatusconsulta *De aedificiis non diruendis* von 44 und 56 n. Chr. (*Fontes Juris Romani Antejustiniani I Leges*, ed. S. Riccobono (Florenz [2]1941) Ziff. 45 S. 288), die in die *Digesten* aufgenommen worden sind (Paulus 54 ad edictum D 18,1,52), für Profanbauten erstrebten: Die Senatsbeschlüsse verboten Aufkäufe von Stadt- und Landhäusern, die in der Absicht erfolgten, sie abzureißen und mit dem Verkauf der Bestandteile und des Bodens einen Gewinn zu machen.

[101] *Or.* 15,53. Ich verdanke den Hinweis der anschaulichen Darstellung von Hahn 2004, 131.

nen Kultur willen verteidigte, als den Raum empfunden zu haben, in den Gesetze nicht hineinreichen und in dem man sich daher selbst helfen und kulturell verwirklichen muss und darf.[102]

Es könnte nun sein, dass sich Libanios mit dieser Gesinnung, was die Zulässigkeit der Opfer in seiner Zeit betraf, für sein tatsächliches Verhalten einen größeren Freiraum konstruiert hat, als es der Rechtslage entsprach; dass es so ist, dafür gibt es eine Reihe von Indizien. Ausgangspunkt ist, dass Libanios einerseits, wie in seiner *Autobiographie* festgehalten, wenige Jahre vor Abfassung von *Pro Templis* dem Zeus unter Verbrennung einer für eine Zeusfeier geschriebenen, aber nicht gehaltenen Rede ein Weihrauchopfer dargebracht hat,[103] andererseits, dass das von ihm behauptete Gesetz des Theodosius, das Weihrauchopfer angeblich generell erlaubt habe (§§ 7f.), nicht nur nicht überliefert ist, sondern nach den vor und nach der Rede überlieferten Gesetzen unwahrscheinlich ist. Um dies näher zu zeigen, sei die gesamte zur Behauptung jenes Gesetzes führende Argumentation näher betrachtet.

Libanios beginnt sie mit der vielerörterten Feststellung, dass Konstantin zwar die Tempel enteignet, aber nicht nur die für die Opfer geltenden Religionsvorschriften unverändert gelassen, sondern auch, wie man habe sehen können, die Kulthandlungen selbst unter den verarmten Umständen habe fortgehen lassen. Libanios versucht in dem gedrängten Satz wider alle Überlieferung den Eindruck zu erwecken, Konstantin sei allein deswegen zu der Überzeugung gelangt, „es sei ihm nützlich, an irgendeinen neuen Gott zu glauben",[104] weil er auf diese Weise auf die Tempelschätze zugreifen konnte. Dass die von Konstantin ausgehende Enteignung der Tempel eine massive, antipagane Opfer faktisch verhindernde Profanierung der Tempel darstellte und mit innerer Notwendigkeit – für deren Vorhandensein es gleichgültig ist, ob sie von Konstantin oder erst von seinem Sohn vollzogen wird – in ein Opferverbot mündete, übergeht

[102] Wolf 1951, 17 Anm. 24 weist auf Ep. 1009,2 Foe. hin: „Die Gesetze, wenn sie wirklich gerecht sind – und gerecht darf sie man nennen, falls sie auch den anderen gegenüber gerecht sein wollen –, werden uns verzeihen, wenn wir die Schönheit der Worte lieben und jedem das Seine zuteilen statt alles den Gesetzen" (Übersetzung Wolf).

[103] *Or.* 1,222. Der Zeitpunkt ist dadurch bestimmt, dass damals im Herbst 383 der altgläubige, Libanios hochschätzende *magister militum per Orientem* Richomer in Antiochia weilte (*or.* 1,219), derselbe, der als derjenige in Betracht kommt, der in der Gegenwart des Kaisers Theodosius seinen Eid bei den alten Göttern ablegen durfte; vgl. oben Nesselrath, Anm. 149 zur Übersetzung. Dass in Gegenwart eines solchen Machthabers Libanios ein Weihrauchopfer gefahrlos wagen konnte, ist verständlich.

[104] Libanios zeigt mit dieser distanzierenden und bagatellisierenden Redeweise, dass seinem – Tycheglauben und kulturelle Liebe zur Göttervielfalt verbindenden – Standpunkt Konstantins Gott nur als ein zweifelhafter Gott mehr erschien und er sich in die – im Sonnengott präformierte – providentielle, die Natur und die Rechtsordnung gleichermaßen erhaltende und daher die Monarchie und die Herrscherstellung stärkende Gottesvorstellung Konstantins nicht hineingedacht hat.

Libanios. Vielmehr ist es ihm offenbar darum zu tun, Konstantin an dieser Stelle als einen gegenüber den paganen Kulten toleranten Herrscher darzustellen, um damit den in der Rede angesprochenen Kaiser Theodosius zu vergleichbarer Toleranz zu nötigen. Das Gewicht einer derart stilisierten Aussage ist gering, zumal wenn es gegenteilige Zeugnisse gibt, die den bereits behandelten Eusebios nicht für das Datum, aber in der Sache bestätigen. Eines von ihnen liefert Libanios selbst, wenn er in seiner Autobiographie stolz und zustimmend von einem älteren Verwandten berichtet, dessen Lebenszeit ersichtlich in die Tage Konstantins zurückreicht, er habe sich in stolzer Unabhängigkeit um das mit strengsten Strafen belegte Opferverbot nie gekümmert.[105]

Das zweite Zeugnis ist eine – ihrer Art nach aus der Kanzlei *a libellis* stammende - Konstitution des Constantius, die, nur vier Jahre nach dem Tode Konstantins (337) ergangen, sich als „Gebot" (*iussio*) definiert, das ein väterliches Gesetz (*lex*), das das Opferverbot mit der gleichen Begründung bereits enthielt, einschärft und die als bekannt vorausgesetzte und für diesen Fall vorgesehene, aber nicht näher benannte Strafe als *competens vindicta* bestätigt.[106] Dieses Zeugnis zu verwerfen oder abzuwerten, nur um Libanios' Aussage zu retten, geht nicht an; der zu diesem Zweck formulierte Gedanke, dass Konstantin gar nicht als wirklicher Gesetzgeber gehandelt, sondern sich auf die Bekundung der kraftvollen Missbilligung beschränkt habe (*Cesset superstitio, sacrificiorum aboletur insania!*) und erst der Sohn eine Strafe hinzugefügt habe, widerspricht schon dem klaren Wortlaut der Konstitution,[107] die keine Rückwirkung formuliert, sondern Opfer vor ihrem Inkrafttreten der im väterlichen Gesetz vorgesehenen Strafe ausgesetzt sieht. Das Wagnis, das ein solch allgemeines Gesetz wegen möglicher Widerstände immer noch darstellen mochte, konnte sich ein Konstantin in der Machtfülle seiner letzten Jahre gewiss eher leisten als der junge Constantius. Es verleiht daher der Überlieferung ihre Glaubwürdigkeit bestärkende historische Farbe, wenn Constantius, indem er ein Gesetz seines Vaters wiederholt, dessen Autorität nutzt. Die einschärfende Wiederholung der Norm passt überdies zu der Geschichte, die Libanios von seinem Verwandten erzählt, die ja ganz allgemein daran erinnert, dass bei solchen mit uralten Gewohnheiten brechenden Gesetzen Geltung und Effektivität weit auseinander liegen können. Wenn die Autoren des *Codex Theodosianus* aus Gründen, die wir nicht kennen, anstatt das Gesetz Konstantins das neuere, den Vater pietätvoll, aber nur mittelbar zu Wort kommen lassende des Sohnes aufgenommen haben, dann ist das eine Entscheidung, die man als

[105] Vgl. *Or.* 1,27 und die Interpretation dieser Notiz bei Bradbury 1994, 127.

[106] *Cod. Theod.* XVI 10,2 (a. 341): *quicumque contra legem divi principis parentis nostri et hanc nostrae mansuetudinis iussionem ausus fuerit sacrificia celebrare, competens in eum vindicta et praesens sententia exeratur.*

[107] So Girardet 1998, 94.

enttäuschend empfinden mag, mit der man sich aber abfinden muss. In jedem Fall ist es – dies sei wiederholt – ein Gesetz, das Konstantins mit der Tempelprofanierung begonnene und von dem Wegfall des Kaiseropfers geforderte Bekämpfung der paganen Opfer vollendet, so dass, wer das Gesetz des Vaters hinweginterpretiert, diese Vollendung letztlich nur um wenige Jahre verschiebt. Eine Rechtfertigung, das ursprüngliche und das bestätigende Gesetz in seiner Reichweite zu beschränken, gibt es nicht. Eine solche allgemein gehaltene Konstitution ist grundsätzlich eine *lex generalis*, bestimmt, wie Libanios es den Texten der Kanzlei *a libellis* grundsätzlich bescheinigt und Seeck es für das Zweikaisergesetz von Mailand ausgeführt hat, an die zuständigen Magistrate der gesamten damaligen Welt abzugehen.[108] Versuche, sie wegen des Empfängers, an den die für den *Codex Theodosianus* exzerpierte Ausfertigung gegangen ist, auf dessen Zuständigkeitsbereich zu beschränken, verkennen, dass Kaiserkonstitutionen ihre Geltung durch den kaiserlichen Rechtsgeltungswillen gewinnen, nicht durch die Person dessen, an den sie gerichtet sind.[109] Beschränkungen müssen sich stets aus der Natur einer Regelung oder einer sie begleitenden ausdrücklichen Anordnung ergeben. Das Opferverbot läßt nichts dergleichen erkennen.

Diese Gesetzgebung hat ersichtlich, wie ihre Begründung und die Reichweite der verwendeten Begriffe zeigen, eine allgemeine religionspolitische Zielsetzung: Opfer werden nunmehr als wahnhafter, sinn- und zweckloser Aberglaube unter Strafe gestellt. Dass Konstantin mit der Bereitschaft, die Götterbilder zu profanieren und zu zerstören, eine scharfe Abneigung gegen die Opferpraxis verband, ist in seinen von Eusebios bewahrten Briefen mit Nachdruck bezeugt.[110] Die Opfer werden aber jetzt mit Erlass des Gesetzes nicht mehr als hergebrachte *superstitio* toleriert, wie Konstantin es vorher tat und wie er es für die Riten der Haruspizin dauerhaft tun sollte,[111] sondern sanktionsbewehrt verboten, eine Haltung, die man auch in dem nachdrücklichen Vorbehalt enthalten oder vorbereitet finden kann, unter dem er in Respektierung der alten Tradition des

[108] Zu Seecks insofern treffender Interpretation des sogenannten Toleranzedikts von Mailand oben Anm. 67.

[109] Vgl. die von Ulpian 1 *institutionum* D 1,4,1 pr und §1 formulierten Grundsätze: Was dem Prinzeps gefällt, hat die Kraft eines Gesetzes. Eine Kaiserkonstitution ist von der Publikationsform unabhängig, gleichgültig, ob sie in einem Brief, einem Reskript, einem Urteil, in einer formlose Erklärung [*de plano interlocutus*] oder einem Edikt verlautbart sind; eng umschriebene Ausnahmen werden in § 2 genannt: *Plane ex his quaedam sunt personales nec ad exemplum trahuntur: nam quae princeps alicui ob merita indulsit vel si quam poenam irrogavit vel si cui sine exemplo subvenit, personam non egreditur.*

[110] Vgl. *VC* III 53,1 und IV 10,1. Mit Recht hält Girardet 1998, 93 „Konstantins Abscheu vor Opferhandlungen" aufgrund solcher Quellen für gesichert.

[111] Vgl. oben Anm. 90 und 91.

Geschlechterkults einer italischen Stadt die Errichtung eines Tempels zu Ehren der *gens Flavia* erlaubte.[112]

Für Kenner des *ius divinum*, wie man sie unter den Mitarbeitern des Kaisers und besonders unter den Angehörigen der Kanzlei *a libellis* annehmen darf, war die Rede von der *sacrificiorum insania* im übrigen nichts Unvertrautes: Die auch mittelbar höchst einflussreiche philosophische Theologie der Stoa hatte schon längst nicht nur Tempel und Altäre als etwas bezeichnet, was es, da sinn- und wertlos, eigentlich nicht geben sollte,[113] sondern auch die mit Opfer verehrten anthropomorphen Götterbilder bereits nachdrücklich zu Gegenständen des Aberglaubens erklärt, der mit der aus der Menschennatur unvermeidlich gegebenen *insania* untrennbar verbunden sei.[114] Die skeptische Akademie, auf deren Kategorien das in Ulpians *Institutionen* gelehrte, in das kaiserzeitliche *ius publicum* integrierte *ius divinum* zurückgeht, urteilte weniger streng, da sie die positive Religion als eine gewohnheitsrechtlich geltende Einrichtung (*institutio*) rechtfertigte und die natürliche Religion auf das menschliche Bedürfnis zurückführte, eine für den unbeherrschbaren Zufall stehende Macht verehren zu dürfen; sie hatte aber per definitionem keine Handhabe, die paganen Opferrituale als vernünftig zu verteidigen oder gar als das einzige Mittel zu deduzieren, sich mit der Macht der Fortuna abzufinden.[115]

Irgendeine Strafbarkeit der Opferpraxis folgte aus diesen philosophischen Einordnungen nicht. Sie wurde erst in dem Augenblick zur Notwendigkeit, in dem Konstantin bei der Handhabung des ungleichen *ius divinum* nicht mehr bereit war, den Schaden hinzunehmen, der nach seiner Überzeugung dem unter den Segen des christlichen Gottes gestellten Gemeinwohl von den paganen Opfern zugefügt wurde.[116] Dafür dass er zwischen 324 und seinem Todesjahr 337 zu dieser Überzeugung gelangt

---

[112] Dessau, *Inscriptiones Latinae Selectae* 705. Der Tempel dürfe nicht „in ansteckender Weise durch den Frevel irgend jemandes Aberglauben befleckt werden". Bleicken 1992, 62 sieht hier trotz der scharfen Restriktion einfach die im Toleranzedikt von Mailand gewährleistete freie Religionsausübung nachwirken; das überzeugt nicht.

[113] Plut. *Stoic. Repugn.* 1034B überliefert eine Forderung Zenons, „keine Göttertempel zu bauen"; als ein Werk von Architekten und Bauleuten sei ein Tempel nicht viel wert und nicht heilig.

[114] Vgl. *SVF* II 1057 (Lact. *De ira* 18): *Stoici negant habere ullam formam deum.* Die positiven staatlichen Religionen sind in der Sicht der Stoa eine Konzession an die Schwäche der Menschen. Kein Mensch ist fähig, das Ziel der Religion – sich mit der Gottheit in Einklang zu setzen – zu erreichen, sondern alle müssen sich als notwendig „Törichte" (*insani*) und „Gottlose" (*impii*) mit den Trugbildern der jeweiligen Traditionen behelfen. Vgl. *SVF* II S. 164, hier die im § 12 (*Insipientes insanos esse et impios*) versammelten Fragmente, insbesondere § 666 *Stoici omnes homines insanos et stultos esse dicunt, excepto sapiente.* Die große Ausnahme, der Weise, den es zwei- dreimal gegeben haben mag, ist in der menschlichen Gesellschaft bekanntlich „unauffindbar" (Ziff. 657, 668).

[115] Vgl. oben S. 112 mit Anm. 73.

[116] Vgl. Konstantins resignierende, aber dennoch deutliche Schlussworte in Eus. *VC* II 60,2. Der Eingangssatz dieses bemerkenswerten Briefes hatte klargemacht, dass er sich als

ist, stellt die Konstitution *Cod. Theod.* XVI 10,2 seines Sohnes aus dem Jahr 341, die eines solchen Gesetzes gedenkt, nach allem einen verlässlichen Beweis dar. Es war der Abschluss einer zwar umsichtig vorgehenden, aber doch grundsätzlich antipaganen Politik, mögen auch Ausnahmen aus besonderen Rücksichten stets denkbar bleiben.[117]

Die Herkunft des Verbots erklärt auch seine grundsätzliche Radikalität. Denn der Ausdruck *sacrificia* ist umfassend und schließt auch unblutige Opfer ein. So war selbstverständlich auch das bei Plinius mit Weihrauch begangene Kaiseropfer ein *sacrificium*,[118] ebenso die Darbringung von Spelt an Juppiter in der alten Eheform der *confarreatio*.[119] Auch ein späteres Gesetz des Constantius, das Opfer, die einem Götterbild dargebracht werden, mit dem Tode bestraft, verwendet konsequent diesen allgemeinen Begriff.[120]

Es dürfte daher seinen guten Grund haben, wenn Libanios in dem kurzen Bericht über die Entwicklung des Opferverbotes die Unterscheidung zwischen verbotenem Blut- und erlaubtem Weihrauchopfer erst auf ein Entgegenkommen der kaiserlichen Brüder Valens und Valentinian zurückführt, deren tolerantere Haltung zum Heidentum bezeugt ist.[121] Tatsächlich taucht bei ihnen eine spezielle Erwähnung blutiger Opfer erst spät und in einem Zusammenhang auf, der dem dort ausgesprochenen Verbot, Tempel zu betreten in der Absicht, Götterbilder zu verehren, rhetorische Farben verleiht und keineswegs den Schluss erlaubt, für ein Weihrauchopfer sei der Zutritt frei.[122] Ein im gleichen Jahr 391 nur wenige Monate später erlassenes Gesetz verwendet denn auch, um das gleiche Verbot auszusprechen, den allgemeinen Begriff *sacrificare*.[123] Beides deutet darauf, dass die von Libanios mitgeteilte Differenzierung zwischen Blut- und Weihrauchopfer Ausdruck einer vorübergehenden pragmatischen Milderung

---

ein das Recht ordnender Kaiser im Dienst einer für wohlmeinende Ordnung stehenden Gottheit sah (II 48,1).

[117] Libanios nimmt in *Pro Templis* (§ 33. 35) eine solche Ausnahme für Rom an, was, weil hier der *mos maiorum* das hergebrachte *ius divinum* in besonderem Maße geschützt haben wird, nicht unglaubwürdig ist, wenn auch wohl nicht mit der Allgemeinheit, in der Libanios das annimmt. Dass auch für Alexandria zur Sicherung der Nilschwemme das gleiche galt (§ 35), ist eher zweifelhaft. Eusebios berichtet, dass die Nilopfer abgeschafft worden seien, und zwar ohne Schaden für die Wiederkehr der fruchtbaren Nilfluten (*VC* IV 25).

[118] Vgl. oben Anm. 84.

[119] Vgl. Gaius I 112.

[120] *Cod. Theod.* XVI 10,6 (a. 356); siehe auch *Cod. Theod.* XVI 10,4 (a. 346 [354?]).

[121] Vgl. Zosimos IV 3.

[122] *Cod. Theod.* XVI 10,10 (a. 391): *Nemo se hostiis polluat, nemo insontem victimam caedat, nemo delubra adeat, templa perlustret et mortali opere formata simulacra suspiciat, ne divinis adque humanis sanctionibus reus fiat.* Der Tempelbesuch aus Interesse an der Kunst war dagegen durch ein Gesetz der gleichen Kaiser aus dem Jahre 382 ausdrücklich erlaubt worden. Vgl. unten Anm. 125.

[123] *Cod. Theod.* XVI 10,11 (a. 391): *Nulli sacrificandi tribuatur potestas …*

der Opferbekämpfung war. Auch das ältere Gesetz des Konstantinssohnes Constantius, das zur Verhinderung von Opfern Tempel zu schließen gebot und offenbar nach Julian wieder in Geltung stand, kannte keine Ausnahme für mildere Opferarten.[124]

Es stellt sich daher die Frage, ob man Libanios die Behauptung abnehmen kann, Theodosius habe durch ein der Überlieferung im übrigen unbekanntes Gesetz Weihrauchopfer gestattet und sich insofern, wenn auch beschränkt auf diese Opferart, genauso tolerant erwiesen, wie es dies Konstantin nach Libanios' Darstellung sein Leben lang für alle Opfer getan hat. Der Verdacht, dass Libanios sich auch hier etwas zurechtgemacht hat, liegt nicht fern, zumal da Libanios im gleichen Zusammenhang auch noch behauptet, Theodosius habe niemals den Zugang zu den Heiligtümern untersagt (§§ 7f.). Denn nicht nur die beiden soeben erwähnten Gesetze, die wenige Jahre nach Abfassung der Rede *Pro Templis* erlassen worden sind, wiederholen entsprechende Verbote; vielmehr findet sich in einem Gesetz aus dem Jahre 382, das mit Rücksicht auf eine ortsgebundene volksfestartige pagane Tradition einen Tempel kurzfristig zu öffnen erlaubte, die mahnende Abschlussklausel, es möge niemand meinen, dass damit nun auch das Verbot, einen Tempel zu Opferzwecken zu besuchen, für diese Zeit aufgehoben sei.[125] Libanios' Aussage, dass Theodosius niemals Heiligtümer geschlossen oder den Zugang zu ihnen verboten habe, erweist sich damit als falsch.

Nichts anderes dürfte für die Behauptung gelten, Theodosius habe Weihrauchopfer erlaubt. In seiner erhaltenen Gesetzgebung findet sich nichts dergleichen. Ein Gesetz aus dem Jahre 381, das an den verbotenen *sacrificia* vor allem die paganen Votivformeln hervorhob, schließt nach Wortlaut und Sinn Weihrauchopfer nicht aus.[126] Das umfassende Gesetz, das im Jahre 392, wenige Jahre nach der vermutlichen Abfassungszeit der Rede erlassen, die Opferbekämpfung auch auf häusliche Kulte erstreckt, hebt zwar die Weihrauchopfer ausdrücklich hervor, aber nicht in einer Weise, die auf voraufgegangene Duldung hinweist. Vielmehr wird zunächst in dem die Motivation des Gesetzes herausstellenden Eingangssatz das Rauchopfer als die typische häusliche Opferform dem öffentlichen Blutopfer entgegengestellt.[127] Im Anschluss daran werden dann wenig später die Weihrauchopfer sowohl im öffentlichen wie im privaten Be-

---

[124] *Cod. Theod.* XVI 10,4 (a. 345 [354?]): *Placuit omnibus locis adque urbibus universis claudi protinus templa et accessu vetito omnibus licentiam delinquendi perditis abnegari. Volumus enim cunctos sacrificiis abstinere.*

[125] *Cod. Theod.* XVI 10,8 (a. 382): *…experientia tua ... ita patere templum permittat oraculi, ne illic prohibitorum usus sacrificiorum huius occasione aditus permissus esse credatur.*

[126] *Cod. Theod.* XVI 10,7 (a. 381).

[127] *Cod. Theod.* XVI 10,12 pr. (a. 392) *Nullus omnino ex quolibet genere ordine hominum … sensu carentibus simulacris vel insontem victumam caedat vel secretiore piaculo larem igne, mero genium, penates odore veneratus accendat lumina, imponat tura, serta supendat.*

reich einer mit hohen Vermögensstrafen arbeitenden Regelung unterworfen: Wer auf seinem Grundstück mit Weihrauch opfert, verliert es durch Beschlagnahme an den kaiserlichen Fiskus, gleich ob es sich um ein Stadthaus oder einen Landsitz handelt.[128] Wer dagegen in einem öffentlichen Tempel oder Heiligtum auf diese Weise opfert, wird mit einer Strafe von 25 Pfund Gold belegt, genauso wie derjenige, der ein fremdes Haus oder einen fremden Grundbesitz dazu nutzt, eine Gleichstellung, die, wie dies auch Libanios tut, die *templa* und *fana* der paganen Religion seit der konstantinischen Enteignung als Fiskalvermögen behandelt.[129] Dass diese Gesetzgebung auf einen plötzlichen Gesinnungswandel des Kaisers zurückgeht, ist in keiner Weise angedeutet. Nicht unwahrscheinlich ist dagegen, dass sich in dem besonderen, von Todesstrafe absehenden Recht für Räucheropfer die vorübergehende Toleranz auswirkt, die nach Libanios' insofern glaubwürdiger Aussage die kaiserlichen Brüder Valentinian und Valens gegenüber dem paganen Weihrauch bewiesen hatten.

Zusammenfassend können wir festhalten, dass Libanios, Antiochias Redelehrer aus altem Curialengeschlecht, seine rhetorischen Gaben tatsächlich dazu genutzt hat, sich in der bedrückten Zeit des spätantiken, in seiner Macht durch die Konstantinische Wende und den neuen Stellenwert des Rechts nur noch erdrückender gewordenen Zwangsstaates, für sich und seine in der alten tempelreichen Poliskultur wurzelnden Bildung einen größeren Freiraum zu konstruieren, als seiner Stellung und den Gesetzen entsprach. Man darf aber annehmen, dass er diese von ihm kultivierte Gegenwelt, so sehr sie seinem Seelenfrieden gedient haben mag, als solche genoss und nicht etwa an sie glaubte. Dafür spricht sein in der Rede selbst und auch sonst auffallender, erfrischend realistischer und kritischer Blick auf die zeitgenössischen sozialen und wirtschaftlichen Verhältnisse. Hatte Constantius II., den er besonders verachtete, die Wahl eines nur noch der Religion gewidmeten Lebenswandels mit der bigotten Begründung unter Schutz gestellt, dass das ihm anvertraute Gemeinwesen mehr durch Frömmigkeit als durch Pflichterfüllung und schweißtreibende körperliche Arbeit erhalten werde,[130] so beklagt Libanios in *Pro Templis*, dass Handwerker ihre Werkzeuge aus der Hand legen und in die Einsiedeleien der Berge gehen (§ 31) und betont die Notwendigkeit, den Leistungswillen der Bauern zu erhalten (§ 10). Und selbst gegenüber Constantius' jungem Vetter Julian, auf den er so große Hoffnungen gesetzt hatte (§§ 7, 33, 40/41), dessen Restauration der paganen Religion aber, wie ihm sicherlich klar war, nicht in Richtung der Erneuerung der von ihm geliebten Poliskultur zielte, hatte er, als dieser eine Antiochia heimsuchenden Versorgungskrise mit ei-

---

[128] *Cod. Theod.* XVI 10,12,2.

[129] *Cod. Theod.* XVI 10,12,3.

[130] Cod. Theod. XVI 2,16 (a. 361): *…gaudere enim et gloriari ex fide semper volumus, scientes magis religionibus quam officiis et labore corporis vel sudore nostram rem publicam contineri.*

ner wirtschaftsrechtlichen Preisregelung bekämpfte, in einer Rede die ihm richtiger scheinende freiheitlichere Lösung propagiert.[131] Es dürfte denn auch eine eigentümliche Verbindung zweier scheinbar unvereinbarer Elemente sein, die dem Werk des spätantiken Autors Libanios auch für den Rechtshistoriker seine besondere Anziehungskraft verleiht: einerseits eine intensiv erlebte und detailreich dokumentierte Zeitgenossenschaft in einer Epoche unaufhaltsamen Wandels, andererseits eine ungemein produktive, von kontrafaktischen Stilisierungen nicht freie, kulturelle Orientierung an einer unwiederbringlich vergangenen Epoche großer öffentlicher Rede.

[131] Vgl. Petit 1955, 116 mit Anm. 6; 117 bei Anm. 7.

Kaiser und Kaisertum bei Libanios*

Hans-Ulrich Wiemer

Libanios und der römische Kaiser – dieses Thema hat zwei Aspekte: Der eine besteht in der Frage, wie sich das Verhältnis dieses heidnischen Sophisten zu den Kaisern seiner Zeit gestaltet hat, die mit einer Ausnahme Christen waren: Unter der kurzen Alleinherrschaft Julians gehörte Libanios zu den Vertrauten des Kaisers. Wie aber stand er zu Julians christlichen Vorgängern und Nachfolgern, und wie standen diese zu ihm? Der andere Aspekt des Themas besteht in der Frage, wie Libanios das Kaisertum als Institution gesehen hat. Mit anderen Worten: Was erwartete Libanios vom Kaiser und von dessen Stellvertretern? Hier soll zunächst der biographische, dann der systematische Aspekt betrachtet werden.[1]

1. Ein heidnischer Sophist unter christlichen Kaisern

Als Libanios im Jahre 314 in der syrischen Metropole Antiocheia am Orontes als Spross einer Ratsherrenfamilie das Licht der Welt erblickte, war dort die große, von Kaiser Diocletian eingeleitete und unter dessen Nachfolgern fortgesetzte Christenverfolgung gerade erst an ihr Ende gekommen.[2] Zehn Jahre später errang Constantin die Alleinherrschaft im *Imperium Romanum* und begann sogleich, die christlichen Gemeinden auf spektakuläre

* Ich danke allen Teilnehmern des Göttinger Libanios-Kolloquiums sowie Stefan Rebenich für hilfreiche Kritik, Agnes Luk und Wolfram Ridder für die gründliche Korrektur des Manuskripts.

[1] Zum Leben des Libanios grundlegend: Wintjes 2005; zu seiner Familie, die unter Diocletian Einbußen an Ansehen und Vermögen hatte hinnehmen müssen, vgl. ebd., 43–62. Die Vermögensverhältnisse behandelt Petit 1955, 407–411. Knappe Überblicke über Leben und Werk bieten etwa Förster / Münscher 1925 (als Ganzes noch nicht ersetzt); Norman 1965, vii–xxxiii; Norman 1969, xxxix–lx; Liebeschuetz 1972, 1–39 (vorzüglich); Martin / Petit 1979, XI–XXXV; Norman 1992, 1–50; Nesselrath 2008. Libanios' Verhältnis zu einzelnen Kaisern behandelt selektiv Swain 2004.

[2] Die staatliche Verfolgung der Christen durch Maximinus Daia hatte in Antiocheia eines ihrer Zentren und wurde erst im Spätsommer 313 durch dessen Niederlage gegen Licinius beendet: Downey 1961, 332–334. Für die Sozialgeschichte Antiocheias im 4. Jahrhundert n. Chr. grundlegend: Petit 1955; Liebeschuetz 1972; zum Verhältnis zwischen Heiden, Juden und Christen vgl. auch Hahn 2004, 121–190. Eine umfassende, auf die äußere Geschichte und bauliche Entwicklung der Stadt fokussierte Darstellung gibt Downey 1961.

Art und Weise zu fördern.[3] Er gewährte ihnen großzügige finanzielle Unterstützung und stattete ihre Priester mit materiellen Privilegien aus; an einigen Orten ließ er prächtige Kirchen errichten. Der Kaiser verkündete öffentlich, dass er auf der Seite der Christen stehe, auch wenn er nur ausnahmsweise mit Gewalt gegen einzelne Heiligtümer der alten Götter vorging, die ihm besonders anstößig erschienen, die Ausübung heidnischer Kulte ansonsten aber tolerierte.[4] Die Anhänger der alten Götter sahen sich dadurch unversehens in die Defensive gedrängt. Andererseits haben Constantin und seine Nachfolger die Religionszugehörigkeit aber keineswegs zum maßgeblichen Kriterium im Verhältnis zu ihren Untertanen gemacht, sondern altgläubige Vertreter der zivilen und militärischen Eliten nach wie vor mit hohen Ämtern und Würden betraut. Damit war eine Konstellation entstanden, die – von der ephemeren „heidnischen Restauration" unter Kaiser Julian (361–363) einmal abgesehen – bis weit in die Regierung des Kaisers Theodosius I. (379–395) hinein existierte: Was vor kurzem noch die offizielle Religion des Reiches gewesen war, stand nun zwar nicht grundsätzlich unter Strafe, galt im Umkreis des Kaisers aber als Aberglaube, der bloß noch geduldet wurde.[5] Die Kaiser Valentinian (364–375) und Valens (364–378) haben sich mit einem Verbot des Tieropfers begnügt, andere Formen heidnischer Kultpraxis dagegen nicht ausdrücklich untersagt, was den Anhängern der alten Götter einen beträchtlichen Spielraum für die legale Ausübung ihrer Religion beließ. Und auch Theodosius verfolgte lange Zeit eine eher integrative Politik gegenüber den Heiden und erließ erst zu

---

[3] Die unübersehbare Literatur zu Constantin dem Großen kann und braucht hier nicht aufgelistet zu werden. Wichtige Aufsätze aus dem späten 19. und dem 20. Jahrhundert sind bei Kraft 1974 und Schlange-Schöningen 2007 gesammelt; aktuelle Originalbeiträge verschiedener Autoren enthält der von Noel Lenski herausgegebene „Companion": Lenski 2007. Aus der durch das Constantin-Jubiläum angeheizten Produktion der letzten Jahre ragen heraus: Girardet 2006; Brandt 2006; van Dam 2007; Girardet 2010.

[4] Ob Constantin nach dem Sieg über Licinius ein allgemeines Opferverbot erlassen hat, wie Eusebios von Kaisareia (*VC* II 45) behauptet, ist in der Forschung umstritten (dafür z. B. Barnes 1984; Bradbury 1994; dagegen in letzter Zeit z. B. Girardet 2006, 128f.; Lee 2007, 173f.; Girardet 2010, 99; Wallraff 2011). Gegen die Glaubwürdigkeit des Eusebios spricht nicht allein die wiederholte Aussage des Libanios, Constantin habe die Opfer nicht angetastet (*or.* 30,6; *or.* 62,8 mit Wiemer 1994, 520–523), sondern auch das Selbstzeugnis des Kaisers, der den Provinzialen der östlichen Reichshälfte in einem Zirkularbrief die ungestörte Ausübung ihrer Religion zusicherte: Eus. *VC* II 59–60. Wie es scheint, wurde ein Verbot von Opfern für divinatorische Zwecke von glaubenseifrigen Christen als Verbot aller Opfer ausgelegt; vgl. *or.* 1,27 mit Delmaire 2004, 305–311; Sandwell 2005, 98–102. So lässt sich auch erklären, weshalb Kaiser Constans sich 341 für ein Opferverbot auf seinen Vater beruft (*Cod. Theod.* XVI 10, 2).

[5] Die anti-heidnischen Gesetze christlicher Kaiser des 4. Jahrhunderts n. Chr., soweit sie in Rechtssammlungen Eingang gefunden haben, liegen jetzt in einer kommentierten Ausgabe mit französischer Übersetzung vor bei Delmaire u.a. 2005; Delmaire u.a. 2009. Überblicke über diese Gesetzgebung vermitteln für das 4. Jahrhundert Noethlichs 1986, 1150–1165; Delmaire 2004; Sandwell 2005. Die Opferverbote des Theodosius stammen aus den Jahren 391 und 392: *Cod. Theod.* XVI 10, 10–12.

Beginn der 390er Jahre umfassende Opferverbote.[6] Bis dahin behielt das Heidentum den Status einer im Prinzip tolerierten Religion, der jedoch nicht durch eine weithin akzeptierte Ideologie der Toleranz abgesichert war und sich als zunehmend prekär erwies: Zwar wurden die heidnischen Kulte nicht systematisch im Namen und Auftrag des Kaisers unterbunden, aber auch nicht (mehr) gefördert, ja vor und nach Julians Regierung durch gesetzgeberische Maßnahmen eingeschränkt und bekämpft. Wer sich unter diesen Bedingungen zu den alten Göttern bekannte, ging auf Distanz zu den christlichen Kaisern und nahm Nachteile im Ringen um deren Gunst in Kauf.

Libanios war Anfang zwanzig, als Constantius im Jahre 337 in der östlichen Reichshälfte die Nachfolge seines Vaters Constantin antrat.[7] Unter dessen Herrschaft verschlechterte sich die Lage aus heidnischer Sicht beträchtlich: Constantius gab unmissverständlich zu verstehen, dass er ein christlicher Kaiser sein wollte; er setzte nicht nur die Förderung der christlichen Gemeinden fort, als deren Schutzherr er sich verstand, sondern erließ nach seinem Sieg über Magnentius (353), der ihn zum Alleinherrscher über das *Imperium Romanum* machte, auch Gesetze, durch die heidnische Kulthandlungen pauschal unter Strafe gestellt wurden.[8] Heiden, die es unter diesem Kaiser zu etwas bringen wollten, mussten Kompromisse schließen. Zu ihnen gehörte auch Libanios. Er hatte sich früh entschieden, sein Leben der (griechischen) Rhetorik zu widmen, und strebte die Stellung eines besoldeten Professors an. Ein solcher „Lehrstuhl" aber war gegen den Willen des Kaisers nicht zu erlangen, zumal das Gehalt häufig ganz oder zum Teil aus kaiserlichen Mitteln gezahlt wurde.[9] Tatsächlich begann Libanios seine Lehrtätigkeit ausgerechnet in Konstantinopel, einer Stadt ohne Tradition, die auf Kosten der anderen Metropolen des römischen Ostens gegründet worden war und den Rang eines zweiten

[6] Zur Religionspolitik des Theodosius vgl. Lizzi 1996; Errington 1997; Leppin 2003, 67–86, 153–166; Errington 2006, 212–259.

[7] Eine befriedigende moderne Gesamtdarstellung des Kaisers Constantius bleibt trotz Barceló 2004 ein Desiderat. Zur Reichsverwaltung vgl. Vogler 1979, zur Heidenpolitik Leppin 1999a.

[8] Die im *Codex Theodosianus* erhaltenen Gesetze (XVI 10,4–6) beziehen sich freilich alle auf den Westen, doch geht aus den literarischen Quellen, vor allem Libanios und Julian, hervor, dass heidnische Kulthandlungen zu dieser Zeit auch im Osten kriminalisiert wurden, vgl. Leppin 1999a (mit den Belegen).

[9] Dass Julian die Besetzung städtischer Lehrstühle grundsätzlich von der Bestätigung des vom Stadtrat vorgeschlagenen Kandidaten durch den Kaiser abhängig machte (*Cod. Theod.* XIII 3,5), scheint eine Innovation gewesen zu sein. Aber auch vorher stand das „Berufungsverfahren" unter der Aufsicht kaiserlicher Funktionäre, und nicht selten intervenierte der Kaiser auch persönlich. Die Frage verdiente eine nähere Untersuchung, die hier nicht geleistet werden kann; das Material hat Kaster 1986, 207–230 aufgearbeitet; für Konstantinopel vgl. auch Schlange-Schöningen 1995, 91–140.

Rom beanspruchte.[10] Libanios hat dort jedoch keinen der beiden städtischen Lehrstühle erlangen können, sondern auf eigene Rechnung unterrichtet;[11] er war mit seiner Situation unzufrieden und kehrte Konstantinopel darum gerne den Rücken, als sich ihm 342 die Möglichkeit bot, eine besoldete Professur in Nikaia anzutreten. Von dort wechselte er schon bald auf den städtischen Lehrstuhl in Nikomedeia, wo man sich an die Zeit, als der Christenverfolger Diocletian hier residiert hatte, noch gut erinnern konnte.[12] Libanios hat in Nikomedeia insgesamt fünf Jahre zugebracht (344–349), die er im Rückblick zu den glücklichsten seines Lebens zählte (*or.* 1,51–60). Er musste hier weniger als in Konstantinopel Rücksicht auf Leute nehmen, die im Dienst christlicher Kaiser aufgestiegen waren, obwohl sie keine gründliche Bildung in der griechischen Rhetorik genossen hatten, achtete aber sorgsam darauf, dass er nicht in den Ruf geriet, ein Gegner des Kaisers zu sein. Als er (vermutlich von einem Statthalter) aufgefordert wurde, eine Lobrede auf Constantius zu halten, tat er, was von ihm erwartet wurde, und hielt die bestellte Rede. Der überlieferte, für die Verbreitung als Buch überarbeitete Text (*or.* 59) zeigt uns, wie weit Libanios bereit war, sich den Vorgaben anzupassen, die damals für das Sprechen über den Kaiser galten: Wer das christliche Bekenntnis des Constantius nicht loben wollte, durfte es mit Stillschweigen übergehen und sich auf diejenigen Aspekte seiner Regierung konzentrieren, die auch für Heiden nicht grundsätzlich problematisch waren.[13]

Obwohl Libanios gerne in Nikomedeia lebte, verließ er die Stadt im Jahr 349 auf Geheiß des Kaisers, um nach Konstantinopel zurückzukehren.[14] Diesmal allerdings erhielt er einen vom Kaiser finanzierten Lehrstuhl, der ihm Wohlstand und Ansehen einbrachte.[15] Hier verbrachte er die Jahre 349 bis 353. Constantius wird er in dieser Zeit kaum begegnet sein, denn die-

---

[10] Zur Gründung Konstantinopels ausführlich Dagron 1974, der auch aufzeigt, dass die Kulttopographie der Stadt zunächst keineswegs durch und durch christlich war (367–409); vgl. auch Mango 1990, 23–36; Chantraine 1992. Libanios betrachtete Konstantinopel als eine parasitäre Stadt, die von Constantin mit geraubten Kunstwerken geschmückt worden war und von ungebildeten Neureichen bewohnt wurde: vgl. z. B. *or.* 1,75–76. 279; *or.* 30,6. 37; *or.* 42,22–24; *or.* 49,2. Mehr bei Petit 1955, 167–169.

[11] *Or.* 1,37: οὐδὲν ἐλάττωμα εἰς τὸν στέφανον τὸ μὴ τῶν βασιλέως ἐσθίειν.

[12] Rufe nach Nikaia und Nikomedeia: *or.* 1,48. Diocletian in Nikomedeia: *or.* 61,5.

[13] Auf die Frage der Datierung (zwischen 344/5 und 348/9) ist hier nicht einzugehen; die umfangreiche ältere Literatur findet man bei Malosse 2001 und Malosse 2003, 7–11, der selbst für 348 plädiert. Vortrag in Nikomedeia: *or.* 59,72. 171. Dass der Auftrag, die Rede zu halten, von einem nikomedischen Notablen kam (so Swain 2004, 376), ist unwahrscheinlich; diese Rolle übernahmen üblicherweise die Stellvertreter des Kaisers; vgl. Wiemer 1994, 513.

[14] *Or.* 1,74: βασιλείοις γράμμασι; vgl. § 197.

[15] *Or.* 1,80: βασιλεὺς συνησθεὶς τῇ πόλει τοιαῦτα ψηφιζημένῃ μυρίαις με κατακοσμεῖ δωρεαῖς, ὧν αἱ μὲν ἀξίωσιν, αἱ δὲ πρόσοδον ἔφερον ὥστε ἄνευ τῶν περὶ γῆν φροντίδων τὰ τῶν γεωργούντων ἔχειν.

ser hielt sich damals meist weit entfernt von Konstantinopel auf.[16] Libanios fühlte sich in dieser nach den Vorstellungen christlicher Kaiser geformten Stadt indessen nicht wohl und fasste den Plan, in seine Heimatstadt zurückzukehren und den dortigen Lehrstuhl für Rhetorik zu übernehmen. Dafür brauchte er freilich die Zustimmung des Kaisers, zumal er nicht gewillt war, auf das Gehalt zu verzichten, das ihm Constantius ausgesetzt hatte. Zudem musste er den aktuellen Inhaber des antiochenischen Lehrstuhls ja erst einmal verdrängen, um dessen Stelle einnehmen zu können. Es war ein ehrgeiziger Plan, aber er gelang. Libanios wurde auf den antiochenischen Lehrstuhl berufen, und Constantius hat ihm die dauerhafte Übersiedlung nach Antiocheia nach anfänglichem Widerstreben gestattet und schließlich auch zugelassen, dass ihm das kaiserliche Gehalt an seiner neuen Wirkungsstätte weiterhin gezahlt wurde, was es Libanios ermöglichte, das von der Stadt Antiocheia gezahlte Gehalt zur Besoldung seiner Hilfslehrer zu verwenden.[17]

In Antiocheia sah Libanios sich bald mit einer heiklen Situation konfrontiert. Als er nach einem ersten Besuch im Jahre 353 im Jahr darauf erneut in seine Heimatstadt kam, herrschte dort Aufruhr, und der von Constantius als „Unterkaiser" (*Caesar*) eingesetzte Gallus, ein Halbbruder Julians, bezichtigte den Stadtrat, aber auch Libanios' alten Lehrer Zenobios, der Illoyalität. Die Ratsherren mussten eine Nacht im Gefängnis verbringen, und es gab Todesurteile.[18] Libanios war dadurch zu einem Drahtseilakt gezwungen: Wenn er sich in Antiocheia als Sophist durchsetzen wollte, war er auf Gallus ebenso angewiesen wie auf seine Landsleute. Er besuchte die inhaftierten Ratsherren im Gefängnis und hielt am Tag darauf eine Lobrede auf den Caesar, die beifällig aufgenommen wurde. Libanios legte bei dieser Gelegenheit ein Wort für Zenobios ein, und Gallus zeigte sich gnädig.[19] Auch danach zeigte er sich dem Sophisten gewogen; er lehnte es ab, eine Anzeige wegen Hochverrats gegen Libanios anzunehmen, und

---

[16] Barnes 1993, 220f. Constantius könnte Konstantinopel allerdings im Herbst 350 auf der Reise von Herakleia nach Serdika aufgesucht haben. Am 25. Dezember dieses Jahres war er jedoch bereits in Naissus.

[17] Libanios wurde von Constantius zunächst für vier Monate beurlaubt (*or.* 1,86). Darauf erhielt er unter Vorbehalt die Erlaubnis, nach Antiocheia zurückzukehren (*or.* 1,94–95). Zu den Gehältern des Libanios vgl. Kaster 1983; Cribiore 2007, 184f. Die Schule des Libanios ist in sozialgeschichtlicher Hinsicht besser greifbar als jede andere spätantike Bildungseinrichtung; vgl. dazu Petit 1957a (Prosopographie der Schüler); Festugière 1959; Cribiore 2007 (die beiden letztgenannten Titel enthalten eine reichhaltige Auswahl einschlägiger Texte in französischer bzw. englischer Übersetzung).

[18] Für den Caesar Gallus vgl. jetzt die Synthese von Bleckmann 2008. Die Vorgänge in Antiocheia analysiert auch Matthews 1989, 406–409. Libanios erwähnt sie nicht bloß in der „Autobiographie", sondern auch in *ep.* 283 Förster = 64 Norman, 3; *ep.* 391 Förster = 4 Norman, 9; *or.* 19,47.

[19] *Or.* 1,97 = F 7. Libanios hatte bereits im Jahr davor eine Rede vor Gallus gehalten: *or.* 1,91 = F 5 + 6.

richtete freundlich das Wort an ihn, als er die Stadt verließ (*or.* 1,98–100). Doch mit Gallus ging es bald darauf zu Ende, da er das Misstrauen des Constantius erregt hatte; er wurde abberufen und schließlich Ende 354 hingerichtet.

Antiocheia wurde erst im Jahre 360 erneut Kaiserresidenz, und Libanios hat seine Heimatstadt nach 354 nicht mehr verlassen. Er verbrachte die Jahre 354 bis 360 daher in großer räumlicher Entfernung zum (mobilen) Zentrum der Macht. Dass Julian, den Libanios noch von seiner Zeit in Nikomedeia her kannte, am 6. November 355 zum Caesar für Gallien ernannt wurde, mag vage Hoffnungen für die Zukunft geweckt haben, zumal Constantius keine männlichen Nachkommen hatte. Aber Libanios war aus vielen Gründen auf die Gunst des Constantius und seiner Funktionäre angewiesen: Ihr verdankte er nicht allein sein Gehalt, sondern auch die Möglichkeit, Freunde und Schüler wirksam zu protegieren. Auch seine persönliche Sicherheit hing davon ab, ob der Kaiser und seine Funktionäre bereit waren, den Anklagen wegen Magie, denen er aufgrund seiner Prominenz als Sophist immer wieder ausgesetzt war,[20] Gehör zu schenken oder nicht. Wie die Briefe belegen, stand Libanios in diesen Jahren in regem Kontakt zu hohen Funktionären des Constantius, die in Antiocheia residierten, und verfügte auch am Hof des Kaisers selbst, der in dieser Zeit zwischen Sirmium und Mailand hin- und herzog, über einflussreiche Fürsprecher.[21] Im Winter 358/9 wurde er sogar eingeladen, selbst ans Hoflager zu kommen, um dort eine Lobrede auf Constantius vorzutragen. Libanios lehnte unter Hinweis auf seinen Gesundheitszustand, der ihm weite Reisen nicht erlaube, ab, versprach aber, den Kaiser durch eine Rede zu ehren, sobald dieser nach Antiocheia kommen werde.[22] Tatsächlich kam Constantius im Herbst 360 nach Antiocheia, doch war durch die Usurpation Julians inzwischen eine neue Situation entstanden, da ein Bürgerkrieg

---

[20] Anklagen wegen Magie (dazu allgemein Brown 1972) waren unter Grammatisten und Sophisten keine Seltenheit: Libanios wurde im Laufe seines Lebens häufig bezichtigt, sich magischer Praktiken bedient zu haben (dazu Sandwell 2005, 111–118); er verzeichnet mehrere Fälle in der „Autobiographie" (*or.* 1,43–47. 50. 62–64. 71. 98–100. 194. 245–250) und beklagt sich in einer Rede aus dem Jahr 386 (*or.* 36 mit Bonner 1932) über mangelnde Anteilnahme seiner Mitbürger, nachdem er Opfer eines Schadenzaubers geworden sei. Spätbyzantinische Autoren kolportieren das Gerücht, Libanios habe unter Kaiser Valens mit Hilfe eines Hahnenorakels versucht, den Namen des nächsten Kaisers zu ermitteln: Cedr. I, p. 560 Bonn; Zon. 13, 16, 37–44; dazu Wiebe 1995, 156 mit 338 Anm. 355.

[21] Vgl. Wiemer 1995a, 27f. mit den Belegen.

[22] *Ep.* 48 Förster = 38 Bradbury. Der *mag. off.* Florentius (Seeck 1906, 157 Nr. II; *PLRE* I, 363 Nr. 3) – er stammte aus Antiocheia – und der *tribunus et notarius* Spectatus, ein Verwandter des Libanios (Seeck 1906, 281f.; *PLRE* I, 850 Nr. 1), hatten sich bei Constantius für den Sophisten eingesetzt.

unausweichlich schien.[23] Libanios' Sympathien galten in diesem Konflikt zweifellos Julian, mit dem er schon vor dessen Erhebung zum Caesar im Briefwechsel gestanden hatte.[24] Aber er war ein Untertan des Constantius, für den schon der Anschein von Illoyalität lebensgefährlich gewesen wäre. Er musste sehr vorsichtig sein, konnte aber nicht verhindern, dass er ins Abseits geriet. Die Lobrede auf Constantius wurde jedenfalls nie gehalten; der neue Prätoriumspräfekt Helpidius, der mit dem Kaiser nach Antiocheia gekommen war, weigerte sich, ihn zu empfangen und kürzte sein Gehalt.[25] Wie es scheint, war Libanios in den Jahren 360/1 am Hof des Constantius nicht (mehr) erwünscht.[26] Im Nachhinein sollte sich das freilich als Vorteil erweisen, denn Constantius starb am 3. November 361, bevor sein Heer auf dasjenige Julians getroffen war. Libanios durfte von sich behaupten, er habe es insgeheim schon immer mit dem neuen Alleinherrscher des *Imperium Romanum* gehalten, ohne sich wie andere umständlich rechtfertigen zu müssen.

2. Libanios und Julian

Als Libanios im Jahre 374 auf sein bisheriges Leben zurückblickte – er war damals 60 Jahre alt –, schilderte er die kurze Alleinherrschaft Julians, der nur achtzehn Monate nach dem Tode des Constantius am 26. Juni 363 auf einem Feldzug gegen das Perserreich gefallen war, als den Höhepunkt seines Lebens. Nach einer Kette persönlicher Schicksalsschläge, die ihn nach seiner Rückkehr in die Heimatstadt im Jahre 354 getroffen hätten, habe er neuen Lebensmut geschöpft, als Julian

> „nach kampfloser Unterwerfung der ganzen Welt die Dinge, die verachtet gewesen waren, wie aus einer Verbannung zu neuer Schätzung und Beliebtheit zurückführte. Da lachte und hüpfte ich; Reden zu verfassen und vorzutragen war mir eine Lust; denn die Altäre hatten ihre Opfer, der Rauch trug den Fettdampf zum Himmel, die Götter wurden durch Feste geehrt (nur wenige alte Leute besaßen davon noch Kenntnis), Seherkunst kam wieder zur Geltung, Redekunst zu Ansehen, die Römer gewannen

[23] Mit Julian beschäftigen sich nach der klassischen Biographie des belgischen Philologen J. Bidez (1940) und der konzisen Studie des amerikanischen Althistorikers G. Bowersock (1978) jetzt auch zwei Biographien deutscher Althistoriker: Bringmann 2004; Rosen 2006.

[24] Vgl. Wiemer 1995a, 15–27 mit den Belegen. Der früheste erhaltene Brief dürfte aus dem Jahr 353 stammen: *ep.* 13 Förster = 23 Bradbury mit Wiemer 1996a.

[25] *Ep.* 28 Förster = 65 Norman; *ep.* 740 Förster = 89 Norman. Zu Helpidius: *PLRE* I, 414 Nr. 4; Petit 1994, 87–89 Nr. 83.

[26] In einer Rede, die nach dem Untergang des Procopius (366), vielleicht 382 (Martin / Petit 1979, 264), geschrieben wurde, behauptet Libanios, Constantius habe niemals Philosophen oder Sophisten in seinen Palast eingeladen (*or.* 62,9). Das war keineswegs der Fall – man denke nur an Themistios –, was Libanios sehr wohl wusste, mag aber seine eigene Enttäuschung widerspiegeln.

> Zuversicht, während die Barbaren teils besiegt, teils auf dem Weg zur Niederlage waren."[27]

Auch wenn Libanios in der Rückschau ausblendete, dass er einige Monate gebraucht hatte, bis er in den Kreis der engsten Vertrauten des Kaisers aufgenommen worden war,[28] war die Begeisterung für Julian, die an dieser und vielen anderen Stellen seines umfangreichen Oeuvres zum Ausdruck gebracht wird, echt. Natürlich war sein Verhältnis zu Julian nicht völlig uneigennützig: Libanios zog durchaus persönliche Vorteile aus der Nähe zum regierenden Kaiser; in den acht Monaten, in denen Julian in Antiocheia residierte, war der Sophist ein gern und häufig gesehener Gast im Palast auf der Orontes-Insel, der vom Kaiser als „Gefährte" (*hetairos*) oder „Freund" (*philos*) angeredet wurde.[29] Julian brachte Libanios große Wertschätzung entgegen, und dieser sorgte dafür, dass sich herumsprach, wie der Kaiser zu ihm stand. Als es ihm durch ein geschicktes Plädoyer (*or.* 14) gelang, für Aristophanes, einen alten Freund, der durch seine Tätigkeit als *agens in rebus* für Constantius kompromittiert war, einen lukrativen Posten in der Reichsverwaltung zu erbitten, veröffentlichte er die Rede mitsamt dem Brief, in welchem Julian Libanios auffordert, mit ihm gemeinsam zu beraten, welches Amt er Aristophanes verleihen könne.[30] Auch bei anderen Gelegenheiten intervenierte Libanios zugunsten von Freunden und Klienten, wenngleich keineswegs immer mit Erfolg.[31] Vor allem aber betraute ihn Julian mit der Aufgabe, einem handverlesenen Publikum, das sich am 1. Januar 363 versammelt hatte, um das vierte Konsulat des Kaisers zu feiern, in einer Lobrede auf Julian (*or.* 12) die Grundlinien der kaiserlichen Politik zu erläutern. Die sichtbare Gunst des Kaisers erhob Libanios weit über die lokale Oberschicht seiner Heimatstadt. Er konnte daher die Rolle eines Vermittlers übernehmen, als es zu Konflikten zwi-

---

[27] *Or.* 1,118–119: πρὶν δὴ τὴν γῆν ἅπασαν ἀμαχεὶ παραλαβὼν ὁ παντὸς φιλοσόφου μᾶλλον ἐν βασιλείοις τὴν σοφίαν ἀγαπήσας κατήγαγεν ὥσπερ ἐκ φυγῆς εἰς τὸ αὖθις ἀσπάζεσθαι τὰ δυσχεραίνοντα. Καὶ ἐγέλασά τε καὶ ἐσκίρτησα καὶ σὺν ἡδονῇ λόγους καὶ συνέθηκα καί ἔδειξα, βωμῶν μέν ἀπειληφότων αἷμα, καπνοῦ δὲ φέροντος πρὸς οὐρανὸν τὴν κνίσσαν, θεῶν δὲ ἑορταῖς τιμωμένων, ὧν ὀλίγοι τινὲς ἐπιστήμονες λελειμμένοι γέροντες, μαντικῆς δὲ εἰς ἐξουσίαν παριούσης, λόγων δὲ εἰς τὸ θαυμάζεσθαι, Ῥωμαίων δὲ εἰς τὸ θαρρεῖν, βαρβάρων δὲ τῶν μέν ἡττημένων, τῶν δὲ μελλόντων.

[28] Das Nähere bei Wiemer 1995a, 32–47. Der *Prosphonetikos* (*or.* 13) scheint ein Misserfolg gewesen zu sein: Wiemer 1995a, 77–123. Zu dieser Rede gehört als Begleitbrief *ep.* 610 Förster = 93 Norman.

[29] *Ep.* 1431 Förster = 114 Norman, 1; *or.* 15,13; *or.* 16,16; *or.* 17,36; *or.* 18,189; vgl. Jul. *Mis.* 354C.

[30] Dazu im Einzelnen Wiemer 1995a, 125–150. Brief Julians: Jul. *ep.* 97. Libanios' Antwort: *ep.* 758 Förster = 95 Norman.

[31] Die Belege bei Wiemer 1995a, 61–66.

schen dem Kaiser und den Antiochenern kam.[32] Julian vermisste den nötigen Eifer für die Wiederherstellung des Götterkults und war überzeugt, dass der berühmte Tempel des Apollon in Daphne, der am 22. Oktober 362 niederbrannte, einem Brandanschlag von christlicher Seite zum Opfer gefallen war. Libanios gehörte einer Kommission an, die den Fall zu untersuchen hatte, aber keinen Schuldigen finden konnte,[33] und er verteidigte die antiochenischen Ratsherren, als sie von Julian bezichtigt wurden, die Durchsetzung der von ihm festgesetzten Höchstpreise zu sabotieren. Zwar konnte der Sophist nicht verhindern, dass der Kaiser den Antiochenern schließlich ostentativ seine Gunst entzog, nachdem er bei den ausgelassenen Festivitäten zum Jahresbeginn 363 öffentlich verspottet worden war. Aber Julian nahm Libanios als Einzigen ausdrücklich von dem Verdammungsurteil aus, das er im *Misopogon* über „die" Antiochener fällte, und hielt ihn weiterhin in hohen Ehren. Daher ruhten die Hoffnungen der Antiochener, den Kaiser, der die Stadt am 5. März 363 im Zorn verlassen hatte, wieder gnädig stimmen zu können, vor allem auf Libanios. Der machte sich auch gleich an die Arbeit, indem er ein Plädoyer für seine Heimatstadt verfasste (*or.* 15), das er dem Kaiser nach der siegreichen Rückkehr vom Perserfeldzug vortragen wollte. Zugleich aber schrieb er eine Rede, in der er die Ratsherren seiner Heimatstadt aufforderte, sich endlich reuig zu zeigen und den Kaiser rückhaltlos zu unterstützen (*or.* 16).[34] Libanios' Stellung in Antiocheia war damals so stark, dass der Stadtrat ihm ebenso wie dem Statthalter der Provinz akklamierte.[35] Libanios hat also durchaus Vorteile aus der Nähe zu Julian gezogen, aber er hat sich im Gegensatz zu anderen nicht direkt bereichert und sogar darauf verzichtet, aus der Hand des Kaisers ein Ehrenkodizill anzunehmen, das ihn in die Reichselite erhoben hätte.[36] Er blieb auch unter Julian darauf bedacht, nicht als bedingungsloser Gefolgsmann des Kaisers zu erscheinen. Es steht außer Zweifel, dass die Verehrung, die Libanios Julian nicht nur zu dessen Lebzeiten erwies, auf gemeinsamen Grundüberzeugungen in Fragen beruhte, die für den Sophisten von existentieller Bedeutung waren. Julian war

[32] Dazu ausführlich Wiemer 1995a, 190–197 (Spottverse), 269–340 (die Versorgungskrise); Wiemer 1998 (zum *Misopogon*). Die religiösen Konflikte behandeln auch Brennecke 1988, 87–157; Hahn 2004, 161–177.

[33] *Ep.* 1376 Förster = 107 Norman. Die anderen Mitglieder dieser Kommission waren ein gewisser Heliodorus (Seeck 1906, 166 Nr. II) und der *curialis* Asterius (Petit 1955, 398). Julian war überzeugt, dass Christen den Brand gelegt hatten (Jul. *Mis.* 346B; 361C), und ließ deswegen die Bischofskirche der Stadt schließen (die Belege bei Downey 1961, 388); diese Deutung wird von Ammianus Marcellinus (22, 13, 1–3) implizit dementiert, indem er das Gerücht referiert, ein heidnischer Philosoph habe das Feuer versehentlich entfacht.

[34] Dazu eingehend Wiemer 1995a, 189–246.

[35] *Ep.* 838 Förster = 94 Bradbury, 4.

[36] *Or.* 2,7–8 mit Wiemer 1995b, 106–114. Natürlich hat Libanios trotzdem den Neid anderer auf sich gezogen: *ep.* 797 Förster = 97 Norman; *ep.* 1154 Förster = 124 Norman, 2–3; *or.* 1,125; Suda s.v. Λιβάνιος = Eun. F 25 Müller = F 26, 2 Blockley.

für ihn der Kaiser, der den Kult der alten Götter (*hiera*) restaurieren, den Glanz der griechischen Bildung (*logoi*) wiederherstellen und die Städte (*poleis*) zu neuer Blüte führen würde. Für Libanios wie für Julian waren dies drei Aspekte eines untrennbaren Ganzen. Aber es gab durchaus politische Meinungsverschiedenheiten – vor allem was die Methoden der Durchsetzung betrifft –, und Libanios wollte nicht als Schmeichler gelten, zumal er damit rechnen musste, dass Julian seine Drohung wahrmachen und nie wieder nach Antiocheia kommen würde. Zwar hatte er sich darauf vorbereitet, den Kaiser nach dem siegreichen Ende des Perserfeldzuges als Gesandter seiner Heimatstadt um Gnade zu bitten,[37] doch war der Ausgang dieser Mission natürlich völlig ungewiss. Wäre sie gescheitert, hätte er vor der Wahl gestanden, entweder seine Heimatstadt dauerhaft verlassen oder dem Hof Julians fernbleiben zu müssen.

3. Libanios unter Jovian und Valens

Der Tod Julians am 26. Juni 363 beraubte Libanios großer Aussichten und stürzte ihn in tiefe Verzweiflung, die er nur langsam überwand. Auf christlicher Seite frohlockte man über den Tod des „Abtrünnigen", den Gottes gerechte Strafe getroffen hatte, und in Antiocheia war der Jubel besonders laut.[38] Libanios war Anfeindungen ausgesetzt und entging einmal nur knapp einem Anschlag auf sein Leben, der von Leuten angezettelt wurde, die glaubten, der Sophist habe ihnen beim Kaiser geschadet.[39] Libanios hat sich dadurch nicht einschüchtern lassen, sondern es als seine persönliche Verpflichtung betrachtet, das Andenken des toten Julian gegen Angriffe zu verteidigen; im Frühjahr 364 verfasste er eine Klagerede auf Julian (*or.* 17),[40] frühestens im Sommer des folgenden Jahres vollendete er eine ausführliche Biographie in Form einer Leichenrede (*or.* 18).[41]

Das Heer Julians hatte einen Christen zum Nachfolger gewählt, einen Gardeoffizier namens Jovian, der im Herbst 363 nach Antiocheia kam.[42]

[37] *Or.* 15 mit Wiemer 1995a, 219–227.

[38] *Ep.* 1220 Förster = 120 Norman, 1–3; *ep.* 1458 Förster = 159 Bradbury, 3; Chrys. *De S. Babyla c. Iul.*, bes. 76–126; *De S. Babyla Hierom.* 7–9; Thdt. *HE* III 28.

[39] *Or.* 1,136–137; vgl. *ep.* 1220 Förster = 120 Norman, 6; *ep.* 1453 Förster.

[40] Dazu Wiemer 1995a, 247–259.

[41] Ich bin mir heute nicht mehr so sicher, ob die von mir für die „Frühdatierung" auf Mitte 365 angeführten Argumente (Wiemer 1995a, 260–266) tatsächlich beweiskräftig sind. Felgentreu 2004 setzt die Rede auf Anfang 366, van Nuffelen 2006 auf die Zeit nach dem 11. Oktober 368. Beide scheinen mir indessen nicht hinreichend zu berücksichtigen, wie stark die Darstellung zum Zweck der rhetorischen Steigerung durch Verallgemeinerungen und Anachronismen verformt ist. Gerade deshalb bliebe es mir ein Rätsel, weshalb Libanios den verheerenden Tsunami vom 21. Juli 365 nicht erwähnt, wenn er von ihm Kenntnis gehabt hätte.

[42] Zu Jovian eingehend Brennecke 1988, 158–180; Rosen 2006, 367–381. Dass er die „heidnische Restauration" Julians rückgängig machte, indem er die Tempelgüter erneut konfis-

Auch wenn Libanios Jovian insgeheim verachtete, unternahm er dennoch den Versuch, von ihm eine persönliche Gunst zu erlangen. Der Sophist besaß nämlich einen damals etwa achtjährigen Sohn, Kimon, der jedoch nicht erbberechtigt war, weil er einer nicht-ehelichen Verbindung entstammte.[43] Er benötigte daher ein kaiserliches Privileg, wenn er sein Vermögen auf den einzigen männlichen Nachkommen übertragen wollte, den er hatte. Julian hatte versprochen, ihm ein solches zu verschaffen, war aber nicht dazu gekommen, sein Versprechen einzulösen.[44] Nun richtete Libanios dieselbe Bitte an Jovian, doch der vertröstete ihn auf später.[45] Libanios glaubte, den Grund zu kennen – der Kaiser verüble ihm, dass er über Julians Tod trauere –, und war überzeugt, dass er es lediglich der Fürsprache eines Höflings zu verdanken hatte, wenn Jovian ihn überhaupt am Leben ließ (*or.* 1,138). Er wird erleichtert gewesen sein, als Jovian die syrische Metropole noch vor Jahresende wieder verließ, um nach Konstantinopel zu ziehen; auf dem Weg dorthin ist der Kaiser am 17. Februar 364 gestorben.

Jovians Nachfolger im östlichen Reichsteil war Valens, auch er ein Christ und obendrein ein Soldat aus Pannonien, der des Griechischen nicht mächtig war.[46] Valens war in den ersten Jahren seiner Regierung an der Donaufront aktiv und residierte daher häufig in Konstantinopel. Er nahm gerne die Dienste des Themistios, eines alten Freundes und Rivalen des Libanios,[47] in Anspruch, der dem Kaiser gegenüber den Senatoren des

---

zierte und christlichen Gemeinden wieder staatliche Unterstützung gewährte, steht fest. Umstritten ist jedoch seine Haltung zu den heidnischen Kulten. Ein Teil der Forschung folgt den Kirchenhistorikern Sokrates (*HE* I 24,5–6), Sozomenos (*HE* VI 3,3) und Theodoret (*HE* V 21,2) in der Annahme, Jovian habe ein allgemeines Opferverbot erlassen (z. B. Errington 2006, 173f.). Andere dagegen (z. B. Noethlichs 1986, 1157; Wiemer 1995a, 254f. Anm. 36; Bringmann 2004, 187; Rosen 2006, 376) versagen diesen Autoren den Glauben, indem sie darauf verweisen, dass Jovian bei der Feier seines Konsulats am 1. Januar 364 durch den Mund des Themistios (*or.* 5,67B. 68D. 69B. 70B mit Heather / Moncur 2001, 154–158) Religionsfreiheit für alle, auch für die Heiden, habe verkünden lassen. Das Zeugnis des Libanios ist mehrdeutig: Einerseits sagt er unter der Herrschaft Jovians von einem Dichter namens Philippus, er habe viel geopfert, als das noch möglich gewesen sei (*ep.* 1425 Förster = 125 Bradbury, 3: τῶν πολλὰ τεθυκότων ὅτε ἐξῆν), andererseits behauptet er in der Rede „Für die Tempel" (*or.* 30,7), dass Tieropfer erst geraume Zeit nach Julians Tod erneut untersagt worden seien.

[43] *Or.* 1,278; *or.* 17,37; *ep.* 625 Förster = 124 Bradbury, 6; *ep.* 959 Förster = 169 Norman, 2; *ep.* 1063 Förster = 188 Norman, 5; *ep.* 1221 Förster = 121 Norman, 6; Eun. *VS* 16, 1, 12, p. 496 Didot. Vgl. Seeck 1906, 81f. Nr. II; *PLRE* I, 92f.; Petit 1994, 66–68 Nr. 62.

[44] Zum Unterschied zwischen *privilegium* und *lex* vgl. Gualandi 1959, 13–17. Versprechen Julians: *or.* 17,37.

[45] *Ep.* 1221 Förster = 121 Norman, 6; vgl. *ep.* 1114 Förster = 48 Bradbury, 5.

[46] Grundlegende Darstellung der Herrschaft des Valens bei Lenski 2002; vgl. auch Errington 2006, 175–188 sowie Wiebe 1995 (zur sogenannten heidnischen Opposition).

[47] Dazu eingehend Wintjes 2005, 135–150.

neuen Rom als eine Art Sprachrohr diente.[48] Die Voraussetzungen dafür, dass Libanios unter Valens zu Einfluss bei Hofe gelangen könnte, waren also denkbar ungünstig. Die Konstellation änderte sich freilich grundlegend, als Valens im Herbst 371 nach Antiocheia kam, wo er nun bis 378 Jahr für Jahr den Winter verbrachte, denn nun war eine persönliche Begegnung möglich, ja fast unvermeidlich. Tatsächlich befand sich Libanios in der akklamierenden Menschenmenge, die Valens willkommen hieß, als dieser am 10. November 371 seinen Einzug in der syrischen Metropole hielt; wenige Tage später durfte er im Beisein von Kaiser und Hof eine Rede auf Valens halten. Die Reaktion war indessen enttäuschend, denn der zweite Teil der Rede wurde unter Verweis auf die knappe Zeit des Kaisers auf einen unbestimmten Termin verschoben und fiel schließlich ganz aus. Libanios hat diesen Misserfolg in dem 374 geschriebenen, für eine weite Verbreitung bestimmten Teil seiner *Autobiographie* (*or.* 1) heruntergespielt, weil er kein Interesse haben konnte, sich vor einem größeren Publikum als persona non grata am Hof des regierenden Kaisers darzustellen.[49] Er hat aus diesem Grund sogar behauptet, Valens habe ein von seinem Bruder Valentinian erlassenes allgemeines Gesetz, das „natürlichen Söhnen" unter bestimmten Auflagen das Recht zu erben verlieh, allein deswegen auch für den östlichen Reichsteil in Kraft gesetzt, weil er ihm damit habe einen Gefallen tun wollen.[50] In den zum lediglich privaten Gebrauch bestimmten Zusätzen, die Libanios der *Autobiographie* später beigefügt hat, brauchte er keine Rücksichten zu nehmen und gab sich daher keine Mühe, das gespannte Verhältnis zu Valens und seinem Hof zu beschönigen. Zwar hält er es Valens zugute, dass er die Freunde des am 28. Mai 366 hingerichteten Usurpators Procopius geschont hatte. Aber er bringt auch unmissverständlich zum Ausdruck, dass er sich von Valens persönlich verfolgt fühlte. Er glaubte zu wissen, dass der Kaiser es gerne gesehen hätte, wenn man ihn der Kollaboration mit dem Usurpator hätte überführen können, fürchtete sich vor einer Hausdurchsuchung und meinte, dem sicheren Tod nur durch eine Kette von Zufällen entgangen zu sein. Zwar gab es unter den Funktionären des Valens, die in Antiocheia residierten, auch solche, die den Sophisten mit Respekt behandelten, doch standen diesen nicht wenige gegenüber, die ihm das Leben immer wieder schwer machten.[51] Bezeichnenderweise wurde Themistios aus Konstan-

[48] Die beste Analyse der politischen Rhetorik des Themistios findet sich bei Heather / Moncur 2001, 1–68; vgl. auch die ideengeschichtliche Studie von Dagron 1968 sowie die Biographie von Vanderspoel 1995.

[49] *Or.* 1,144 = F 33.

[50] *Or.* 1,145. Das Gesetz Valentinians scheint *Cod. Theod.* IV 6, 4 gewesen zu sein; vgl. Gualandi 1959, 19–21.

[51] Zu den Magieprozessen in Antiocheia und anderswo ausführlich Wiebe 1995, 86–223 (zu Libanios: 154–156); vgl. auch Matthews 1989, 219–225; Lenski 2002, 218–234; Wintjes 2005, 163–176.

tinopel nach Antiocheia bestellt, als es darum ging, eine neue, tolerante Religionspolitik zu avisieren.[52] Libanios kann nicht sehr traurig gewesen sein, als Valens Antiocheia im März 378 verließ, um sein Heer nach Thrakien zu führen, wo seit geraumer Zeit gotische Kriegergruppen ihr Unwesen trieben; im Kampf gegen sie ist er am 9. August 378 gefallen.

4. Libanios und Theodosius

Valens ist der letzte römische Kaiser, dem Libanios persönlich begegnete. Der aus dem Nordwesten der iberischen Halbinsel stammende Theodosius zog niemals an die Ostgrenze seines Reiches und residierte daher auch niemals in Antiocheia am Orontes.[53] Libanios hatte daher zu keiner Zeit Gelegenheit, persönlich das Wort an Theodosius zu richten. Gleichwohl war der Sophist für den Kaiser kein Unbekannter. Libanios selbst bezeugt, dass Theodosius sich mehrfach mit Angelegenheiten befasste, die für den Sophisten von großer Bedeutung waren, und dabei wiederholt Entscheidungen traf, die in dessen Sinne waren.

Die für Libanios wichtigste dieser Entscheidungen fiel schon bald, nachdem der aus dem nordwestlichen Teil der iberischen Halbinsel stammende Theodosius die Herrschaft über den östlichen Reichsteil übernommen hatte. Libanios berichtet in seiner *Autobiographie*, der antiochenische Stadtrat habe im Jahre 381/2 an Theodosius die Bitte gerichtet, Libanios die Übertragung seines Vermögens an seinen unehelichen Sohn Kimon zu gestatten. Das von Valentinian erlassene und von Valens übernommene Gesetz, das natürliche Söhne unter Auflagen zur Erbfolge zuließ, war demnach inzwischen wieder aufgehoben worden. Nach Libanios wurde die Angelegenheit im Kronrat verhandelt, und der thronende Kaiser gewährte das ersehnte Privileg:

> „Unser Stadtrat wandte sich in dieser Sache an den tüchtigen Kaiser. Als die Freunde des Kaisers sich für die Gunst aussprachen, gewährte sie der Vorsitzende, und das Gesetz ließ die Schenkung zu. Meine Seele wurde von der schwersten Last befreit, da mein Besitz auf meinen Sohn ungehindert übergehen und fest bei ihm verbleiben wird.

---

[52] Socr. *HE* IV 32,2; Hieron. *Chron.* ad a. 378; das genaue Datum ist umstritten und bedarf hier keiner Klärung. Themistios hatte jedenfalls zuvor (373 oder 374) anlässlich der *Decennalia* schon einmal in Antiocheia eine Rede auf Valens vorgetragen: Them. *or.* 11 mit Vanderspoel 1995, 176–179.

[53] Neben der in Anm. 6 zitierten Literatur zu Theodosius' Religionspolitik ist hier auch die nützliche Übersicht über die Quellen von Ernesti 1998 zu nennen.

In dieser Gewissheit die Seele aufzugeben und in den Hades zu fahren, wie sollte das nicht das Los eines glücklichen Mannes sein?"[54]

Libanios, der über viele Jahre hinweg vergeblich versucht hatte, die Zukunft seines einzigen Sohnes materiell abzusichern, hat seiner Dankbarkeit für die „Ehre", die in dieser Entscheidung zum Ausdruck kam, auch später noch mehrfach Ausdruck verliehen und sie an einer Stelle sogar ausdrücklich als die größte Ehre bezeichnet, die ihm Theodosius erwiesen habe.[55]

Diese Selbstaussage steht nun freilich im Widerspruch zu der in der Forschung lange Zeit vorherrschenden Auffassung, dass Libanios von Theodosius den Titel und Rang eines gewesenen Prätoriumspräfekten erhalten habe.[56] Dieser Hypothese zufolge wäre Libanios durch Theodosius nicht nur weit über die gewöhnlichen Ratsherren seiner Heimatstadt, sondern auch über die meisten der dort ansässigen aktiven oder ehemaligen Funktionäre des Kaisers erhoben worden, denn gewesene Prätoriumspräfekten gehörten zu der höchsten Rangklasse, die das *Imperium Romanum* zu dieser Zeit überhaupt kannte, den *illustres*. Libanios hätte daher seit dieser Rangerhöhung aus einer Position der sozialen Überlegenheit heraus mit der lokalen Oberschicht Antiocheias verkehren und selbst den höchsten Funktionären des Kaisers auf Augenhöhe begegnen können. Man fragt sich allerdings: Wie konnte Libanios das Privileg für Kimon als die größte Ehre bezeichnen, die Theodosius ihm erwiesen habe, wenn er ihm die Erhebung in die höchste Rangklasse des Reiches verdankte?

In Wahrheit ist die Hypothese, dass Theodosius Libanios auf diese Art und Weise ausgezeichnet habe, auf Sand gebaut.[57] Kein einziges Quellenzeugnis berichtet davon. Libanios selbst, der nicht dazu neigte, sein Licht unter den Scheffel zu stellen, spricht nur an einer einzigen Stelle davon, dass ihm jemals ein Kaiser ein Amt angeboten habe, und zwar in einer Rede aus dem Jahre 380/1. Diese Stelle (*or.* 2,7–8) kann jedoch schon aus rein chronologischen Gründen kaum auf Theodosius bezogen werden, auch

---

[54] *Or.* 1,196: Χρηστῷ δὴ βασιλεῖ τῆς ἡμετέρας βουλῆς εἰς τοῦτο χρησαμένης, τῶν τε βασιλεῖ φίλων [αἰτησάντων] ἐπαινεσάντων τὴν χάριν, νεύει τε ὁ καθήμενος, καὶ ἠνείχετο τῆς δωρεᾶς ὁ νόμος· ᾧ τε μάλιστα τὴν ψυχὴν ἐβαρυνόμην ἐλέλυτο, τῶν ἐμῶν εἰς τὸν ἐμὸν ἐλευθέρως τε ἡξόντων ἐν βεβαίῳ τε μενόυντων. Ταυτὶ δὲ πεπεισμένον ἀφεῖναί τε τὴν ψυχὴν ἐλθεῖν τε εἰς Αΐδου πῶς οὐκ ἂν εὐδαίμονος εἴη; vgl. *or.* 32,7. Diese Schilderung bezieht sich offenbar auf eine Entscheidung im *consistorium*, wo alle außer dem Kaiser zu stehen hatten. ὁ καθήμενος meint also Theodosius selbst. Die *communis opinio*, der ich früher selbst gefolgt bin (Wiemer 1995b, 100), bezieht den Ausdruck hingegen auf einen Statthalter oder Präfekten. Dann fragt man sich freilich nicht bloß, welcher Funktionär gemeint sein soll, sondern auch, weshalb Libanios seinen Wohltäter nicht beim Namen nennt.

[55] *Ep.* 845 Förster, 4; vgl. *ep.* 959 Förster = 169 Norman, 4–5; *or.* 32,7.

[56] Z. B. Petit 1951; *PLRE* I, 506; Norman 1977, 96f.

[57] Ich fasse hier Überlegungen zusammen, die ich 1995 erstmals vorgetragen habe: Wiemer 1995a. Sie haben inzwischen, wenn ich richtig sehe, weitgehend Anerkennung gefunden; vgl. z. B. Swain 2004, 383; Wintjes 2005, 212; Stenger 2009, 210 Anm. 93.

wenn keine Namen genannt werden. Obendrein sagt Libanios ausdrücklich, dass er die Verleihung dieses nicht spezifizierten Amtes ausgeschlagen habe. Eunapios wiederum, der immer wieder als Kronzeuge für die Verleihung einer Prätoriumspräfektur durch Theodosius zitiert worden ist, scheint ebendiese Libanios-Stelle vor Augen gehabt zu haben, als er in seiner kurzen Biographie des Libanios behauptete, die Nachfolger Julians hätten Libanios den Titel eines Prätoriumspräfekten angeboten, dieser jedoch habe darauf verzichtet.[58] Aber auch wenn er für seine Behauptung unabhängige Informationsquellen zur Verfügung gehabt und tatsächlich Theodosius und seinen Sohn Arcadius – und nicht die Brüder Valentinian und Valens – gemeint haben sollte, würde sein Zeugnis die Hypothese, Libanios sei durch Theodosius in den Rang eines *illustris* erhoben worden, offenkundig gerade nicht stützen. Es besteht folglich kein Anlass, Stellen in den Briefen und Reden des Libanios, an denen in unbestimmter Art und Weise davon die Rede ist, dass Theodosius ihm eine Gunst oder Ehre erwiesen habe,[59] auf die postulierte, aber nirgendwo bezeugte Verleihung einer Prätoriumspräfektur zu beziehen.

Der soziale Status des Libanios beruhte also niemals auf einem vom Kaiser verliehenen Rang, sondern auf seiner Stellung als Inhaber des antiochenischen Lehrstuhls für Rhetorik und auf dem Ansehen, das er sich durch seine Erfolge als Lehrer und als Redner weit über die Grenzen seiner Heimatstadt hinaus erworben hatte. Eben deshalb musste der Sophist immer wieder darum kämpfen, dass Statthalter des Kaisers, die nach Antiocheia kamen, ihm den Respekt bezeugten, zu dem er sich berechtigt glaubte. Dabei waren ehrenvolle Briefe des Kaisers eine wirksame Hilfe. Dennoch erlebte Libanios mit den in Antiocheia residierenden Funktionären auch unter Theodosius viele Enttäuschungen, denen er in den Zusätzen zu seiner *Autobiographie*, aber auch in vielen anderen Texten beredten Ausdruck verliehen hat. Weil Libanios weder *curialis* noch *honoratus* war, blieb auch sein Verhältnis zum Stadtrat von Antiocheia stets ambivalent: Einerseits gehörte er aufgrund seiner Herkunft zum Ratsherrenstand und wurde nicht müde, immer wieder seine Verbundenheit mit ihm zu betonen, andererseits aber beteiligte er sich nicht an den Leistungen (*munera*), vor allem finanzieller Art, zu denen die Mitglieder des Stadtrates verpflichtet waren, da er als Inhaber eines öffentlichen Lehrstuhls Immunität genoss.[60] Zudem unterstützte er Freunde und Klienten, aber auch seinen eigenen Sohn bei dem Versuch, von ihren Verpflichtungen gegenüber der

[58] Eun. *VS* 10, 7, 5–6, p. 492 Didot.

[59] *Or.* 30,1; *or.* 45,1; *or.* 47,16.

[60] Z. B. *or.* 2,54: οὐ βουλεύω μὲν, ἀλλ᾽ ἀφεῖμαι ταῖς περὶ τοὺς λόγους φροντίσιν; vgl. *or.* 1,257; *or.* 36,5–6.

Stadt ebenfalls freizukommen.[61] Gewiss, die Tatsache, dass Libanios dem Stadtrat von Antiocheia nicht angehörte, obwohl er dem antiochenischen Ratsherrenstand in vielfältiger Art und Weise eng verbunden war, trug dazu bei, dass er gegenüber der lokalen Oberschicht ein gewisses Maß an Unabhängigkeit wahren konnte. Sie hatte aber auch zur Folge, dass er in ihr ebensowenig einen festen Platz besaß wie in der Hierarchie kaiserlicher Funktionäre.

Theodosius ist also keineswegs so weit gegangen, Libanios in die Reichselite zu erheben. Er war dem heidnischen Sophisten jedoch durchaus wohlgesonnen und hat ihm mehrfach seine Huld bezeugt. Ende 383 ließ er sich auf das Drängen seines Heermeisters Richomer hin herbei, Libanios persönlich zur Feier von dessen Konsulatsantritt einzuladen. Dies war für Libanios ein hochbedeutsames Ereignis, das er deswegen auch in einem Zusatz zu seiner *Autobiographie* verzeichnet. Libanios stand damals in der Umgebung des Kaisers hoch im Kurs, denn neben Richomer war ihm damals auch der Prätoriumspräfekt Maternus Cynegius gewogen.[62] Die von Theodosius wegen eines Aufruhrs nach Antiocheia ausgesandten hochrangigen Sonderkommissare Caesarius und Ellebichus erwiesen Libanios ihre Reverenz.[63] Als sich der antiochenische Stadtrat Ende 387 an Theodosius wandte, um Libanios zur Erfüllung der Leistungspflichten eines Ratsherrn zu zwingen, bestätigte der Kaiser nicht bloß die Immunität, die der Sophist als Lehrstuhlinhaber beanspruchen konnte, sondern schrieb ihm auch einen ehrenvollen Brief, dessen Empfang wiederum in der *Autobiographie* (*or.* 1,257–258) verzeichnet wird. Im Jahr darauf scheint Theodosius sich mehrfach geweigert zu haben, Anzeigen anzunehmen, in denen Libanios der Konspiration mit dem Usurpator Magnus Maximus bezichtigt wurde.[64]

Die räumliche Entfernung zwischen Libanios und Theodosius hat sich dann noch einmal vergrößert, als Theodosius im Frühjahr 388 in die westliche Reichshälfte zog, um Maximus niederzuwerfen; nachdem ihm das gelungen war, begab er sich nach Italien und kehrte erst im Juli 391 nach

[61] Grundlegend: Pack 1951 (mit einer Liste aller bekannten Fälle); vgl. Liebeschuetz 1972, 277 (addenda et corrigenda).

[62] Brief des Theodosius: *or.* 1,219. Wertschätzung des Cynegius: *or.* 1,231; *or.* 52,40. Über diesen *PLRE* I, 236f. Nr. 3; Petit 1994, 73f. Nr. 66.

[63] Caesarius (*PLRE* I, 171 Nr. 6; Petit 1994, 57f. Nr. 51) war damals *mag. off.*, Hellebichus (Seeck 1906, 167f.; *PLRE* I, 277f.) *mag. mil. per Orientem*.

[64] Wie es scheint, sind drei Anzeigen zu unterscheiden: 1) Der antiochenische *curialis* Thrasydaeus warf Libanios Konspiration mit dem Usurpator Maximus vor (*or.* 32,27; *ep.* 840 Förster = 146 Norman). b) Als ein „alter Trunkenbold" dieselbe Anzeige wiederholt habe, sollen Theodosius und sein PPO Tatianus ihn ausgelacht haben (*or.* 1,262–265; *ep.* 845 Förster, 3–4; *ep.* 853 Förster, 1; *ep.* 855 Förster, 2–3). 3) Der antiochenische *curialis* Romulus bezichtigte Libanios, angeblich im Auftrag des Statthalters Eustathius, sich gegen Theodosius mantischer Praktiken bedient zu haben (*or.* 54,40; *ep.* 844 Förster). Vgl. Swain 2004, 384; Wintjes 2005, 222, 232.

Konstantinopel zurück.[65] Nominell stand in diesen drei Jahren Arcadius, der älteste Sohn des Theodosius, der von seinem Vater in Konstantinopel zurückgelassen worden war, an der Spitze des östlichen Reichsteils. Arcadius, seit 383 Augustus, war 388 jedoch erst 10 oder 11 Jahre alt. Darum gewann der Hof während der dreijährigen Abwesenheit des Theodosius besonders starkes Gewicht. Für Libanios barg diese Konstellation Chancen, denn Theodosius hatte noch vor dem Aufbruch in den Westen mit Tatianus einen Heiden und alten Freund des Libanios zum Präfekten des Orients ernannt. Tatianus blieb bis zum Sommer 392 im Amt; dann wurde er gestürzt und durch den Christen Rufinus ersetzt.[66]

Libanios hat durch die ehrenvolle Behandlung, die Theodosius ihm zuteil werden ließ, mächtigen Auftrieb erhalten. Nachdem er seine öffentlichen Auftritte als Redner unter Valens vollständig eingestellt hatte, trat er schon bald nach dem Regierungsantritt des Theodosius mit Reden hervor, in denen er politische Fragen diskutiert und oftmals konkrete Vorschläge unterbreitet. Nicht wenige dieser Reden sind an den regierenden Kaiser adressiert. Die Reihe beginnt mit einer Rede, in der er den gerade erst zum Kaiser erhobenen Theodosius auffordert, die Mörder Julians ausfindig zu machen und zu bestrafen (*or.* 24), und setzt sich bis in die letzten Lebensjahre des Libanios fort; die Gesamtzahl beläuft sich auf nicht weniger als vierzehn.[67] Unter ihnen befinden sich Reden, in denen Libanios einzelne Statthalter des Amtsmissbrauchs bezichtigt und ihre Absetzung fordert – dies sind die Reden *Gegen Icarius II* (*or.* 28), *Gegen Tisamenus* (*or.* 33) und *Gegen Florentius* (*or.* 46) –, aber auch Reden, in denen er den Kaiser auffordert, gegen Praktiken vorzugehen, die er als Missbräuche empfand. So verlangte Libanios ein Verbot der in Antiocheia üblichen Transportleistungen, die man Bauern auferlegte, die in die Stadt kamen (*or.* 50), sowie ein Gesetz gegen informelle Besuche bei amtierenden Statthaltern (*or.* 51 + 52). Er forderte Theodosius auf, dafür zu sorgen, dass zum Tode verurteilte Verbrecher zügig hingerichtet, Unschuldige aber unverzüglich freigelassen würden, wie es der geltenden Rechtslage entspreche (*or.* 45), und trat dafür ein, bestehende Gesetze gegen die von hohen Militärs ausgeübte Patronage auch durchzusetzen (*or.* 47). In einer anderen Rede (*or.* 49) warf Libanios den führenden Ratsherren seiner Heimatstadt vor, sie boykottierten legislati-

[65] Dazu Leppin 2003, 135–168.

[66] Über Tatianus vgl. Seeck 1906, 285–288 Nr. I; *PLRE* I, 876–878 Nr. 5; Petit 1994, 240–243 Nr. 277, zu den Umständen und Ursachen seines Sturzes Rebenich 1989, über Rufinus vgl. Seeck 1906, 255–262 Nr. XII; *PLRE* I, 778–781 Nr. 18; Petit 1994, 222–224 Nr. 262.

[67] Vgl. Ernesti 1998, 400–443, der freilich dazu neigt, die Texte für bare Münze zu nehmen. Im Text nicht erwähnt sind die beiden Reden, die Libanios anlässlich des sogenannten Statuenaufstands an Theodosius gerichtet hat (*or.* 19; *or.* 23 mit Leppin 1999b) sowie die Rede *Für Thalassius* (*or.* 42), die wegen der heftigen Polemik gegen führende Senatoren Konstantinopels schwerlich für eine Verbreitung am Hof des Kaisers bestimmt gewesen sein kann.

ve Maßnahmen, die der Stärkung der Stadträte dienten, um ihre Stellung zum eigenen Vorteil missbrauchen zu können, und bat Theodosius, die Anwendung dieser Gesetze zu erzwingen. In diesen Zusammenhang gehört schließlich auch die berühmteste dieser sogenannten Reformreden, die Rede *Für die Tempel* (*or.* 30), in der Libanios Theodosius auffordert, Gewalttaten gegen heidnische Kultstätten zu unterbinden, weil diese gegen geltendes Recht verstießen.[68] Keine dieser Reden ist vor Theodosius gehalten worden, aber es gibt Anzeichen dafür, dass zumindest einige von ihnen den Kaiser oder zumindest seinen Hof erreicht haben. Dass Libanios mit Theodosius in Kontakt stand, war jedenfalls Ende der 380er Jahre so bekannt, dass die Drohung, an den Kaiser zu schreiben, einen Statthalter davon abbringen konnte, gegen den Einspruch des Libanios die Zypressen im Vorort Daphne abholzen zu lassen.[69] Ob er mit seinen Plädoyers tatsächlich etwas auszurichten vermochte, ist eine andere Frage. Dafür fehlt jeder Beweis, und gerade in der Religionspolitik hat Theodosius Anfang der 390er Jahre eine Richtung eingeschlagen, die Libanios' Wünschen diametral entgegenlief. Auch persönlich musste er in dieser Zeit erfahren, dass die Wertschätzung, die er im Zentrum der Macht genoss, durchaus ihre Grenzen kannte, als kurz hintereinander nicht nur seinem ehemaligen Hilfslehrer Thalassius die Aufnahme in den Senat von Konstantinopel verweigert,[70] sondern auch seinem Sohn Kimon die Bitte um das Amt eines Statthalters rundheraus abgeschlagen wurde.[71] Auch wenn er bis zuletzt versuchte, die Mächtigen für sich einzunehmen, hatte er doch nicht ohne Grund das Gefühl, als Vertreter einer verlorenen Sache immer stärker ins Abseits zu geraten, und musste sich eingestehen, dass er mit seinen Initiativen gescheitert war.

---

[68] Dazu ausführlich Wiemer 2011 (geschrieben 2004); zur Datierung Wiemer 1995b, 123–129. Ich halte gegen den Einspruch von Swain 2004, 391f., der die Rede auf Anfang 391 datieren möchte, an der Auffassung fest, dass das Manuskript fertiggestellt wurde, bevor Maternus Cynegius in Ägypten und Alexandreia Heiligtümer schloss und Opfer untersagte (Zos. 4, 37, 3), d.h. vor 387. Andernfalls wäre unverständlich, wie Libanios behaupten konnte, Theodosius hüte sich wohlweislich, den Kult des Nils anzutasten, weil er wisse, dass von ihm die Nilschwelle und damit der Ernteertrag des Landes abhänge (*or.* 30,35–36). Der Einwand, Zosimos übertreibe das Ausmaß der von Cynegius verübten Gewalttaten, beruht auf der irrigen Annahme, dieser habe Heiligtümer erst schließen können, nachdem Theodosius das ausdrücklich in einem allgemeingültigen Gesetz (*Cod. Theod.* XVI 10,11) angeordnet habe.

[69] *Or.* 1,262–263; vgl. *or.* 36,5; *ep.* 916 Förster, 1–3; *ep.* 957 Förster = 168 Norman, 3. In *or.* 2,70–73 von 380/1 erklärt Libanios freilich, seine Kritik habe das Ohr des Kaisers bislang nicht erreicht, weil diejenigen, die mit diesem verkehrten, einschließlich des Prätoriumspräfekten, alles andere lieber zur Sprache brächten als die Lage der Stadträte. Das mag sich später jedoch geändert haben.

[70] *Or.* 42. Zu Thalassius vgl. Seeck 1906, 291 Nr. IV; *PLRE* I, 888 Nr. 4.

[71] Wintjes 2005, 219–238.

5. Kaiser und Kaisertum in der Sicht des Libanios

Die Rede auf das Kaiserpaar Constans und Constantius (*or.* 59) war für Libanios eine lästige Pflichtübung, mit der er seine Loyalität gegenüber einem christlichen Kaiser unter Beweis stellte.[72] Unter Julian konnte er seinen Vorstellungen davon, wie ein guter Kaiser zu sein und zu handeln habe, freieren Ausdruck verleihen. In der am 1. Januar 363 gehaltenen Rede auf Julian als Konsul entwickelte er in enger Anlehnung an dessen Selbstverständnis das Idealbild eines priesterlichen Kaisertums (*or.* 12).[73] Er rühmte Julian als einen in Philosophie und Rhetorik gleichermaßen versierten Herrscher, der alles daran setze, den lange vernachlässigten Kult der Götter wiederherzustellen, weil von diesem alles andere abhänge. Denn der Beistand der Götter gewährleiste die militärische Stärke des Reiches und damit die Sicherheit und Wohlfahrt der Städte.[74] Julian wolle darum nicht weniger Priester als Herrscher sein; er bringe den Göttern täglich blutige Opfer dar und erkunde mit ihrer Hilfe selbst die Zukunft.[75] Wenn er auch keinem Menschen zur Rechenschaft verpflichtet sei, so sei er sich doch stets bewusst, dass er unter der Aufsicht der Götter stehe.[76] Nach dem Tode Julians hat Libanios dieses Idealbild noch einmal gesteigert, indem er im *Epitaphios* (*or.* 18) eine Art Heiligenleben gestaltete.[77] Auch im *Epitaphios* erscheint Julian als umfassend gebildeter Herrscher, der Tag und Nacht unablässig zum Wohl des Reiches tätig ist.[78] Wiederum hat der Kult der Götter die höchste Priorität: Der Kaiser kümmert sich zuerst um die „Heiligen Dinge" (*hiera*), weil sie die Grundlage zivilisierten Lebens schlechthin sind, das für Libanios in den Städten beheimatet ist.[79] Julian lässt aber nicht nur den öffentlichen Kult der Götter im ganzen Reich wiederherstellen,[80] sondern kümmert sich persönlich um die Bekehrung der Soldaten, bringt eigenhändig täglich Opfer dar und kom-

---

[72] Für das Kaiserbild in *or.* 59 sei auf die ausgezeichnete Analyse bei Malosse 2003, 49–72 verwiesen.

[73] Es handelt sich um den sogenannten *Hypatikos* (*or.* 12); dazu ausführlich Wiemer 1995a, 151–188.

[74] Bildung: *or.* 12,29–30. 91–97. Götterkult als Quelle militärischer Stärke und städtischer Prosperität: *or.* 12,69–90, bes. 69–70. 79. 87–90. Über Bildung als Topos des Herrscherlobs vgl. auch Schlange-Schöningen 1995, 10–39.

[75] *Or.* 12,80–83.

[76] *Or.* 12,24–25.

[77] Vgl. dazu die eindringliche Interpretation von Stenger 2009, 165–191. Den der Alleinherrschaft gewidmeten Hauptteil der Rede (§ 111–308) kommentiert Bliembach 1976; die Darstellung des Antiocheia-Aufenthalts analysiert Benedetti 1981, diejenige des Perserkriegs Benedetti-Martig 1990. Zur Datierung vgl. oben Anm. 41.

[78] Bildung: *or.* 18,11–15. 21 (Rhetorik, Philosophie, Poesie); vgl. 29–30. 72. 157. 175. 178. Rastlose Tätigkeit: *or.* 18,174–176.

[79] *Or.* 18,23. 124.

[80] *Or.* 18,114–116 (Athen). 121–126. 129. 159. 161–163.

muniziert direkt mit den Göttern.[81] Der Kaiser wirkt geradezu Wunder: Er bringt ein Erdbeben zum Stehen, indem er Poseidon besänftigt.[82] Als Feldherr geht Julian stets mit gutem Beispiel voran; er nimmt die Strapazen und Gefahren der Kriegführung willig auf sich und führt seine Soldaten selbst in die Schlacht; er eilt von Sieg zu Sieg, bis die Götter ihn zu sich nehmen.[83] Nach dem Tod offenbart sich Julians übermenschliche Natur dadurch, dass er nicht nur auf Beschluss des Senats unter die römischen Staatsgötter aufgenommen wird, wie man es mit „guten" Kaisern seit jeher getan hatte, sondern sich in einen wirkenden Gott verwandelt, der Gebete erhört.[84] Libanios macht im *Epitaphios* also kein Hehl daraus, dass ein guter Kaiser niemals Christ sein kann, auch wenn er nachdrücklich betont, dass Julian bewusst darauf verzichtet habe, Zwangsmittel einzusetzen, um Bekehrungen zu erzwingen.[85] Die kultische Verehrung der Götter ist ein integraler Bestandteil der griechischen Kultur, wie Libanios sie versteht, für den der Kaiser persönlich Sorge zu tragen hat, weil das „Heil" (*soteria*), die Sicherheit und Wohlfahrt, der Menschen, nur auf diese Weise gewährleistet werden kann. Julian genügt diesem Ideal in vollem Umfang, denn er ist „zugleich Priester, Verfasser von Reden, Seher, Richter und Soldat und in allem, was er tut, ein Retter (*soter*)".[86]

Wir wissen nicht, welche konkreten Absichten Libanios mit der Abfassung des *Epitaphios* verfolgte.[87] Sicher scheint, dass er sich verpflichtet fühlte, den Angriffen entgegenzutreten, die gegen den toten Kaiser gerichtet wurden; das kommt in der apologetischen Tendenz vieler Textpassagen deutlich zum Ausdruck. Aber es dürfte ihm auch darum gegangen sein, die Ideale zu verteidigen, die man in Julian verkörpert gesehen hatte. Der Text enthält jedenfalls auch ein politisches Programm: Indem Libanios Julian als idealen Herrscher zeichnete, stellte er einen Maßstab auf, an welchem künftige Kaiser zu messen waren. Julians Nachfolger indessen waren allesamt Christen, wenngleich erst Theodosius auch seine Rolle als Kaiser christlich interpretierte. Das Kaiserideal des *Epitaphios* konnte unter diesen Umständen nicht (mehr) als Grundlage einer öffentlichen Wirksamkeit

---

[81] *Or.* 12,32 (Gebet an Athena), 80–81 (tägliche Opfer), 82 (Mantik); *or.* 18,103–105 (Konsultation der Götter), 127 (tägliche Opfer im Palast), 162 (Götter warnen vor einem Attentat), 171–173 (Visionen), 179–180 (Julian als Seher), 252 (Himmelszeichen), 261 (Gott mahnt zur Umkehr).

[82] *Or.* 18,177. Hier und in *or.* 37,7 betet Julian für Konstantinopel, in *or.* 15,71 dagegen für Antiocheia.

[83] *Or.* 18,42–71. 75–79. 87–89. 204–266, bes. 58. 68. 216. 226. 236. 266. Dazu Benedetti-Martig 1990, 51–110.

[84] *Or.* 18,304 mit Nock 1957.

[85] *Or.* 18,121–123. 125. 167–168. Libanios nahm diese Position schon zu Julians Lebzeiten ein: Wiemer 1995a, 65–68 (mit den Belegen).

[86] *Or.* 18,176: ὁ αὐτὸς ἱερεύς, λογογράφος, μάντις, δικαστής, στρατιώτης, διὰ πάντων σωτήρ; vgl. *or.* 12,80.

[87] Vgl. die Überlegungen von Stenger 2009, 189–191.

dienen. Wer Einfluss auf die kaiserliche Politik nehmen wollte, aber nicht bereit war, den alten Göttern abzuschwören, musste unter Theodosius an normative Vorstellungen appellieren, die für Heiden und Christen gleichermaßen akzeptabel waren. Heiden, die beim Kaiser oder seinen Funktionären etwas erreichen wollten, kamen nicht umhin, ihr Kaiserideal seiner religiösen Komponente zu entkleiden und damit gleichsam zu neutralisieren. Vor dieser Aufgabe stand auch Libanios, als er sich nach dem Tode des Kaisers Valens entschloss, mit konkreten Reformvorschlägen hervorzutreten und diese dem Hof des Theodosius zu unterbreiten. Zwar hat er kurz nach dessen Regierungsantritt noch einmal das ganze Arsenal heidnischer Geschichtstheologie aufgeboten, um den im Osten noch weitgehend unbekannten Kaiser zu überzeugen, dass das Desaster von Hadrianopel eine Strafe der Götter für den ungesühnten Mord an Julian gewesen sei (*or.* 24).[88] Er hat jedoch sehr schnell begriffen, dass er beim neuen Kaiser des Ostreiches auf diese Art und Weise nichts ausrichten konnte. Alle anderen Reden, die Libanios an Theodosius adressiert hat, versuchen den Kaiser auf Normen zu verpflichten, die für Heiden und Christen gleichermaßen verbindlich waren.

In den „theodosianischen Reden" erscheint der Kaiser darum nicht mehr wie in den „julianischen" als Priester, und „Frömmigkeit" (*eusebeia*) ist nicht mehr die zentrale Herrschertugend. Vielmehr zeichnet Libanios den Kaiser vor allem als Quelle und Hüter des Rechts und der Gesetze. Immer wieder beruft er sich in den Reden der theodosianischen Zeit auf die geltende Rechtslage, die er aus bestimmten Gesetzen ableitet, und fordert den Kaiser auf, den bestehenden Gesetzen zur Durchsetzung zu verhelfen oder auch neue Gesetze zu erlassen.[89] Die Gesetze sind für ihn einer der beiden Grundpfeiler des Reiches:

> „Ich glaube, alle dürften zustimmen, dass diese beiden Faktoren die bedeutendsten unter denen sind, die euch das Reich zusammenhalten: die Kraft der Waffen und die der Gesetze. Die eine sorgt für den Sieg über die äußeren Feinde, die andere dafür, dass man sein Recht bekommt. Die Gesetze allerdings benötigen Richter, damit diese tun, was jene sagen. Denn die Gesetze haben weder Hände noch Füße, und falls einer sie ruft, dann werden sie ihn weder rufen hören noch ihm zu Hilfe kommen. Sie helfen durch diejenigen, die Urteile fällen. Von den Menschen aber werden die einen durch

---

[88] Kommentierte Ausgabe von Criscuolo 1994 (zur Datierung: 15–21).

[89] Kaiser als Gesetzgeber: *or.* 18,151: νόμους βασιλεῦσι θεῖναι μὲν ῥᾴδιον, ἔξεστι γάρ, συμφέροντας δὲ οὐ ῥᾴδιον, φρονήσεως γὰρ ἤδη τοῦτό γε; vgl. *or.* 1,27. 145; *or.* 2,66; *or.* 15,21; *or.* 18,148. 193. 195; *or.* 19,19; *or.* 20,13; *or.* 27,13; *or.* 28,4. 24; *or.* 30,15. 52–53; *or.* 33,15–17. 42; *or.* 45,2. 32–33; *or.* 47,35–38; *or.* 48,15–16. 23. 26–27; *or.* 49,5–6. 27; *or.* 50,6. 12. 14. 17. 36–37; *or.* 51,2–3. 17–19. 32; *or.* 52,2–3. 18. 46–47. 50; *or.* 56,24; *or.* 62,8; *ep.* 115 Förster = 56 Norman, 6. Die moderne Forschung tut sich häufig schwer, die Gesetze, auf die Libanios sich bezieht, mit einem der Exzerpte zu identifizieren, die Eingang in den *Codex Theodosianus* gefunden haben – die Angaben bei Norman 1979 sind nicht selten problematisch. Dies hängt nicht allein mit der Vagheit dieser Verweise zusammen, sondern auch damit, dass viele Gesetze nicht mehr auffindbar waren, als die Kompilation entstand.

die Furcht gerecht gemacht, die anderen dadurch gebessert, dass sie bestraft werden. Wenn die äußeren Feinde beherrscht werden und die Gesetze herrschen, kann man glücklich sein."[90]

Wenn Libanios von Recht und Gesetzen spricht, ist natürlich weder an unveräußerliche Grund- oder Menschenrechte noch an eine Art konstitutioneller Monarchie zu denken. Die Aussage, auch dem Kaiser sei nicht alles erlaubt,[91] soll keineswegs zum Ausdruck bringen, dass seinem Willen durch unverfügbare Normen oder gar unabhängige Instanzen Grenzen gesetzt wären. Auch wenn der Sophist den Kaiser anders als der Philosoph Themistios niemals als „beseeltes Gesetz" (*nomos empsychos*) bezeichnet,[92] stellt er durchaus nicht in Frage, dass der Kaiser keinem Menschen Rechenschaft schuldet, und erkennt ausdrücklich an, dass sein Wille Gesetzeskraft besitzt.[93] Dies gilt auch für Religionsfragen. Deshalb kann Libanios in der Rede *Für die Tempel* (*or.* 30,52–53) argumentieren, Theodosius sei zwar durchaus befugt, seinen heidnischen Untertanen den Übertritt zum Christentum zu befehlen, wolle dies aber nicht, weil er zu Recht davon überzeugt sei, dass er auf diese Weise lediglich Scheinkonversionen bewirken würde. Solange Gesetze freilich gelten, ist auch der Kaiser verpflichtet, sie einzuhalten, denn das unterscheidet ihn vom Tyrannen, der willkürlich entscheidet.[94] Vor allem aber muss der Kaiser dafür sorgen, dass alle anderen sie ebenfalls einhalten. Das aber setzt voraus, dass diejenigen, die sie übertreten, bestraft werden. Denn ohne die Furcht vor Strafe bleiben die Gesetze wirkungslos.[95] Von dieser Regel lässt Libanios nur eine Ausnahme zu, nämlich das Recht des Kaisers, Strafen zu mildern oder ganz zu erlas-

---

[90] *Or.* 51,2–3: οἶμαι δὴ πάντας ἂν ὁμολογῆσαι δύο ταῦτα τῶν τὴν ἀρχὴν ὑμῖν συνεχόντων εἶναι τὰ μέγιστα, τήν τε τῶν ὅπλων ἰσχὺν καὶ τὴν τῶν νόμων. ὧν ἡ μὲν τῶν πολεμίων περιεῖναι ποιεῖ, παρὰ δὲ τῶν ἔστι δικαίων τυγχάνειν. αὐτοῖς δέ γε τοῖς νόμοις δεῖ δικαστῶν τῶν ἃ λέγουσι ἐκεῖνοι ποιησόντων. οὐ γὰρ δὴ χεῖρες οὐδὲ πόδες εἰσὶ τοῖς νόμοις, οὐδ᾽ εἴ τις αὐτοὺς καλέσειεν, οὔτ᾽ ἀκούσονται βοῶντος οὔτ᾽ ἀφίξονται βοηθοῦντες. βοηθοῦσι δέ γε διὰ τῶν δικαζόντων. τῶν δ᾽ ἀνθρώπων τοὺς μὲν ποιεῖ δικαίους ὁ φόβος, τοὺς δὲ τὸ δοῦναι δίκην βελτίονας. κρατουμένων μὲν οὖν τῶν πολεμίων καὶ τῶν νόμων κρατούντων εὐδαίμοσιν ἔστι εἶναι; vgl. *or.* 50,14; *or.* 52,2.

[91] *Or.* 51,19: οὐδὲ σοὶ πάντα ἔξεστιν, ὦ βασιλεῦ. αὐτὸ γὰρ τοῦτ᾽ ἔστι βασιλεία τὸ μὴ πάντα τοῖς ἐπ᾽ αὐτῆς ἐξεῖναι; vgl. *or.* 25,57: βασιλεία δὲ ὑπὸ νόμοις.

[92] Grundlegend: Dagron 1968, 121–134, bes. 127–134.

[93] *Or.* 12,24–25; *or.* 18,100. 184; *or.* 19,50; *or.* 59,162.

[94] Dem *Epitaphios* zufolge war Magnentius zwar ein Usurpator, aber kein Tyrann, weil er sich an die Gesetze hielt (*or.* 18,33); wenn es in derselben Rede heißt, ein Kaiser lege im Gegensatz zum Tyrannen gerne Rechenschaft über seine Taten ab (*or.* 18,115), ist das nicht wörtlich zu nehmen; es geht um Julians „Brief an die Athener", nicht um ein geregeltes Verfahren. Zum Bild des „schlechten" Kaisers in den Reden des Libanios vgl. Malosse 2002, zu dem des Tyrannen in den Deklamationen vgl. Schouler 1984, II, 862–872.

[95] *Or.* 17,2: νόμοι δὲ κωλυταὶ κακουργημάτων; *or.* 24,28; *or.* 28,27; *or.* 33,18; *or.* 45,2. 28. 33; *or.* 47,26. 37–38; *or.* 50,36; *or.* 51,2. 32; *or.* 52,2–3.

sen.[96] Die Herrschertugend der Milde – bei Libanios heißt sie *philanthropia* – schließt das Begnadigungsrecht ein.

Wie in den „julianischen" erscheint das *Imperium Romanum* auch in den „theodosianischen" Reden als ein Verbund von Städten, die als Hort menschlicher Kultur schlechthin vorgestellt werden. Unter diesen Städten gibt es eine Hierarchie quantitativer Art: Rom ist die größte Stadt, Konstantinopel die zweitgrößte, Antiocheia kommt an dritter Stelle.[97] Den Rang einer „Hauptstadt" hingegen erkennt Libanios keiner Stadt zu, schon gar nicht Konstantinopel.[98] Dabei nimmt Libanios grundsätzlich eine östliche Perspektive ein: Der lateinische Westen gerät nur dort in den Blick, wo er auf Kaiser zu sprechen kommt, die dort regierten: auf Constans (337–350) oder auf Julian als Caesar.[99] Die Welt des Sophisten ist zudem eine städtische; das Land spielt für ihn nur insofern eine Rolle, als dort Güter erzeugt und Erträge erwirtschaftet werden, die man fürs Leben in der Stadt benötigt. In diesem Sinne sind die Dörfer für Libanios das Fundament der Städte, und weil der Kaiser die Steuern mit Hilfe der Ratsherren einzieht, zugleich das Fundament des Reiches.[100]

An der Spitze dieses Reiches steht der Kaiser; zwischen ihm und den Städten stehen Präfekten, Vikare und Statthalter.[101] Dass zwischen diesen Funktionären eine Hierarchie besteht, ist Libanios vollauf bewusst: Nach dem Kaiser kommt der Prätoriumspräfekt; er ist häufig bei Hof anwesend und darum imstande, den Kaiser direkt zu beeinflussen.[102] Der Gouverneur der Diözese *Oriens*, der *comes Orientis*, steht unter dem Präfekten, aber über dem Gouverneur der Provinz Syria, dem *consularis Syriae*.[103] Die Monarchie als Regierungsform ist für Libanios etwas Selbstverständliches,

---

[96] Dazu Wiemer 1995a, 232–236 (mit den Belegen).

[97] Rom die größte Stadt, Konstantinopel die zweitgrößte: *or.* 18,11; *or.* 30,5; *or.* 59,94; *ep.* 1061 Förster, 4; vgl. Dagron 1974, 55–60. Rom als Bollwerk des Heidentums: *or.* 30,33–34. Rom als Studienort: *or.* 40,5; *or.* 43,5; *or.* 48,22. 25. 28–30; *or.* 49,27–29. Antiocheia an dritter Stelle: *or.* 15,59; *or.* 20,40; *or.* 33,24 (dazu Saliou 2006, 281f.). A. am schönsten: *or.* 11,270–271 (dazu Nock 1954); *or.* 18,292. A. die μητρόπολις Ἀσίας: *or.* 11,130, 187.

[98] Den Ehrentitel βασιλεύουσα πόλις verwendet Libanios nur ein einziges Mal, und zwar für Rom: *or.* 39,19.

[99] Constans: *or.* 59,123–149; Julian: *or.* 12,42–68; *or.* 13,20–32; *or.* 18,31–90.

[100] *Or.* 30,10–11; *or.* 50,36; vgl. *or.* 11,230. Nicht die Statthalter erheben die Steuern, sondern der Stadtrat: *or.* 45,24; *or.* 47,7–8.

[101] Die dreistufige Hierarchie: *or.* 6,5; *or.* 36,5.

[102] *Or.* 6,5: ὕπαρχος, μηδενὸς ἥττων ἢ μόνου τοῦ τὸ σκῆπτρον ἔχοντος; *or.* 38,20: ἡ μεγίστη τῶν ἀρχῶν; *or.* 49,1: τοῦ μετὰ σου τοῖς ἄλλοις ἄρχουσιν ἐφεστηκότος; *ep.* 362 Förster = 64 Bradbury, 7: PPO steht über dem *mag. off.*

[103] Der *comes Orientis* hat den μείζων θρόνος (*or.* 1,216) oder die μείζων ἀρχή inne (*or.* 27,6; *or.* 33,27), der *consularis Syriae* die ἐλάττων ἀρχή: *or.* 27,6. Das aus ihrem Nebeneinander resultierende Spannungsverhältnis thematisiert Libanios mehrfach: *or.* 27,6; *or.* 33,6–7. 20. 27. Der *comes Orientis* regiert mehrere Provinzen: *or.* 6,5; *or.* 42,54; *or.* 46,13; vgl. *or.* 19,36 (ἄρχων τῶν ἐθνῶν); *or.* 36,5 (τοὺς πλείοσιν ἔθνεσιν ἐφεστηκότας); *or.* 41,10 (ἄρχων ἐθνῶν). Der *vicarius Ponticae* herrscht zwischen Chalkedon und Kilikien: *or.* 48,19.

das keiner Begründung bedarf. Dabei unterscheidet er das römische Kaisertum nicht von anderen Formen der Monarchie: Der römische Kaiser heißt bei ihm stets *basileus* und wird damit in eine historische Kontinuitätslinie gestellt, die bis zu den Königen der Makedonen und Perser, ja bis zu den *basileis* Homers zurückreicht. Constantius, Julian und Theodosius stehen in einer Reihe mit Alexander, Kyros und Agamemnon.[104] Vom Mehrkaisertum nimmt Libanios nur dann Notiz, wenn es eine tatsächliche Aufspaltung der kaiserlichen Gewalt bedeutet – bei den Brüdern Constantius und Constans, bei Constantius und seinen Caesares Gallus und Julian und schließlich bei den Brüdern Valentinian und Valens.[105] In den „theodosianischen Reden" spricht der Sophist stets von „dem" Kaiser, obwohl Theodosius zwischen 383 und 392 zwei gleichrangige, aber unmündige Mitkaiser hatte. Die demokratische Verfassung des klassischen Athen wird zwar in Schultexten evoziert, hat aber keinerlei Relevanz für die Gegenwart: Die Vorbildhaftigkeit des Demosthenes besteht in seiner Beredsamkeit und in seinem Eintreten für die Heimatstadt, nicht in seiner politischen Gesinnung.[106] Auf die römische Republik kommt Libanios nur einmal zu sprechen, in der Rede auf den Konsul Julian. Dort (*or.* 12,8–9) erscheint sie als bloßes Zwischenspiel zwischen dem Königtum der Frühzeit und der Monarchie, die in der Gegenwart besteht. Dass seine Heimatstadt Antiocheia einem Reich angehört, das von Monarchen regiert wird, ist für Libanios kein Anlass zur Klage über den Verlust städtischer Freiheit, sondern ein seit der Gründung bestehender Zustand, der für beide Seiten vorteilhaft ist oder zumindest sein kann: Wie er in der Festrede auf Antiocheia (*or.* 11) ausführt, war die Stadt bis zur Einrichtung der Provinz *Syria* im Jahre 63 v. Chr. die Residenz von Königen aus dem Hause der Seleukiden

[104] Bemerkt von Malosse 2002, 166f. Der Begriff *autokrator* erscheint nur als Anrede für Julian (in der Adresse von *ep.* 758 Förster = 95 Norman; *ep.* 760 Förster = 94 Norman; *ep.* 802 Förster = 98 Norman; *ep.* 811 Förster = 100 Norman, in der Überschrift von *or.* 12 und im Proömium von *or.* 16,1), der den Titel in seinen eigenen Schriften verwendete, seit er den Rang eines Augustus beanspruchte.

[105] In der Rede auf Constantius und Constans betont Libanios die Eintracht zwischen den beiden Augusti (*or.* 59,151–153) und die Wiederherstellung der Reichseinheit (*or.* 59,168–172), in den „julianischen Reden", dass Julian als Caesar dem Augustus Constantius untergeordnet gewesen sei: *or.* 12, bes. 42–44. 49. 58. 61–62; *or.* 13, bes. 21. 33; *or.* 18,31. 36–37. 42. 48. 83–85. 90–99. 106; vgl. *or.* 18, 16, 24 (Gallus). Die Brüder Valentinian und Valens werden häufig als „die (beiden) Kaiser" apostrophiert: *or.* 19,15; *or.* 20,25; *or.* 30,7; *ep.* 1124 Förster = 137 Bradbury, 3; *ep.* 1216 Förster, 1; *ep.* 1223 Förster = 104 Bradbury, 2; *ep.* 1336 Förster = 170 Bradbury, 2–3; *ep.* 1467 Förster, 3; *ep.* 1520 Förster, 3. Das Verbot des Tieropfers schreibt Libanios beiden zu (*or.* 30,7) und verweist mehrfach auf gemeinsame Entscheidungen: *ep.* 1216 Förster, 1–2; *ep.* 1263 Förster, 2; vgl. *or.* 1,145; *or.* 24,10–11 (Grab Julians); *or.* 47,21.

[106] In der Rede auf seine Heimatstadt erklärt Libanios, wie in der Demokratie alle gleiche Rechte hätten, so genieße in Antiocheia jedermann gleichermaßen die frische Luft: *or.* 11,225. Über das Athen-Bild in den Deklamationen ausführlich Schouler 1984, II, 573–607. Demosthenes bei Libanios: Schouler 1984, II, 542–561; Wiemer 1995a, 54f.

gewesen.[107] Im Grunde habe lediglich ein Dynastiewechsel stattgefunden, denn die Römer hätten der Stadt ihre Bedeutung erhalten und „nach ihrem Brauch" sogar vergrößert.[108]

Der religiös neutrale Kaiser hat für Libanios vor allem vier Aufgaben: Erstens soll er die Untertanen vor äußeren Feinden schützen; zu diesem Zweck unterhält er eine Armee.[109] Damit der Kaiser seine Soldaten bezahlen kann, muss er Steuern erheben.[110] Von den Generälen, die der Kaiser mit dem Kommando über seine Soldaten betraut, erwartet Libanios, dass sie tapfer kämpfen und sich nicht in Belange einmischen, die sie nichts angehen; vor allem sollen sie nicht dadurch Macht und Reichtum erwerben, dass sie die städtischen Eliten aus ihrer angestammten Rolle als Patrone in Stadt und Land verdrängen.[111] Zweitens soll der Kaiser im Inneren für Ruhe und Ordnung sorgen, indem er Gesetze erlässt und für deren Durchführung sorgt. Weil er nicht überall selbst anwesend sein kann, ernennt er Statthalter, die in seinem Namen Recht sprechen und Gesetzesverstöße ahnden.[112] Verletzen Statthalter ihre Amtspflichten, fällt es auf den Kaiser zurück, wenn sie nicht abgesetzt und streng bestraft werden, denn ihm darf nichts verborgen bleiben.[113] Von den Statthaltern des Kaisers erwartet Libanios, dass sie als Richter unbestechlich und gerecht urteilen,[114] keine unnötige Brutalität anwenden, auch nicht gegen Angehörige der Unter-

---

[107] Vorrömische Vergangenheit: *or.* 11,42–130. Libanios war die hellenistische Vergangenheit Antiocheias anders als der Mehrheit seiner gebildeten Zeitgenossen durchaus gegenwärtig: dazu Wiemer 2003. Antiocheia als Residenz römischer Kaiser: *or.* 11,176–180. Für die Darstellung des urbanen Raums aufschlussreich: Saliou 2006.

[108] *Or.* 11,130: οὕτως αὐτοῖς τήν τε ὑπάρχουσαν ἀξίωσιν ἐτήρησαν καὶ ὅση παρ᾿ αὐτοῖς νενόμισται προσέθεσαν καὶ τὸ μητρόπολιν εἶναι τῆς Ἀσίας.

[109] *Or.* 20,47; *or.* 24, bes. 1. 38–41; *or.* 30,14; *or.* 50,14–15; *or.* 51,2–3; vgl. *or.* 12,20–21. 46–53; *or.* 18,42–71. 75–81. 87–89. 204–266. Der Kaiser schützt die Städte: *or.* 12,50–51; *or.* 18,81; *or.* 49,32; *ep.* 410 Förster, 4.

[110] *Or.* 20,31; *or.* 22,4; *or.* 47,10.

[111] *Or.* 47, bes. 25–34; vgl. zu dieser Rede Harmand 1955 (mit der wichtigen Besprechung durch A. H. M. Jones, *CR* n.s. 7, 1957, 35f.); Carrié 1976; Krause 1987, 83–87. Dort wird auch auf andere Stellen verwiesen, an denen Libanios das Eindringen militärischer Funktionsträger in Bereiche beklagt, in denen sie seiner Ansicht nach nichts zu suchen hatten.

[112] *Or.* 51,3: εἰ μὲν οὖν οἷόν τ᾿ ἦν εἶναι πανταχοῦ τὰ ὑμέτερα σώματα, τῶν ἀρχόντων οὐδὲν ἄν τούτων ἔδει τῶν περὶ τὰ ἔθνη παρ᾿ ὑμῶν πεμπομένων ἅπασιν ὑμῶν τοῖς δικαζομένοις ἀποχρώντων, ὥσπερ τῆς ἡλίου λαμπάδος. ἐπεὶ δὲ τοῦτο οὐχ οἷόν τε, δι᾿ ἑτέρων αὐτοῖς ἐφεστήκατε καὶ διὰ τῆς ἐκείνων γνώμης ὑμεῖς τὰς ψήφους τίθεσθε; vgl. *or.* 50,27.

[113] *Or.* 51,24: εἰ δ᾿ ἑτέρων δεήσονται (sc. οἱ ἄρχοντες) τῶν ἃ χρὴ ποιεῖν διδαξόντων, σέ τις ἂν αἰτιάσαιτο, βασιλεῦ, τὸν δέον ἀντὶ τούτων ἐκείνοις διδόναι τὰς ἀρχὰς τούτοις διδόντα; *or.* 45,12: ἀπαιτῇ γὰρ ὑπὸ τῆς βασιλείας, ὦ βασιλεῦ, τὸ πάντα ἐπίστασθαι. Der Kaiser setzt Statthalter ab: z. B. *or.* 2,41; *or.* 28,5; *or.* 33,1. 43; *or.* 45,12. 33.

[114] In den Briefen bezeichnet Libanios die Aufgabe der Statthalter gerne als νόμων φυλακή: z. B. 5 Förster, 2; 238 Förster, 4; 773 Förster, 1; 1049 Förster, 3; 1350 Förster = 109 Bradbury, 3; 1364 Förster = 105 Norman, 3. Gesetze werden wirksam, wenn die Statthalter Strafen verhängen: *or.* 45,28. 33.

schichten, vor allem aber den lokalen Eliten (insbesondere seiner eigenen Person) stets Achtung entgegenbringen und ihre Wünsche wohlwollend berücksichtigen, zumal wenn es um die Besetzung von Posten und die Gewährung von Privilegien geht.[115]

Die dritte Aufgabe, die der Kaiser bei Libanios zu erfüllen hat, ist die Fürsorge für die Städte. Diese Erwartung richtet sich keineswegs allein auf Baustiftungen und andere Zuwendungen finanzieller Art. Für Libanios können die Städte nur dann prosperieren, wenn der Kaiser die Funktionsfähigkeit der städtischen Ratsgremien erhält, indem er die Ratsherren vor Angriffen auf ihren sozialen Status und ihren materiellen Wohlstand schützt.[116] Viertens schließlich trägt der Kaiser nach Libanios auch eine Verantwortung für die Bildung: Insbesondere soll er dafür sorgen, dass das Studium des Lateinischen und des römischen Rechts nicht demjenigen der griechischen Rhetorik den Rang ablaufe. Libanios fordert geradezu ein Verbot dieser beiden Studienfächer, in denen er eine tödliche Gefahr für die einzig wahre Bildung sieht, für die Söhne aus Ratsherrenfamilien.[117]

Wie kann der Kaiser diese Aufgaben bewältigen? In den „julianischen Reden", vor allem im *Epitaphios*, erscheint der Kaiser als rastlos tätiger Herrscher, der das Reich alleine regiert und alle Fäden in der Hand hält. Er verbringt den Vormittag mit dem Empfang von Gesandtschaften und dem Erledigen der Korrespondenz; nach einer Mittagspause setzt er die Regierungsarbeit bis in die späten Abendstunden fort: Julian schreibt an Städte, an militärische und zivile Befehlshaber und an Freunde, er liest Briefe, die eingegangen sind, und er prüft Petitionen.[118] Dabei helfen ihm Sekretäre, die sein Diktat aufnehmen, wenngleich er die meisten *notarii*, die seinem Vorgänger gedient hatten, bei Regierungsantritt entlassen hat.[119] Auf Beratungen im Kronrat kann Julian verzichten: Da er über philosophische Einsicht (*phronesis*) verfügt und von den Göttern beraten wird, bedarf er menschlicher Ratgeber nicht.[120] Für die Kommunikation mit den Unterta-

---

[115] Respekt vor dem Stadtrat: *or.* 11,139–146; *or.* 35,5–11. Plädoyers für Angehörige der städtischen Unterschichten: *or.* 29 mit WIEMER 1996b.

[116] *Or.* 18,146–150; *or.* 2,33; *or.* 28,4. 23; *or.* 48,3–4. 25; *or.* 49,2–3.

[117] Verbot von Latein und Jura: *or.* 49,27. Libanios klagt an vielen Stellen über das Vordringen dieser neuen Studienrichtungen: z. B. *or.* 1,154. 214–215. 234; *or.* 2,43–46; *or.* 40,5; *or.* 43,3–5; *or.* 48,23–25. 28–30; *or.* 62, bes. 7–18. 21–23. 33–34. Mehr bei PETIT 1955, 363–370; PETIT 1957a, 179–185; LIEBESCHUETZ 1972, 242–255; CRIBIORE 2007, 206–212.

[118] *Or.* 18,174: πρεσβείαις ἀποκρινόμενος συχναῖς ἐπὶ μιᾶς ἡμέρας, πόλεσιν ἐπιστέλλων, στρατοπέδων ἄρχουσιν, πόλεων ἄρχουσιν, φίλοις ἀποδημοῦσι, φίλοις ἐπιδημοῦσι, ἀκούων ἐπιστολῶν, δοκιμάζων αἰτήσεις, βραδείαις ἀποφαίνων χεῖρας ὑπογραφέων τῷ τάχει τῆς γλώττης; vgl. *or.* 17,18; *or.* 18,151 (Gesetzgebung).

[119] *Or.* 18,131–134 (dazu VOGLER 1979, 63f., 192–197); vgl. *or.* 2,58: Julian habe lediglich vier *notarii* übernommen, was kaum richtig sein kann: BLIEMBACH 1976, 42–46.

[120] *Or.* 18,173: τούτῳ (sc. Ἰουλιανῷ) δὲ ἀνθρώπων οὐδενὸς πρὸς ταῦτα ἔδει, πάντων γὰρ ἦν ἀνθρώπων ἐν βουλαῖς ὀξύτατος, παρὰ δὲ τῶν ἅπαντα εἰδότων ἦσαν αἱ παραινέσεις; vgl. *or.* 12,83. Als Kontrastfolie dient dabei immer wieder Constantius, der

nen genügen ihm Leute seines Vertrauens, die er ad hoc als Boten einsetzt. Die für Kurier- und Spitzeldienste zuständigen *agentes in rebus* jagt er davon,[121] den für den Transport von Nachrichten und Personen geschaffenen staatlichen Transportdienst (*cursus velox*) reduziert er auf ein Minimum.[122]

Das offiziöse, für die Spätantike insgesamt charakteristische Bild eines Kaisers, der in eigener Person unermüdlich für seine Untertanen sorgt, wird im *Epitaphios* bis zum Äußersten gesteigert. Dass der Kaiser viele Helfer benötigt, um sein riesiges Reich zu regieren, wird dabei weitgehend ausgeblendet, wenn man von den Soldaten einmal absieht. Nur wenn es darum geht zu erklären, weshalb Julian so viele Feinde hatte, kommt Libanios auf die Umgebung des Kaisers zu sprechen (*or.* 18,200–203): Es seien die „falschen Freunde" gewesen, denen es nur um ihre persönlichen Interessen gegangen sei, die den Kaiser in Misskredit gebracht hätten. Im Prinzip aber genügt Julians Wille, um das Reich, das sich unter Constantius in einem desolaten Zustand befunden habe, von Grund auf zu reformieren. Für seine Untertanen, jedenfalls soweit sie über die nötige Bildung verfügen, ist dieser ideale Kaiser erreichbar und auch persönlich zugänglich; im Umgang mit Sophisten und Philosophen durchbricht er das strenge Hofzeremoniell und bringt dadurch zum Ausdruck, was er höher als alles andere schätzt: Bildung.[123]

Hätte Julian länger gelebt, so wäre ein „goldenes Zeitalter" angebrochen, davon war Libanios überzeugt. Unter Julians Nachfolgern hingegen lag aus seiner Sicht vieles im Argen. Wenn er auf diese Missstände aufmerksam machen wollte, konnte er für sie freilich nicht den regierenden Kaiser verantwortlich machen. Es war aber möglich, seine Ratgeber und Funktionäre zu kritisieren, wenngleich dies mit einem erheblichen Risiko behaftet war, solange diese in Amt und Würden standen.[124] In den „theodosianischen Reden" zeichnet daher Libanios ein realistischeres Bild von

---

angeblich völlig von seinen Ratgebern abhängig gewesen sei: z. B. *or.* 14,3; *or.* 18,152; *or.* 30,7; *or.* 62,9. Libanios wusste natürlich, dass auch Julian auf Berater angewiesen war, und war stolz darauf, selbst einer zu sein.

[121] *Or.* 18,135–142 (dazu Vogler 1979, 183–192, 197–210). Nach *or.* 2,58 hat Julian immerhin noch 17 *agentes in rebus* in seinem Dienst behalten. Dagegen sollen es zu Beginn der Herrschaft Theodosius' I. wieder 520 *notarii* und mehr als 10.000 (μύριοι) *agentes in rebus* gewesen sein. Diese Zahl ist sicher übertrieben, aber auch nicht völlig aus der Luft gegriffen, denn Theodosius II. hat die Zahl der *agentes in rebus* im Jahre 430 auf 1174 begrenzt, Leo I. später auf 1248: *Cod. Theod.* VI 27, 23; *CJ* 12, 20, 3.

[122] *Or.* 18,143–145; dazu Vogler 1979, 201–207, 274–276.

[123] *Or.* 1,155–156 (Begrüßung des Philosophen Maximus); 161 (Sophisten); vgl. dagegen Amm. 22, 7, 3–4.

[124] In *ep.* 916 Förster, 1–3 erklärt Libanios, er habe sich in einer Rede (F 42) gegen ein Gesetz gewandt, das offenbar für Advokaten eine juristische Vorbildung vorschrieb, diese Rede aber unter Verschluss gehalten, bis das Gesetz wieder aufgehoben worden sei, weil ihn Leute, die Zugang zu Hofkreisen hätten, davor gewarnt hätten, „den Gesetzgeber" (= Tatianus?) gegen sich aufzubringen.

der Art und Weise, wie politische Entscheidungen getroffen und umgesetzt werden. Er geht davon aus, dass der Kaiser seine Entscheidungen im Kreise von Höflingen trifft, und warnt Theodosius davor, sich von schlechten Ratgebern beeinflussen zu lassen.[125] Der Kaiser ist stets in Gefahr, von seiner Umgebung falsch informiert, ja geradezu hinters Licht geführt zu werden, weil er außerstande ist, sich selbst vor Ort ein Urteil zu bilden.[126] Er erhält schriftliche Berichte und Anfragen seiner Funktionäre, die ihn zum Handeln auffordern,[127] aber er kommuniziert auch direkt mit den Städten, indem er Gesandtschaften empfängt.[128] Dabei ist der Prätoriumspräfekt seine rechte Hand.[129] Entscheidungen, die der Kaiser trifft, können die Form eines Privilegs annehmen, das nur für den Einzelfall gilt;[130] insbesondere versendet er die Kodizille, die den Rang eines Senators verleihen und zur Aufnahme in den Senat berechtigen.[131] In der Regel freilich äußert sich der Wille des Kaisers in einem allgemeingültigen Gesetz, das

[125] *Or.* 27,41; *or.* 30,1–3; *or.* 47,2; *or.* 48,1; *or.* 52,1; *or.* 62,9. Viele Beispiele in den Briefen: z. B. 48 Förster = 38 Bradbury, 3; 794 Förster = 97 Norman; 796 Förster = 156 Bradbury; 846 Förster = 148 Norman, 4–5; 916 Förster; 1185 Förster = 127 Norman, 3; 1459 Förster = 119 Norman, 2.

[126] *Or.* 30,46–48; *or.* 45,2. Vgl. *or.* 18,132–133: Die *notarii* des Constantius geben als Befehl des Kaisers aus, was immer sie wollen, und führen sich selbst gegenüber den Prätoriumspräfekten auf, als ob sie selbst Herren wären.

[127] *vicarius Ponticae* berichtet über Lage der Stadträte: *or.* 48,19–21. Bericht eines PPO führt zur Absetzung eines Statthalters: *or.* 56,21. Bericht des *mag. off.* Caesarius über Aufruhr in Antiocheia: *or.* 21,20.

[128] *Or.* 1,258; *or.* 15,4; *or.* 18,175; *or.* 19,1–4; *or.* 20,1. 45; *or.* 32,2. 14; *or.* 48,6. 27; *ep.* 873 Förster, 3; vgl. Petit 1955, 415–419; Liebeschuetz 1972, 265–269 (Listen).

[129] Vgl. oben Anm. 104 sowie *or.* 1,251 (PPO setzt Statthalter ab); *or.* 2,72–73 (verweigert Unterstützung für die Stadträte); *or.* 12,12 (Konsulat & Präfektur; vgl. *or.* 6,5); *or.* 18,9 (Constantin übernimmt einen PPO des Licinius); 84 (PPO als Richter über Statthalter); 85 (fordert Absetzung eines *quaestor*); 182 (urteilt *vice sacra*); 214 (organisiert Heeresversorgung); *or.* 19,47 (Antiocheia-Mission des Strategius); *or.* 30,46–49; *or.* 49,3 (Orient-Mission des Cynegius); *or.* 54,52; *or.* 56,14 (städtische Gesandtschaft an PPO); 21 (fordert Absetzung eines Statthalters); *or.* 59,162–163 (Rechtsprechung *vice sacra*). In *ep.* 871 Förster, 3 erklärt Libanios, der Kaiser ernenne seine Funktionäre auf Vorschlag des PPO, in *ep.* 916 Förster, 3 bezeichnet er den PPO geradezu als „Gesetzgeber". PPO entscheidet über Kurienpflichtigkeit: *or.* 38,20; *or.* 49,31. Unter Constantius werden *notarii* Präfekten: *or.* 1,131; *or.* 62,11. 51. Reichhaltiges, noch nicht hinreichend ausgewertetes Material findet sich in den Briefen des Libanios an die Prätoriumspräfekten Strategius Musonianus, Hermogenes, Anatolius (zu ihm Bradbury 2000), Secundus Salutius, Tatianus und Rufinus.

[130] Z. B. *or.* 14,25–26; *or.* 17,37; *or.* 18,147; *or.* 50,22; *ep.* 959 Förster = 169 Norman, 4. Beispiele für Schreiben (γράμματα) oder Briefe (ἐπιστολαί) des Kaisers in den Briefen: 169 Förster, 2; 144 Förster, 3; 169 Förster, 2; 214 Förster, 4; 265 Förster = 67 Bradbury, 1; 271 Förster, 3; 796 Förster = 156 Bradbury, 1; 958 Förster, 3; 1201 Förster, 2; 1225 Förster, 1; 1221 Förster = 121 Norman, 6; 1459 Förster = 119 Norman, 1; vgl. 230 Förster, 2–3. Strafurteil nach dem Statuen-Aufruhr: *or.* 20,6; *or.* 23,25–27; Gnadenerlass: *or.* 20,7. 38.

[131] *Or.* 42,6 mit Petit 1957b; Dagron 1974, 154–163; *ep.* 434 Förster = 12 Norman, 1–3.

jedermann bindet. Mitunter übernimmt er für seinen Reichsteil ein Gesetz, das ein Kollege in einem anderen erlassen hat.[132]

Ein vom Kaiser erlassenes Gesetz besitzt höhere Verbindlichkeit als das Edikt eines Prätoriumspräfekten und gilt im Prinzip unbegrenzt; es kann jedoch durch ein anderes Gesetz aufgehoben werden.[133] Libanios vertritt die Auffassung, dass schlechte Gesetze durch bessere ersetzt werden können und müssen: In der Rede „An den Stadtrat" ermahnt er die Ratsherren sie sollten diejenigen, die schlechte Gesetze aufheben könnten, auffordern, diese durch bessere zu ersetzen (*or.* 48,26). Der Sophist macht sich jedoch keine Illusionen darüber, dass zwischen der Rechtslage und der sozialen Realität häufig eine große Kluft besteht: Theoretisch ist der Wille des Kaisers Gesetz, praktisch aber wird er häufig missachtet. In den „theodosianischen Reden" wirft er kaiserlichen Funktionären mehrfach vor, sie ignorierten ausdrückliche Bestimmungen geltender Gesetze oder handelten ihnen sogar zuwider. Umgekehrt argumentiert er in Briefen, in denen er Statthalter zum Handeln auffordert, ohne ihr Eingreifen blieben die Gesetze des Kaisers toter Buchstabe.[134] Aber die Initiativen des Kaisers scheitern nicht allein an der Lethargie oder Obstruktion seiner eigenen Funktionäre. Auch Angehörige der städtischen Eliten, die in den Stadträten eine Führungsposition innehaben, tragen dazu bei, die Ausführung des kaiserlichen Willens zu vereiteln, wenn es ihren Interessen nützt. Ein Gesetz, das den Ratsherrenstand betrifft, verstaubt im Archiv, weil sie es so wollen.[135] Zudem kommt es vor, dass sich kaiserliche Funktionäre auf den Kaiser berufen, obwohl es dafür gar keine gesetzliche Grundlage gibt. Dieser Fall liegt in der Rede *Für die Tempel* vor, in der Libanios dem Prätoriumspräfekten Cynegius vorwirft, er habe den Namen des Kaisers missbraucht, um Gewalttaten gegen heidnische Heiligtümer zu rechtfertigen.[136] Schaut man allein auf die „Reformreden" der theodosianischen Zeit, entsteht ein sehr negatives Bild der spätrömischen Reichsverwaltung. Libanios wirft den Funktionären des Theodosius an vielen Stellen Korruption und Brutalität vor und fordert den Kaiser auf, ihrem Treiben Einhalt zu gebieten,

---

[132] *Or.* 1,145 (vgl. oben Abschnitt IV); vgl. *or.* 49,21: Valens (?) habe beabsichtigt, den Stadträten mit Hilfe der „Beschlüsse" Valentinians (τοῖς Βαλεντινιανοῦ δόξασιν) zu helfen.

[133] *Or.* 52,46: Ein Edikt des Cynegius bleibt wirkungslos, weil ihm kein Gesetz des Kaisers zu Hilfe kommt; vgl. *or.* 4,35: Anordnungen von Statthaltern; *or.* 29,2: Edikt eines *comes Orientis*.

[134] *Or.* 45,32: οὐ γὰρ ὄντων τῶν βεβαιοῦν αὐτοὺς ἐθελόντων δικαστῶν γράμματά εἰσι μόνον (sc. οἱ νόμοι); vgl. z. B. *or.* 1,69; *or.* 15,67; *or.* 28,27; *or.* 29,29; *or.* 49,19. In den Briefen fordert Libanios Funktionäre häufig auf, die Gesetze zu „bestätigen" oder „in Kraft zu setzen": z. B. 144 Förster, 3; 214 Förster, 3–4; 265 Förster = 67 Bradbury, 2; 271 Förster; 543 Förster, 2; 635 Förster, 1; 659 Förster, 2; 747 Förster, 2; 1145 Förster, 2; 1201 Förster, 2; 1273 Förster, 3.

[135] Die Obstruktion antiochenischer *principales* ist ein Leitmotiv von *or.* 49, bes. 1–3. 5–6. Ein Gesetz wird ignoriert: *or.* 48,15–16.

[136] *Or.* 30,49–51; vgl. *or.* 18,139: *agentes in rebus* schieben Gesetze vor.

indem er sie absetzt und zur Rechenschaft zieht.[137] Wir können in der Regel nicht mehr ermitteln, inwieweit die von Libanios erhobenen Vorwürfe berechtigt waren oder nicht, da uns die Möglichkeit fehlt, seine Aussagen über bestimmte Personen mit anderen Zeugnissen zu vergleichen, und der Verdacht, dass der Sophist sich für persönliche Kränkungen rächen wollte, ist schwer von der Hand zu weisen. Es sollte zu denken geben, dass Libanios in den Briefen, die er an kaiserliche Funktionäre, insbesondere an Provinzgouverneure, gerichtet hat, ganz anders spricht als in den „Reformreden", und zwar zum Teil über dieselben Personen.[138] Auch zeigen Inschriften und Statuen, die zu Ehren spätrömischer Statthalter errichtet wurden, dass sich die Verhaltensnormen, auf die Libanios sich beruft, durchaus allgemeiner Anerkennung erfreuten.[139] Denselben Schluss legen die vielen Gesetze gegen Amtsmissbrauch und Dienstvergehen nahe, die von spätrömischen Kaisern erlassen wurden.[140] Schließlich ist zu bedenken, dass Libanios sich die Frage nach den Handlungsspielräumen einzelner Statthalter in einem relativ stark zentralisierten System, dessen Hauptzweck die effektive Extraktion und Allokation von Ressourcen war, gar nicht gestellt hat; für ihn zählten allein Personen, die entweder Ehrenmänner oder Schurken waren.

Die „Reformreden" der theodosianischen Zeit sind daher als Zeugnisse für die Amtsführung einzelner Statthalter mit Vorsicht zu betrachten. Dennoch ist ihre historische Aussagekraft keineswegs gering zu veranschlagen: In jedem Fall nämlich lassen sie erkennen, wie der christliche Kaiser und seine Funktionäre von einem heidnischen Vertreter provinzialer Eliten wahrgenommen und nach welchen Kriterien ihr Handeln beurteilt wurde: Der Kaiser ist durchaus nicht allmächtig, aber auch keineswegs hermetisch abgeschottet. Man kann darauf hoffen, dass ihn nicht nur Petitionen, sondern auch Gesetzesinitiativen tatsächlich erreichen, auch wenn dies gute Verbindungen zum Hof voraussetzt. Der Kaiser schützt nicht bloß die Grenzen des Reiches, sondern er kümmert sich auch um die Städte und um die Bildung. Libanios denkt dabei nicht an eine planvolle und gestaltende Gesellschafts- oder gar Wirtschaftspolitik, sondern an punktuelle Maßnahmen zur Sicherung der überkommenen Sozialordnung; er appelliert an den Kaiser als fürsorglichen und gerechten Herrscher. Der Kaiser erscheint als Quelle allen Rechts, aber die Herrschaft wird nach Ge-

---

[137] Das Material (am vollständigsten bei Petit 1955, 258–260) ist von Slootjes 2006 keineswegs erschöpft worden.

[138] Dazu Cabouret 2002; das Beispiel des Proculus (Seeck 1906, 248–250 Nr. III; *PLRE* I, 746f. Nr. 6; Petit 1994, 213–217 Nr. 255) analysiert Swain 2004, 385–393.

[139] Vgl. Horster 1998; Slootjes 2006, 129–154. Epigramme auf spätrömische Statthalter interpretiert Robert 1948; ein neues Beispiel aus Amisos für einen *comes* Theodosius' II. präsentiert mit ausführlichem Kommentar Marek 2000 (*SEG* 50, 1226).

[140] Grundlegend J. Harries, *Law & Empire in Late Antiquity* (Cambridge 1999) 153–173. Mehr Belege findet man bei Noethlichs 1981.

setzen ausgeübt, die für alle Untertanen gelten. Solange sie gelten, binden sie auch den Kaiser. Libanios geht davon aus, dass die Gesetze bekannt sind, sich untereinander nicht widersprechen und nach dem Grundsatz der Bestimmtheit interpretiert werden dürfen, ja müssen. Bis zuletzt bestand er darauf, dass das, was ausdrücklich verboten sei, zu unterbleiben habe, alles andere aber erlaubt sei, und darum eben auch die Verehrung der Götter in unblutiger Form.[141] Die Aufgabe der Statthalter besteht nach Libanios vor allem darin, den Kaiser auf der Ebene der Provinzen zu vertreten, indem sie unbestechlich und unvoreingenommen Recht sprechen; im Übrigen sollen sie die Ratsherren respektieren und die unteren Schichten nicht drangsalieren. Wenn sie diesem Ideal nicht entsprechen, muss der Kaiser sie zur Ordnung rufen, indem er Amtsmissbrauch und Dienstvergehen ahndet.

Libanios betrachtete Kaiser und Reich aus der Perspektive eines gebildeten Städters; das Reich war für ihn ein Verbund von Städten, und die Aufgabe des Kaisers besteht darin, diese Städte gegen Gefährdungen von innen und außen zu schützen. In den imperialen Eliten sah er ausführende Organe des kaiserlichen Willens; für ihn thronte der Kaiser haushoch über allen Untertanen, einschließlich der Senatoren von Rom und Konstantinopel, denen er – anders als Symmachus oder Themistios – keinerlei Sonderrolle zubilligt. Senatorische Traditionen und republikanische Ideale spielten für ihn keine Rolle; dem neuen Rom am Bosporos stand er ablehnend gegenüber.[142] Philosophische Lehren rezipierte er in der verwässerten Form, in der sie in der hohen Kaiserzeit zum Allgemeingut der Gebildeten geworden waren; er trat nicht in den Dialog mit der zeitgenössischen Philosophie des Neuplatonismus ein, sondern bekannte sich ostentativ zur Tradition der griechischen Rhetorik.[143] Libanios betonte, dass er trotz des religiösen Dissenses ein loyaler Untertan christlicher Kaiser sei, und wurde nicht müde, an die vom Hof proklamierten Herrschertugenden zu appellieren. Als Heide, der unter christlichen Kaisern als Lehrer der auf öffentliche Wirkung angelegten Kunst der Beredsamkeit zu Amt und Würden kam, pochte er auf die religiöse Neutralität des Kaisertums. Damit stellte er sich gegen christliche Interpretationen des Kaisertums, wie sie seit Eusebios von Kaisareia vorgetragen wurden.[144] Sie gewannen unter Theodosius I. allmählich die Oberhand und trugen unter der Herrschaft seiner Söhne unwiderruflich den Sieg davon. Damit begann eine Sakralisierung des Kaisertums im christlichen Sinne, die jeden Kompromiss mit heidni-

---

[141] *Or.* 30, bes. 6–8. 15–19. 52–53; vgl. dazu Wiemer 2011, 170f.

[142] Themistios: Dagron 1968. Zu Symmachus vgl. Matthews 2010.

[143] Für Libanios' Verhältnis zur Philosophie vgl. die Hinweise bei Wiemer 1995a, 55. Zur politischen Philosophie im Umkreis des Neuplatonismus vgl. O'Meara 2003.

[144] Für Eusebios vgl. neben der klassischen Studie von Peterson 1935 jetzt vor allem Bleckmann 2007, 96–106.

scher Religiosität ausschloss und die Altgläubigen an die Ränder der Gesellschaft abdrängte, bis Kaiser Justinian sie schließlich auch von dort verjagte. So weit war es unter Theodosius I. noch nicht, doch hat Libanios am Ende seines Lebens erfahren müssen, wie der Kaiser seinen heidnischen Untertanen jeglichen Schutz entzog und ihrer Religion offiziell den Kampf ansagte.

Rabiate Diener Gottes? Das spätantike Mönchtum und seine Rolle bei der Zurückdrängung paganer Kulte

Martin Wallraff

Libanios' Schrift *Pro templis* ist nicht nur eine engagierte Verteidigungsschrift *für etwas* (nämlich die überkommenen paganen Kulte und Tempel), sondern auch eine massive Polemik *gegen etwas*, genauer: gegen jemanden. Die Gegner sind – wenig überraschend – Christen, doch genauer hat er Menschen im Blick, die „schwarze Gewänder tragen", dazu nach Kräften prassen und sich zugleich in künstlich angeeigneter Asketen-Blässe präsentieren. An anderer Stelle ist von Leuten die Rede, die Trauergewänder tragen, hergestellt von Sackproduzenten. Wer die polemischen Umschreibungen aufgrund der Kleidung bis hierhin noch nicht verstanden hat, wird am Ende des Traktats explizit informiert. Es geht um Leute, „die aus der Landwirtschaft weglaufen, und behaupten, sie würden in den Bergen mit dem Schöpfer des Alls kommunizieren".[1] Es kann kein Zweifel sein – Libanios hat die damals junge monastische Bewegung im Visier: Christen, die als Mönche im Bergland um Antiochien einen radikal asketischen Lebensstil wählten, nachdem sie mit der städtischen Gesellschaft oder der Landwirtschaft in der fruchtbaren Ebene gebrochen hatten.

Nicht den Christen generell, sondern speziell dieser Untergruppierung wird die Hauptschuld am Bruch mit der religiösen Tradition und an gewaltsamen Tempelzerstörungen angelastet. Zu Recht? Mit welchem Recht? Welche Rolle spielten Mönche tatsächlich bei gewaltsamen religiösen Konflikten um Tempel? Dass Libanios' Text nicht Historiographie *sine ira et studio* ist, liegt auf der Hand. Vermutlich sind es auch die übrigen, in Frage kommenden Quellen nicht, denn *ira* und *studium* sind bei sol-

[1] … τοῖς τὴν μὲν γεωργίαν ἀποδρᾶσιν, ὁμιλεῖν δὲ ἐν τοῖς ὄρεσι λέγουσι τῷ τῶν ὅλων ποιητῇ Libanios, *or.* 30,48. Für die Leute mit „schwarzen Gewändern (μελανειμονοῦντες)" und „in Trauergewändern (ἐν ἱματίοις πενθούντων)" finden sich die Belege in § 8 und 46. Die Beobachtung von Wiemer 2011, 168, dass im Text die Urheberschaft von Tempelzerstörungen changiert („je nach psychagogischem Bedarf"), ist zutreffend. In § 43 treten nicht Mönche, sondern Repräsentanten der staatlichen Autorität in dieser Funktion auf. Gleichwohl sollte man diese Beobachtung nicht überbewerten, denn es geht dort um einen partikularen Konfliktfall, und die rhetorisch pointierte Rückkehr auf das Thema Mönchtum ganz am Schluss (§ 48) zeigt, dass Libanios seinen literarischen Hauptgegner hier erblickte.

chen Vorgängen immer mit im Spiel. Gleichwohl oder eigentlich: gerade deshalb lohnt sich eine eingehende Analyse. Schon hier sei als Resultat vorweg genommen, dass in diesem Fall unterschiedliche Quellengattungen das Problem in sehr unterschiedlicher Weise ausleuchten, um nicht zu sagen: einander diametral entgegen gesetzte Antworten geben. Die zu Tage tretenden Divergenzen übersteigen das gewöhnliche Maß bei weitem. Neben dem sachlichen Interesse für Tempelzerstörungen, Gewalt als Mittel religiöser Auseinandersetzung, Frühgeschichte des Mönchtums etc. kommt daher der Analyse auch beträchtliches methodisches Interesse zu. Wie sollen die Differenzen zwischen den Quellengruppen aufgelöst werden? Wie sich zeigen wird, ist es fast ein Lehrbuchbeispiel für Quellenkritik. Ebenso wird sich zeigen, dass dabei letztlich das erkenntnisleitende Interesse nicht nur sein kann, auf dem Wege wissenschaftlicher Kritik herauszuschälen, „wie es eigentlich gewesen" ist, sondern auch – unabhängig davon – zu einem tieferen Verständnis der jeweiligen literarischen Traditionen zu kommen, also die Quellenstränge im Hinblick auf ihre literarische Konstruktion von Wirklichkeit zu befragen.

Im Hauptteil sollen drei derartige Stränge vorgestellt und analysiert werden. Einige Bemerkungen zur Abgrenzung und Fragestellung mögen vorausgehen, zunächst in zeitlicher und örtlicher Hinsicht. Eine sorgfältige Begrenzung und damit differenzierte Wahrnehmung ist nützlich, denn es liegt auf der Hand, dass gerade ein solches Thema für pauschalisierende Inanspruchnahmen besonders offen ist. Indessen helfen große Thesen über das Verhalten *der* Christen oder *der* Heiden in *der* Spätantike nicht viel weiter. Die Art der religiösen Auseinandersetzung war nicht an allen Zeiten und Orten die gleiche. Daher soll im vorliegenden Beitrag ein relativ eng umschriebenes Gebiet in den Blick genommen werden: Syrien (mit Antiochien) und Kleinasien (mit Konstantinopel). Es sind die für Libanios' biographischen Horizont relevanten Gebiete, und – wie sich zeigen wird – auch Gebiete, die einige Gemeinsamkeiten aufweisen im Blick auf das zu untersuchende Thema.

Insbesondere Ägypten (mit Alexandrien) hat aus verständlichen Gründen oft starke Aufmerksamkeit auf sich gezogen (wegen spektakulärer Aktionen wie der Zerstörung des Serapeions), doch ist es in vieler Hinsicht ein Sonderfall oder jedenfalls ein von Syrien und Kleinasien unterschiedener Fall.[2] Das Land am Nil soll daher ausgeblendet bleiben ebenso wie der lateinischsprachige Westen. Der zeitliche Horizont wird sich ebenfalls

[2] In der jüngeren Forschung wurde Gewalt als Medium religiöser Auseinandersetzung in der Spätantike immer wieder untersucht, vgl. etwa Frend 1990; E. Sauer, *The Archaeology of Religious Hatred in the Roman and Early Medieval World,* Stroud 2003; Hahn 2004; Isele 2010. Für diese Fragestellung ist Ägypten besonders interessant, weil sich ein relativ großer Teil des erhaltenen literarischen Quellenmaterials darauf bezieht. Es gibt aber keine Hinweise, dass die dortigen spektakulären Vorgänge Rückwirkungen auf Libanios und seine unmittelbare Umgebung hatten.

an Libanios orientieren: es geht um das vierte Jahrhundert, insbesondere seine zweite Hälfte. Auch diese Entscheidung schneidet einige eindrucksvolle und quellenmäßig dankbare Fälle weg, doch dient sie der genaueren Fokussierung des Themas.

Im Sinne der Abgrenzung wäre gleichfalls im Vorfeld der Analyse eine Verständigung über den Begriff des Mönchtums nötig. Das ist kein einfaches Geschäft, denn es handelt sich um ein Phänomen mit offenen Rändern. Der Untersuchungszeitraum liegt – grob gesprochen – im ersten Jahrhundert der monastischen Bewegung, in der noch Vieles im Fluss war. Natürlich war „Mönch" kein geschütztes Warenzeichen. Auch die Definition „Mönch (μοναχός) ist, wer sich so nennt" greift zu kurz und hilft offensichtlich auch deshalb nicht viel weiter, weil wir in vielen Fällen nicht wissen, welche Selbstbezeichnung die Protagonisten verwendeten. Ein Definitionsversuch sei an dieser Stelle dennoch nicht gemacht. Der Hinweis auf die Problematik möge hier genügen – er wird am Schluss im Lichte der gelesenen Quellen noch einmal aufgenommen.

Drei Quellengruppen sollen behandelt werden. Es handelt sich erstens um christliche Historiographie, zweitens um Hagiographie und drittens um pagane Polemik. Gerade wegen ihrer divergierenden Aussagen ist es wichtig, die jeweilige Quellengruppe zunächst je für sich zu ihrem Recht kommen zu lassen und nicht voreilig zu harmonisieren. Der jeweilige Wahrheitsgehalt der Berichte soll dabei zunächst nicht diskutiert werden. Generell käme für das Thema der Tempelzerstörungen auch archäologisches Material als Quelle in Betracht, doch lässt sich naturgemäß bei solchen Befunden meist nicht belegen, welche Trägerkreise die Akteure waren.

1. Christliche Historiographie

Den Anfang bilden historiographische Texte, denn sie bieten das reichste Material für das Thema – sowohl für das Mönchtum in der fraglichen Zeit und im fraglichen Bereich als auch für die Frage von Tempelzerstörungen. Relevant sind vor allem die sogenannten „synoptischen" Kirchenhistoriker, also Sokrates, Sozomenos und Theodoret. (Die erhaltenen Fragmente des Philostorgios enthalten weniger einschlägiges Material, während der zeitlich nächstgelegene Rufin mehr über Ägypten und Palästina als über Syrien und Kleinasien berichtet.) Man sollte sich zunächst klar machen, dass alle drei Autoren eine dezidiert urbane Perspektive vertreten: die ersten beiden schreiben in Konstantinopel, der dritte war lange Jahre Bischof in Kyrrhos, doch aufgewachsen und religiös-kulturell geprägt im nahen Antiochien. Eigene Erkundungsreisen wie Rufin,[3] um das Mönchtum an

[3] *HE* XI 4. Die Kirchengeschichtswerke sind im Folgenden nach ihren *GCS*-Editionen zitiert: Rufin, hrsg. v. Th. Mommsen, in: *Eusebius. Kirchengeschichte*, hrsg. v. Ed. Schwartz

seinen Ursprungsorten in Ägypten kennenzulernen, haben alle drei Autoren nicht gemacht.[4] Insofern mag ihre Perspektive durchaus der des Städters Libanios vergleichbar sein.

Gleichwohl findet sich aber bei allen drei Autoren durchaus eine differenzierte und materialreiche Wahrnehmung des Mönchtums. Im höchsten Maße ist das bei Theodoret der Fall, der durch vielfältige eigene Kontakte mit unterschiedlichen Spielarten dieser Frömmigkeitsform zu tun hatte. Für ihn ist das Phänomen so wichtig (und so verschieden von der „normalen" Kirchengeschichte), dass er ihm ein eigenes Werk widmet, die φιλόθεος ἱστορία, die allerdings nicht im strengen Sinne der Historiographie zuzurechnen ist.

Sokrates und Sozomenos müssen gleichfalls selbst Kontakt mit Mönchen gehabt haben, denn aus anderen Quellen wissen wir, dass es in Konstantinopel (anders als in Antiochien) schon sehr früh Klöster und Mönche gab, sicherlich schon ab der Mitte des vierten Jahrhunderts.[5] Ebenso wissen wir, dass sie in den zahlreichen kirchenpolitischen Auseinandersetzungen in der Stadt eine durchaus bedeutende Rolle spielten[6] – aber wiederum: das ist bekannt aus anderen Quellen. Vor allem wer Sokrates liest, käme nie auf die Idee, dass es überhaupt Mönche in der Hauptstadt gab.[7] Dieses auffällige Schweigen erklärt sich nicht daraus, dass Sokrates diese Frömmigkeitsrichtung gar nicht kennt oder nicht schätzt. Im Gegenteil – er weiss gut darüber Bescheid. In einem längeren Exkurs schildert er voll Bewunderung die „Urform" in der ägyptischen Wüste und fügt sogar einen kleinen Theoriediskurs an, in dem er ausführlich aus Evagrios Pontikos, dem Theoretiker des Mönchtums, zitiert.[8] Doch fiel es ihm offenbar nicht ein, das, was er in seiner eigenen Lebenswirklichkeit vor Augen hatte, mit diesem fernen und hohen Ideal in Verbindung zu bringen. Monastische Tugenden werden, wenn überhaupt, nicht den Mönchen der Hauptstadt, sondern bewunderten Klerikern dort beigeschrieben. Paulos, Bischof der Novatianergemeinde, der Sokrates auch selbst angehörte, „ist so, wie Evagrios sagt, dass die Mönche in der Wüste sein sollen".[9] Oder

(*GCS* N.F. 6,2), Berlin ²1999; Sokrates, hrsg. v. G. Ch. Hansen (*GCS* N.F. 1), Berlin 1995; Sozomenos, hrsg. v. J. Bidez / G. Ch. Hansen (*GCS* N.F. 4), Berlin ²1995; Theodoret, hrsg. v. L. Parmentier / G. Ch. Hansen (*GCS* N.F. 5), Berlin ³1998; Philostorgios, hrsg. v. J. Bidez / F. Winkelmann (*GCS*), Berlin ³1981.

[4] Zumindest Sokrates sagt das explizit: *HE* VII 17,3.

[5] Vgl. Dagron 1970. Ein wesentlicher Erkenntnisgewinn dieses grundlegenden Aufsatzes liegt darin, dass der Beginn des Mönchtums erheblich früher liegt, als es die orthodoxen Quellen vermuten lassen, s. insbesondere S. 229f. und 246–253.

[6] Vgl. Dagron 1970, 261–275.

[7] Vgl. Wallraff 1997, 117–122.

[8] *HE* IV 23.

[9] Τοιοῦτον γὰρ αὐτὸν ἐγὼ κατέλαβον ὄντα, οἵους ὁ Εὐάγριός φησιν δεῖν εἶναι τοὺς ἐν ταῖς ἐρήμοις διατρίβοντας μοναχούς. *HE* VII 17,3 (*GCS* N.F. 1, 362,1–3 Hansen). Zum Novatianismus des Sokrates vgl. Wallraff 1997, 235–254.

gar der Kaiser selbst: Theodosios II. „richtete den Kaiserpalast nicht viel anders als ein Kloster ein".[10]

Obgleich Mönche in Sokrates' Werk durchaus gelegentlich vorkommen, hebt sein Nachfolger Sozomenos den monastischen Anteil in der Kirchengeschichte explizit hervor und kritisiert damit indirekt den Vorgänger.[11] Tatsächlich nimmt bei ihm das Mönchtum erheblich breiteren Raum ein. In ausführlichen Exkursen wird der Leser über Mönche in unterschiedlichen geographischen Kontexten informiert (neben dem „Stammland" Ägypten auch Persien, Syrien, Palästina).[12] Um so mehr fällt auf, dass auch hier die eigene Stadt weitgehend ausgespart bleibt. Immerhin erscheinen Mönche in der Konfliktgeschichte um Johannes Chrysostomos, wenn auch eher beiläufig.[13] Mit den großen heroischen Asketen in der Wüste haben sie aber nicht viel gemein. Außerdem ist Sozomenos eine sehr wichtige Quelle für die vermutlich ersten Spuren monastischen Lebens in Konstantinopel überhaupt, nämlich die Gruppen um den (aus späterer Sicht: heterodoxen) Bischof Makedonios.[14] Doch auch hier sind die gegebenen Informationen eher beiläufig und schwerlich dazu angetan, das bewunderte Ideal der Asketen mit konkreter Anschauung zu versehen.

Die Meinung der beiden Historiker aus der Hauptstadt dürfte ein anderer Autor treffend ausdrücken, der im Grunde auch eher zu den Historioals zu den Hagiographen zu rechnen ist, nämlich der anonyme Verfasser des Epitaphios auf Johannes Chrysostomos aus dem Jahr 407. Sehr positiv schildert er die monastische Phase im Leben des Verstorbenen: er habe das bewundernswerte Leben der Mönche gewählt und „damit die Erde verlassen und sich zum Himmel aufgemacht". Um nun aber bei seinen Konstantinopolitaner Zuhörern und Lesern keine Missverständnisse aufkommen zu lassen, grenzt er sich sogleich klar ab: „Bleib mir weg mit denen, die mit dieser Sache Missbrauch treiben, und bringe nicht eine Sache in Misskredit, die das Himmelsgewölbe selbst erreicht, wegen weniger, die sich nur den Mantel, nicht die Sache zu eigen machen und die aus einem Mittel

---

[10] Οὐκ ἀλλοιότερα δὲ ἀσκητηρίου κατέστησε τὰ βασίλεια. *HE* VII 22,4 (*GCS* N.F. 1, 368,24f. Hansen).

[11] *HE* I 1,18. Zum Verständnis des Hintergrundes ist es nützlich zu wissen, dass Sozomenos' Familie ihre Hinwendung zum Christentum monastischem Einfluss verdankt: Der Großvater hatte sich in einer Kleinstadt in der Nähe von Gaza in Palästina unter dem Eindruck des christlichen Asketen Hilarion bekehrt (*HE* V 15,14–16, zu Hilarion auch III 14,21–27). Dass Gaza ein „heißes Pflaster" war im Blick auf das Verhältnis von Heiden und Christen, ergibt sich aus diversen Quellen, vgl. dazu zuletzt C. Tiersch, „Zwischen Hellenismus und Christentum – Transformationsprozesse der Stadt Gaza vom 4.–6. Jahrhundert n. Chr.", *Millennium* 5 (2008) 57–91.

[12] *HE* I 12–14; III 14; VI 20,27–34.

[13] *HE* VIII 9,4, s. unten bei Anm. 30.

[14] *HE* IV 2,3; IX 2,1.8.

zum ewigen Leben einen Handelsgegenstand machen".[15] Für die christlichen Historiographen der Hauptstadt gehörten das mönchische Lebens- und Frömmigkeits-*Ideal* und das *real* existierende Mönchtum in Konstantinopel schlicht nicht in dieselbe Kategorie. Warum das so ist und was diese Beobachtung für unser Thema austrägt, wird zum Schluss noch einmal zu fragen sein.

Zunächst aber zurück zur Frage der Tempelzerstörungen. Es ist nicht völlig überflüssig darauf hinzuweisen, dass bei allen genannten Autoren die Exkurse über das Mönchtum und die Geschichten von den „heiligen Männern" fast ohne Bezug zum paganen Gegenüber auskommen und gewaltsame Formen der Auseinandersetzungen überhaupt nicht thematisieren.[16] Das ist nicht selbstverständlich, weil diese Aspekte sonst durchaus zur Sprache kommen, jedenfalls bei Sozomenos und Theodoret. Der auf Ausgleich bedachte Sokrates hingegen war selbst bei paganen Lehrern zur Schule gegangen[17] und hat an solchen Themen weniger Interesse. Er berichtet lediglich von den spektakulären Vorgängen in Alexandrien, doch auch dies, ohne kontroverstheologisch Kapital daraus zu schlagen, im Gegenteil eher unterkühlt und missbilligend.[18] Immerhin ist von Interesse, dass die genannten Lehrer aus Alexandrien nach Konstantinopel geflohen waren, weil sie dort offenbar ein Klima fanden, das sie keine erneuten Tätlichkeiten befürchten ließ. Tatsächlich sind auch aus anderen Quellen gewaltsame Auseinandersetzungen zwischen Christen und Heiden in der Hauptstadt des Ostens kaum bezeugt.

Ansonsten ist von solchen Auseinandersetzungen durchaus die Rede, vor allem bei Sozomenos. Er berichtet in Bezug auf die Regierungszeit Julians von diversen Strafaktionen gegen Christen, die sich gegen pagane Heiligtümer vergangen hatten. Die Bestrafung selbst (oft eher als Lynchjustiz der lokalen Bevölkerung und nicht als staatlich sanktionierte Maßnahme geschildert) ist hier weniger von Interesse als die angeblich oder tatsächlich vorausgegangenen Sakrilege. Eine größere Konfliktgeschichte spielte sich in Kaisareia in Kappadokien ab: nach bereits früher erfolgten

[15] Über die Wahl der monastischen Lebensform: ταὐτὸ δέ ἐστι τοῦτό τε ποιῆσαί τινα καὶ τὴν γῆν ἀφέντα πρὸς τὸν οὐρανὸν δραμεῖν· μὴ γάρ μοι τοὺς τὸ πρᾶγμα καπηλεύοντας εἴπῃς, μηδὲ δι᾽ ὀλίγους σχῆμα, οὐ πρᾶγμα περικειμένους καὶ ποιουμένους τὴν ἀφορμὴν τῆς αἰωνίου ζωῆς ἐμπορίας ὑπόθεσιν… Ps.-Martyrios Antiochenos, *Oratio funebris in laudem sancti Iohannis Chrysostomi* § 6,1–5 (ed. M. Wallraff, *Quaderni della Rivista di Bizantinistica* 12 [Spoleto 2007] 48).

[16] Bei Sozomenos kommt unter den zahlreichen einschlägigen Passagen (s. oben Anm. 12) lediglich am Schluss ein kurzer Seitenblick auf das Heidentum vor. Dort geht es um das Mönchtum in der Gegend von Antiochien; von den Mönchen geht dabei jedoch keinerlei Gewalt aus – im Gegenteil: sie stehen ihrerseits durch die massive pagane Präsenz unter Druck (VI 34,4.6).

[17] *HE* V 16,9.

[18] *HE* V 16; VII 15,6 (ἀλλότριον γὰρ παντελῶς τῶν φρονούντων τὰ Χριστοῦ φόνοι καὶ μάχαι καὶ τὰ τούτοις παραπλήσια).

Tempelzerstörungen wurde unter Julian der Tempel der Tyche der Stadt „von Christen" zerstört. Dafür wird zunächst die Gemeinde insgesamt zur Rechenschaft gezogen.[19] In anderem Zusammenhang werden sodann ein Presbyter und ein Patrizier als maßgeblich Beteiligte genannt, also zwei Angehörige der kirchlichen und städtischen Elite.[20] In Arethusa ist es speziell der Bischof, dem die geänderte politische Großwetterlage zum Verhängnis wird, weil er unter Constantius II. die „heiligsten und prunkvollsten Tempel" hatte zerstören lassen.[21] Ähnlich liegen die Dinge in Kyzikos, wo Bischof Eleusios aus solchen Gründen die Stadt verlassen muss. In seinem Fall erfahren wir dazu, wer die ausführenden Organe waren, denn zusammen mit ihm werden „auswärtige Christen" ausgewiesen, die ihm geholfen haben.[22] Man sollte dabei aber keinesfalls an Mönche denken, denn es werden konkret „staatliche Textilhandwerker und Münzarbeiter" genannt, also „Gastarbeiter", die vielleicht aus anderen religiösen Kontexten stammten.

Am ausführlichsten ist der Fall von Apameia am Orontes dokumentiert, nämlich sowohl bei Sozomenos als auch bei Theodoret – mit gewissen Unterschieden im Detail. Übereinstimmend berichten sie, dass die treibende Kraft der dortigen Tempelzerstörungen der Ortsbischof Markellos war. Bei Sozomenos wird er begleitet und unterstützt von „Soldaten und Gladiatoren";[23] bei Theodoret geht ein staatlicher Zerstörungsversuch voraus, der fehlschlug.[24] Die bischöfliche Aktion wird sodann technisch durchgeführt durch einen bezahlten Handwerker bzw. Ingenieur, dem dann – entscheidende theologische Pointe! – das Gebet des Bischofs zum definitiven Erfolg verhilft. Viele Details daran sind interessant und bedeutend, auch die Frage nach der historischen Plausibilität des Ganzen wäre es, doch beschränke ich mich hier auf die grundlegende Beobachtung: In Apameia wie auch in allen anderen Fällen, von denen die christlichen Historiographen berichten, geht innerchristlich die Initiative zu antipaganen Maßnahmen oder gar zu Tempelzerstörungen von der lokalen Hierarchie der verfassten Kirche aus, speziell zumeist vom Bischof. Von einer irgendwie gearteten Rolle des Mönchtums erfahren wir überhaupt nichts.

Die einzige Ausnahme ist eine bei Theodoret überlieferte Notiz, der zufolge Johannes Chrysostomos einen Trupp „Asketen" nach Phönizien entsandt habe, um dort heidnische Heiligtümer zu zerstören.[25] Diese Nachricht ist im Zusammenhang einer lokalen Konfliktgeschichte zu lesen und

[19] *HE* V 4,1–7.

[20] Presbyter Basileios und Patrizier Eupsychios, *HE* V 11,7–11.

[21] *HE* V 10,8–14.

[22] *HE* V 15,4–10, die ξένοι Χριστιανοί in § 6.

[23] *HE* VII 15,12–15, die στρατιῶται καὶ μονομάχοι in § 13.

[24] *HE* V 21,6–15.

[25] *HE* V 29.

möglicherweise nicht unmittelbar für bare Münze zu nehmen. Jedenfalls werfen erhaltene Briefe des Chrysostomos ein etwas anderes Licht auf die Geschichte[26] – und sicherlich war dieses Ereignis nicht Teil einer generellen Tendenz oder Strategie.

Kurzum: in christlicher Historiographie sind relativ detaillierte Schilderungen von Tempelzerstörungen überliefert. Ebenso findet sich eine relativ differenzierte Wahrnehmung des Phänomens Mönchtum. Gleichwohl ist als wichtigstes Zwischenergebnis festzuhalten, dass das eine mit dem anderen schlechterdings nichts zu tun hat. Keiner der fraglichen Autoren stellt hier irgendeinen Zusammenhang her, ja mehr noch: Mönche sind nicht nur nicht in Tempelzerstörungen involviert, sondern sie erscheinen in der Regel überhaupt nicht als „Frontmänner" in irgendwelchen Auseinandersetzungen mit dem Heidentum.

2. Hagiographie

Texte aus dem Bereich der Hagiographie bieten stellenweise ein anderes Bild. Als literarische Gattung im strengen Sinne kann Hagiographie in der hier interessierenden Zeit noch kaum als etabliert gelten,[27] doch gibt es sowohl aus dem kleinasiatischen als auch aus dem syrischen Raum eine Reihe von einschlägigen Texten: Biographien oder Episoden aus dem Leben von Mönchen, die Bewunderung oder Verwunderung auslösen sollen und als Vorbild für eine bestimmte *praxis pietatis* dienen können.

Zunächst zu Konstantinopel und Umgebung: Aufgrund der historiographischen Quellen könnte man erwarten, dass aus der Hauptstadt selbst wenig oder kein Material vorliegt. Das Gegenteil ist indessen der Fall. Er-

[26] Baur 1929–30, Bd. 2, 331 liest die von Theodoret überlieferte Episode zusammen mit den Briefen 123 und 126 (*PG* 52,676–678 und 685–687). Anders als bei dem Kirchenhistoriker entsteht dort nicht der Eindruck, dass von christlichen Mönchen Gewalt gegen pagane Heiligtümer ausgeht, sondern dass umgekehrt eine Christengruppe in Phönizien massiven Verfolgungen ausgesetzt ist. Nun schließen sich beide Perspektiven schon in der Sache nicht aus (Gewalt und Gegengewalt bedingen sich wechselseitig, wobei es schwer zu klären sein dürfte, von wem die Aggression zunächst ausging). Zudem stammen die Briefe aus den letzten Jahren des Bischofs, als er bereits im armenischen Exil war. Wenn man Theodoret folgt, wäre die Aussendung der streitbaren Mönche zu Beginn des Episkopats, also einige Jahre früher erfolgt. Man könnte zur Erklärung daher vermuten, dass in der Zwischenzeit die Stimmung am Ort gekippt ist. Im übrigen ist es Theodoret sicherlich zuzutrauen, dass er die antipagane Stoßrichtung der ursprünglichen Initiative massiv überhöht hat. Es ist nicht leicht, sich auf der Basis dieser Quellen ein realistisches Bild von den Vorgängen zu machen.

[27] Aus der reichen Literatur zur Genese der Gattung seien hier nur genannt: D. von der Nahmer, *Die lateinische Heiligenvita. Einführung in die lateinische Hagiographie* (Darmstadt 1994) bes. S. 57–79; M. van Uytfanghe, *Biographie* II (spirituelle), *RAC*. suppl. 1 (Stuttgart 2001) Sp. 1088–1364 (bes. Sp. 1329–49, im Vorausgehenden werden auch die hier untersuchten Texte besprochen); *ders.*, „La biographie classique et l'hagiographie chrétienne antique tardive", *Hagiographica* 12 (2005) 223–248.

haltene Biographien beschreiben und preisen das Leben der Mönchsväter Isaak und Hypatios und einiger anderer;[28] sie lassen keinen Zweifel, dass es sich bei diesen Heiligen um Mönche im gleichen Sinne handelt wie bei den „orientalischen" Archetypen (aus Ägypten und Syrien). Besonders auffällig ist der Kontrast bei der Bewertung des Mönches Isaak, einer der ersten Figuren im hauptstädtischen Mönchtum. In den historiographischen Quellen tritt er einmal kurz ins Licht unter Valens, als er dem Kaiser seinen Untergang im Kampf gegen die Goten voraussagt;[29] sodann erscheint er – etwas profilierter – als besonders finstere Gestalt unter den ohnehin finsteren Gegnern des verehrten Bischofs Johannes Chrysostomos.[30] Ganz anders dagegen in den hagiographischen Quellen, die sein Lob in den höchsten Tönen singen! Man mag der (wohl späten) Vita des Isaak keinen hohen Quellenwert beimessen,[31] doch auch schon in der Mitte des 5. Jahrhunderts von Kallinikos abgefassten *Vita Hypatii* erscheint er knapp, doch in denkbar positivstem Licht, ebenso sein Schüler Dalmatios.[32]

Der Grund für diese auffällige Differenz mag in der jeweiligen kirchenpolitischen Positionierung liegen. Tatsächlich enthält die *Vita Hypatii* eine hoch interessante Episode, die *ex post*, mit erheblichem zeitlichem Abstand, gleichsam entschuldigend die Distanz zwischen dem inzwischen überall anerkannten und verehrten Johannes Chrysostomos und den Mönchen (denen sich der Bischof ja von Haus aus besonders nahe fühlte) zu erklären versucht: diese hatten sich geweigert, vom Bischof ordiniert und damit in die Hierarchie der verfassten Kirche eingefügt zu werden.[33] Obwohl dies Zeugnis verhältnismäßig spät ist, sollte man ihm vielleicht einiges historisches Gewicht beimessen. Jedenfalls aber lassen die Quellen keinen Zweifel daran, dass Mönche in Konstantinopel immer wieder markant und entschieden Position bezogen bei innerchristlichen Auseinandersetzungen – mit diplomatischen und manchmal auch gewaltsamen Mitteln. In den Konfliktgeschichten um Johannes Chrysostomos und Nestorios ist das gut bezeugt.[34] Noch vorher – unter Constantius II. – ist es eher sche-

---

[28] Zum Konstantinopolitaner Mönchtum sei nochmals auf die eingehende und brillante Untersuchung von Dagron 1970 verwiesen. Sie ist für die folgenden Ausführungen herangezogen worden (vgl. besonders den Überblick über das in Frage kommende hagiographische Material, S. 231–238).

[29] Sozomenos, *HE* VI 40,1; Theodoret, *HE* IV 34.

[30] Sozomenos, *HE* VIII 9,4; VIII 19,3 sowie noch expliziter Palladios, *dialogus de vita S. Iohannis Chrysostomi* VI 15–19; VIII 216–222 (*SC* 341, 126–128 und 176 Malingrey).

[31] *BHG* 955 und 956, vgl. Dagron 1970, S. 231, bes. Anm. 10.

[32] *vit. Hyp.* § 1,6 (Isaak); § 23,3 (Dalmatios), zitiert nach der Edition von G. J. M. Bartelink, *Callinicos. Vie d'Hypatios* (*SC* 177) (Paris 1971).

[33] *vit. Hyp.* § 11,8f. (einer der Mönche, dem gegen seinen Willen die Hände zur Ordination aufgelegt werden sollten, hatte dem Bischof in den Finger gebissen!), zum Thema s. auch Sozomenos, *HE* VIII 9,4.

[34] Vgl. Dagron 1970, 261–275.

menhaft in den Quellen zu erkennen.[35] Später – im Vorfeld des Konzils von Chalkedon – geben die Konzilsakten deutliche Auskunft.[36]

Das Bild vom engagierten Einsatz gegen innerchristliche Gegner lässt es von vorneherein wahrscheinlich scheinen, dass die hauptstädtischen Mönche bei außerchristlichen Gegnern nicht zurückhaltender waren. Tatsächlich enthält die *Vita Hypatii* eine ganze Serie von Episoden, in denen der Heilige Heiden bekehrt, überzeugt, bekämpft etc.[37] Selbstverständlich erscheint er stets als überaus erfolgreicher Vorkämpfer des christlichen Glaubens. Gerade auf diesem Hintergrund muss es auffallen, dass vom Kampf um oder gegen Tempel keine Rede ist. Solcher Bekämpfung am nächsten kommt eine Episode, in der er sich gegen rurale Kultformen in Bithynien stellt und dabei religiös verehrte Bäume fällt.[38] Man fühlt sich an die frühmittelalterlichen christlichen Missionare im germanischen Bereich erinnert und an die dortigen *pagani* im wörtlichen Sinne: Landbewohner mit ihren agrarischen Riten. An der Episode fällt auf, dass sie erstens nicht in Konstantinopel selbst spielt und dass es zweitens – etwa im Vergleich zur „big action" in Alexandrien – doch um eher schlichte Kultformen und Kultobjekte ging. Lag das daran, dass ein ernstzunehmender Gegner in der Stadt selbst fehlte? Wir werden auf die Frage zurückkommen.

Zunächst Szenenwechsel – ein Blick nach Antiochien. Dort ist die Lage gänzlich anders, zunächst und vor allem auch die Überlieferungslage.[39] Ein im engen Sinne urbanes Mönchtum ist weder von historiographischen noch von hagiographischen Quellen bezeugt – wohl aus dem schlichten Grund, dass es dieses nicht gab. Dafür ist umso besser das reiche monastische Leben auf den Bergen rund um die Metropole am Orontes bezeugt. Die beste Quelle ist die bereits genannte φιλόθεος ἱστορία des Theodoret, eine große Sammlung von Mönchsviten.

Dort erscheinen Mönche immer wieder und mit großem Engagement als Kämpfer gegen „Dämonen". Die meisten dieser Fälle sind jedoch eher dem Bereich individueller Seelsorge und Heil(ung) zuzurechnen als dem des Kampfes gegen institutionalisierte Kulte. Ein Mönch Petrus etwa treibt einen Dämon aus, der von sich selbst sagt, aus Heliopolis zu stammen (und damit vielleicht einen – im modernen Sinne – paganen Hintergrund erkennen lässt).[40] Ähnlich nimmt ein gewisser Makedonios an einem Prozess wegen Magie teil – übrigens eine der wenigen Episoden punktueller Er-

[35] Vgl. Dagron 1970, 246–253 sowie jüngst Isele 2010, 69–75.
[36] Vgl. Dagron 1970, 240–244.
[37] *vit. Hyp.* § 43.
[38] *vit. Hyp.* § 30.
[39] Vgl. Festugière 1959, 245–289; Hahn 2004, 152–156.
[40] *h.rel.* § 9,9.

scheinung von Mönchen in der Stadt – und besiegt dabei (natürlich) einen Dämon.[41]

Dem hier relevanten Thema des Konfliktes mit Tempelkulten kommt eine Notiz im Leben des Maron näher, wo es heißt, dass der Heilige sich für seine Einsiedelei einen Bergesgipfel aussuchte, der vormals von Heiden verehrt wurde war; daher „weihte er Gott das dort befindliche Heiligtum der Dämonen".[42] Der Vorgang bleibt indes blass und profillos; die Rede von den *πάλαι δυσσεβεῖς* könnte die Vermutung nähren, dass es sich um einen schon längst erloschenen Kult handelte.[43] Auch bei dem großen Styliten Simeon, den Theodoret zum Gegenstand einer sehr ausführlichen Lebensbeschreibung macht, bleibt das Thema marginal. Zwar kämpft dieser gegen die „heidnische Gottlosigkeit (Ἑλληνικὴ δυσσέβεια)", doch alles, was er dazu tut, ist die Ausfertigung von entsprechenden Schriftsätzen an den Kaiser oder die Kontaktaufnahme mit staatlichen Funktionären:[44] es ist kaum mehr als eine beiläufige Notiz.

Als ein wirkliches Hauptthema erscheint der Kampf gegen das Heidentum lediglich in den Viten der Mönche Abrahames und Thalelaios. Der erstgenannte suchte von Anfang an den Kontakt und Konflikt, errang auch bedeutende Erfolge (Kirchbau, Konversion der lokalen Bevölkerung).[45] Doch bezeichnenderweise ist der organisierte Kampf *gegen* die paganen Kulte an die Priester- und Bischofsweihe geknüpft: Abrahames wird erst Priester, dann zum Bischof von Karrhai, und als solcher (nicht als Mönch) rottet er das Heidentum in der Stadt aus.[46] Zu einer tatsächlichen Tempelzerstörung kommt es in der Vita des Thalelaios. Dieser Mönch wird als besonderer Eiferer gegen das Heidentum vorgestellt. Ähnlich wie Maron suchte er sich einen schon religiös „besetzten" Ort, doch dort kann von einem erloschenen Kult keine Rede sein: eingehend (und natürlich sehr polemisch) wird der pagane Opferkult geschildert. Thalelaios vertrieb die Dämonen, pflegte selbst einen asketischen Lebensstil und vollbrachte zahlreiche Wunder. Die ländliche Bevölkerung wandte sich daraufhin dem Christentum zu, und „mit ihrer Unterstützung zerstörte er auch den heiligen Bezirk der Dämonen und errichtete ein riesiges Heiligtum für die siegreichen Märtyrer; den fälschlich so genannten Göttern setzte er damit die göttli-

---

[41] *h.rel.* § 13,10f.

[42] Κορυφήν τινα κατέλαβεν ὑπὸ τῶν πάλαι δυσσεβῶν τιμωμένην, καὶ τὸ ἐν ταύτῃ τῶν δαιμόνων τέμενος τῷ θεῷ καθοσιώσας… *h.rel.* § 16,1 (*SC* 257, 28,3–5 CANIVET / LEROY-MOLINGHEN).

[43] Man beachte allerdings die gleiche Formulierung in der Thalelaios-Geschichte (§ 28,1), wo offensichtlich ein noch aktiver Kult gemeint ist, s. zu der Geschichte gleich im Folgenden bei Anm. 47.

[44] *h.rel.* § 26,27.

[45] *h.rel.* § 17,2–4.

[46] *h.rel.* § 17,5.

chen Leichname [sc. Reliquien] entgegen."[47] Unabhängig von der Frage, was diesem pointierten Showdown am Ende der Vita real-historisch zugrunde liegt, wird man die Episode auf der Ebene der literarischen Überlieferung des Mönchtums nicht überbewerten dürfen. Sie steht weitgehend isoliert und bestimmt das Gesamtbild nicht. (Hinzu kommt, dass diese Vita am Ende des Gesamtwerkes steht und damit chronologisch schon ins fortgeschrittene 5. Jh. gehört.) Keinesfalls wird bei Theodoret das Mönchtum in der Umgebung von Antiochien primär als eine Art Kampftrupp gegen pagane Kulte präsentiert.

Das ist auch in sonstiger hagiographischer Überlieferung nicht der Fall: Eine Episode in der Lebensbeschreibung des Rabbula von Edessa mag auf den ersten Blick wie eine Ausnahme wirken, doch sollte man dem nicht zu viel Gewicht beimessen. Zwar begegnet der Heilige dort in seiner monastischen Phase (die der Bekehrung zum Christentum folgt und der Bischofsweihe vorausgeht), wie er eigens nach Baalbek/Heliopolis reist und dort „in den Götzentempel aus göttlichen Eifer [geht], um die Götzen zu zertrümmern und des Märtyrertodes gewürdigt zu werden".[48] Das Folgende macht jedoch deutlich, dass das Interesse hier auf dem erstrebten (und nicht erlangten) Märtyrertod liegt; dafür dient die Götzenzerstörung nur als Vorwand. Das narrative Interesse gilt der Frage, auf welche Weise der Heilige malträtiert wurde: der Grund dafür spielt eigentlich keine Rolle und bleibt daher blass, wohl auch ohne Anhalt an der historischen Realität.

Wo umgekehrt massive Konflikte zwischen heidnischen und christlichen Kultformen konkret in den Blick christlicher Quellen kommen, schweigt die monastische Überlieferung, und schweigen überhaupt die Texte in Bezug auf das Mönchtum. Der zweifellos spektakulärste Fall ist der gut bezeugte Konflikt um das Apollo-Heiligtum in Daphne, einem

---

[47] Τούτοις χρώμενος ὑπουργοῖς καὶ τὸ τῶν δαιμόνων κατέλυσε τέμενος καὶ σηκὸν μέγιστον τοῖς καλλινίκοις ἀνήγειρε μάρτυσι, τοῖς ψευδωνύμοις θεοῖς τοὺς θείους ἀντιτάξας νεκρούς. *h.rel.* § 28,5 (*SC* 257, 230,6–9 Canivet/Leroy-Molinghen).

[48] Der syrische Text der Vita ist ediert von J. J. Overbeck, *S. Ephraemi Syri Rabulae Episcopi Edesseni Balaei aliorumque Opera selecta* (Oxford 1865) 159–209 (weil die Biographie des Herausgebers so ungewöhnlich ist, sei auf eine Studie über ihn verwiesen: W. Kahle, *Westliche Orthodoxie. Leben und Ziele Julian Joseph Overbecks*, Ökumenische Studien 9 [Leiden 1968]). Leichter zugänglich ist der Text bei C. Brockelmann, *Syrische Grammatik* (Leipzig [7]1955) 69*–101*. Hier ist die einzige deutsche Übersetzung verwendet, in: G. Bickell, *Ausgewählte Schriften der syrischen Kirchenväter. Aphraates, Rabulas und Isaak von Ninive* (BKV[1]) (Kempten 1874) 166–211, das Zitat S. 175. Zu Rabbula vgl. J. W. Drijvers, „The Protonike Legend, the 'Doctrina Addai', and Bishop Rabbula of Edessa", in: *Vigiliae Christianae* 51 (1997) 298–315; Karl Pinggéra, „Rabbula von Edessa †435/6", in: *Syrische Kirchenväter*, hrsg. von W. Klein (Stuttgart 2004) 57–70 (mit Verweis auf ältere Literatur). – Hier und im Vorausgehenden setze ich die Akzente etwas anders als Wiemer 2011, 174 f.

Vorort von Antiochien;[49] dabei ging es um die Konkurrenz mit dem christlichen Babylas-Kult. Es ist nicht nötig, die Geschichte hier erneut nachzuerzählen (obwohl sie wegen ihrer narrativen Qualitäten attraktiv ist), denn Mönche spielen dort keine Rolle: darin stimmen die verschiedenen erhaltenen Quellen überein.

Bevor auch zu diesem Abschnitt eine Art Zwischenbilanz gezogen wird, sei noch kurz an eine Schrift erinnert, die zwar nicht dem Genus der Hagiographie zuzurechnen ist, aber dennoch zur literarischen Selbstdarstellung des Mönchtums gehört. Der Presbyter von Antiochien und spätere Bischof Johannes Chrysostomos hat in seiner Schrift „Gegen die Gegner des monastischen Lebens" eine Apologie des Mönchtums vorgelegt, die im Kontext der urbanen Gesellschaft offenbar dringend erforderlich war. Wie schlecht das *standing* dieser Gruppe war, wird an einigen Episoden von Feindseligkeiten und Misshandlungen deutlich, die Johannes berichtet. Dass dabei weniger religiöse als soziale Gründe eine Rolle spielten, zeigt sich daran, dass nicht nur Heiden, sondern auch Christen Akteure waren, ja diese sogar besonders.[50] Ohne diese Vorgänge im einzelnen analysieren zu können, ist doch festzuhalten, dass hier noch einmal von einer anderen Seite Licht auf die große Distanz zwischen der urbanen Gesellschaft Antiochiens und dem Mönchtum fällt. Wollte man dem im einzelnen nachgehen, müsste man natürlich auch die kulturelle Differenz zwischen der überwiegend griechisch-sprachigen Stadt und dem überwiegen syrisch-sprachigen Umland bedenken.

In summa: Im Vergleich zur christlichen Historiographie geben die hagiographischen Quellen ein in mehrfacher Hinsicht differierendes Bild. Obgleich sowohl in Konstantinopel als auch in Antiochien die intellektuellen Eliten das in ihrer Umgebung real existierende Mönchtum eher kritisch sahen (unbeschadet einer möglichen Bewunderung für die ägyptische Ur-

---

[49] Das Ereignis hat in den kirchenhistorischen Quellen ein enormes Echo hinterlassen, vgl. Rufin, *HE* X 36; Philostorgios, *HE* VII 8; Sokrates, *HE* III 18; Theodoret, *HE* III 10 und, ihnen folgend, doch erheblich detailreicher und farbiger, Sozomenos, *HE* V 19,4–19. Als weitere Hauptquelle kommt die Lobrede von Johannes Chysostomos auf den Märtyrerbischof Babylas hinzu: *De s. Babyla contra Iulianum et gentiles* (*CPG* 4348, *BHG* 208). Unter Konstantios II. waren die Gebeine des Babylas in die Nähe des Apollon-Heiligtums verlegt worden. Julian ließ sie dort wieder entfernen – was für die Christen Anlass zu einer antipaganen Demonstration gab. Vgl. zu der Episode zuletzt J. Rist, „Chrysostomus, Libanius und Kaiser Julian. Überlegungen zu Inhalt und Umfeld der Schrift *De Sancto Babyla contra Iulianum et gentiles* (*CPG* 4348)", in: *Giovanni Crisostomo. Oriente e Occidente tra IV e V secolo. XXXIII Incontro di studiosi dell'antichità cristiana*, Studia Ephemeridis Augustinianum 93 (Rom 2005) 863–882.

[50] *Aduersus oppugnatores uitae monasticae*, *PG* 47,319–386, *CPG* 4307, hier besonders 1,2 (*PG* 47,322). Vgl. ausführlich zu der Episode Chryosostomus Baur 1929-30, Bd. 1, 94–96; Festugière 1959, 192–210; M. Illert, *Johannes Chrysostomos und das antiochenisch-syrische Mönchtum* (Zürich 2000) bes. S. 12–17; Hahn 2004, 153f. Bemerkenswert ist in diesem Kontext auch die oben (Anm. 16) angeführte Sozomenos-Stelle.

form), ist die Existenz dieser Lebensform für Konstantinopel dennoch gut bezeugt. Dabei zeigen sich freilich massive Differenzen zwischen Selbst- und Fremdwahrnehmung, die nach einer Erklärung verlangen. In Antiochien sind die Berührungen des Mönchtums mit der Stadt eher punktueller Natur, dafür ist ein reiches monastisches Leben durch die hagiographische Literatur für das umliegende Bergland belegt.

Sowohl in Syrien als auch in Konstantinopel sprechen hagiographische Texte nicht für eine besondere Rolle des Mönchtums beim Kampf gegen pagane Kulte. Obgleich eine gewisse Frontstellung gegen das „Heidentum“ durchaus zum Repertoire solcher Lebensbeschreibungen gehört, ist der organisierte gewaltsame Kampf kein häufiges Motiv. Über die Gründe dafür kann man spekulieren. Für Konstantinopel und sein Umland mag ein Erklärungsansatz darin liegen, dass diese Kulte nicht sehr prominent vertreten waren und daher keinen potenten Gegner abgaben. In der Stadt Antiochien kamen solche Aktivitäten womöglich nicht in Betracht, weil die Mönche es sich nicht erlauben konnten (sondern selbst Anfeindungen ausgesetzt waren). So kommt es, dass die wenigen Belege für solche Aktivitäten zumeist aus dem Umland von Antiochien stammen.

3. Pagane Polemik

Über diese letzte Quellengruppe muss hier am wenigsten gesagt werden, da der vorliegende Band insgesamt auf Libanios zentriert ist. Wie eingangs bemerkt, sind es bei ihm speziell die Mönche, die mit Hass und Verachtung geschildert werden. Obwohl diese Gruppe nur an drei Stellen in *Pro templis* (mehr oder minder) explizit genannt wird,[51] durchzieht die Polemik gegen sie das ganze Werk: ihnen wird die Vernachlässigung der althergebrachten Kulte, Bereicherung auf Kosten des Tempelbesitzes und schließlich auch die gewaltsame Zerstörung von Tempeln angelastet. Liest man Libanios, entsteht das Bild von herumstrolchenden Tunichtguten, die nichts anderes im Sinn haben als sich auf anderer Kosten zu bereichern, mit gesellschaftlichen Konventionen zu brechen und schließlich alles kurz und klein zu schlagen.

Er steht mit seiner Polemik gegen christliche Asketen nicht allein. Auch Zosimos lässt an ihnen kein gutes Haar: Die so genannten Mönche „wollen von gesetzlichen Ehen nichts wissen und bilden in Städten wie Dörfern zahlenmäßig starke Korporationen lediger Männer, die dem Staat weder für den Krieg noch zu sonst einem dringenden Bedarf von Nutzen sind, nur dass sie, ... unablässig vordringend, den Großteil der Erde sich aneigneten und unter dem Vorwand, sie wollten den Bettlern an allem An-

[51] S. die Belege oben in Anm. 1.

teil geben, sozusagen alle zu Bettlern machten".[52] Der Kontext dieser Aussage ist freilich der Streit um den christlichen Bischof Johannes Chrysostomos in Konstantinopel, mithin ein innerchristlicher Streit, in dem der pagane Beobachter Zosimos im Grunde nicht Partei ist (oder besser: beide Seiten mit gleicher Verachtung sieht). Ob man freilich in der Aussage, dass sie sich einen großen Teil der Erde aneigneten (τὸ πολὺ μέρος τῆς γῆς ᾠκειώσαντο), einen Hinweis auf widerrechtliche Aneignungen von (angeblichem oder tatsächlichem) Tempelland erblicken will,[53] ist schwer zu entscheiden. Man kann ebenso an die Ausbreitung des Mönchtums in Stadt und Land auf der Basis von Stiftungen und Spenden denken. Jedenfalls ist hier von Tempelzerstörungen nicht die Rede: für solche Aktionen spielen bei Zosimos Mönche keine hervorgehobene Rolle.

In dieser Hinsicht findet sich die engste Parallele zu Libanios bei Eunapios. In seinen *vitae sophistarum* wird gleichfalls eine sehr polemische Schilderung des Mönchtums gegeben, und zwar im Kontext der Zerstörung des Serapeions.[54] Die „so genannten Mönche [sind] zwar Menschen dem Anblick nach, doch ihr Leben ist schweinisch. Vor aller Augen erlebten und taten sie tausend Übel und unsägliche Dinge."[55] Diese finsteren Gestalten wurden als „Kampftrupp" bei den antipaganen Maßnahmen des Patriarchen Theophilos ins Feld geführt. Doch selbst in der hasserfüllten Schilderung des Eunapios – in dessen Sicht es den Mönchen „fromm erschien, das Göttliche zu verachten"[56] –, kommt den christlichen Asketen, bei Lichte besehen, eine eher untergeordnete Rolle im Geschehen zu. Sie werden auf den Plan gerufen, nachdem das eigentliche Werk der Tempelzerstörung durch Theophil und seine Handlanger bereits vollendet ist: Offenbar ist es ihre Aufgabe, das „religiöse Vakuum" am heiligen Ort zu füllen und einen neuen Kult zu etablieren. Eunapios versäumt es nicht, in

---

[52] οὗτοι δὲ γάμοις τοῖς κατὰ νόμον ἀπαγορεύουσι, συστήματα δὲ πολυάνθρωπα κατὰ πόλεις καὶ κώμας πληροῦσιν ἀνθρώπων ἀγάμων, οὔτε πρὸς πόλεμον οὔτε πρὸς ἄλλην τινὰ χρείαν ἀναγκαίων τῇ πολιτείᾳ, πλὴν ὅτι προϊόντες ὁδῷ ... τὸ πολὺ μέρος τῆς γῆς ᾠκειώσαντο, προφάσει τοῦ μεταδιδόναι πάντων πτωχοῖς πάντας ὡς εἰπεῖν πτωχοὺς καταστήσαντες. *hist. nea* V 23,4 (35,7–13 Paschoud, Übersetzung *BGL* 31 Veh/Rebenich). Vermutlich hat Zosimos diese Wertung von seinem Hauptgewährsmann Eunapios übernommen.

[53] So Nesselrath in Anm. 46 (*or.* 30,11).

[54] Dieser Vorgang hat nicht nur in den zeitgenössischen Quellen, sondern auch in der modernen Forschung große Aufmerksamkeit auf sich gezogen. Hier sei nur auf wenige Titel verwiesen: A. Baldini, „Problemi della Tradizione sulla 'Distruzione' del Serapeo di Alessandria", in: *Rivista Storica dell'Antichità* 15 (1985) 97–152; Hahn 2004, 78–97; M. Sabottka, *Das Serapeum in Alexandria. Untersuchungen zur Architektur und Baugeschichte des Heiligtums von der frühen ptolemäischen Zeit bis zur Zerstörung 391 n.Chr.*, Etudes alexandrines 15 (Kairo 2008).

[55] ... τοὺς καλουμένους μοναχούς, ἀνθρώπους μὲν κατὰ τὸ εἶδος, ὁ δὲ βίος αὐτοῖς συώδης, καὶ ἐς τὸ ἐμφανὲς ἔπασχόν τε καὶ ἐποίουν μυρία κακὰ καὶ ἄφραστα. Eunapios, *VS* VI 11,6 (39,13–16 Giangrande).

[56] Τοῦτο μὲν εὐσεβὲς ἐδόκει, τὸ καταφρονεῖν τοῦ θείου. Ebd. (39,16f. Giangrande)

diesem Zusammenhang voll Abscheu auf den christlichen Reliquienkult hinzuweisen: Gebeine und Schädel von verurteilten Verbrechern wurden zum Gegenstand der Verehrung gemacht.[57] Gerade die extrem negative Wertung macht deutlich, dass Eunapios hier kein Interesse daran hat, die Rolle der Mönche zu beschönigen. Gleichwohl treten sie nicht in die Rolle der Rädelsführer ein, sondern bleiben der bischöflichen Initiative gegenüber untergeordnet. Es ließen sich hier ohne Mühe weitere Parallelen für pagane Polemik gegen das christliche Mönchtum im allgemeinen anführen; doch mit der Zuschreibung der Hauptrolle bei Tempelzerstörungen an Mönche steht, wie es scheint, Libanios weitgehend allein.[58]

Diese Beobachtung sollte nun nicht vorschnell so gedeutet werden, dass Libanios grundlos etwas erfindet, was keinen Anhalt in der Realität hatte. Das ist schon deshalb unwahrscheinlich, weil ja sein Text zunächst nicht an Wissenschaftler des 21. Jahrhunderts, sondern an Zeitgenossen des 4. Jahrhunderts gerichtet war – und dieser Zielgruppe gegenüber wäre es ohne Zweifel im Sinne des eigenen rhetorischen Ziels kontraproduktiv gewesen, Behauptungen aufzustellen, von deren Falschheit sich jedermann leicht überzeugen konnte. Es scheint daher angeraten, den Befund bei Libanios zum Schluss dieses Durchgangs durch die unterschiedlichen Quellen in deren Licht neu zu deuten und zu kontextualisieren.

* * *

Selbstverständlich kann der Kreis besprochener Quellen keinerlei Anspruch auf Vollständigkeit erheben. Er wäre etwa zu ergänzen um eine detailgenaue Aufnahme des Befundes der Lokalgeschichte in einer Reihe von Fällen, dabei insbesondere unter Einschluss der Archäologie.[59] Gleichwohl genügt bereits das vorgelegte Material, um ein Bild von verwirrender Vielfalt entstehen zu lassen. Kurz und sehr schematisch zusammengefasst: Ein Leser christlicher historiographischer Werke käme nie im entferntesten auf die Idee, dass Mönche bei der Zurückdrängung paganer Kulte eine Rolle gespielt haben könnten, ja nicht einmal dass sie in der Auseinandersetzung mit dem Heidentum überhaupt in irgend einer Weise engagiert waren. Ein Leser hagiographischer Literatur würde ein solches Engagement gelegentlich wahrnehmen, doch kaum je im Kontext gewaltsamer

[57] *VS* VI 11,8.

[58] Relativ nah kommt man noch bei einem Gerücht, das offenbar in Bezug auf die spektakuläre Zerstörung der Synagoge von Kallinikon bei Hof kursierte. Obwohl Ambrosius klar (und plausibel) bezeugt, dass diese Aggression vom örtlichen Bischof ausging (*ep.* 74 [40],6), war man im Umfeld der Kaisers offenbar der Meinung, es seien Mönche gewesen (*ep. extra coll.* 1 [41],27).

[59] Gespräche beim Göttinger Libanios-Kolloquium deuteten darauf hin, dass hier spektakuläre Befunde relativ spärlich sind, dass also gewaltsame und umfassende Tempelzerstörungen nur in seltenen Ausnahmefällen vorkamen (für Hinweise in dieser Hinsicht danke ich insbesondere Herrn Kollegen Stefan Freyberger, vgl. auch dessen Beitrag im vorliegenden Band).

Konflikte. Ein Leser paganer Texte würde den Kampf um Marktanteile im religiösen Leben anhand der massiven Polemik gegen das sich ausbreitende Mönchtum sehr deutlich verspüren. Das konfrontative Element tritt dabei stark hervor – insbesondere bei Libanios auch im Kontext gewaltsamer Auseinandersetzungen um Heiligtümer.

Wie sind diese unterschiedlichen Perspektiven zu erklären? Der Versuch einer Antwort kann sich, wie eingangs gesagt, nicht auf die Funktion des „Streitschlichters" in dem Sinn beschränken, dass nach Kriterien der Plausibilität entschieden wird, was „wahr" ist und wer demnach „recht" hat. Der Vergleich gibt mehr her als nur dies. Gleichwohl lassen sich in einem ersten Schritt einige Beobachtungen in diesem Sinne sammeln.

1. Gerade die Differenzen zwischen den behandelten Quellen deuten darauf hin, dass es – wenn überhaupt – in einzelnen Fällen im Umland von Antiochien eine aktive Beteiligung von Mönchen bei der Zurückdrängung paganer Kulte gegeben haben mag. Für die Großstädte Antiochien und Konstantinopel ist dies jedenfalls nicht bezeugt – im einen Fall, weil das Mönchtum in der Stadt, im anderen Fall, weil ein angemessener Gegner in der Stadt fehlte. Insgesamt ist aber für den gesamten Bereich Kleinasien und Syrien als Regelfall festzuhalten, dass – wo immer es gewaltsame Konflikte gegeben hat – die Initiative von den Bischöfen, also der gemeindemäßig verfassten Kirche, ausging.[60] Dies ist hauptsächlich bei Sozomenos bezeugt, doch bestätigt die hagiographische Literatur bei aufmerksamer Lektüre diese Sicht. Wenn Libanios sich gleichwohl auf der Basis relativ schwacher Faktengrundlage auf das Mönchtum als Gegner einschießt, dürfte ein Grund dafür auch in der ohnehin schlechten Reputation liegen, deren sich das Mönchtum in der Stadt Antiochien erfreute. Die hier zutage tretenden Verwerfungen sind zum guten Teil eher sozialer als religiöser Natur. Das zeigt vor allem die Verteidigungsschrift des Johannes Chryostomos, die auch innerchristliche Gegner des Mönchtums in den Blick nimmt. *Rebus sic stantibus*, erweist es sich für Libanios als eine gute und geschickte rhetorische Strategie, innerhalb des Christentums gerade das Mönchtum als Hauptgegner auszumachen. Es mag nicht ohne Anhalt in der Realität gewesen sein, doch zugleich konnte der Rhetor eine Serie von Vorurteilen bedienen, die in der urbanen Gesellschaft der Stadt am Orontes ohnehin kursierten – ganz unabhängig von Tempelzerstörungen, ja teilweise noch nicht einmal auf religiöser Grundlage.

[60] Mit Recht stellt Hahn 2004, 277 fest, „daß bei den weitaus meisten blutigen Konflikten der lokale Bischof entscheidend beteiligt war, wenn nicht sogar die Initiative zu den auslösenden Übergriffen auf Gotteshäuser oder Tempel unmittelbar von ihm ausging." Hingegen scheint mir eine hinreichende Quellenbasis für die Aussage von Frend 1990, 483 nicht (oder ausserhalb Ägyptens nicht) gegeben: „During fifteen years, 385-400, the monks in east and west, but especially in Syria and Alexandria played a decisive part in destroying paganism."

2. In einem zweiten Schritt sei noch einmal die auffällige Beobachtung aufgenommen, dass die Konstantinopolitaner Autoren Sokrates und Sozomenos von einem urbanen Mönchtum in der Kapitale nichts wissen, dagegen die hagiographische Tradition sehr wohl, und zwar durchaus auch mit zuverlässiger historischer Detailinformation. Diese Differenz dürfte sich weniger durch Differenzen in den zugrunde liegenden Realitäten erklären als vielmehr in unterschiedlichen „Wahrnehmungsschwellen". Wo man Mönchtum erblickt, hängt wesentlich davon ab, was man als Erwartungshaltung und „Suchbild" dafür mitbringt. Mit anderen Worten: es hängt von der jeweils zugrunde liegenden Definition ab. Die gleiche historische Realität kann als „holy men" und als vagabundierender Pöbel beschrieben werden – je nach den Maßstäben, die man anlegt. Dies gilt bereits innerchristlich, wie der Vergleich der Konstantinopolitaner Quellen zeigt. Für Libanios und die pagane Polemik ist diese Beobachtung insofern relevant, als natürlich bei den nicht-christlichen Quellen ein Interesse an einer differenzierten Wahrnehmung und gar an einem eher „geistlichen" Definitionskriterium nicht bestand. Es ist aus diesem Grunde sehr wohl möglich, dass das, was bei Libanios in die verhasste Kategorie Mönchtum fällt, in den Augen eines anderen Betrachters ganz anders klassifiziert werden würde. Mönchtum in der Spätantike ist ein Phänomen mit offenen Rändern. Zu den Differenzen innerhalb des Phänomens treten höchst unterschiedliche Perspektiven der Außenwahrnehmung. Auch dies trägt zur Erklärung der Differenzen zwischen den Quellengruppen bei.

3. Die wichtigste Erklärungsebene ist indes die literarische.[61] Sie kann hier nur noch knapp berührt werden, denn sie würde für jede der behandelten Schriften eine eingehende Analyse voraussetzen. Keine der behandelten Quellen ist mit der primären Intention verfasst, der Nachwelt Nachrichten über die Bedeutung des Mönchtums bei der Zurückdrängung paganer Kulte zu überliefern. Vielmehr ist in jedem Einzelfall zu prüfen, welche literarischen Intentionen zugrunde liegen. Dass etwa für Theodoret in seiner *historia religiosa* ein ebenso einseitiges Verständnis des Mönchtums zugrunde liegt wie bei Libanios, liegt auf der Hand – freilich hat die Einseitigkeit bei beiden Autoren umgekehrtes Vorzeichen. Bei den christlichen Historikern ist darauf zu verweisen, dass Mönche als Teil einer globalen (zeit- und raumübergreifenden) Darstellung des Christentums in den Blick kommen. Dass im Rahmen dieser Intention das Interesse an den ägyptischen Wüstenvätern stärker ist als am urbanen Mönchtum der Hauptstadt, mag verständlich sein. Libanios' Ziel in *Pro templis* ist eine klare und deutliche Polarisierung zwischen Christentum und Heidentum. Insofern unterscheidet sich sein Anliegen nicht wesentlich von einigen intellektuellen

[61] Vgl. auch Wiemer 2011, 162f.

Vertretern des Christentums (sehr wohl aber etwa von einem Historiographen wie Sokrates). Manches spricht dafür, dass die trennscharfe Aufteilung der religiösen Landschaft in zwei Lager überhaupt erst Resultat der literarischen Strategien einer kleinen intellektuellen Elite war. Wie erfolgreich diese Strategie war, zeigt sich nicht zuletzt daran, dass sie das Bild von der Spätantike bis in die modernen Lehr- und Handbücher hinein bestimmt. Erst nach und nach stellt sich heraus, dass die religiöse Realität wohl komplexer war und nicht einfach aus zwei opponierenden Lagern bestand. Paradoxerweise hat indes Libanios das Spiel der christlichen Intellektuellen („Kirchenväter") mitgemacht und damit überhaupt erst dazu beigetragen, dass Nicht-Christen zu „Heiden" wurden.

Zur Nachnutzung heidnischer Heiligtümer aus Nord- und Südsyrien in spätantiker Zeit*

Klaus Stefan Freyberger

1. Einleitung

In seiner an den christlichen Kaiser Theodosius gerichteten Rede *Pro Templis* entwirft Libanios ein Bild der Gewalt gegen heidnische Tempelbauten. Berüchtigt ist die Zerstörung des großen Serapeion in Alexandria, die vermutlich im Jahr 392 erfolgte.[1] Diese Rede, aber auch andere Schriften antiker Autoren wie die *Vita Constantini* des Eusebius prägten die Vorstellung einer starken Polarisierung zwischen dem Heiden- und Christentum, die auch in den Altertumswissenschaften ihren Niederschlag fand. Die Errichtung von Kirchen an der Stelle niedergerissener Kultbauten wurde ideologisch als Sieg des Christentums über die Heiden verklärt. Inzwischen wurde dieses Schwarzweißbild dank neuerer Forschungen entschieden korrigiert.[2] Aufschlussreiche Zeugnisse, die eine differenziertere Bewertung erlauben, liefern die im *Codex Theodosianus* und im *Codex Justinianus* überlieferten gesetzlichen Bestimmungen zum Schutz öffentlicher Gebäude, wozu auch die paganen Heiligtümer gehörten.[3] In Ergänzung zur schriftlichen Überlieferung sind der archäologische Befund der Bauwerke und deren Ausstattung mit einzubeziehen. In der vorliegenden Arbeit steht die Frage im Vordergrund, in welcher Weise die antiken Heiligtümer baulichen Veränderungen in spätantiker Zeit unterlagen und welche Gründe für ihre Nachnutzung ausschlaggebend waren. Für dieses Vorhaben bieten sich signifikante Kultbauten in Nord- und Südsyrien als ausgewählte Fallbeispiele an (Karte 1-3, S. 224–226). Da der Prozess der Christianisierung in beiden Regionen zeitlich und in der Intensität nicht einheitlich verlief, gilt zu zeigen, ob diese Vorgänge auch unterschiedliche Facetten in

---

* Für Ratschläge und Hilfestellungen danke ich C. Ertel, J. Hahn, B. Hirsch, H.-G. Nesselrath und H.-U. Wiemer.

[1] Hahn 2006, 368–383.

[2] O. Dally, „Plege und Umnutzung heidnischer Tempel in der Spätantike“, in: G. Brands / H.-G. Severin (Hrsgg.), *Die spätantike Stadt und ihre Christianisierung* (Wiesbaden 2003) 97–114.

[3] Der erste Erlass zum Schutz heidnischer Tempelbauten stammt aus dem Jahr 346: *Cod. Theod.* XVI 10,3. Zur Baugesetzgebung in spätantiker Zeit: Noethlichs 2003, 179–197.

der Nachnutzung und im Umgang antiker Heiligtümer in diesen Gebieten bewirkten.

2. Nordsyrien: Heiligtümer im Kalksteinmassiv

2.1. Das Heiligtum des Zeus Madbachos und Selamanes im Dschabal Schaikh Barakat[4]

Das Heiligtum liegt auf der Spitze eines Berges (870 m), des antiken Mons Koryphaios, der die ganze Region nördlich der Ebene von Dana beherrscht (Karte 2, S. 225).[5] Die Terrassierungen wurden nach Callot in römischer Zeit ausgeführt. Wahrscheinlich wurden diese aber schon in hellenistischer Zeit angelegt, wie es für viele Terrassenheiligtümer in der Mittelmeerwelt belegt ist. Im Zentrum der Terrasse ragte ein 16,50 m x 11,50 m großer Tempel korinthischer Ordnung empor, dessen prostyle, vier Säulen umfassende Vorhalle nach Osten ausgerichtet war (Abb. 1a, S. 204). Säulenhallen umgaben den terrassierten Bezirk von 68 m Seitenlänge auf allen vier Seiten. Die 8 m tiefen Portiken von tuskanischer Ordnung besaßen auf jeder Seite 21 Säulen. Auf der Ostseite befanden sich zwei Portale, während die Nord- und Westseite nur einen Eingang hatten. Bei der Anlage handelt es sich um ein charakteristisches Terrassenheiligtum hellenistischer Prägung, in dem lokale Kulte praktiziert wurden. Der starke hellenistische Einfluss kommt nicht nur in den Bauformen, sondern auch in der Gestaltung des Baudekors zur Geltung.

2.1.1. Die Umbauten des Heiligtums in spätantiker Zeit (4. bis 7. Jh.)

Mit großer Wahrscheinlichkeit wurde das Heiligtum im späten 4. oder frühen 5. Jh. umgebaut.[6] Einen Anhaltspunkt dafür liefert eine Nachricht aus

[4] Die Benennung des Tempels ist gesichert durch mehrere Weihinschriften aus dem Peribolos, die vorwiegend den Göttern Madbachos und Selamanes geweiht sind: Prentice 1908, 104–126 Nr. 100–108a; Jalabert / Mouterde 1939, 256–267 Nr. 465–475; Callot / Marcillet-Jaubert 1984, 190f.

[5] G. Tchalenko, „Travaux en cours dans la Syrie du Nord", Syria 50 (1973) 115–128 Abb. 1–9; Callot / Marcillet-Jaubert 1984, 187–192 Abb. 1.2; Callot 1997, 736f. Abb. 1; Freyberger 1998, 70–74 Taf. 51.52 Beil. 24.25.37,13.

[6] Callot 1997, 737f. Abb. 2. Dabei stellt sich das methodische Problem, den Zeitpunkt der Aufgabe von Kulten in den Heiligtümern auf archäologischer Basis zu bestimmen. Es ist nicht bekannt, in welcher Weise heidnische Kulte noch in spätantiker Zeit praktiziert wurden. Selbst wenn von einem Heiligtum das ganze Kultinventar und die spätesten Weihgaben bekannt wären, könnte das Ende der Kulte zeitlich nicht fixiert werden. Der einzige chronologische Anhaltspunkt sind die Weihinschriften von Kirchen, deren Vorgängerbauten aus heidnischer Zeit belegt sind. In diesem Fall liefern die Weihinschriften einen *terminus ante quem* für die Aufgabe der heidnischen Kulte. Es ist aber denkbar, dass die Zeitspanne von der Schließung eines Heiligtums bis zur Umwandlung in eine Kir-

dem Anfang des 5. Jh.s des Theodoretos von Kyrrhos über den Mons Koryphaios: „Auf der Bergspitze befand sich ein Heiligtum der Dämonen, das durch die Bewohner in der Nachbarschaft in großem Umfang geändert wurde".[7] Der Tempel wurde gänzlich bis auf seine Fundamente abgetragen (Abb. 1b, S. 204). Die wenigen vorhandenen Bauglieder wie die Kapitelle, Schäfte der Säulen und Gebälke des Giebels eigneten sich nicht für eine Wiederverwendung. Dabei nutzten die Einwohner aus dem Nachbardorf Qasr al-Hadid (Khirbat Schaikh Barakat) die Portiken und die Bezirksmauern als Steinbruch für den Bau ihrer Häuser. Säulenkapitelle des Peribolos wurden in den Häusern verbaut.

Im 5. oder 6. Jh. wurde eine kleine Kapelle in den Ruinen auf der Nordseite des Peribolos errichtet an dem Portal des Vorgängerbaus, das weiter als Eingang fungierte. Im Unterschied zu anderen aufgelassenen Tempeln wurde die Platzanlage auf dem Dschabal in spätantiker Zeit kaum okkupiert. Der Grund dafür mag in der Errichtung einer kleinen Stylitensäule liegen, die sich einige 100 m nordwestlich der Anlage in Richtung des Dorfes Qasr al-Hadid befand. Neben der etwa 15 m hohen Säule standen eine Kapelle, ein kleines Gebäude und eine Ölpresse. An dem Vorgang ist bemerkenswert, dass die religiösen Aktivitäten auf dem Dschabal Schaikh Barakat sich ungebrochen fortsetzten, obwohl der Ort in spätantiker Zeit als eine Stätte der Dämonen galt.

2.2. Das Heiligtum des Zeus Tourbarachos im Dschabal Srir

Das Heiligtum wurde auf dem Gipfel eines 560 m hohen Berges südlich der Ebene von Dana oberhalb des modernen Dorfes Tall Aqibrin errichtet, das in der Antike Tilokbarein hieß (Karte 2, S. 225).[8] Zwei Straßen, die eine von Norden über den Tall Aqibrin, die andere von Süden über Kafr Karmin, führten zu der Kultstätte.[9] Auf beiden Wegen befinden sich zwei Weihreliefs an Zeus Tourbarachos, auf denen ein liegender Herkules mit Keule dargestellt ist.[10] Die Weihung eines Altars im Jahr 103 durch einen Einwohner von Tilokbarein zeigt eine religiöse Aktivität in römischer Zeit in dieser Region.

che nicht allzu groß war, zumal die Sakralbauten nach dem Ende ihrer Nutzung schnell der Zerstörung anheim gefallen wären. Allerdings waren die Umwandlungsprozesse an den Stätten mit großer Wahrscheinlichkeit von verschieden langer Dauer. Auf dieses methodische Problem machte mich J. Hahn aufmerksam, dem ich an dieser Stelle für seine Diskussionsbereitschaft danken möchte.

[7] Theodoret, *Historia religiosa* 4,1; 4,13; Millar 1993, 255.

[8] Jalabert / Mouterde 1939, 231f. Nr. 413.

[9] Callot / Marcillet-Jaubert 1984, 192 Abb. 1.

[10] Laut den Jahresangaben wurden die Reliefs 130 und 131 hergestellt: Callot / Marcillet-Jaubert 1984, 192. 201 Abb. 6d.e.

Der auf einer künstlichen Terrasse aufragende und nach Osten orientierte Tempel wurde nach O. Callot in zwei Etappen errichtet (Abb. 2a, S. 205).[11] Wurde der Naos 116 eingeweiht,[12] so kam der Pronaos mit zwei Säulen in antis erst 150 zur Vollendung.[13] Es ist aber schwer vorstellbar, dass der Kultbau erst 34 Jahre später einen Pronaos erhielt. Wahrscheinlich wurde letzterer im Rahmen einer Restaurierung neu ausgeführt, wie es mehrfach für Tempelbauten in der östlichen Mittelmeerwelt bezeugt ist.[14] Die Verschönerung des Tempels war wohl mit der Absicht verbunden, die Front breiter zu gestalten. Aus diesem Grund bekam der Pronaos größere Ausmaße (8,80 m x 5 m) als der Naos (7 m x 6 m). Vor dem Tempel stand ein monumentaler Altar, der aller Wahrscheinlichkeit nach für Schlachtopfer bestimmt war.[15] Die Stätte war von einem rechteckigen Peribolos umgeben. Der Haupteingang befand sich an der Südostecke, wobei drei Portale auf der Ost-, Nord- und Westseite als weitere Eingänge in den heiligen Bezirk fungierten.

2.2.1. Die Umbauten des Heiligtums in spätantiker Zeit (4. bis 7. Jh.)

In spätantiker Zeit wurde auf dem Platz des Heiligtums ein Konvent errichtet (Abb. 2b, S. 205).[16] Man weiß nicht, in welcher Weise der Tempel vor dem Umbau genutzt wurde. Zudem ist nicht bekannt, wie lange in dem Sakralbau heidnische Kulte stattfanden. Es wäre denkbar, dass der Tempel vor der Umgestaltung der Stätte zunächst als provisorische christliche Kapelle genutzt wurde. Ein Indiz dafür liefern zwei Christogramme, die auf den Säulenschäften des Pronaos eingraviert wurden.

Eine etwa 12 m hohe Stylitensäule wurde unterhalb der Tempelterrasse im südwestlichen Bereich errichtet. Um diese Säule und den alten Tempel baute man innerhalb der Bezirksmauer des heidnischen Heiligtums die Trakte des kleinen Konvents. Der Haupteingang blieb unverändert an

---

[11] Butler 1907–1920, 236–238 Abb. 236 Taf. 21; Callot / Marcillet-Jaubert 1984, 192–195 Abb. 3; Callot 1997, 738f. Abb. 5.

[12] Jalabert / Mouterde 1939, 272 Nr. 488; Prentice 1908–1922, 143f. Nr. 1111.

[13] Die Datierung basiert auf den Jahresangaben einer nicht edierten Weihinschrift, die 1979 vor Ort gefunden wurde: Callot / Marcillet-Jaubert 1984, 192; Callot 1997, 739 Anm. 12.

[14] Ein aufschlussreiches Beispiel liefert der „Südtempel" in Atil im Hauran (Dschabal al-Arab), der im späten 1. Jh. v. Chr. errichtet und erst im 2. Jh. eine neue Fassade erhielt. Auf diese Restaurierung bezieht sich die bekannte Weihinschrift aus dem Jahr 151: *CIG* 4608; *IGR* III 1237; Waddington 1870, Nr. 2372; Prentice 1908, 326 Nr. 427a. Die Datierung der Inschrift von Brünnow / Domaszewski (*Die Provincia Arabia III* [Strassburg 1909] 103) in das Jahr 213 steht im Widerspruch zu der aus dem Stil der Bauornamentik abgeleiteten Chronologie in die antoninische Zeit: Freyberger 1989b, 88 Anm. 6.

[15] Die Weihung eines Altars auf dem Dschabal Srir ist durch eine Weihinschrift aus dem Jahr 103 belegt: Callot / Marcillet-Jaubert 1984, 195; Callot 1997, 738.

[16] Callot 1997, 739–741 Abb. 6.

der Südostecke stehen, wobei das Portal in ein kleines Gebäude eingebaut wurde, das als Pförtnerhaus diente. Bei den Umbauarbeiten des Tempels wurden dessen originale Mauern zum Teil beibehalten. Den einstigen Naos, das Allerheiligste, verwendete man als Erdgeschoss für einen Turm, während der Pronaos zu einem kleinen Hof umgestaltet wurde. Ein mehrgeschossiges Bauwerk schloss an die Tempelfront an. Eine kleine, einschiffige Kirche im südöstlichen Bereich des Bezirks hatte im Innern eine unterirdische Kammer, die wohl als Kollektivgrab für die Mönche bestimmt war. Auf der Westseite des Platzes, auf dem die Stylitensäule emporragte, stand ein mit Portiken an der Ostfassade ausgestattetes Gebäude, in dem mit großer Wahrscheinlichkeit die Mönche logierten. Von der landwirtschaftlichen Nutzung des Gebiets zeugt eine Ölpresse, die sich etwa 50 m westlich und außerhalb der Umfassungsmauern fand.

Wie bei dem Heiligtum auf dem Dschabal Schaikh Barakat so beschränkte sich die spätere Bebauung und damit auch die religiöse Nutzung der Anlage in Srir auf den Bereich innerhalb der Umfassungsmauern. Im Unterschied zu dem Tempel des Zeus Madbachos und Selamanes, der bis auf seine Fundamente abgetragen wurde, behielt der Tempel in Srir einen größeren Teil seiner Mauern bei, die nach ökonomischen Gesichtspunkten rein als Baumaterial zur Verwendung kamen.

2.3. Das Heiligtum des Zeus Bomos in Burdj Baqirha

Das Heiligtum liegt auf einem 558 m hohen Hügel, der die Ebene von Sermada, dem westlichen Ausläufer der Ebene von Dana, beherrscht (Karte 2, S. 225).[17] Um die Stätte führte original eine Umfassungsmauer, deren Verlauf bis heute nicht hinreichend bekannt ist.[18] Auf dem monumentalen Portal des Peribolos ist eine Weihinschrift an Zeus Bomos aus dem Jahr 161 eingraviert.[19] Die über 10 m hohe Rückseite des Tempels und Partien der Außenwände sind bis heute gut erhalten. Bei dem Sakralbau handelt es sich um einen viersäuligen Prostylos korinthischer Ordnung (Abb. 3, S. 206). Der Kernraum des Tempels besteht aus einer Vorcella (7,50 m x 7 m) und Cella (7 m x 3,50 m), wobei die Quadermauer der ersteren noch vorhanden sind, während der rückwärtige Raum in der Antike abgebaut wurde. Inschriften aus den Jahren 124, 162/163 und 238 bezeugen Arbeiten an diesem Tempel.[20] Angesichts der späten Überlieferungsdaten stellt sich die Frage, ob an dieser Kultstätte nicht schon ein älteres Heiligtum existiert

[17] Callot / Marcillet-Jaubert 1984, 186 Abb. 1.

[18] Butler 1904, 66–69 mit Abb.; Callot / Marcillet-Jaubert 1984, 195–198 Abb. 4; Callot 1997, 741f.

[19] Prentice 1908, 67–70 Nr. 48; Jalabert / Mouterde 1939, 310f. Nr. 569; Callot / Marcillet-Jaubert 1984, 197; Millar 1993, 253.

[20] Callot 1997, 741.

hatte. Ein Indiz dafür ist die Weihung an Zeus Bomos, dessen Name auf einen lokalen und alten Kult schließen lässt.

2.3.1. Die Umbauten des Heiligtums in spätantiker Zeit (4. bis 7. Jh.)

Die Bauphase in dieser Zeit ist schlecht bezeugt. In der Cella des Naos wurde ein Haus mit drei Stockwerken errichtet. Nach der Auswertung der Keramikfunde ist dessen Bau dem 5. oder dem frühen 6. Jh. zuzuschreiben. Eine genauere Datierung ist nicht möglich. Wie dem auch sei, das Haus wurde frühestens zu jenem Zeitpunkt errichtet, als der Tempel nicht mehr in kultischer Nutzung war. Dabei lässt sich die Frage nach dem Zeitpunkt der Aufgabe des Tempels kaum beantworten, zumal auch die archäologischen Indizien nur bedingt aussagekräftig sind.

2.4. Das Heiligtum des Zeus Seimios und Symbetylos in Qalaat Kalota

Im Unterschied zu den drei genannten Heiligtümern liegt diese Kultstätte nicht in der Ebene von Dana, sondern etwa 12 km nordöstlich des Dschabal Schaikh Barakat auf einer Bergkuppe in 560 m Höhe (Karte 2, S. 225).[21] Eine Straße führt von dem Dorf Kalota, das 600 m östlich der Kultstätte liegt, als einziger Zugang zu der Anlage. In Übereinstimmung mit dem Heiligtum des Zeus Tourbarachos im Dschabal Srir ist auf dem Weg ein Felsrelief mit der Darstellung des liegenden Herkules mit Keule angebracht.[22] Auf dem Platz befinden sich die Ruinen einer großen christlichen Basilika, in der Mauern zweier Tempel aus römischer Zeit verbaut sind.[23] Eine ältere Anlage existierte schon vor der Errichtung der zwei Tempelbauten, wie Partien der älteren Umfassungsmauern bezeugen.[24] Laut einer Weihinschrift, die in der Südmauer der späteren Basilika wiederverwendet wurde, stifteten ein Mann namens …maios, Sohn des Aphrodisios und seine Frau

[21] Callot / Marcillet-Jaubert 1984, 186 Abb. 1.

[22] Callot / Marcillet-Jaubert 1984, 198.201 Abb. 6f.

[23] Butler 1907–1920, 319–322 Abb. 356–358 Taf. 26; Callot / Marcillet-Jaubert 1984, 198–202 Abb. 5; Callot 1997, 742f. Abb. 8.

[24] Mehrere Heiligtümer in Syrien haben Bezirksmauern aus hellenistischer und älterer Zeit, während die Tempelbauten in der Kaiserzeit erneuert beziehungsweise vergrößert wurden. Ein ähnlicher Fall könnte auch in Qalaat Kalota vorliegen. Ursprünglich handelte es sich um ein Naturheiligtum, das in hellenistischer Zeit monumental ausgebaut und in der Kaiserzeit mit luxuriösen Tempelbauten versehen wurde. Dabei wurden die älteren Sakralbauten oder zumindest Teile von diesen in die Neubauten integriert. Ein besonders aussagekräftiges Beispiel liefert das Heiligtum des Zeus Uranios in Baitokaike im syrischen Küstengebirge bei Tartus, dessen Bezirksmauern aus hellenistischer Zeit stammen, während die Tempelbauten und andere kultische Einrichtungen wie die Altäre in der Kaiserzeit erneuert und vergrößert wurden: Ertel / Freyberger, 2008, 731–777; Freyberger 2009a, 265–292.

den Himmelsgöttern Seimios und Symbetylos den Tempel und die goldene Statue.[25]

In dem Bezirk der 59 m x 48 m großen Umfassungsmauer standen zwei nach Süden ausgerichtete Tempel auf einer Krepis mit drei Stufen (Abb. 4a, S. 207). Die Arbeiten zogen sich bis in das 2. Jh. hin, wie eine Weihinschrift auf dem Nordtor des Peribolos aus dem Jahr 135 bezeugt.[26] Der größere der beiden Sakralbauten (17 m x 10 m), der im östlichen Bereich des Bezirks steht, besaß eine Vorhalle mit vier Säulen korinthischer Ordnung, während das kleinere Gebäude (10,50 m x 7,50 m) eine Vorhalle mit zwei Säule in antis hatte.

2.4.1. Die Umbauten des Heiligtums in spätantiker Zeit (4. bis 7. Jh.)

Die zwei Tempel fielen nicht gleich der Zerstörung anheim, ehe sie in eine Basilika umgebaut wurden.[27] Auf dem Türsturz des größeren Tempels, der in den Mauern der Basilika später verbaut wurde, brachte man ein Kreuz in Relief an. Dieses Detail bezeugt, dass die Tempel zunächst noch intakt blieben, bis an deren Stellen eine große, dreischiffige Basilika errichtet wurde. Dieser Vorgang fand aller Wahrscheinlichkeit nach im 5. Jh. statt. Der Baumeister und sein Trupp führten den Umbau nach bauökonomischen Gesichtspunkten aus, indem sie große Mauerpartien der zwei älteren Gebäude in den Neubau miteinbezogen (Abb. 4b, S. 207). Dazu gehörten vor allem die Ostmauer des kleinen Bauwerks sowie die ganze Nordseite und ein Teil der Ostwand des großen Tempels. Soweit es möglich war, wurden auch zahlreiche Bauglieder beider Gebäude für den neuen Kirchenbau wiederverwendet. Elemente, die sich nicht wieder verwenden ließen, wurden klein geschnitten und als Schotterbelag um die Basilika genutzt (Abb. 4c, S. 207).

Wahrscheinlich fanden im 6. Jh. weitere Bauarbeiten statt. Zu beiden Seiten der Apsis an der Ostseite der Basilika und der Ostmauer der Umfassungsmauer baute man zwei kleine Häuser, deren Portiken einen geschlossenen Hof bildeten (Abb. 4d, S. 207). In dem südlichen Gebäude führte eine Treppe zu einem Obergeschoss, das über dem Martyrion lag, während man im nördlichen Haus einen direkten Zugang zum Diakonikon hatte. Die Verbindungen zwischen den beiden Häusern und der Kirche legen die Vermutung nahe, dass die Neubauten als Unterkünfte für eine kleine Mönchsgemeinde dienten. In der Südostecke des Peribolos befand sich ein kleiner zum Teil überdeckter Grabbezirk, in dem vier große Sarkophage

---

[25] Prentice 1908–1922, 199 Nr. 1193; Jalabert / Mouterde 1939, 219f. Nr. 383; Callot / Marcillet-Jaubert 1984, 198.

[26] P.-L. Gatier, „Villages et sanctuaires en Antiochène autour de Qalaat Kalota", Topoi 7/2 (1997) [751–775] 761f. Inschrift A Abb. 1.

[27] Callot 1997, 743f. Abb. 9–11.

standen. Wahrscheinlich diente die Anlage als Kollektivgrab für die Gemeinde.

3. Südsyrien: Heiligtümer im Hauran

Vor der Folie der nordsyrischen Heiligtümer sind die antiken Kultbauten im Hauran auf ihre Nachnutzung hin zu thematisieren. Dabei empfiehlt sich als Ausgangspunkt Kanatha, das heutige Dorf Qanawat, das 90 km südlich von Damaskus und 7 km nordöstlich der Provinzhauptstadt Souweida liegt (Karte 3, S. 226).[28]

3.1. Kanatha (Qanawat): Die Kultstätten in der Oberstadt

In der Oberstadt von Kanatha lag eine traditionsreiche Kultstätte, die mit großer Wahrscheinlichkeit im 1. Jh. v. Chr. zu monumentalen Terrassenheiligtümern ausgebaut wurde.[29] Die Anlage besteht aus drei in den Felsboden eines Hangs gehauenen Terrassen mit insgesamt vier bekannten Sakralbauten, die sich alle im Grund- und Aufriss voneinander unterscheiden (Abb. 5, S. 208).[30]

3.1.1. Die paganen Tempelbauten im „Serail"

Der gesamte Komplex wurde ursprünglich als Palast gedeutet und aus diesem Grund „Serail" genannt.[31] Auf der untersten Terrasse standen zwei Tempelbauten, die durch einen Säulenhof miteinander verbunden und alle zweigeschossig waren (Abb. 5, S. 208; 6a.b, S. 209f.).[32] Die von Norden nach Süden ausgerichteten Sakralbauten hatten auf der Nordseite drei Eingänge, eine breite Vorhalle und eine Cella mit Apsis, die als Adyton und

---

[28] Zur Geschichte von Kanatha: L. A. Moritz, „Kanatha", *RE* 10 (1917) 1856; A. H. M. Jones, *The Cities of the Eastern Roman Provinces* (Oxford 1937) 260. 286–288. 290; J.-P. Rey-Coquais, „Canatha", in: R. Stillwell (Hrsg.), *The Princeton Encyclopedia of Classical Sites*[2] (Princeton 1979) 191f.; E. Schürer, *The History of the Jewish People in the Age of Jesus Christ II (175 B.C.-A.D. 135)*. Rev. by G. Vermes / F. Millar / M. Black (Edinburgh 1979) 140–142; M. Sartre, „Le territoire de Canatha", *Syria* 58 (1981) 343–357; ders., „Les cités de Décapole septentrionale: Canatha, Raphana, Dion et Ahadra", *ARAM* 4:1 (1992) 139–146; H. I. MacAdam, *Studies in the History of the Roman Province of Arabia* (Oxford 1986) 74–79.

[29] Die Ergebnisse werden publiziert in: K. S. Freyberger / C. Ertel, *Die Heiligtümer in Kanatha von hellenistischer bis spätantiker Zeit: Orte der Herrschaft und urbane Kommunikationszentren* (in Vorbereitung für die Drucklegung).

[30] Freyberger 2009a, 289 Abb. 21.

[31] Die phantastische Benennung „Serail" stammt von dem Architekten Marquis de Vogüé, der als erster um die Mitte des 19. Jh.s den Komplex wissenschaftlich dokumentierte: Vogüé 1865–1877, 59f. Taf. 19.20. Zur Anlage des „Serail": Butler 1904, 357–361; Butler 1929, 15f.; Restle 1971, 973–975; Amer u.a. 1982, 257–318.

[32] Amer u.a. 1982, 281f. Plan 1.2; Freyberger 2009a, 289 Abb. 21.

damit als Wohnsitz der Gottheit fungierte. Das Heiligtum verfügte über mehrere von den Temene separierte Vorhöfe, die als Markt- und Handelszentren dienten.[33]

3.1.2. Die Kirchenbauten im „Serail"

Vermutlich wurde die gesamte pagane Kultstätte gegen Ende des 4. Jh.s in Kirchen umgebaut.[34] Dabei ließ man nicht nur die originale Bausubstanz der heidnischen Tempel weitgehend unverändert stehen, sondern auch das Schema der durch einen Säulenhof getrennten Sakralbauten setzte sich fort (Abb. 6a.b, S. 209f.).

a. Die „Westkirche"

Das markanteste Veränderungsmerkmal ist die neue Ausrichtung der Kirchen nun von Westen nach Osten. Die neue Fassadenfront des „Westtempels" wurde auf die Westseite verlegt und weiter nach Westen vorgezogen (Abb. 7, S. 211).[35] Im Innern wurde das ältere Bauwerk in eine dreischiffige Hallenkirche mit zwei Geschossen umgebaut, indem man auf Pfeilern aufliegende Transversalbögen einzog und auf diesen die Decke aus Steinbalken auflegte.[36] Darüber hinaus blieb die alte Tempelfront auf der Nordseite mit der Säulenvorhalle unverändert, die nun als Narthex und Nebeneingang diente. Vor der Innenwand der Ostseite wurden ein apsidales Synthronon und der davorliegende Altarraum mit Schranken eingerichtet.[37] Ein Fenster mit drei Bögen in der Rückwand gibt den Blick auf den dahinterliegenden Säulenhof frei. Durch die neue Ausrichtung wurde die Apsis mit den drei Konchen, die als Adyton des späthellenistischen Tempels fungierte, zu einer Seitenkapelle oder gar einem Martyrium. Der Zugang zu dem Treppenhaus in der westlichen Seitenkammer des Adyton blieb bestehen. Mit Sicherheit hat die Treppe ihre originale Funktion als Aufgang zu dem Tempeldach für rituelle Begehungen verloren, aber ein Zugang zum Dach war weiterhin notwendig, um dort Wartungsarbeiten durchführen zu können.

b. Die „Ostkirche"

Ein entsprechender Umbau in eine Kirche fand auch am „Osttempel" statt. Die ehemalige geschlossene Westwand wurde von einem Portal mit

---

[33] Zur Handelsfunktion der Heiligtümer: Ertel / Freyberger 2008, 772–774; Freyberger 2009a, 283f.

[34] K. S. Freyberger, „Zur Urbanistik von Kanatha in hochkaiserzeitlicher und spätantiker Zeit", in: G. Brands / H.-G. Severin (Hrsgg.), *Die spätantike Stadt und ihre Christianisierung* (Wiesbaden 2003) [115–124] 124.

[35] Amer u.a. 1982, 258 Plan 2 Abb. 3–6; Restle 1989, 377f. Abb. 101.

[36] Amer u.a. 1982, 259 Abb. 11.14.

[37] Amer u.a. 1982, 283 Plan 3; 260 Abb. 16.17.

drei Durchgängen durchbrochen, wobei die mittlere Tür auf die gegenüberliegende Priesterbank an der Ostwand ausgerichtet war. In Übereinstimmung mit dem „Westtempel" wurde das Adyton auf der Südseite, der Nukleus heidnischer Götterverehrung, nicht zerstört, sondern als Seitenkapelle weiterverwendet. Der Blickfang der „Ostkirche" war aber die zum Säulenhof gewandte Fassade auf der Nordseite (Abb. 8, S. 212). Es handelt sich dabei nicht ausschließlich um eine spätantike Spolienmauer wie fälschlich angenommen wird,[38] sondern um die originale Fassade des „Osttempels", die erst bei dem Umbau des paganen Sakralbaus in eine Kirche mit wiederverwendeten Baugliedern aus älteren Gebäuden geschmückt und mit einem neuen Obergeschoß versehen wurde. Die hoch aufragende Wand besteht aus fein geglätteten und dicht aneinander gesetzten Quadern, die Bestandteil der originalen Tempelfassade sind. Das markante Erscheinungsbild wird vor allem durch die dekorierten Gebälke der drei Portale bestimmt, die mit großem Geschick in die bestehende Wand integriert wurden. Bei all diesen Stücken handelt es sich um wiederverwendete Bauglieder, die aus den paganen Gebäuden gewonnen wurden. Zu den Spolien gehören die Gewände der drei Türen, der Türsturz mit einer darunter liegenden Rankenfriesplatte über dem mittleren Portal, die Türkonsolen, der Entlastungsbogen, die Verdachung, das Relief mit dem dreistöckigen Mäander und die doppelte Reihe der Konsolen.[39]

3.2. Bostra: Die Kirchenbauten

Ein ähnlicher Fall wie in Kanatha liegt in Bostra vor. Der Ort, der Hauptstadt der im Jahr 106 eingerichteten Provincia Arabia wurde und ein wichtiger Verkehrsknotenpunkt in dieser Region war, liegt westlich des Dschabal al-Arab in der fruchtbaren Nukra-Ebene (Karte 3, S. 226). Im Ostviertel befinden sich zwei große Kirchen, die nach unseren jüngsten Forschungen ursprünglich Tempelbauten waren und erst in spätantiker Zeit in Kirchen umgebaut wurden.[40] Das Mauerwerk beider Gebäude ist nach der Konstruktionstechnik und der Oberflächenbearbeitung in vielen Bereichen als römisch zu identifizieren.[41]

---

[38] Amer u.a. 1982, 266–268 Abb. 31–37; 39–43.

[39] Amer u.a. 1982, 266–268 Abb. 31–36.

[40] R. Mukdad, „Les travaux archéologiques à Bosra au XXe siècle", in: Dentzer-Feydy u.a. 2007, [129-132] 132 Plan Nr. 2.4.

[41] Ein Indiz dafür liefern vor allem die verzahnten Blöcke in dem Mauerwerk nördlich der Ostapsis. Diese wichtige Beobachtung machte C. Ertel bei einer Sichtung des Bauwerks mit dem Autor im Jahr 2007.

3.2.1. Die Kathedrale

Bei dem größeren Gebäude im Süden handelt es sich um ein Heiligtum mit zwei Terrassen, die durch ein Propylon miteinander verbunden waren.[42] Auf der oberen Terrasse liegt in exponierter Lage ein Sakralbau, der aus einem kreisförmigen Hof mit Nischen im Innern und nach außen vorspringenden Apsiden besteht (Abb. 9, S. 213). Ein im Hof konzentrisch angelegter Säulenkranz mit einem Durchmesser von etwa 29 m gehörte wohl zu einer Portikus, die vor allem für Prozessionen bestimmt war und Zugang zu den verschiedenen Sacella gewährte. Mit großer Wahrscheinlichkeit ist die Anlage mit dem Stadtheiligtum aus späthellenistischer Zeit zu identifizieren. Als chronologisches Indiz bieten sich die „Hörnerkapitelle" an, die sich als komposite Bossenkapitelle späthellenistischer Prägung bestimmen lassen. Kapitelle gleicher Formgebung schmücken die Fassade des „nabatäischen Tors", das als Propylon Zugang in das Temenos gewährte.[43] In dem monumentalen Bezirk befindet sich der „Palast des Trajan", der nach seinen Bau- und Dekorformen ebenfalls späthellenistisch-augusteisch zu datieren ist.[44] Vermutlich diente das monumentale Gebäude als Priesterhaus, in dem die rituellen Bankette stattfanden.

Nach Erneuerungen in severischer Zeit wurde der Tempel vermutlich im späten 4. oder frühen 5. Jh. entweiht.[45] Nach fast einhelliger Meinung wurde die Kirche im 5. Jh. gänzlich neu errichtet, wobei die ehemalige Existenz eines paganen Vorgängerbaus nicht in Erwägung gezogen wurde. Das aufgehende Mauerwerk – so die gängige Ansicht – besteht samt und sonders aus Spolien, die aus den römischen Bauten in Bostra zusammengetragen und für den Kirchenbau verwendet wurden. In Übereinstimmung mit den Kirchen in Kanatha ließ man große Mauerpartien des paganen Vorgängerbaus stehen. Im Hof des ehemaligen Tempels wurde ein Ringfundament für die aus Spolien zusammengesetzte Säulenstellung ausgeführt. Wahrscheinlich trug diese ein kuppelförmiges Dach aus Holz, so dass der einst offene Hof nun für den neu geschaffenen Kirchenraum überdeckt war. In den Apsiden wurden Kapellen und Räume zur Ausübung des christlichen Kultes eingerichtet.

---

[42] Restle 1989, 378f. Abb. 102; Dentzer 1993, 91–95 Abb. 4; J.-M. Dentzer / P.-M. Blanc / T. Fournet u.a., *Le développment urbain de Bosra de l'époque nabatéenne à l'époque byzantine*, Bilan des recherches françaises 1981-2002, Syria 79 (2002) 75–154; P.-M. Blanc / J.-M. Dentzer / J.-P. Sodini, „La grande église à plan centré (ou „cathédrale de l'Est")", in: Dentzer-Feydi u.a. 2007, 137–146.

[43] J.-M. Dentzer / P.-M. Blanc, „L'arc nabatéen et les massifs à demi-colonnes nabatéennes", in: Dentzer-Feydi u.a. 2007, 133–136.

[44] P. Piraud-Fournet, „Le "Palais de Trajan" à Bosra, Présentation et hypothèses d'identification", *Syria* 80 (2003) 5–40; dies., „Le palais dit "de Trajan"", in: Dentzer-Feydy u.a. 2007, 147–154.

[45] Zur Datierungsproblematik der Aufgabe heidnischer Kulte s. o. Anm. 6.

3.2.2. Die Kirche des Sergios, Bacchos und Leontinos

Dem Kultbau auf der oberen Terrasse ist der kleinere im Norden liegende Tempel im Schema des Grund- und Aufrisses ähnlich (Abb. 10, S. 214).[46] Nach dem Stil des Baudekors zu urteilen, wurde das Gebäude erst in antoninischer Zeit errichtet.[47] Die Klientel dieses Tempels waren vor allem die im Legionslager von Bostra stationierten Soldaten, die in dieser Stätte aller Wahrscheinlichkeit nach Zeus Ammon und auch dem Kaiser huldigten.[48] Die Verknüpfung des lokalen Kults mit der Verehrung des römischen Kaiserhauses und dessen Vertreter kommt in den zwei ähnlich gestalteten Tempelbauten sichtbar zum Ausdruck. Bis in die Spätantike währte die Tradition dieser Klientel, als der jüngere Tempel aus dem 2. Jh. in eine Kirche umgewandelt und den Heiligen Sergios, Bacchos und Leontios geweiht wurde. Diese waren einst römische Legionäre, die durch ihr Bekenntnis zum Christentum den Märtyrertod erlitten und in der Folgezeit als Heilige verehrt wurden.[49] Bei dem Umbau der zwei römischen Tempel in Kirchen behielt man die bestehenden Mauerstrukturen der paganen Vorgängerbauten weitgehend bei.

Die Anlagen in Bostra und Kanatha bezeugen die kontinuierliche Nutzung der traditionellen Kultstätten in spätantiker Zeit. Dabei wäre es aus bauökonomischen Gründen völlig unsinnig gewesen, die monumentalen Baureste dieser paganen Heiligtümer abzubauen und komplette Neubauten aus Spolien zu errichten. Ein solches Vorgehen hätte viele Dörfer und auch kleinere Städte wie Bostra logistisch, finanziell und auch personell überfordert. Die soliden und auf lange Zeit haltbaren Konstruktionen boten sich zur Wiederverwendung geradezu an. Änderungen und neue Ein-

---

[46] Vogüé 1865–1877, 63–67 Taf. 22 ; Butler 1907–1919, 281–286 Abb. 248 Taf. 16.17; Butler 1929, 124–127 Abb. 125.125; Messerer 1953, 32–51 Zeichn. 9–11 Abb. 5.6; Dentzer 1993, 91–94 Abb. 3; R. Farioli Campanati, „Bosra: Le ricerche della missione archeologica italo-siriana nel quartiere N-E.", *Felix Ravenna* 145–148 (1993–1994) [97-232] 109 Abb. 9; R. Farioli Campanati, „L'église des Saints Serge, Bacchus et Léonce et le palais „épiscopal" Saint-Serge", in: Dentzer-Feydy u.a. 2007, 155–160.

[47] Ein großer Teil der vorhandenen Bauornamentik gehört zum originalen Bauwerk aus antoninischer Zeit. Bis heute sind die korinthischen Kapitelle und dekorierten Gebälke im Hof nicht untersucht, sondern nur einzeln erwähnt: R. Farioli, „Precisazioni e considerazioni sulla chiesa die SS. Sergio, Bacco e Leonzio di Bosra. Gli scavi del 1977 e 1978", *Felix Ravenna* 118, 1979 [9–76], 40f. Abb. 24.

[48] Eine lateinische Weihinschrift aus Bostra nennt einen Tempel des Zeus Ammon, der die Schutzgottheit der in Bostra stationierten III. Legio Cyrenaica war: M. Sartre, *Inscriptions Greques et Latines de la Syrie XIII 1 Bostra* (Paris 1982) 180f. Nr. 9107 Taf. 18; ders., „Le cadre historique et les inscriptions", in: Dentzer-Feydy u.a. 2007 [25–30] 30 mit Abb.

[49] *CIG* 8625; Waddington 1870, Nr. 1870, Nr. 1915; Prentice 1908, 246 Nr. 557; Butler 1929, 127.

richtungen wurden nur dann ausgeführt, sofern sie für die Ausübung des neuen Kults erforderlich waren.[50]

3.3. Zorava (Ezra): Die Kirchenbauten

In Zorava, dessen heutiger Ort Ezra am Westrand der Basaltwüste al-Ledja liegt (Karte 3, S. 226), befinden sich die bekannten Kirchen des hl. Georg[51] und des hl. Elias (Abb. 11.12, S. 215f.),[52] die im Grundriss ein ähnliches Grundmuster aufweisen wie die beiden Tempel in Bostra. Bis heute wurde nicht erkannt, dass beide Gebäude pagane Vorgängerbauten hatten.

3.3.1. Die Georgskirche

Das nach Osten ausgerichtete Bauwerk besteht aus einem oktogonalen Zentralraum, einer nach Osten vorspringenden Apsis und zwei flankierenden rechteckigen Räumen (Abb. 11, S. 215). Der streng gegliederte und symmetrische Aufbau im Innern ist auf den paganen Vorgängerbau zurückzuführen. Die Fassaden des Zentralraums wurden für den Kirchenbau erneuert, aber der oktogonale Pfeilerkranz und die Kämpfer unterhalb der Bögen sind Bestand des römischen Baus. Die Innenwände des Zentralraums bildeten zusammen mit dem oktogonalen Pfeilerkranz einen umlaufenden Korridor, der mit Steinbalken aus Basalt bedeckt war. Nach den Dekorformen ist das originale Bauwerk späthellenistisch oder frühkaiserzeitlich (1. Jh. v. Chr.) zu datieren. Bei dem Umbau in eine Kirche wurde die gesamte Anlage beibehalten, wobei aber die für die Liturgie erforderlichen Einrichtungen hinzugefügt wurden. Die Apsis wurde zu einem Presbyterium umfunktioniert, in das man ein Synthronon und einen Altar mit Schranken einbaute. Die beiden Seitenräume wurden als Sakristeien eingerichtet. Über dem in paganer Zeit offenen Innenraum des oktogonalen Pfeilerkranzes wurde eine Kuppel hochgezogen. Zahlreiche Kämpfer sind mit figürlichen Reliefs verziert, die bei dem Umbau in eine Kirche

---

[50] Unvereinbar mit dem christlichen Kult waren die heidnischen Altäre, die entweder zu anderen Zwecken wiederverwendet oder gar zerstört wurden. Ein exponiertes Beispiel liefert die große Kirche im Altarhof des Heiligtums in Baalbek. Sie wurde exakt an der Stelle errichtet, an der die beiden Altäre, das Zentrum des paganen Kults in Baalbek, standen. Vor der Errichtung des Kirchenbaus wurden die beiden Altäre abgebaut und deren Bereiche planiert. Über deren Fundamente legte man den Kirchenboden, um den Nukleus heidnischer Götterverehrung auszulöschen: S. Westphalen, „Vom Tempel zur Basilika. Das Heiligtum in byzantinischer Zeit", in: M. van Ess / Th. Weber (Hrsgg.), Baalbek. Im Bann römischer Monumentalarchitektur (Mainz 1999) 68–71 Abb. 65–70.

[51] Vogüé 1865–1877, 61f. Taf. 21; Butler 1904, 411–413; Butler 1929, 121–125 Abb. 122.123; Lassus 1932, 13–45; Messerer 1953, 6–31 Zeichnung 1–8 Abb. 1–4; Restle 1971, 982–986 Abb. 11; Restle 1989, 377–381 Abb. 103; Dentzer 1993, 91f. Abb. 2.

[52] Messerer 1953, 52–64 Zeichnung 13–15 Abb. 7, 1–3; Restle 1971, 982–986 Abb. 10; Restle 1989, 376; Dentzer 1993, 91f. Abb. 1.

eradiert wurden.[53] Im Unterschied zu den Kirchenfassaden in Kanatha ist über dem mittleren Portal der Westfassade die in griechischer Sprache verfasste Weihinschrift der Kirche angebracht. Dieser Brauch steht in der Tradition paganer Tempelbauten, an denen die Weihinschrift über Eingängen gut sichtbar angebracht war. Im Gegensatz dazu ist die christliche Weihinschrift in kleinen Buchstaben geschrieben und damit nur schwer lesbar. Nach dieser hatte der Stifter des Bauwerks, Johannes I., Sohn des Diomedes, die kostbare Reliquie des siegreichen Märtyrers Georg niedergelegt.[54] Die Inschrift verherrlicht den neuen Kultbau: „Das Gotteshaus steht an der Stelle, an der einst Dämonen weilten. Das Licht des Heils ist über den Platz gekommen, an dem einst Finsternis herrschte. Auf dieser Stätte wurden früher Götzen gehuldigt, jetzt hört man Engelschöre". Diese topischen Lobpreisungen stehen aber nicht im Widerspruch zur Wertschätzung heidnischer Sakralbauformen, die auch in den christlichen Kultbauten wie auch in der Georgskirche Eingang fanden. Der schon in paganer Zeit konzipierte Zentralraum wurde in spätantiker Zeit adaptiert und als Aufbewahrungsort einer Reliquie, als Gedächtniskirche oder Martyrium genutzt. Den Jahresangaben der Weihinschrift zufolge wurde die Kirche im Jahr 514 konsekriert.

3.3.2. Die Eliaskirche

Bei der Eliaskirche handelt es sich um einen kreuzförmigen Bau mit einem zentralen Quadratraum, der von einer Kuppel bekrönt wird (Abb. 12, S. 216). Das nach Osten ausgerichtete Gebäude besitzt eine tiefe Apsis und zwei Nebenräume im westlichen Bereich der kreuzförmigen Anlage. Die Wände des Zentralraums wurden aus zahlreichen Spolien errichtet, die vermutlich von dem Vorgängerbau stammen. Über der mittleren Tür der Eingangsfront im Westen verwendete man einen mit zwei Mäander verzierten Architrav. Auf der unverzierten mittleren Faszie wurde die Weihinschrift des Kirchenbaus in kleinen Buchstaben angebracht, die nur mit Mühe lesbar sind. Laut dieser errichteten die Einwohner von Zorava dem Propheten Elias den Naos auf eigene Kosten im Jahr 542.[55]

In Übereinstimmung mit der Georgskirche stand an dieser Stelle ein paganer Tempel, von dem die Eckpfeiler im Quadratraum und die Kämpfer erhalten sind. Alle erörterten Kirchen in Bostra und Ezra hatten Vorgängerbauten aus späthellenistischer-römischer Zeit, die schon die Form des

---

[53] Dieser Befund liefert ein Indiz dafür, dass die Kämpfer original in situ sind und nicht erst als Spolien für den Kirchenbau verwendet wurden. Wären sie wiederverwendet gewesen, hätte man unverzierte Kämpfer ausgesucht und sich nicht die Mühe gemacht, den figürlichen Schmuck abzuarbeiten.

[54] *CIG* 8627; Waddington 1870, Nr. 2498; Prentice 1908, 335f. Nr. 437a; Butler 1929, 123–125; Messerer 1953, 7.

[55] *CIG* 8628; Waddington 1870, Nr. 2497; Restle 1971, 982.

Zentralbaus hatten. Demnach resultiert dieser aus der paganen Architektur, der in spätantiker Zeit adaptiert und modifiziert wurde.

3.4. Die Kirche in Maiyamas

Ein exponiertes Beispiel für den Umbau paganer Tempelbauten in eine Kirche bietet das Dorf Maiyamas, das zwischen Souweida und Salkhad im zentralen Bereich des Dschabal al-Arab liegt (Abb. 13, S. 217).[56] Die pagane Anlage besteht aus zwei kleinen, nebeneinander liegenden Tempeln, deren Front nach Norden ausgerichtet ist.[57] Bei dem Umbau in eine Kirche wurden zwischen beiden Cellae zwei Mauern eingezogen, wobei die Südwand die Rückseite, die Nordwand die Front beider Tempel miteinander verband. Durch die Abtragung der östlichen Cellawand im „Westtempel" und der westlichen Cellawand im „Osttempel" entstand ein schmaler Längsraum, der als Kirche diente. Vermutlich fungierte letzteres Bauwerk als Chor. Die erhaltene Südmauer zwischen beiden Tempeln ist von zwei Eingängen durchbrochen, wobei der östliche bei der Umnutzung der Kirche in ein Wohnhaus neuzeitlich zugesetzt wurde. Als Türsturz über diesem Eingang verwendete man einen Flechtbandfries von einem der beiden Tempelbauten.[58] Im Zentrum wurde das Flechtband abgearbeitet und ein Kreuz angebracht. Über dem Osteingang derselben Mauer liegt ein wieder verwendeter Quader als Türsturz, auf dessen Schauseite sekundär ein Kreuz angebracht wurde. Im Vergleich zu den monumentalen Kirchen in Bostra und Zorava handelt es sich bei den Umbauten zwar um eine bescheidene, aber doch originelle architektonische Lösung, die es möglich machte, unter weitgehender Bewahrung des originalen Bestandes beide Tempelbauten in einen Kirchenraum zu integrieren. An diesem Vorgang wird ersichtlich, wie sehr man die paganen Sakralbauten als solide Gebäude schätzte und aus diesem Grund bemüht war, sie weiter zu nutzen. Darüber hinaus war diese bauökonomische Lösung auch kostensparend.

3.5. Shaqqa: Die Klosteranlagen

In Shaqqa, einem Dorf in Südsyrien, das am nördlichen Ausläufer des Dschabal al-Arab im Gebiet der Safa liegt (Karte 3, S. 226), stehen sich am West- und Ostende des Decumanus Maximus zwei große Baukomplexe gegenüber. Diese waren ursprünglich pagane Heiligtümer, die in spätantiker Zeit in zwei Klosteranlagen umgebaut und in islamischer Zeit nochmals verändert wurden.

---

[56] Butler 1907–1919, 326–329 Abb. 398.399; Restle 1971, 972.

[57] Butler 1907–1919, 328 Abb. 299.

[58] Freyberger 1989, 102 Taf. 39c.

3.5.1. „Ed-Deir"

Das als „Ed-Deir" bezeichnete Gebäude im östlichen Bereich der Siedlung wird heute als Gehöft benutzt (Abb. 14, S. 218).[59] In der Westfront sind zwei monumentale Türme verbaut, deren Bossenquadern eine hellenistische Entstehungszeit des Heiligtums nahelegen (Abb. 14. 15, S. 218f.). Mit großer Wahrscheinlichkeit gehörten die Türme zu einem monumentalen Propylon, das als Eingang in das Temenos der Kultstätte diente. Der Bezirk zeichnet sich im modernen Katasterplan als ein großes Rechteck ab. In spätantiker Zeit wurde zwischen den Türmen eine Mauer mit drei Türen errichtet, die als Eingangsfassade der Kirche fungierte. Die Türrahmen aller drei Portale stammen aus der Kaiserzeit und wurden für den Bau der Kirche wiederverwendet. Ihr Aufbau im Innern ist durch die großen Um- und Einbauten in islamischer Zeit nicht mehr erkennbar. Von dem Gebäude wurden zahlreiche Bauglieder mit christlichen Symbolen in den Wänden der neuzeitlichen Wohnbauten als Spolien verbaut.

3.5.2. „Kaisariye"

Von der Westfront der Kirche führt der Decumanus nach Westen in einem nahezu geraden Verlauf auf die Fassade eines antiken Gebäudekomplexes zu, der als Palast und „Kaisariye" bezeichnet wird (Abb. 16a.b, S. 221f.).[60] Die Fassade, die gleich einem Tempel mit einem Hauptportal und zwei Seitendurchgängen gestaltet ist, kann nach den Profilen der Türrahmen und der Konstruktionstechnik des Mauerwerks etwa in die erste Hälfte des 2. Jh.s datiert werden (Abb. 16b, S. 222).[61] Hinter der Front befindet sich ein annähernd quadratischer Saal, der vermutlich mit einer Kuppel bedeckt war.[62] In den Wänden auf der Süd-und Nordseite sind Nischen eingelassen, in denen Statuen standen. Auf der Westseite führt ein breiter Durchgang in einen Saal, der in der Neuzeit als Versammlungsraum der Drusen benutzt wurde.[63] Beide Räume könnten für den Kaiserkult bestimmt gewesen sein. Die Verbindung zwischen dem alten Heiligtum im Osten und dem jüngeren Sakralbau im Westen wird durch die Straße hergestellt, die in antiker Zeit wahrscheinlich von Portiken gesäumt war und bei religiösen Festen als Prozessionsweg diente. Die Torfront des alten Heiligtums wurde der Fassade des Kaiserkultbaus angeglichen, zumal beide

---

[59] Vogüé 1865–1877, 58 Taf. 18.22; Butler 1929, 84f.; Restle 1971, 991f. Abb. 13.

[60] Vogüé 1865–1877, 47–51 Taf. 8–10; Butler 1904, 370–375 Abb. 129; Butler 1929, 13 Abb. 4a; Messerer 1953, 69–75 Zeichn. 18 Taf. 9.

[61] Vogüé 1865–1877, Taf. 9 oben. Dentzer-Feydy 1986, 298 datiert das Bauwerk in die zweite Hälfte des 3. Jh.s, ohne dass sie dabei aber die Spolien bemerkte. Diese wurden bei dem Umbau der kaiserzeitlichen Anlage in eine Kirche im 4. oder 5. Jh. angebracht.

[62] Vogüé 1865–1877, 49f. Taf. 8 Grundriss, Raum A; Messerer 1953, 69–75 Zeichn. 18 Taf. 9,3; Restle 1971, 1017f. Abb. 23.

[63] Vogüé 1865–1877, 47–51 Taf. 8–10 Butler 1904, 369–375 Abb. 129.

Gebäude sich in den Maßen der Türen, dem Profil der Türleibungen und der Konstruktion der Mauertechnik exakt gleichen.

Das Bauwerk wurde wie die „Ed-Deir" in spätantiker Zeit in eine Klosteranlage umgebaut. Allem Anschein nach wurde der hinter dem Kuppelsaal A liegende Raum C als Kirchenraum verwendet, wobei eine Trennmauer zwischen den Räumen A und C gezogen wurde (Abb. 16a, S. 221). Auf der Nordseite des zuletzt genannten Saales ragt eine Mauer aus Spolien auf, deren Portal Eingang in das Innere gewährte.[64] Der Türrahmen stammt aus der Kaiserzeit. Im Zentrum des Türsturzes befindet sich ein Medaillon, das von einem Perlstab umgeben ist. Vermutlich war an dieser Stelle ein figürliches Relief angebracht, das bei der Umnutzung in eine Kirche abgearbeitet und mit dem Christogramm versehen wurde. Im Unterschied dazu ließ man die Rosetten in den flankierenden Medaillons stehen. Wie schon an den Kirchenbauten in Kanatha feststellbar war, standen die floralen Motive dem neuen Kult nicht im Wege, während die figürlichen Bilder als störende Elemente entfernt und mit christlichen Bildzeichen ausgetauscht wurden.

4. Bewertender Vergleich der Nachnutzung zwischen den heidnischen Heiligtümern in Nord- und Südsyrien

Auch wenn der Forschungsstand zu diesem Thema bei weitem noch nicht hinreichend geklärt ist und zudem in dem Beitrag nur Fallbeispiele diskutiert werden konnten, so zeichnen sich doch in dieser Übersicht beträchtliche Unterschiede in der Nachnutzung zwischen den heidnischen Heiligtümern in Nord- und Südsyrien ab.

4.1. Die Bauten in Nordsyrien

Soweit die wenigen Fallbeispiele in Nordsyrien Aussagen erlauben, kann von einer gezielten Zerstörungswut gegenüber den Tempelbauten nicht die Rede sein. Die Plätze der heidnischen Kultstätten in Nordsyrien wurden nicht aufgegeben und verlassen, sondern für die Neubauten wieder genutzt. Die alten Bauwerke wie der Tempel des Zeus Madbachos und Selamanes im Dschabal Schaikh Barakat wurden nach und nach abgebaut, wenn sie keine Wiederverwendung für die Neubauten fanden. Die Ruinen aus Stein eigneten sich als ideales Baumaterial für die Häuser der lokalen Bevölkerung. An alten Formen wurde nur dann festgehalten, wenn aus bauökonomischen Gründen ältere Mauerpartien und Bauglieder wiederverwendet werden konnten. An die Stelle der Vorgängerbauten aus heid-

[64] Vogüé 1865–1877, 47–51 Abb. 16.

nischer Zeit traten gänzlich neue Kirchenbauten, für die eine paradigmatische Form gefunden wurde. Es handelt sich dabei um das Schema der ein- und mehrschiffigen Basilika, die in ganz Nordsyrien zu einer Leitform und in der Folgezeit zunehmend differenzierter ausgebaut wurde. Das bekannteste Beispiel ist die kreuzförmige Anlage von vier Basiliken in Qalaat Siman, die als kaiserlicher Auftragsbau in der Größe und der luxuriösen Ausstattung alle anderen Kirchenbauten in Nordsyrien in den Schatten stellte.[65] Mit dem neu konzipierten und verbindlichen architektonischen Rahmenwerk der Basilika, die zur Standardform der Kirchen in Nordsyrien wurde, setzte man sich nicht nur funktional, sondern auch formal von den paganen Tempelbauten ab.

4.2. Die Bauten in Südsyrien

Ein gänzlich anderes Bild liefern die spätantiken Kirchenbauten in Südsyrien. Diese haben keine Standardform wie die Basiliken in Nordsyrien. In Bostra und Ezra finden sich große Zentralbauten, die aber keine spätantike Schöpfungen sind, sondern bereits in späthellenistisch-römischer Zeit konzipiert wurden. Im „Serail" von Kanatha sind zwar dreischiffige Basiliken nachweisbar, die aber nicht ex novo errichtet, sondern in die bestehende Anlage aus heidnischer Zeit eingebaut wurden. Der markanteste Unterschied der südsyrischen Sakralbauten zu den Kirchen in Nordsyrien besteht in der Tatsache, dass erstere nicht gänzlich neu ausgeführt, sondern aus bereits existierenden Bauwerken umgebaut wurden. Man veränderte die Heiligtümer aus hellenistischer und römischer Zeit nur unter dem Gesichtspunkt, dass sie für den neuen christlichen Kult praktikabel waren. Das Festhalten an den alten Gebäuden und traditionellen Bauweisen ist ungleich stärker als in Nordsyrien. Dieser Vorgang lässt sich nicht nur aus bauökonomischen und finanziellen Gründen erklären, zumal die Umbauarbeiten differenzierte Konzepte und auch großes handwerkliches Geschick in der Ausführung erforderten. In Nordsyrien, in dem das Kaiserhaus und der Klerus durch hochrangige Funktionäre stark vertreten waren, verlief der Prozess der Christianisierung entschieden intensiver als in Südsyrien. In den Kleinstädten und Dörfern der zuletzt genannten Region lebten Gemeinden, deren Lebensweise ganz den antiken Traditionen verhaftet war. Diese unterschiedlichen Prozesse in Nord- und Südsyrien spiegeln sich auch in den archäologischen und epigraphischen Zeugnissen wider. Während in Nordsyrien der christliche Glaube durch neu errichtete Kirchenbauten sichtbar zur Geltung kam, behielten die südsyrischen Kirchenbauten weitgehend das Erscheinungsbild der antiken Heiligtümer bei. Im Unterschied zum Süden sind aus Nordsyrien in weit größerem Umfang Weihinschriften aus frühchristlicher Zeit erhalten.

[65] Strube 1993, 205–252; dies., *Die "Toten Städte"* (Mainz 1996) 68–71 Abb. 118–122b.

5. Die Wiederverwendung antiker Bauglieder in den Kirchen

Die Unterschiede zwischen den Kirchen in Nord- und Südsyrien sind nicht nur an den Gebäuden, sondern auch an dem Baudekor, insbesondere der Wiederverwendung antiker Bauglieder feststellbar.

5.1. Die Spolienverwendung in nordsyrischen Kirchen

An einigen nordsyrischen Kirchen wie der in Qalaat Kalota ist die Wiederverwendung antiker Mauern nachweisbar (Abb. 4b, S. 207). Es ist denkbar, dass zahlreiche Quaderblöcke aus den heidnischen Heiligtümern für die Neubauten sekundär bearbeitet und damit verbunden als Baumaterial wiederverwendet wurden. Die Wiederverwendung antiker Kapitelle und Gebälke ist an den Kirchenbauten in Nordsyrien zwar bezeugt, aber die Spolien sind nur minimal vertreten im Verhältnis zu den neu hergestellten Produkten.[66] Dabei sind die Dekorelemente weitgehend antiken Vorbildern entlehnt, die aber eigenwillig umgebildet und in einem neu konzipierten Arrangement zur Schau gestellt wurden.[67] Dieser Punkt gilt insbesonders für die um die Fenster laufenden Schmuckbänder. In dem neu entwickelten Gestaltungskonzept des Baudekors, der sich wie die Bauformen deutlich von den antiken Vorbildern absetzt, manifestierte sich ein individueller Anspruch, der mit dem Ziel verbunden war, für die Kirchenbauten eine neue Formensprache zu propagieren, die für den christlichen Glauben ein entsprechend würdiges Rahmenwerk bot.

5.2. Südsyrien: System der Spolienverwendung in dem Kirchenkomplex des „Serail" in Kanatha

Eine gänzlich andere Art der Spolienverwendung ist an den Kirchenbauten in Südsyrien zu beobachten, wobei der Kirchenkomplex im „Serail" ein besonders aussagekräftiges Zeugnis liefert. Überwiegend wurden ornamentierte Bauglieder römischer Gebäude als Schmuckstücke für die Innen- und Außenarchitektur verwendet. Es versteht sich wohl von selbst, dass die Arbeitsersparnis oder das Fehlen von geschulten Kräften nicht allein als Gründe für die Wiederverwendung älterer Bauglieder geltend gemacht werden können. Im Gegenteil: Der Zuschnitt und die Zusammensetzung der Blöcke sowie deren Einverleibung in eine bereits bestehende Wand erfordern große handwerkliche Fertigkeiten. Ebenso ist der

---

[66] Spolienkapitelle sind beispielsweise an der Julianoskirche in Brad und in der Kirche in Qalaat Kalota bezeugt: Strube 1993, 7–12 Taf. 1a–d; 4; 5 a.f.

[67] Zum formalen Verhältnis zwischen den Kapitellen der Säulenarkaden-Basiliken des 4. Jh.s und den kaiserzeitlichen Kapitellen im Dschabal Siman: Strube 1993, 32–46.

Mangel an Baumaterial als Argument auszuschließen, zumal der im Boden anstehende Basalt in dieser Region unbegrenzt zur Verfügung stand. Die Ursachen für die Spolienverwendung sind eher ästhetisch und auch inhaltlich bedingt. Wie bei den paganen Tempelbauten so liegt auch bei den Kirchen der Schwerpunkt des Bauschmucks auf der Fassade, deren Dekor im wesentlichen das Erscheinungsbild bestimmt. Ein weiteres traditionelles Element, das sich bis in die Spätantike kontinuierlich fortsetzte, sind die mit Wein- und Blattranken geschmückten Türrahmen der Eingänge. In paganer Zeit verwiesen diese Motive nicht auf eine bestimmte Gottheit, sondern standen als allgemeine Bildzeichen für Gedeihen, Prosperität, Wachstum und Wohlstand.[68] Vor allem das Motiv der Weintrauben wurde mit dem dionysischen Lebensgenuss assoziiert und ist damit verbunden als Element für Glück und Wohlsein zu bewerten. Ließen sich die vegetabilen Elemente mit dem neuen Kult des Christentums problemlos vereinbaren, so ergaben sich Schwierigkeiten bei der Übernahme figürlicher Darstellungen im sakralen Bereich. Stier- und Löwenprotome, die an den Türschwellen die Eingänge auf der Nordseite des „Osttempels" flankieren, galten nach heidnischem Glauben als Wächter und Hüter des Tempels. Als die Fassade für die neue Kirche umgestaltet wurde, entfernte man die Köpfe der Figuren ganz oder teilweise, um an dieser Stelle das christliche Symbol des Kreuzes anzubringen.[69] Im Zentrum des Türsturzes über dem mittleren Eingang befand sich das Relief eines männlichen Brustbilds, das in spätantiker Zeit abgearbeitet und dessen Kopf zu einer schmalen Konche umgearbeitet wurde.[70] Diese zeigt auf der Schauseite ein Kreuz, darüber folgt eine muschelförmige Kalotte.

Im Unterschied zu der Fassade des „Osttempels" ist die zweigeschossige Front der „Westkirche" gänzlich aus Spolien zusammengesetzt (Abb. 7, S. 211).[71] Das prächtige Erscheinungsbild wird vor allem von den dekorierten Türrahmen der drei Eingänge bestimmt. Ist das mittlere Portal mit Weinranken verziert,[72] deren Stängeln Weinblätter und Weintraubenbündel im Wechsel entwachsen, so sind die Seiteneingänge mit Rankenspiralen geschmückt, in deren eingerollten Stängeln pflanzliche Motive wie die

[68] Die Motive der Wein- und Blattranken an der Rahmung von Tempelportalen und Schreinen haben im Osten eine lange Tradition, die bis in das 1. Jh. v. Chr. zurückreicht. Bekannte Beispiele aus der Kaiserzeit liefern der südliche Thalamos und das Pterontor des Bel-Tempels in Palmyra, das Propylon des Zeus-Heiligtums in Gerasa, die Eingangsportale des „Bacchus-Tempels" in Baalbek, des Baalschamin-Tempels in Seeia und des Tempels in Slim sowie die Nischen des „monument 8" bei Seeia: Freyberger 1998, Taf. 18c; 30a.b; 34b; 39a.b.c; 55c; Beil. 21c; Freyberger 2000, 119f. Taf. 24c.

[69] Die Protome wurden nicht wiederverwendet wie Dentzer-Feydy 2003, 88 Anm. 118 meint, sondern lediglich umgearbeitet.

[70] Amer u.a. 1982, 266f. 300f. Abb. 31–33; Dentzer-Feydy 1986, 289 Taf. 13.

[71] Amer u.a. 1982, 287 Abb. 3.4.

[72] Amer u.a. 1982, 289 Abb. 7; Dentzer-Feydy 2003, 85 Abb. 4.

Mohnkapsel, die Weintraube, die Eichel, das Efeublatt und die Blattrosette sitzen.[73] In gleicher Weise wie an den Spolien der Ostkirche wurden die figürlichen Reliefs abgearbeitet und durch das Kreuz Christi ersetzt. Diese sind im Zentrum des Türsturzes über den drei Eingängen zu sehen. Am mittleren Portal ist das heilige Kreuz von einem ringförmigen Schnurband umgeben, während an den Seitentüren das sakrale Bildelement in einem Triumphbogen eingemeißelt ist. Dasselbe Motiv wurde auf dem vierten Block in der nördlichen Türleibung des Südportals sekundär angebracht.[74] In der abgearbeiteten Oberfläche zeichnet sich spärlich ein Umriss ab, der auf eine ehemalige Tierprotome schließen lässt.

Die Fassadengestaltung der Kirchen aus dem 4. Jh. im „Serail" leitet sich teilweise aus der hellenistischen-römischen Tradition ab. Gleichwohl sind an den christlichen Gebäuden ein neuer Gestaltungswille und auch eine grundlegend neue Sehweise für den Baudekor erkennbar. War die Bauornamentik in römischer Zeit nach dem normativen Dekorationssystem der Gebälksordnungen gestaltet, so erscheint dieses in spätantiker Zeit aufgelöst.[75] Man legte weder Wert auf eine stereotype Abfolge der Ordnungen noch auf eine stilistisch einheitliche Wiedergabe der Architekturdekoration. Gleich kostbaren Ornamentstücken wurden die dekorierten Bauglieder an Gebäuden mit der Absicht versetzt, bestimmte Partien der Fassade wie die Türen und Fenster hervorzuheben. Die Gliederung und die Verzierung der Wand mit wiederverwendeten ornamentierten Gebälken und Kapitellen sind als Zeugnisse dafür zu werten, wie sehr in der Spätantike der Bauschmuck aus hellenistischer und römischer Zeit geschätzt wurde. Es bestand die Absicht, mit diesen Baugliedern die Kirchen formal aufzuwerten. An dem Vorgang und der weitgehenden Beibehaltung der Bausubstanz der paganen Tempelbauten manifestiert sich der Wille, die älteren Gebäude zu bewahren, sofern sie für den christlichen Kult von Nutzen waren. Zugleich aber kommt in der Gestaltung der Fassaden ein eigener Anspruch zur Geltung, der das Bauwerk in einem neuen Gewand zeigen sollte. Man hätte ja die Westwand des „Westtempels" aus severischer Zeit als Eingangsseite benützen können. Aber der Wille zu einer neuen Gestaltung war so groß, dass man sich die Mühe machte, die alte Mauer abzubauen und eine neue Front weiter westwärts hochzuziehen. Diese Eigenheit, die Bausubstanz größtenteils zu bewahren und nur die Fassaden neu zu gestalten, hat ihren Ursprung in severischer Zeit.[76]

Bauliche Veränderungen waren zwangsweise durch den neuen Kult bedingt, während die Gestaltung des Fassadenschmucks eine freiwillige

---

[73] Amer u.a. 1982, 289 Abb. 8; Freyberger 1993, 79 Abb. 27b; Dentzer-Feydy 2003, 85 Abb. 5.

[74] Von unten nach oben gezählt: Freyberger 1993, 79 Abb. 27b.

[75] Freyberger 1998, 40f.; Brandenburg 2007/2008, 186.

[76] Zu den Restaurierungsarbeiten in severischer Zeit: Freyberger 2005, 131–147.

Maßnahme war. Sakrale Bildwerke, die mit dem neuen Glauben nicht zu vereinbaren waren, wurden abgearbeitet und mit dem Kreuz Christi versehen. Von blinder Zerstörungswut gegenüber paganen Tempelbauten kann keine Rede sein. Deren Nachnutzung zeugt von einem ökonomischen und pragmatischen Umgang mit den Gebäuden. Es hätte ja auch keinen Sinn gemacht, die monumentalen und sehr soliden Bausubstanzen zu zerstören und zu entsorgen, ehe neue Mauern in langjähriger Arbeit hätten hergestellt werden müssen.

6. Genese der Spolienverwendung

In spätantiker Zeit ist die Spolienverwendung ein gängiges bautechnisches Verfahren, für dessen Entstehung sich mehrere Gründe anführen lassen. Wie die Bauten in Kanatha zeigten, war die Wiederverwendung dekorierter Bauglieder mit einer inhaltlichen Konnotation befrachtet. Die Auswahl der Bauglieder und deren Arrangement an den Fassaden belegen, dass die Gebälke nicht nur einfach als Füll- und Baumaterial zur Verwendung kamen, sondern auch dazu dienten, die „Neubauten" formal aufzuwerten. Angesichts dieser Bauweise stellt sich die Frage, welche Gründe zur Entstehung der Spolienarchitektur ausschlaggebend waren. Der Beginn dieser Entwicklung liegt nicht in der Spätantike, sondern in der hohen Kaiserzeit. Zu den frühesten bekannten Bauwerken, an denen wiederverwendete Werkstücke nachweisbar sind, gehört die Porticus Octaviae auf dem Marsfeld in Rom, die der Kaiser Septimius Severus 203 n. Chr. wiederherstellen ließ.[77] Es handelt sich dabei um ein traditionelles Heiligtum,[78] das wie auch viele andere traditionsreiche Kultbauten erneuert wurde. Dabei war man bestrebt, keine Neubauten zu errichten, sondern das Heiligtum in seiner alten Form wiederherzustellen. Diese Absicht manifestiert sich nicht nur in den Bauformen, sondern auch in dem Baudekor, der im Detail nach den Produkten der Vorgängerbauten hergestellt wurde.[79] In dieser restaurativen Baupolitik tut sich das Bestreben kund, das Bestehende zu

[77] PLATNER 1929, 427; NASH 1962, 254–258; OLINDER 1974, *passim*; A. VISCOGLIOSI, „Porticus Octaviae", in: *Lexicon Topographicum Urbis Romae* 4 (1999) 141–145.

[78] Die originale Portikus umgab den Bezirk der Tempel der Iuno Regina und des Iuppiter Stator, der von Q. Caecilius Metellus im Jahr 147 v. Chr. auf dem südlichen Marsfeld errichtet wurde: M. G. MORGAN, „The Porticus of Metellus. A Reconsideration", *Hermes* 99 (1971) 480–505; H. LAUTER, „Porticus Metelli. Die baulichen Reste", *Bulletino Comunale* 87 (1980/1981) 37–46; A. VISCOGLIOSI, „Porticus Metelli", in: *Lexicon Topographicum Urbis Romae* 4 (1999) 130–132.

[79] Ein markantes Zeugnis liefert der Tempel der Vesta auf dem Forum Romanum in Rom, der in severischer Zeit renoviert wurde. Dabei stellte man nicht nur die alte Form des Bauwerks wieder her, sondern auch die Architekturdekoration des Vorgängerbaus aus domitianischer Zeit. Die korinthischen Kapitelle sind mit den domitianischen Produkten identisch, so dass zu fragen ist, ob letztere am Bau nicht wiederverwendet wurden: FREYBERGER 2005, 139.147 Abb. 16. Zum Vestatempel: PLATNER 1929, 557–559; NASH 1962, 505–509; SCOTT

bewahren. Diese Tatsache gilt nicht nur für die Sakralbauten in Rom, sondern auch für viele Heiligtümer im ganzen römischen Reich.[80] In diesem Kontext ist auch die Spolienverwendung zu sehen. Diese wurde durch die äußerst umfangreichen Bauvorhaben im Zeitraum zwischen dem 3. und 5. Jh. begünstigt. Die Nachfrage an Baumaterial war in Rom zu dieser Zeit so groß, dass man nicht nur neue Bauglieder herstellte, sondern auch auf fertige Werkstücke zurückgriff, die in den großen Lagerräumen am Emporium deponiert waren.[81] Schon im späten 3. Jh. wurden berühmte Bauten, die als *ornamenta urbis* galten, mit Spolien geschmückt. Ein aufschlussreiches Zeugnis dafür ist der „Tempel des Romulus", dessen zur Via sacra gerichtete Front der Kaiser Maxentius nach einem Brand mit kostbaren Spolien ausstatten ließ (Abb. 17, S. 223).[82]

7. Zusammenfassung

Aus den erörterten archäologischen Zeugnissen ergibt sich ein entschieden positiveres Bild über den Umgang der Christen mit paganen Tempelbauten als jenes pejorativ gefärbte Urteil, das Libanios in seiner Rede *Pro Templis* liefert. Es ist nicht zu leugnen, dass es zu mehrfachen und sogar spektakulären Zerstörungen heidnischer Kultbauten kam. Die meisten dieser Bauwerke blieben aber erhalten und wurden zu verschiedensten Zwecken weitergenutzt. Der Vergleich zwischen den Tempelbauten in Nord- und Südsyrien zeigt beträchtliche Unterschiede in deren Nachnutzung. Wurde in Nordsyrien ein neues architektonisches Rahmenwerk für die Kirchenbauten konzipiert, das die Verwendung älterer Bausubstanzen aus römischer Zeit nur als Baumaterial zuließ, so behielten die südsyrischen Kirchen weigehend die antike Formensprache bei. Solange sich die soliden Bausubstanzen und auch Raumfigurationen für die Ausübung des christlichen Kults eigneten, blieben sie erhalten. Allerdings spielte bei den Umbauten die Wiederverwendung dekorierter Gebälke und Kapitelle eine besondere Rolle. Die ornamentierten Werkstücke wurden für die neuen Kirchenfassaden nicht nur als einfaches Baumaterial, sondern als Schmuckobjekte verwendet, die wesentlich zum äußeren Erscheinungsbild der Kirchenbauten beitrugen. Bei den Spolienfassaden handelt es sich um individuelle Schöpfungen, die sich formal von den paganen Tempelfassaden absetzen. Der individuelle Anspruch kommt auch in der Ausgestaltung der Innenräume und deren Ausstattung zur Geltung, die im Rahmen der

1999, 125–128; zum Kult der Vesta: N. Mekacher, *Die vestalischen Jungfrauen in der römischen Kaiserzeit* (Wiesbaden 2006) *passim*.

80 Freyberger 2005, 131–147.

81 Brandenburg 2007/2008, 187.

82 Das Bauwerk ist mit großer Wahrscheinlichkeit als Eingangshalle des Urbis fanum zu identifizieren: K. S. Freyberger, *Das Forum Romanum* (Mainz 2009) 112–117 Abb. 76.

vorliegenden Arbeit nicht zur Sprache kommen konnten. Zu denken wäre dabei an die zahlreichen Mosaiken, die im Innern die Fußböden der Kirchen schmückten. Die Bewahrung und Aufrechterhaltung der Gebäude hatten ihren guten Grund, zumal sich die politischen Akteure in den Kleinstädten und Dörfern Südsyriens als Stifter und Wohltäter profilieren konnten. Selbst nach dem Verlust ihrer sakralen Funktion hatten die ehemaligen Heiligtümer noch ihren Wert. Als qualitätvolle und repräsentative Bauwerke verfügten sie über große Räume, die zu verschiedensten Zwecken genutzt werden konnten[83] . Vor allem die gut erhaltenen Tempelbauten, die keine Spuren einer Nachnutzung als Kirche besitzen, hatten wohl eine andere Verwendung. Dank ihrer Größe und der Qualität der Mauern eigneten sie sich als öffentliche Versammlungsräume, die im Hauran in spätantiker Zeit mehrfach inschriftlich überliefert sind.[84] Die Aufgabe und Schließung der Tempelbauten während der Herrschaft des Theodosius bedeuteten ja nicht gleich, dass die Gebäude dem Verfall preisgegeben waren, sondern sie signalisierten das Ende der in den Tempeln praktizierten heidnischen Kulte. Ganz anders lagen die Verhältnisse in Nordsyrien. Die von dem Kaiserhaus und hohen politischen Repräsentanten in Auftrag gegebenen Kirchenbauten zeigen eine völlig neue Formensprache in ihren Bau- und Dekorformen, die sich in der Folgezeit als Leitbilder etablierten und in dieser Region weit verbreitet waren. Diese fanden auch ihren Niederschlag an kleineren Kirchen, deren Besteller lokale Würdenträger dörflicher Gemeinden waren.

8. Glossar

Adyton – Wohnhaus des Gottes und nicht begehbarer Raum, in dem das Idol oder Götterbild aufbewahrt wird.

Ante – Vorspringende und frei stehende Mauer.

Apsis – Halbkreisförmiger mit einer Halbkuppel überwölbter Raum, der an einen übergeordneten Raum angeschlossen ist.

Architrav – Unterster horizontaler Tragbalken einer Säulenordnung, der auf der Schauseite mit profilierten Streifen, den Faszien, versehen ist.

[83] Libanios (*Pro Templis* § 42b–43) verweist auf die Qualität der Tempel, die nach dem Kaiserpalast die glanzvollsten Bauten einer Stadt waren. Aus diesem Grund waren sie erhaltenswerte Gebäude, die nach dem Verlust ihrer sakralen Funktion auch säkular genutzt werden konnten.

[84] Die Inschriften stammen vorwiegend aus Dörfern und gehören in das 4. Jh. Bauinschriften bezeichnen das öffentliche Haus als δημόσιος οἶκος: R. Dussaud / F. Macler, *Mission dans les Régions désertiques de la Syrie moyenne* (Paris 1903) 643 Nr. 7; Waddington 1870, Nr. 2029. Eine Inschrift nennt ein Haus in Muaribbe als „Gemeindehaus" ὁ κοινός οἶκος: Waddington 1870, Nr. 2070a; Littmann / Magie Jr. / Stuart 1910–1921, 276 Nr. 611. Öffentliche Gebäude in Mushannaf und Bosana heißen in Bauinschriften „Kamara des Volkes" ἡ καμάρα τοῦ δήμου: Waddington 1870, Nr. 2220; 2240.

Bossenkapitell – Kapitell in der Grundform ohne Binnenzeichnung. In hellenistischer und römischer Zeit eine intendierte Kunstform.

Cella – Kernbau des Tempels, in dem sich das Allerheiligste befindet.

Diakonikon – Südlich neben der Apsis liegender Seitenraum in frühchristlichen Kirchen im Osten, der zur Aufbewahrung liturgischer Geräte und Gewänder dient.

Entlastungsbogen – Gewölbter Bogen über einem Tür- oder Fenstersturz, der den Druck des von oben auflastenden Mauerwerks seitlich ableitet.

Kalotte – Bekrönung einer Nische.

Kämpfer – Verbindungsglied zwischen einer Säule oder einem Pfeiler und dem darüber liegenden Gebälk.

Konche – Halbrunde Nische mit Halbkuppel.

Konsole (Kragstein) – Aus einem Mauerverband vorspringender Stein, der als Auflager für ein Bauglied oder als Basis für eine Statue dient.

Krepis – Griechische Bezeichnung für den Stufenbau einer Architektur.

Martyrion/Martyrium – Memorialbau, der für einen Heiligen oder als Aufbewahrungsort für eine Reliquie bestimmt ist.

Narthex – Eingangshalle einer Kirche in Form eines geöffneten Vorraums.

Peribolos – Umfassungsmauer eines Bezirks.

Presbyterium – Durch Schranken abgetrennter Raum im Bereich des Hauptaltars, der Priestern vorbehalten ist.

Propylon – Monumentaler Torbau.

Prostylos – Tempel mit vorgelagerter Säulenhalle, die über die gesamte Breite der Cella verläuft.

Synthronon – Priesterbank im Altarraum einer Kirche.

Temenos – Heiliger Bezirk, der ausschließlich religiösen Zeremonien vorbehalten ist.

Transversalbogen – Ein quer zur Längsachse eines Raums verlaufender Bogen, der auf Pfeilern oder Pilastern aufliegt.

Vorcella – Vorraum zur Cella, der als Aufenthaltsort für Gläubige bestimmt ist.

Zentralbau – Baukörper mit gleich oder annähernd gleich langen Hauptachsen.

9. Abbildungen und Karten

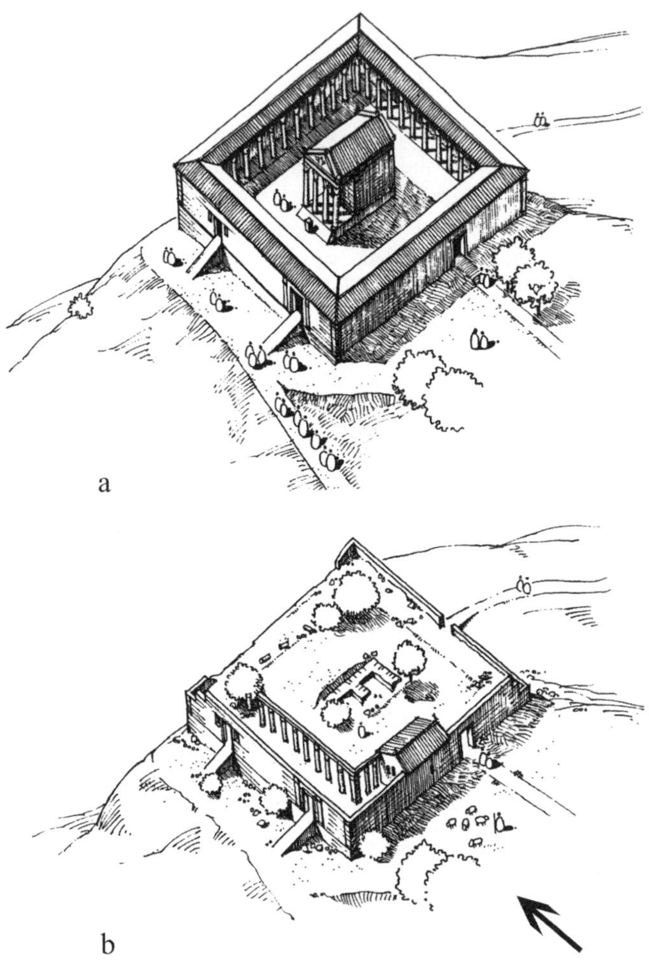

Abb. 1: Heiligtum des Zeus Madbachos und Selamanes im Dschabal Schaikh Barakat.
a: römische Phase; b: frühchristliche Phase

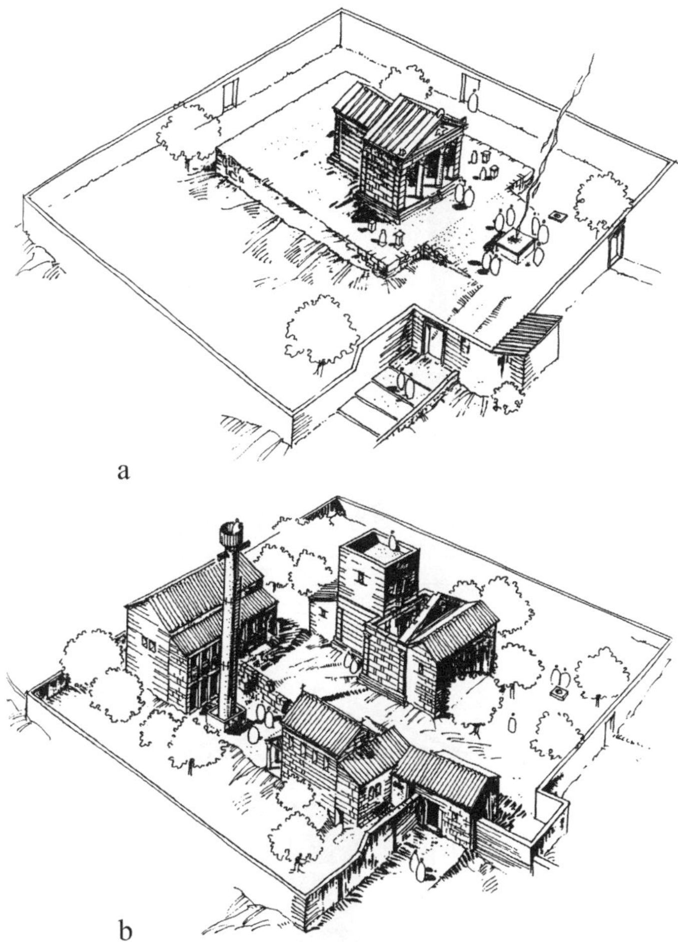

Abb. 2: Heiligtum des Zeus Tourbarachos im Dschabal Srir. a: römische Phase; b: frühchristliche Phase

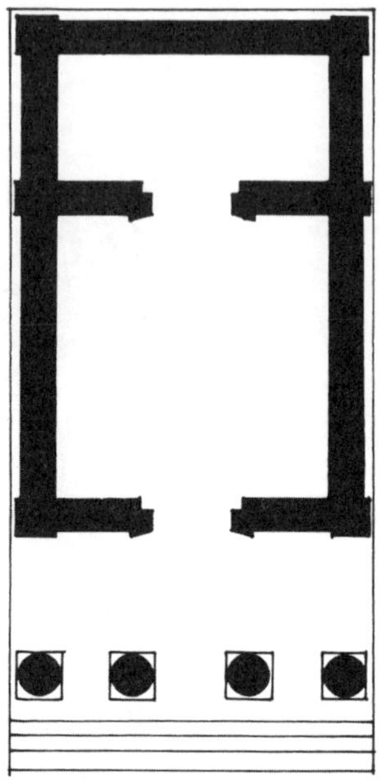

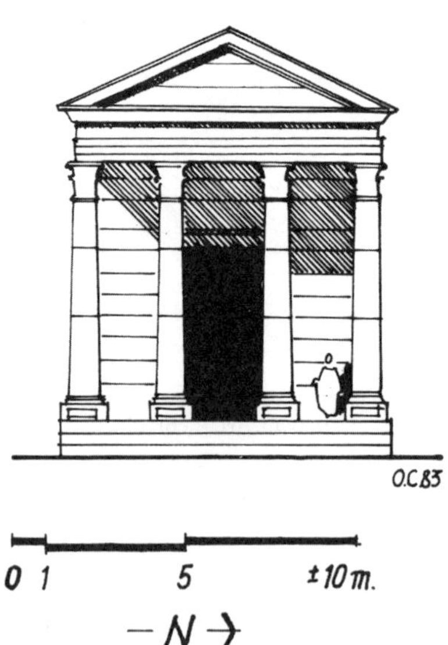

Abb. 3: Heiligtum des Zeus Bomos in Burdj Baqirha, römische Phase

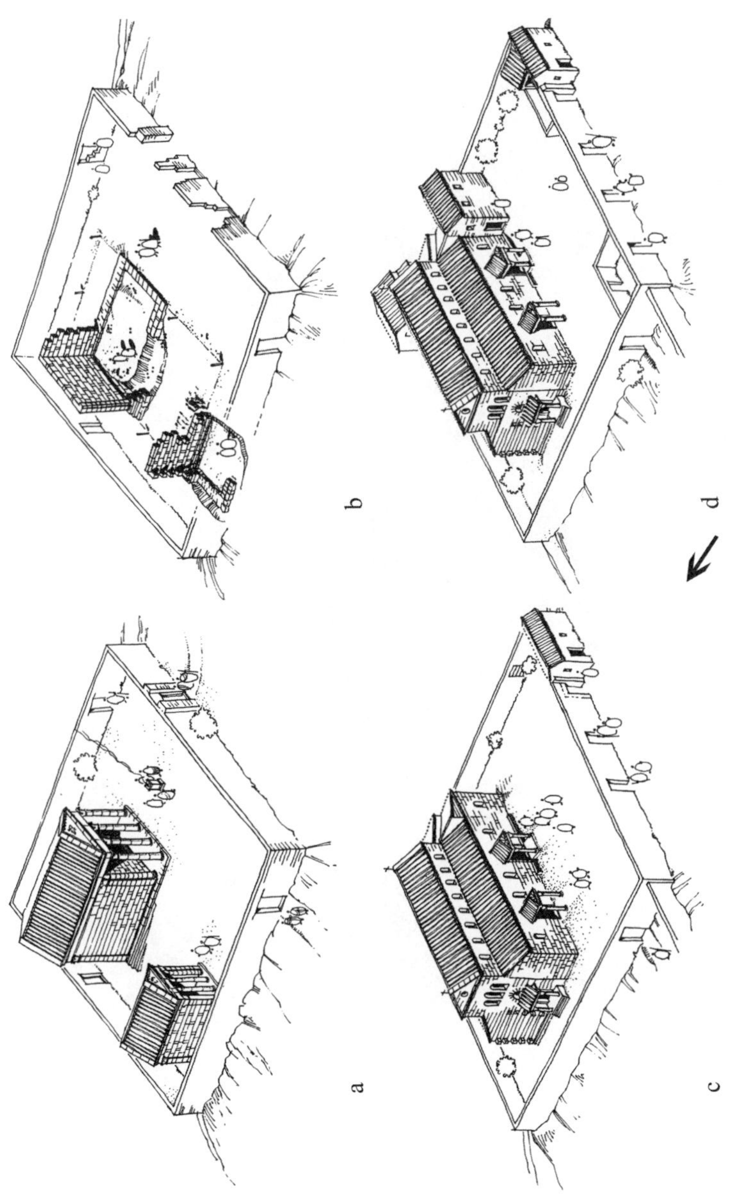

Abb. 4: Das Heiligtum des Zeus Seimios und Symbetylos in Qalaat Kalota. a: römische Phase; b: Umbauarbeiten in frühchristlicher Zeit; c: frühchristliche Phase, Basilika (5.–6. Jh.); d: frühchristliche Phase mit Bauten für die Mönche (6.–7. Jh.)

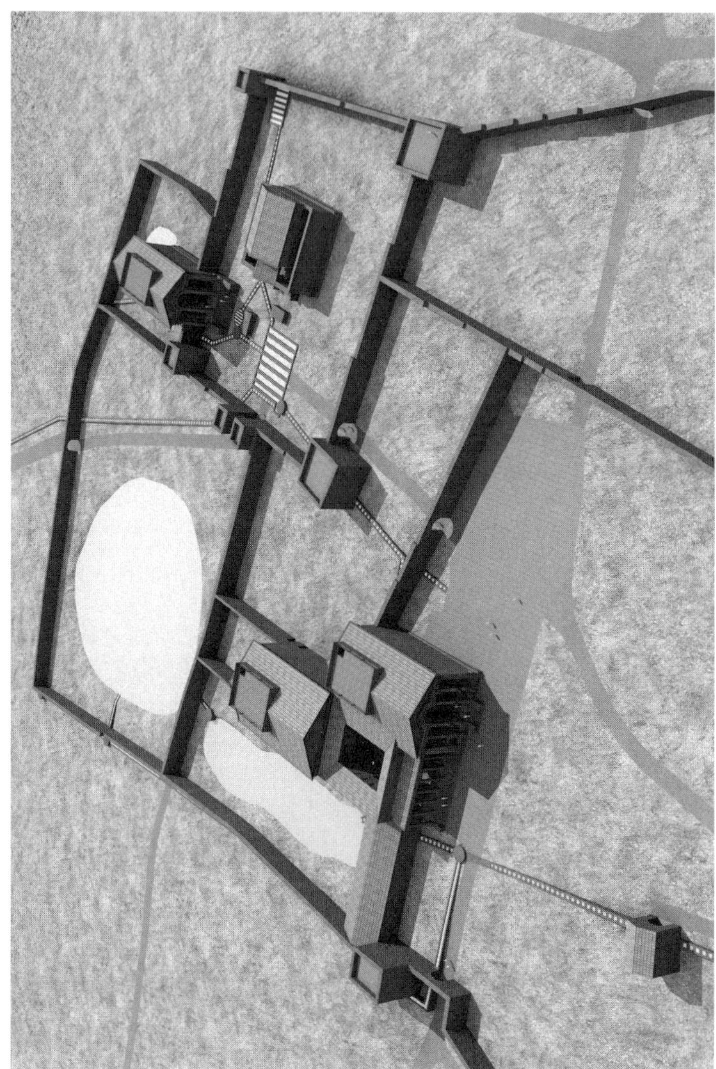

Abb. 5: Kanatha (Qanawat), Oberstadt, Heiligtümer, 3 D-Modell

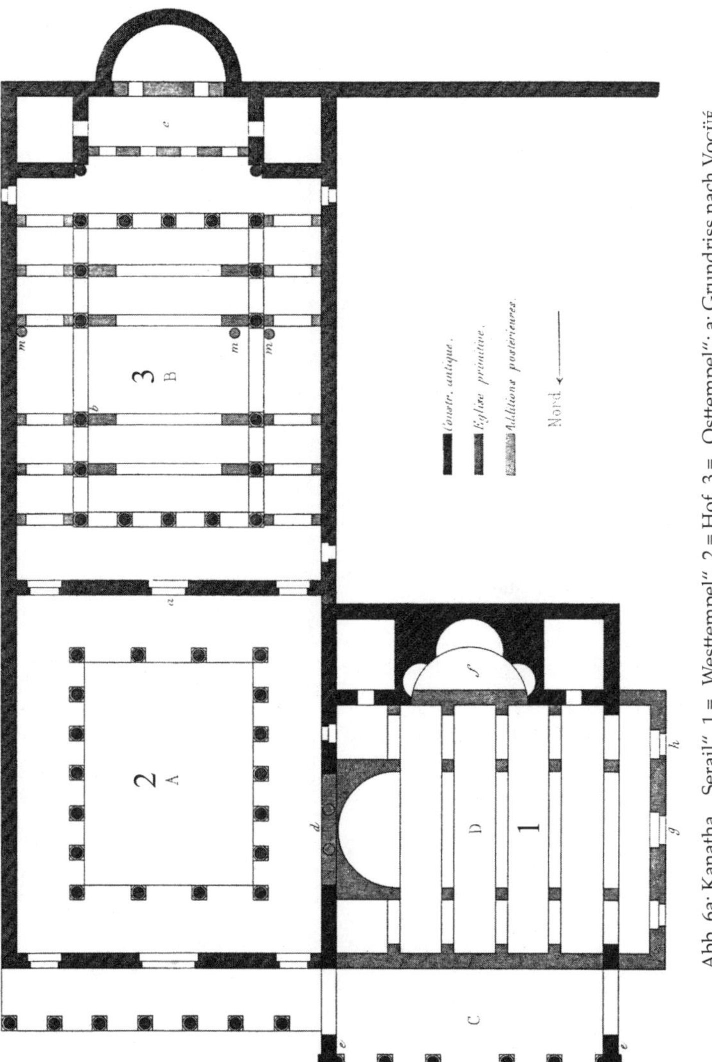

Abb. 6a: Kanatha, „Serail", 1 = „Westtempel", 2 = Hof, 3 = „Osttempel"; a: Grundriss nach Vogüé

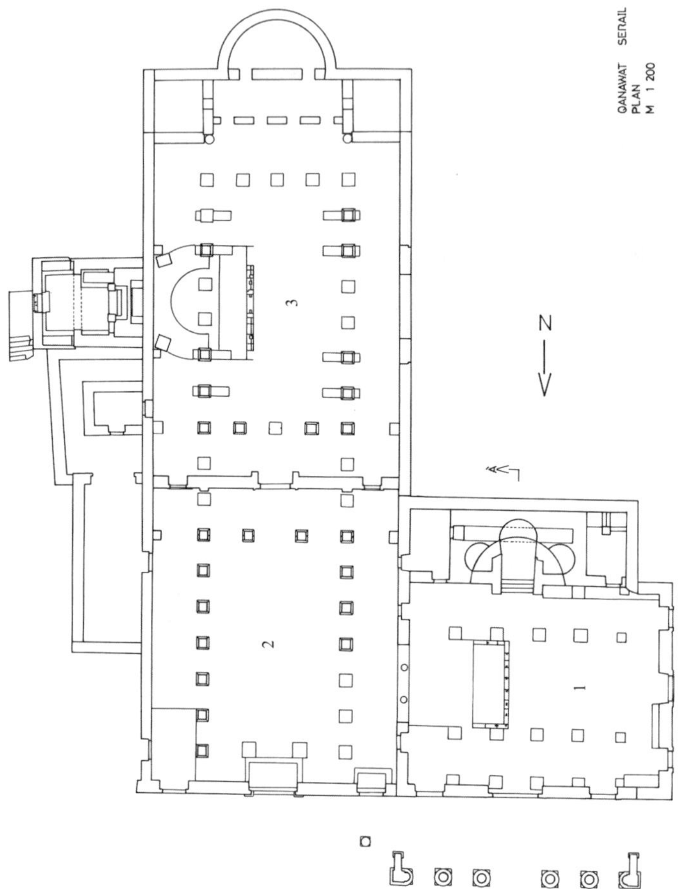

Abb. 6b: Kanatha, „Serail", 1 = „Westtempel", 2 = Hof, 3 = „Osttempel"; b: Grundriss nach AMER u.a.

Abb. 7: Kanatha, „Serail", „Westkirche", Westfassade

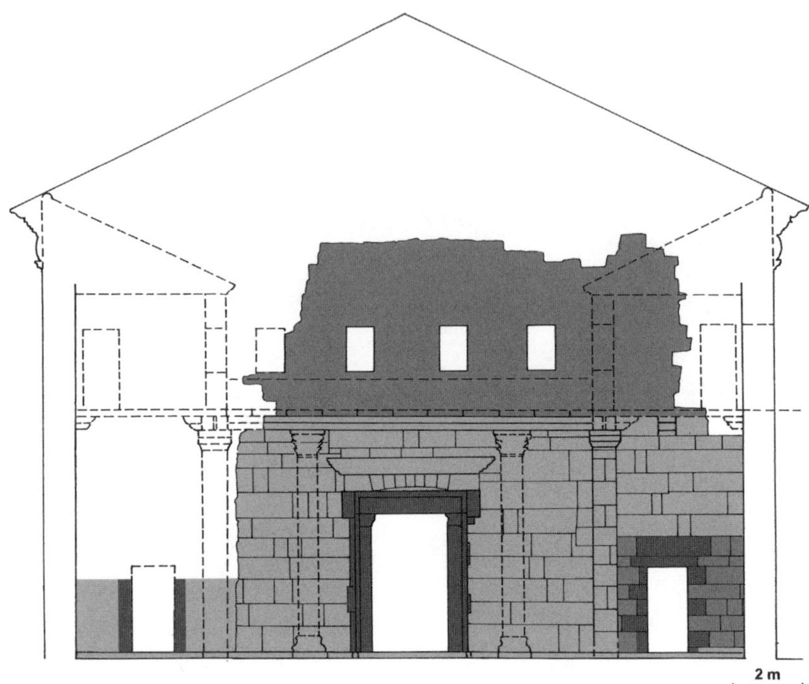

Abb. 8: Kanatha, „Serail“, „Ostkirche“, Nordfassade

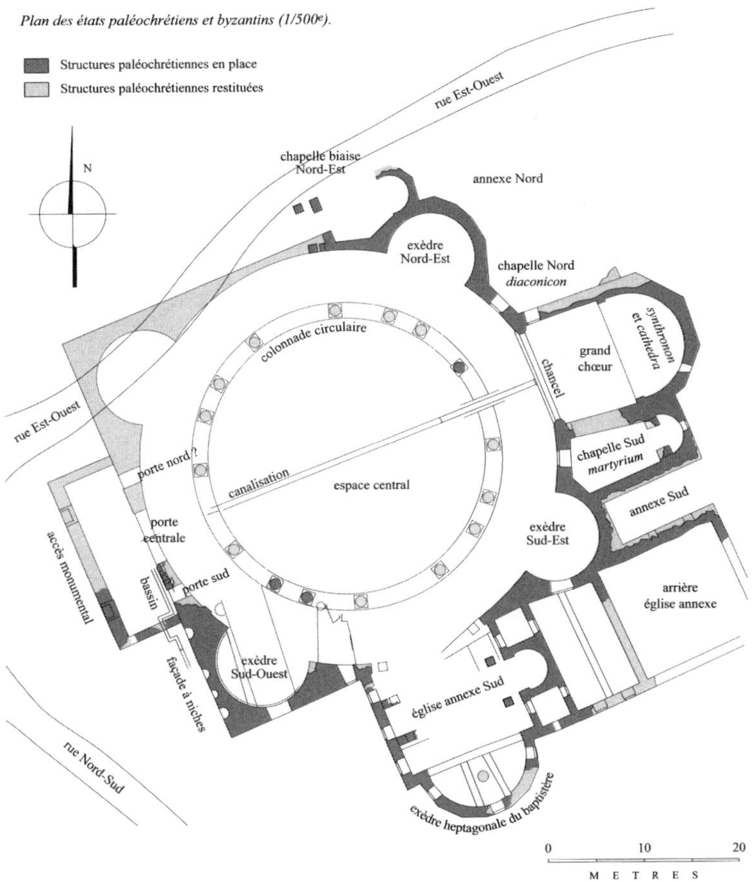

Abb. 9: Bostra, „Kathedrale", Grundriss

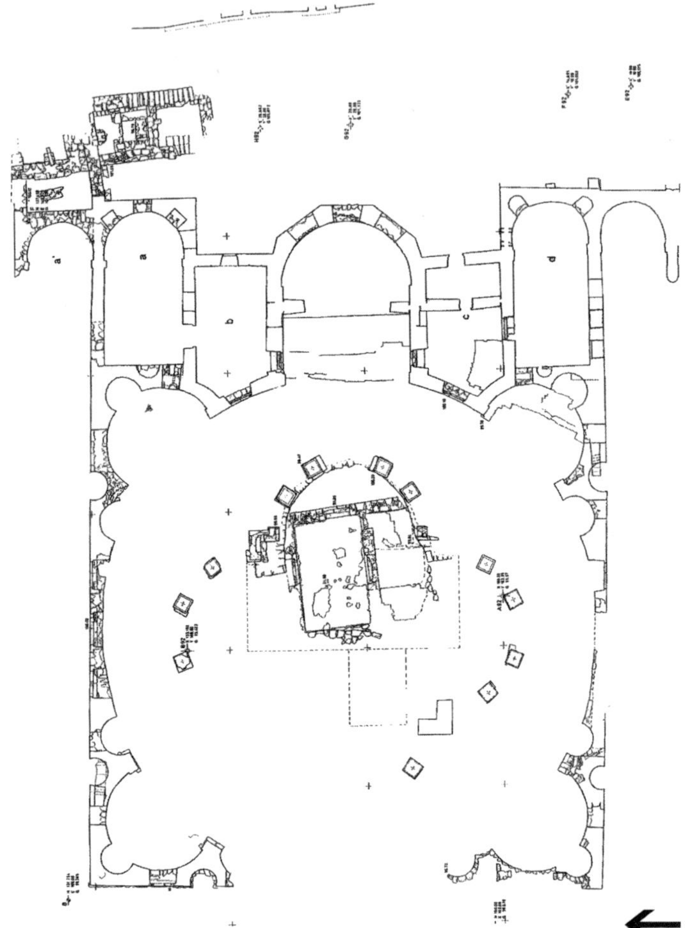

Abb. 10: Bostra, Kirche des Sergios, Bacchos und Leontinos, Grundriss.

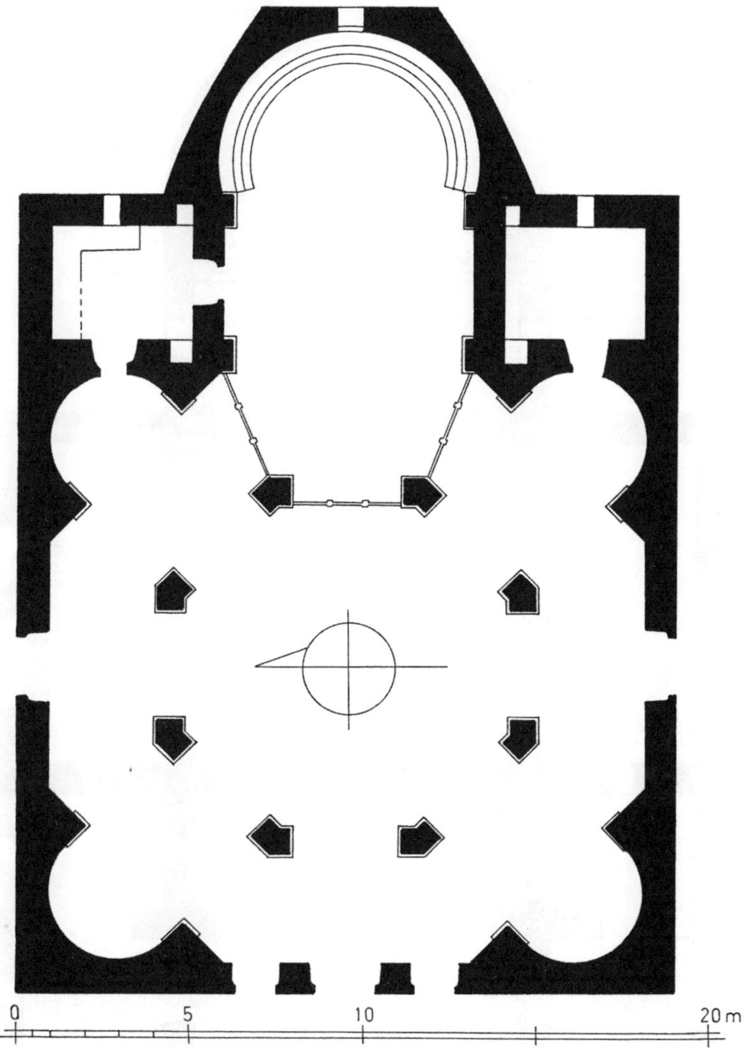

Abb. 11: Ezra, Georgskirche, Grundriss

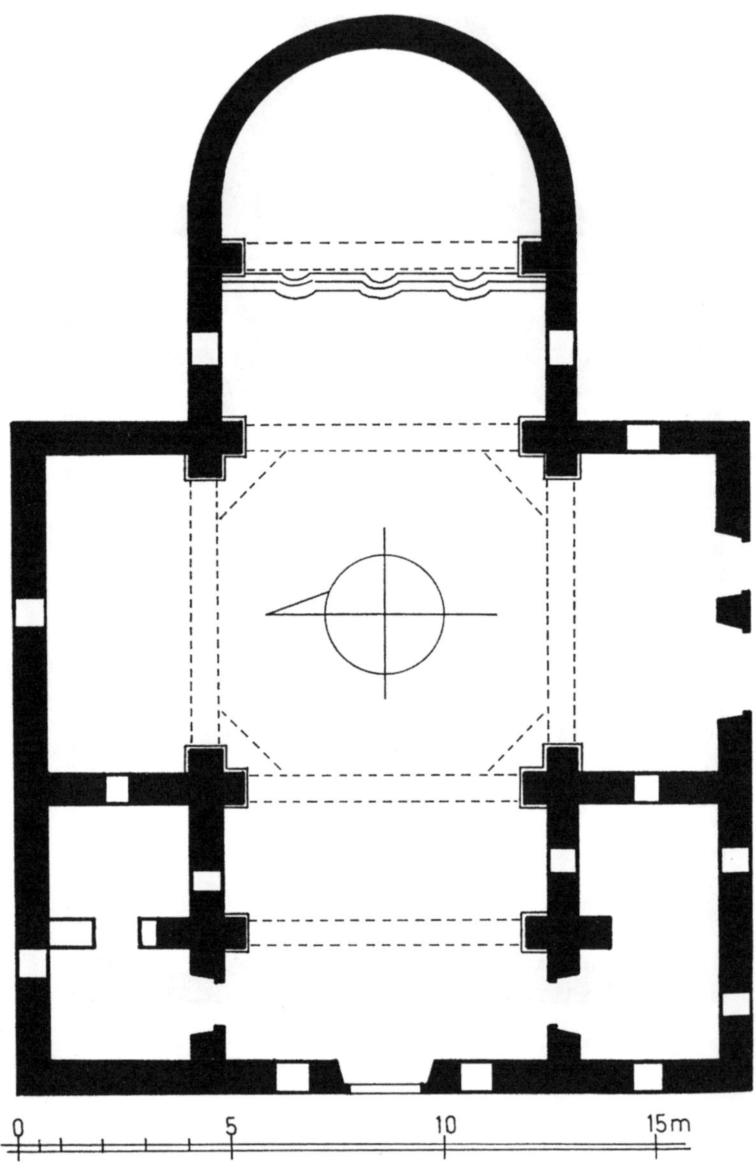

Abb. 12: Ezra, Eliaskirche, Grundriss

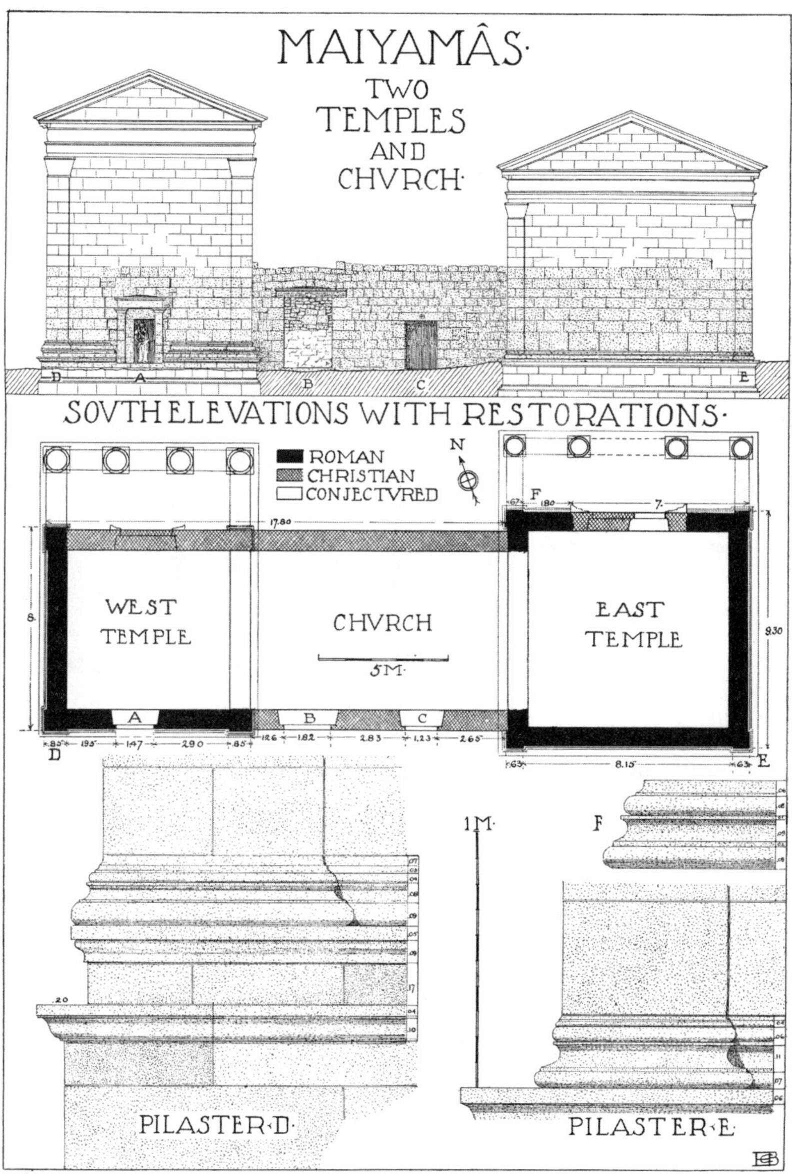

Abb. 13: Maiyamas, Kirche, Grundriss

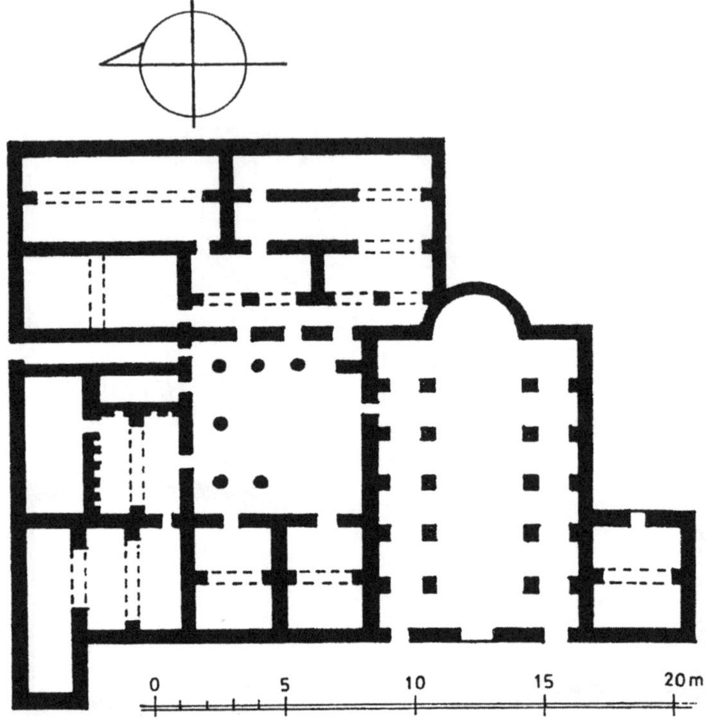

Abb. 14: Shaqqa, „Ed-Deir“, Grundriss

Abb. 15a: Shaqqa, „Ed-Deir", Westfassade; a: nach Vogüé

Abb. 15b: Shaqqa, „Ed-Deir“, Westfassade; b: aktueller Zustand

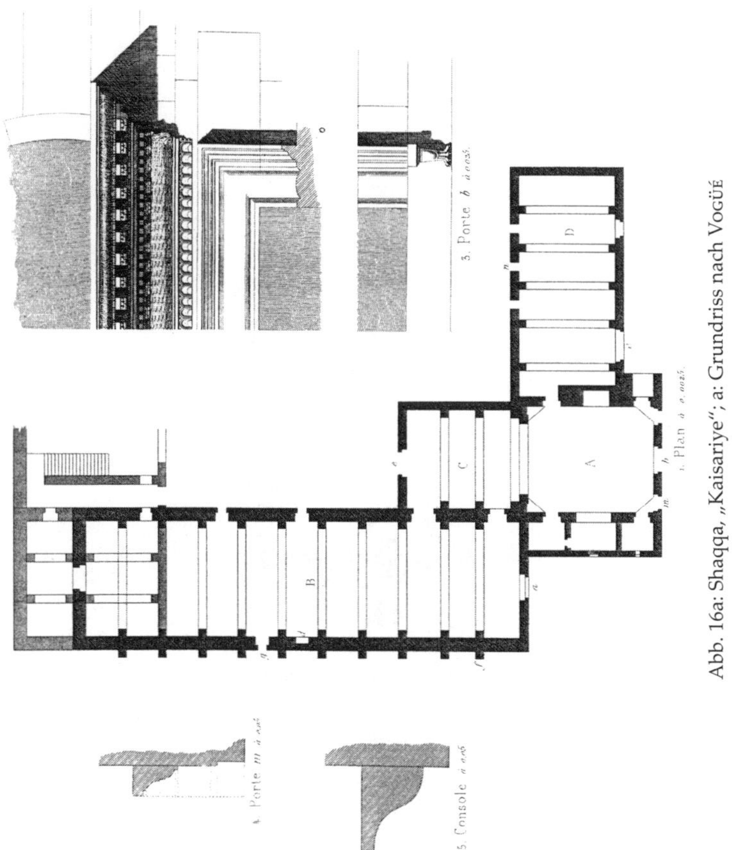

Abb. 16a: Shaqqa, „Kaisariye"; a: Grundriss nach Vogüé

Abb. 16b: Shaqqa, „Kaisariye"; b: Front nach Vogüé

Abb. 17: Rom, Forum Romanum, Vestibül des Stadttempels („Tempel des Romulus")

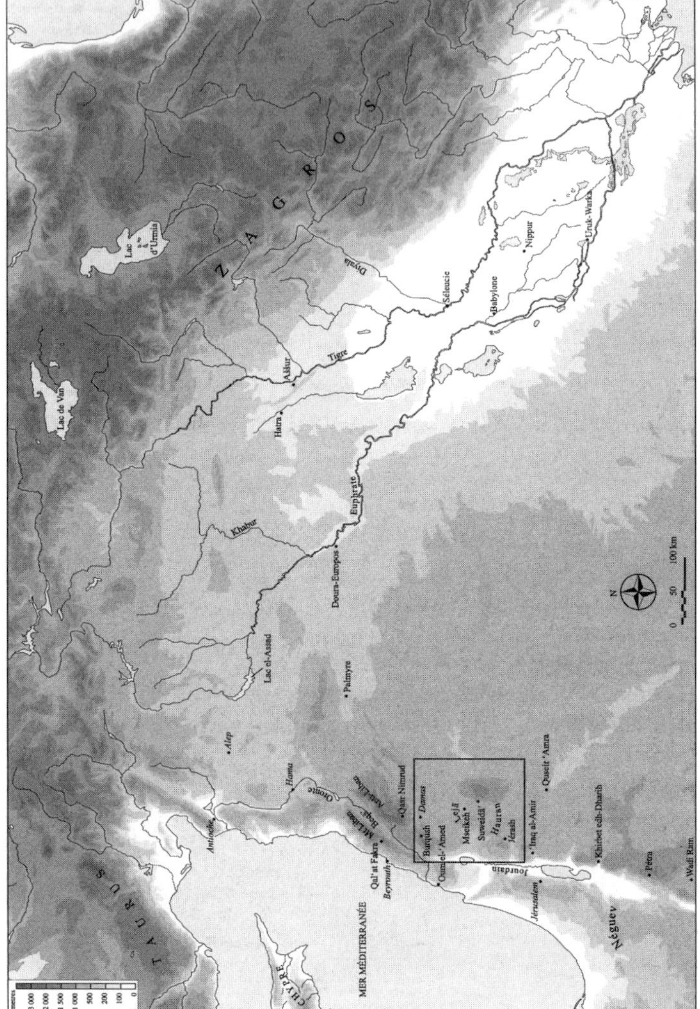

Karte 1: Östlicher Mittelmeerraum in hellenistisch-römischer Zeit

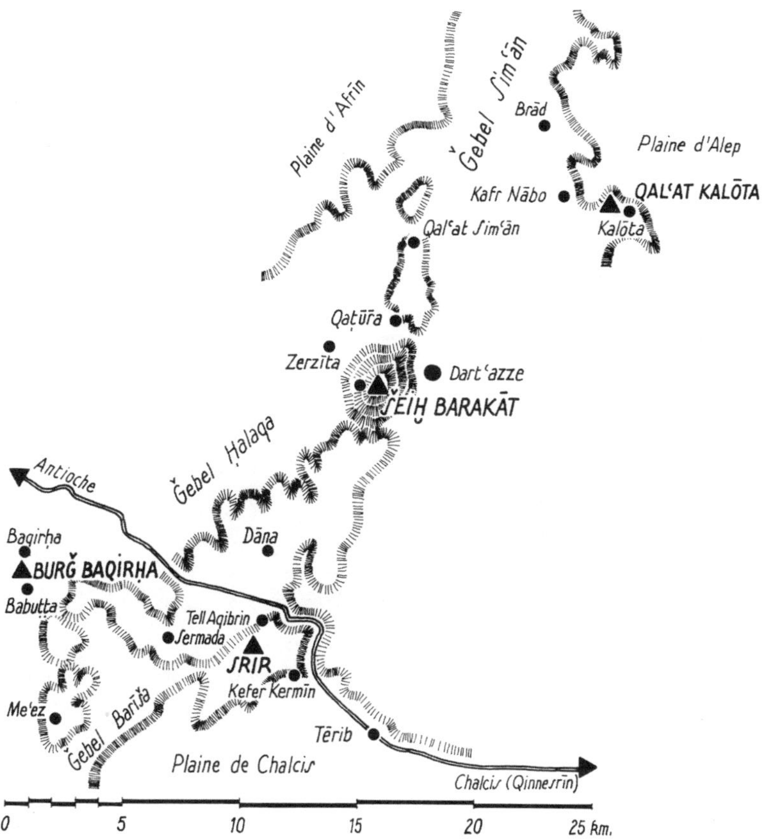

Karte 2: Nordsyrien, Kalksteinmassiv, Lage der Heiligtümer

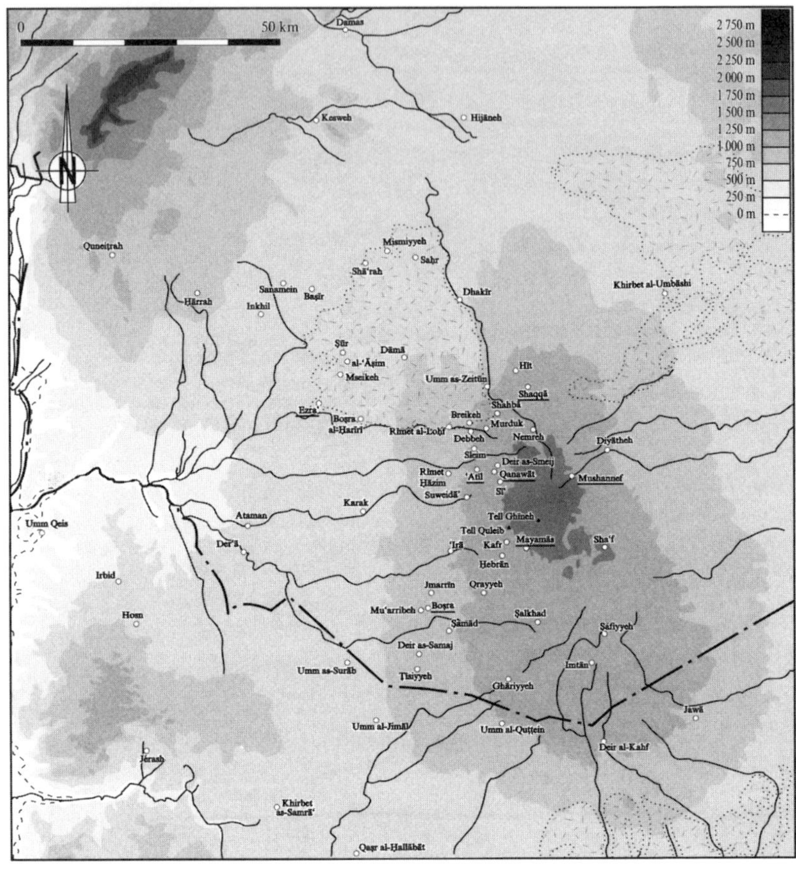

Karte 3: Südsyrien, Hauran. Die unterstrichenen Ortsnamen sind im Text aufgeführt.

Gewaltanwendung *ad maiorem gloriam dei*? Religiöse Intoleranz in der Spätantike

Johannes Hahn

Für Helmuth Schneider zum 65. Geburtstag

1. Der spätantike Staat zwischen Toleranz und Intoleranz

Im Juni 313 erhielten sämtliche Statthalter der östlichen Reichshälfte einen Brief ihres Herrschers, des Augustus Licinius, der – blickt man auf die römische Religionspolitik der zurückliegenden Jahrzehnte – zunächst eine radikale politische Kehrtwende einer kleinen Religionsgruppe gegenüber signalisierte. Zugleich enthielt die Verlautbarung aber darüber hinaus bemerkenswerte allgemeine Feststellungen, die historisch wie geistesgeschichtlich atemberaubendes Potential besitzen sollten. Licinius legte dar, dass zum Nutzen und Vorteil der Bevölkerung und zum Wohl des Staates beschlossen worden sei,

> ... den Christen und allen Menschen freie Wahl zu geben, der Religion zu folgen, welcher immer sie wollen (*liberam potestatem sequendi religionem quam quisque voluisset*). Es geschieht dies in der Absicht, dass jede Gottheit und jede himmlische Macht, die es gibt, uns und allen, die unter unserer Herrschaft leben, gnädig sein möge.[1]

Die weiteren Erläuterungen verdeutlichen, dass die Absicht der Vereinbarung zuvorderst auf die Besänftigung und Versöhnung der Gottheit zielte (*placatum ac propitium possit existere*), deren gewohnte Gunst und Wohlwollen (*solitum favorem suum benivolentiamque*) als unentbehrlich für das öffentliche Wohlergehen (*cum beatitudine publica*) betrachtet wurden. Die Erklärung, die auf früher getroffene Absprachen mit dem Herrscher des Westens, Konstantin, zurückging und unter dem (unzutreffenden) Namen ‚Mailänder Toleranzedikt' in die Geschichtsbücher einging, legt dabei nicht allein ausdrücklich die Freiheit der Christen zur Religionsausübung fest. Der Brief unterstreicht, dass die Kaiser niemandem das Recht (*facultas*) auf freie Religionswahl und -ausübung bestreiten: *nulli omnino facultatem abnegendam putaremus*. Willensfreiheit (*liberis mentibus*) wird mit Blick auf die Verehrung der höchsten Gottheit (*summa divinitas*) explizit hervorgeho-

[1] Der lateinische Text bei Lact., *Mort. persec.* 48. Euseb., *HE* X 5 bietet eine griechische Übersetzung der Erklärung.

ben; die Freiheit der Religionsausübung betrifft alle – wobei das Christentum nun als vereinbar mit der traditionellen Auffassung von *religio* erklärt wird. Der komplexe Kompromiss, welcher der Mailänder Vereinbarung zugrunde liegt,[2] gliederte das Christentum in das römische Pantheon ein. Für die Christen, nun auch der östlichen Reichshälfte, bedeutete er, nach Jahren der Verfolgung und Generationen der offiziellen Illegalität, den Status der *religio licita,* d.h. ungestörte Religionsausübung, darüber hinaus aber auch wichtige juristische, so vor allem vermögensrechtliche Privilegien. Der christliche Glaube und die Kirche als seine institutionelle Sachwalterin hatten nunmehr die – staatliche – Tolerierung (und Anerkennung) gewonnen, um die sie seit fast zwei Jahrhunderten gerungen hatten.

Die Mailänder Vereinbarung wird zu Recht als das grundlegende Dokument eines tiefgreifenden historischen – religiösen wie politischen – Umbruchs betrachtet. Doch wird kaum beachtet, dass dieser Text zugleich die einzige staatliche Verlautbarung in der Geschichte des Imperium Romanum darstellt, welche ein allgemeines Prinzip religiöser Freiheit und Toleranz formulierte und sich nicht auf bestimmte Religionsgruppen beschränkte. Schon ein Jahrzehnt später, in einer Erklärung, die Konstantin nach seinem Sieg über Licinius 324 erließ, bekennt sich der nunmehrige Alleinherrscher des Reiches zwar erneut zu dem in seinem Reich zu respektierenden Prinzip der religiösen Toleranz – „keiner soll den anderen belästigen; wie seine Seele es will, soll jeder es haben, jeder es halten!" –, artikuliert nun aber vor allem eine ablehnende, ja verächtliche, ungeschminkt ‚intolerante' Haltung gegenüber den paganen Kulten: Deren Anhänger werden als „Irrende" bezeichnet, ihre heiligen Stätten als „Tempel ihres Truges" diffamiert – die Anwendung von Zwang, um jene Altgläubigen der (christlichen) Wahrheit zuzuführen, allerdings explizit abgelehnt.[3] Und nur wenige Jahre zuvor hatte Konstantin, um die Einheit der christlichen Kirche durchzusetzen und eine Reichskirche zu etablieren, in Nordafrika noch eine brutale Oppressionspolitik gegen die von der Hauptkirche dissentierenden Donatisten betrieben. Die widerstrebende Einstellung der staatlichen Verfolgungsmaßnahmen im Jahr 321 hatte sich allein der Einsicht in deren Fruchtlosigkeit verdankt, nicht aber dem Willen, religiöse Toleranz zu üben und abweichende Auffassungen innerhalb der Kirche oder eigenständige Strukturen zuzulassen.[4]

---

[2] Zur Mailänder Vereinbarung – weder der Form noch der Sache nach ein Edikt – und dem Brief des Licinius siehe J. Bleicken, *Constantin der Grosse und die Christen* (München 1992) 13–23; K. Bringmann, „Die constantinische Wende", *HZ* 260 (1995), 21–47; M. Kahlos, *Forbearance and Compulsion. The Rhetoric of Religious Tolerance and Intolerance in Late Antiquity* (London 2009) 56–58.

[3] Euseb., *VC* II 56 bzw. 60.

[4] Festzuhalten ist, dass die moderne Begriffsbildung als Koordinatensystem den Zugang zu antiken Verhältnissen eher erschwert als dass sie ihn erleichterte; das gilt im besonderen auch für Begriffe wie Religionsfreiheit oder Toleranz. Siehe hierzu prägnant H.

Der staatlichen ‚Entdeckung' des Prinzips der religiösen Toleranz war somit im Imperium Romanum keine ernstliche Wirkungsgeschichte beschieden: Die noch in Mailand beschworene Duldung Andersgläubiger fiel vielmehr unmittelbar der von Konstantin in Angriff genommenen Transformation des Reiches zu einem christlichen Imperium, vor allem aber dem Primat seiner Machtpolitik zum Opfer. Es sollte nur ein halbes Jahrhundert vergehen, bis erstmals in der Gesetzgebung – nun gegenüber christlichen ‚Häretikern', nicht Heiden – im Jahr 379 n. Chr. auch unzweideutig das Prinzip religiöser Intoleranz artikuliert wurde: *omnes vetitae legibus et divinis et imperialibus constitutionibus haereses perpetuo conquiescant*.[5]

Die zitierten Konstitutionen markieren somit eine – erst recht unter rechtsgeschichtlicher Perspektive – atemberaubende Entwicklung. Und in der Tat ist es das dramatische Tempo nicht allein der staatlichen Haltung gegenüber Religion und religiösen Fragen, sondern des Wandels des religiösen Klimas im 4. Jahrhundert insgesamt, welche den heutigen Historiker in Staunen versetzt. Allerdings nicht nur ihn: Auch Zeitgenossen fühlten sich, sofern sie nicht mit der Heilsgewissheit des neuen Glaubens versehen waren, weitgehend hilflos dem religiösen Wandel ausgeliefert und, wie Libanios in *Pro Templis* es eindrücklich bezeugt, hier insbesondere auch dem innovativen religiösen Gestaltungswillen des Kaisertums in vormals unbekannter Weise ausgesetzt.

Tatsächlich hatte das Imperium Romanum – ungeachtet historisch bezeugter einzelner Fälle scharfen Vorgehens etwa gegen die Anhänger des Bacchanalien-Kultes, später verschiedentlich die Christen und, seit Diokletian, insbesondere die Manichäer – zuvor über Jahrhunderte keine Religionsgesetzgebung und noch weniger eine systematische Politik der Unterdrückung missliebiger oder als deviant erachteter Religionsgruppen gekannt. Die gerade genannten Gruppen verdankten ihre Repression nicht den von ihnen vertretenen religiösen Auffassungen oder gepflegten Praktiken,[6] sondern allein der in staatlicher Wahrnehmung von ihnen ausgehenden Gefährdung der öffentlichen Ordnung: Die Erfüllung kapitaler Straftatbestände und die Weigerung, sich an für das öffentliche Wohl notwendigen kollektiven Opferhandlungen zu beteiligen, und erst recht die demonstrative Missachtung und Verhöhnung dieser Riten wie der Staatsgewalt insgesamt rechtfertigte, ja erzwang das staatliche Vorgehen.

Cancik, „Die frühesten antiken Texte zu den Begriffen ‚Menschenrecht', ‚Religionsfreiheit', ‚Toleranz'", in: K. Girardet (Hrsg.), *Menschenrechte und europäische Identität: Die antiken Grundlagen* (Stuttgart 2005) 94–104.

[5] *Cod. Theod.* XVI 5,5 (Gratian).

[6] Eine kritische, zudem aus fundierter Kenntnis des Alten und Neuen Testamentes und christlicher Schriften schöpfende Auseinandersetzung mit den religiösen Auffassungen der Christen setzt erst mit der um 175 n. Chr. veröffentlichten Schrift des heidnischen Philosophen Celsus ein (die, verloren, nur aus der 248 n. Chr. verfassten Gegenschrift des Origines, *Contra Celsum*, rekonstruiert werden kann).

Selbst für die Spätantike mag, jedenfalls bis zur Zeit des Justinian, die Existenz einer genuinen Politik – wenn auch nicht die sporadische Praxis – religiöser Unterdrückung bezweifelt werden: Die im 16. Buch des *Codex Theodosianus* in den 430er Jahren gesammelten Kaiserkonstitutionen erwecken zwar *prima facie* den Anschein einer sich seit Konstantin entfaltenden systematischen Religions- und implizite teils auch Unterdrückungspolitik. Doch stellen diese Texte tatsächlich nur eine Kompilation und Auswahl von teils disparaten und nicht immer widerspruchsfreien früheren Einzelfallentscheidungen dar, deren konsequente Umsetzung vor Ort im Einzelfall zudem durchaus fraglich ist: Ihre (begrenzte) religionspolitische Aussagekraft und vermeintliche historische Geradlinigkeit beruht aber vor allem auf dem Umstand, dass die Verfasser des Codex unter einem christlichen Kaiser den Auftrag befolgten, erstmals ein umfassendes, stringentes und allein gültiges Gesetzeswerk zu schaffen – und dies für ein Imperium, das, wiewohl noch keineswegs vollständig christianisiert, als ein christliches gelten wollte.

2. Imperiale Intoleranzrhetorik und ihre christlichen Wurzeln

Unzweifelhaft bleibt allerdings eine andere Botschaft dieser Gesetzestexte, die ursprünglich meist als Reskripte auf Anfragen von Statthaltern, Stadträten oder Bischöfen hin verfasst worden waren: Sie geben einen frappierenden Eindruck von der Entwicklung der Sprache des Kaiserhofes im Umgang mit den verschiedenen religiösen Gruppen im Reich und den an den Herrscher herangetragenen lokalen und regionalen religionspolitischen Problemen und Konflikten. Sie spiegeln ungeschminkt das Aufkommen und die zunehmende Verschärfung einer Sprache der Intoleranz: gegenüber Heiden, Juden und vor allem ‚häretischen' christlichen Gruppierungen. Es ist dieselbe Sprache der Intoleranz, die in Traktaten und auch Predigten zeitgenössischer christlicher Intellektueller und Bischöfe zu finden ist, welche ursprünglich apologetische Zwecke verfolgte, seit Konstantin aber eine unverhohlen aggressive, offensive Diktion annehmen konnte.

Es sind hier vor allem ein gutes Dutzend außerhalb des *Codex Theodosianus*, in einer privaten Rechtssammlung, den *Constitutiones Sirmondianae*, bewahrte ungekürzte, also auch mit ihrer vollständigen Praefatio überlieferte Texte, welche programmatische Erklärungen zu Absicht und Deutung des Gesetzes oft in des Kaisers eigenen Worten enthielten und hier die ganze Gewalt kaiserlicher Rhetorik – und das heißt: offene Feindseligkeit und verbale Diffamierung – aufscheinen lassen. So heißt es in der Praefatio zur dritten Novelle, „wir müssen wachsam gegenüber den Paganen und ihren heidnischen Ungeheuerlichkeiten sein", gleich darauf brand-

markt der Herrscher „den natürlichen Wahnsinn und die hartnäckige Unverschämtheit“ der Heiden, und wenig später ihre „verbitterte Treulosigkeit“, wirft ihnen vor „sie sündigen mit solch dreistem Irrsinn“ ungeachtet der „tausend Schrecken der Gesetze, die erlassen wurden“, verlangt dann, „diese Heiden müssen es lernen, von der Unzahl ihrer Verbrechen abzulassen und von der Verdorbenheit der Opfer“ und kündigt schließlich an, er werde seinen Zorn richten gegen jegliche „Personen verdorbenen und verunreinigten Sinnes, sollten sie dabei ertappt werden wie sie an irgendeinem Ort ein Opfer vollzögen.“[7]

Kein Zweifel: jene aggressiv-feindselige Rhetorik und unverhohlene Intoleranz spätantiker Religionsgesetze ist christlich-apologetischem Denken geschuldet, wenn nicht sogar verschiedentlich dezidiert von christlicher Feder formuliert worden – wie ja auch christlicher Lobbyismus am Hof immer wieder kaiserliche Entscheidungen zu beeinflussen wusste. Doch entscheidender ist im hiesigen Zusammenhang, dass diese Rhetorik kaiserlicher Edikte, vielhundertfach in den Städten des Reiches öffentlich angeschlagen und regelmäßig von Beamten der lauschenden Bevölkerung verlesen, jenseits der Übermittlung religionspolitischer Entscheidungen zwangsläufig auch ein Klima der Intoleranz erzeugen oder weiter befeuern musste. Nicht nur lokale religiöse Führer, fanatische Mitglieder oder Anhänger von Kult- und Glaubensgemeinschaften oder spezifische Konfliktlinien im religiösen Leben einer Stadt oder Landgemeinde waren für die Eskalation religiöser Gegensätze bis hin zu Ausbrüchen religiös motivierter Gewalt verantwortlich: Der Kaiser selbst, sonst in seinem Agieren zuallererst auf die Bewahrung von Ruhe und Ordnung in den Provinzen und Gemeinden im Imperium bedacht, trat seinen Untertanen einerseits als christlicher Kaiser und Förderer der Kirche, andererseits aber zudem zunehmend als erklärter, ja erbitterter Gegner jeder Art abweichender Glaubensüberzeugungen, hierüber vor allem aber als Propagandist und mächtigster Repräsentant religiöser Intoleranz entgegen. So zeichnete er mit verantwortlich für die religiöse und gesellschaftliche Polarisierung in den Gemeinwesen des Reiches.

Die Ideologie religiöser Intoleranz war kein Produkt paganen Denkens, sondern, wie angedeutet, teils angelegt in der apologetischen Tradition des Christentums. Bereits einige der frühesten apologetischen Traktate aus Kreisen der Kirche, mithin Schriften, die den expliziten Anspruch verfolgten, der paganen Umwelt eine Erklärung des eigenen Glaubens und da-

[7] *Nov. Sirmond.* 3: *Haec perspicit nostra clementia paganorum quoque et gentilis inmanitatis vigiliam nos debere sortiri, qui naturali vesania et licentia pertinaci verae religionis tramite dissidentes nefarios sacrificiorum ritus et funestae superstitionis errores occultis exercere quodammodo solitudinibus dedignantur, nisi ad supernae maiestatis iniuriam et temporis nostri contemptum eorum scelera professionis genere publicentur, quos non promulgatarum legum mille terrores, non denuntiati exilii poena compescunt; ut, si emendari non possint, mole saltem criminum et inluvie victimarum discerent abstinere.*

her rührender, in ihrer Umgebung Anstoß erregender sozialer Verhaltensweisen zu liefern, argumentierten nicht strikt als wirkliche Verteidigungsschriften, sondern erwiderten verschiedentlich Vorwürfe, die sie zu widerlegen suchten, gleich mit Gegenvorwürfen, artikulierten so nicht minder Polemik und Propaganda. Tatians ‚Rede an die Griechen' (um 165 n. Chr.) attackiert die paganen Kulte nicht weniger, als dies sein Lehrer Justin in seinem ‚Dialog mit Tryphon' wiederholt mit dem zeitgenössischen Judentum tut.[8]

Diese apologetische Tradition – und der ihr ungeachtet des Werbens um Verständnis für die eigenen Auffassungen und Handlungsweisen innewohnende Geist der Intoleranz – erledigte sich bemerkenswerter Weise nicht mit dem überraschenden Durchbruch des Christentums unter Konstantin, seiner Anerkennung als *religio licita* und der nun einsetzenden machtvollen Förderung der Kirche durch das spätantike Kaisertum. Das Erbe dieser christlichen Streitschriften entfaltete vielmehr in einem gewissen Sinne erst jetzt seine volle Wirkung, indem rhetorisch artikulierte Forderungen nun den Charakter potentieller politischer Handlungsanweisungen gewinnen konnten. Wenige Jahre nach dem Tode Kaiser Konstantins richtete ein christlicher Autor eine Denkschrift unter dem Titel „Über die Irrtümer der gottlosen Religionen" an dessen nun regierende Söhne. Darin entlarvte er zunächst die Götter der Heiden als zwielichtige Gestalten und die immer noch populären Mysterienkulte als teuflische Nachahmungen von Elementen der christlichen Religion und Heilslehre. Nach einem allgemeinen Aufruf zum christlichen Glauben steigert sich seine Polemik schließlich zu offener Aggression gegen die paganen Kulte. Er fordert – was noch keiner vor ihm getan hatte – die christlichen Kaiser auf, alle nichtchristlichen Kulte auszurotten. Nachdem der Redner, Iulius Firmicus Maternus (übrigens ein frischer Konvertit), die Tempel der Heiden als schlichte Grabstätten, in denen die Asche verbrannter Leichname aufbewahrt würde, und als Orte abscheulicher Kultpraktiken diffamiert hat, äußert er folgendes Verlangen:

> „Von Grund auf müssen solche Dinge, allerheiligste Kaiser, ausgemerzt und vernichtet werden und sollen durch schärfste Gesetze und Erlasse Eurerseits korrigiert werden, damit nicht länger dieser verhängnisvolle irrige Wahn den römischen Erdkreis beflecke, damit nicht länger, was immer einen Mann Gottes zu verderben sucht, auf der Erde herrsche! Diese Menschen wollen zwar nicht und leisten Widerstand und verlangen in hastiger Gier nach ihrem Verderben. Doch kommt den Elenden zu Hilfe, bewahrt sie vor dem Untergang! Dazu hat Euch der höchste Gott die Regierung anvertraut, dass durch Euch der Streich dieser Wunde geheilt würde. Wir kennen die Gefahr ihrer Fre-

[8] M. Edwards / M. Goodman / S. Price (eds.), *Apologetics in the Roman Empire. Pagans, Jews and Christians* (Oxford 1999); Av. Cameron, „Apologetics in the Roman Empire – a Genre of Intolerance?", in: J.-M. Carrié / R. Lizzi Testa (Éds.), *Humana sapit. Études d'antiquité tardive offertes à L. Cracco Ruggini* (Turnhout 2002) 219–227.

> veltat, bekannt sind uns die Strafen für den Irrwahn, aber besser ist, dass Ihr sie gegen ihren Willen befreit, als dass Ihr sie nach ihrem Willen dem Verderben überlasst."[9]

Und wenig später verlegt sich Maternus in rhetorischem Crescendo auf noch konkretere Forderungen und Ratschläge an die *sacratissimi imperatores*:

> „Nur wenig fehlt noch, dass der Teufel durch Eure Gesetze vollständig zu Boden gestreckt daliegt, dass die verhängnisvolle Ansteckung des Götzendienstes nach seiner Ausrottung aufhöre. Dieser Giftsaft ist geschwunden und von Tag zu Tag erlischt immer mehr die Wesenheit unheiliger Begierde. Richtet auf das Banner des Glaubens, die Gottheit hat es Euch anvertraut. ... Glückselig seid Ihr, die Euch Gott an seiner Herrschergewalt hat teilhaben lassen und seinem Machtwillen, die Vernichtung des Götzendienstes und die Zerstörung der heidnischen Tempel hat die gnädige Majestät Christi Euren Händen anvertraut ... Nehmt weg, nehmt weg ohne Zagen, allerheiligste Kaiser, den Schmuck der Tempel. Diese Götter soll das Feuer der Münzstätte oder die Flamme des Metallbergwerkes schmelzen, alle Weihegeschenke verwendet zu Eurem Nutzen und macht sie zu Eurem Eigentum. Nach Vernichtung der Tempel seid Ihr vermöge der Kraft Gottes zu Höherem fortgeschritten."[10]

Diese Sätze, um das Jahr 345 n. Chr. formuliert, fallen nur gut 30 Jahre nach dem Ende der letzten und schwersten Christenverfolgung (unter Kaiser Diokletian) und der politischen Hinwendung Kaiser Konstantins zum Christentum: letzteres ein Ereignis, das für alle Zeitgenossen, erst recht für die Christen selbst – in diesem Moment eine deutliche Minorität im Imperium Romanum – völlig überraschend eintrat, allerdings, wie wir heute wissen, epochale Bedeutung weit über die Spätantike hinaus entfalten sollte.

Die Ausführungen des Firmicus Maternus vermögen dabei schlaglichtartig eine ganze Reihe von Aspekten zu illustrieren bzw. anzudeuten, die für das hiesige Thema von Relevanz sind: Das außerordentliche Selbstbe-

---

[9] Firm., *Err. relig.* 16,3: *Amputanda sunt haec, sacratissimi imperatores, penitus atque delenda, et seuerissimis edictorum uestrorum legibus corrigenda, ne diutius Romanum orbem praesumptionis istius error funestus immaculet, ne pestiferae consuetudinis conualescat inprobitas, ne quicquit hominem dei conatur perdere diutius in terra dominetur. Nolunt quidam et repugnant et exitium suum prona cupiditate desiderant. Sed subuenite miseris, liberate pereuntes. Ad hoc uobis deus summus commisit imperium ut per uos uulneris istius plaga curetur. Facinoris eorum periculum scimus, erroris notae sunt poenae; sed melius est ut liberetis inuitos quam ut volentibus concedatis exitium.* Hierzu H.A. Drake, „Firmicus Maternus and the Politics of Conversion", in: G. L. Schmeling / J. D. Mikalson (eds.), „Qui miscuit utile dulci": *Essays for P. L. MacKendrick* (Wauconda/Ill. 1998) 133–149.

[10] Firm., *Err. relig.* 20,7 und 28,6: *Modicum tantum superest ut legibus uestris funditus prostratus diabolus iaceat, ut exstinctae idolatriae pereat funesta contagio. Veneni huius uirus euanuit et per dies singulos substantia profanae cupiditatis exspirat. Erigite uexillum fidei: vobis hoc diuinitas reseruauit. ... Tollite tollite securi sacratissimi imperatores ornamenta templorum. Deos istos aut monetae ignis aut metallorum coquat flamma, donaria universa ad utilitatem vestram dominiumque transferte. Post excidia templorum in maius dei estis virtute provecti. ...* Man vergleiche hierzu die pragmatischen Vorschläge des Libanios in *Pro templis* 42, wo er Kaiser Theodosius den Vorschlag unterbreitet, städtische Tempel in Steuerbüros umzuwandeln oder sie zu anderen öffentlichen Zwecken umzunutzen.

wusstsein der unversehens aus der Illegalität und Verfolgung in die Gunst des Kaisertums gerückten Christen; die Diffamierung jahrhundertealter, anerkannter religiöser Praktiken und Traditionen des Heidentums; die Aggressivität und unverhohlene Intoleranz mancher christlicher Repräsentanten und Gruppen; das seitens der Kirche offen angenommene, ja angestrebte und nahezu vorbehaltlose Bündnis mit der kaiserlichen Macht; die Instrumentalisierung des Kaisers, staatlicher Institutionen und exekutiver Mittel zur Durchsetzung der eigenen Ziele, insbesondere die Christianisierung des ganzen Imperiums und seiner Gesellschaft; die Militanz von Konvertiten in der Auseinandersetzung mit Andersgläubigen und schließlich auch die – hier zunächst nur verbal artikulierte – Gewaltbereitschaft einzelner christlicher Kreise im Umgang mit Andersdenkenden, und nicht zuletzt das konkrete und hartnäckig verfolgte Ziel der gänzlichen Zerstörung der materiellen Basis aller paganen Kulte.

Gänzlich unbekannt muss im übrigen bleiben, welche Wirkung, vor allem bei einfachen Christen, jene nicht-kanonischen Überlieferungen entfalten konnten, die selbst dem kleinen Jesus bereits gewalttätige Züge zugeschrieben hatten. Solche waren schon der frühen apokryphen Tradition nicht fremd: Das Kindheitsevangelium nach Thomas, das wohl gegen Ende des 2. Jahrhunderts entstand und in der frühen Kirche außerordentliche Popularität genoss, lässt bereits den kleinen Jesus nicht allein Wunder tun, sondern auch zerstörerisch auftreten. So schildert es, wie er, in Wut geraten, einen Jungen, der ihn beim Spielen gestört hatte, einem Baum gleich verdorren lässt. Einen anderen, der ihn angerempelt hatte, streckt er mit einem Satz tot zu Boden.[11] Es ist die gleiche Vorstellungswelt und –tradition, die im syrischen Raum spätestens im 5. Jahrhundert eine Geschichtstheologie entwickelt bzw. nun in schriftliche Form gießt, die mit der Geburt des Erlösers eine Heilsgeschichte einsetzen lässt, in welcher Jesus höchst selbst das Ende der heidnischen Tempel und Götterbilder herbeiführt, mithin als Protagonist der Zerstörung des Heidentums auftritt:

> „Der Sohn Gottes stieg herab, wurde Mensch und zertrümmerte die Tempel. ... Auf einmal erhebt sich der Schlafende [gemeint ist die Auferstehung Christi], stürzt die Götter und zermalmt die Götzen, zertrümmert die Statuen und wirft die Standbilder zu Boden, zerstört die gemalten Bilder, zerstäubt die gegossenen und vernichtet die Werke von Menschenhand. ....“[12]

---

[11] O. Cullmann, „Kindheitsevangelien“, in: W. Schneemelcher (Hrsg.), *Neutestamentliche Apokryphen* I: *Evangelien*, 6. Aufl. (Tübingen 1990) 349ff., bes. 354; Ph. Vielhauer, *Geschichte der urchristlichen Literatur: Einleitung in das Neue Testament, die Apokryphen und die apostolischen Väter* (Berlin / New York 1978) 672–678.

[12] Jakob von Sarug, *Gedicht über den Fall der Götzenbilder* (*memra* 101), ed. P. Bedjan: *Homiliae selectae Mar-Jacobi Sarugensis* III (Leipzig 1909) 795, deutsche Übersetzung bei S. Landersdorfer, *Ausgewählte Schriften der syrischen Dichter Cyrillonas, Baläus, Isaak von Antiochien und Jakob von Sarug*. Bibliothek der Kirchenväter 6 (Kempten / München 1913) 414–416.

Eine so gestaltete gewalttätige Vorstellungswelt, welche den Kampf gegen Satan und seine Verbündeten konkret materiell versteht, richtet sich gegen die bildlichen und baulichen Manifestationen der paganen Gottesverehrung und spiegelt vor allem eine radikale asketische Gedankenwelt. Zugleich legitimiert sie unter Rückgriff auf den Ursprung des wahren Glaubens physische Gewaltanwendung – und es bleibt offen, wie weit diese sich gegebenenfalls nicht auch auf Menschen, Kultanhänger oder Priester, erstrecken konnte.

3. Die häretische Herausforderung und der Ruf nach dem Staat

Vor der Perspektive der Christianisierung des Reiches, der Marginalisierung des Heidentums, des spektakulären, aber vergeblichen Restaurationsversuchs Kaiser Julians und der verschiedentlich gewaltsamen Unterdrückung der paganen Kulte mitsamt der Zerstörung von Tempeln wird leicht übersehen, dass nicht Pagane, sondern Häresie und Häretiker die erstrangigen Ziele christlichen Hasses (und Intoleranz) bedeuteten. Es ist aufschlussreich, dass sogar Konstantins früheste religiöse Gewaltrhetorik sich nicht gegen Pagane, sondern Häretiker richtete.[13] Aus christlicher Perspektive wurde die sichere Heilserwartung nicht so sehr von Andersgläubigen in Frage gestellt, als vielmehr durch die Existenz von Christen, welche der einen Wahrheit bereits teilhaftig geworden waren, sie nun aber, irregeleitet, zu verfälschen und damit ihre Erlösungsmacht insgesamt zu zerstören drohten. Die universale Einheit und Einzigkeit der Kirche, außerhalb derer Glaube nicht möglich sei, war das Banner, das in den meisten religiösen Auseinandersetzungen des 4. Jahrhunderts getragen wurde, und es war die ‚katholische' Kirche, welche sich hier weniger theologisch als vielmehr machtpolitisch am Ende durchzusetzen verstand.

Die theologische Widerlegung und erbitterte Bekämpfung ‚häretischer' Auffassungen und Gruppen, nicht aber die Auseinandersetzung mit den Heiden, stand so auch im Mittelpunkt aller Konzilien des 4. und 5. Jahrhunderts; für nicht wenige Kirchenvertreter wurde dieser Kampf zur Lebensaufgabe. Bischof Epiphanios von Salamis verfasste zwischen 374 und 377 n. Chr. sein Hauptwerk, das vielbändige *Panarion omnium haeresium* – den ‚Arzneikasten wider alle Häresien' – in dem er achzig christliche Häresien in chronologisch-systematischer Folge darstellte, um Amtsbrüdern und Klerus ein Diagnose-Instrument und argumentatives Waffenarsenal in die Hand zu geben. Seine Tätigkeit erschöpfte sich aber nicht in gelehrter

---

[13] H.A. Drake, „Lambs into Lions: Explaining Early Christian Intolerance", *P&P* 153 (1996) [3–36] 28f.; Av. Cameron, *Christianity and the Rhetoric of Empire. The Development of Christian Discourse*, Sather Classical Lectures 55 (Berkeley / Los Angeles / London 1991).

Häresiologie; an nahezu allen dogmatischen Auseinandersetzungen seiner Zeit war Epiphanios beteiligt, intervenierte in Schismen und agitierte reichsweit auf Synoden. Dem weitgereisten streitbaren Asketen waren spezifische pagane Kulte kaum der Erwähnung wert; nur einzelne heidnische Praktiken wurden von ihm als solche gebrandmarkt – ein Befund, der die Prioritäten der glaubenspolitischen Agenda des überwiegenden Teils der zeitgenössischen Kirchen realistisch widerspiegeln dürfte.

Solchermaßen erbitterte, ja obsessive Bekämpfung abweichender christlicher Glaubensauffassungen war nicht neu im 4. Jahrhundert – neu war aber die Möglichkeit, nun die Zwangsmittel des Staates gegen Glaubensabweichler und ebenso innerkirchliche Gegner mobilisieren und einsetzen zu können.[14] Diese Chance wurde bereits unter Konstantin genutzt: gegen die nordafrikanischen Donatisten, aber auch gegen Anhänger und die Person des Arius.

Die Donatisten – die bedeutendste der schismatischen christlichen Glaubensgruppen, die nach dem Ende der großen Christenverfolgungen es ablehnten, *lapsi* (in der Verfolgung abgefallene Christen), vor allem aber *traditores* (jene, welche sogar die Heiligen Schriften den Verfolgern ausgehändigt hatten) wieder in die christliche *communio* aufzunehmen und sich selbst dezidiert als Märtyrerkirche verstanden – erlebten nicht nur als erste nach der Konstantinischen Wende die ganze Härte der staatlichen Macht, weil sie sich der kaiserlich gewünschten Kircheneinheit in Africa wie überhaupt seiner Einflussnahme in kirchlichen Belangen verweigerten: „Was hat der Kaiser mit der Kirche zu tun?" (*Quid est imperatori cum ecclesia?*) lautete die schlichte Frage des Bischofs Donatus.[15] Auch Konstantins Nachfolger Constantius versuchte ab 346 n. Chr. neuerlich gewaltsam, aber gleichermaßen erfolglos, die Donatisten zur Union mit der katholischen Kirche zu zwingen.

Ein halbes Jahrhundert später war es Augustinus, seit 395 n. Chr. Bischof von Hippo und im Verein mit seinem Metropolitan Aurelius von Karthago jahrelang innerkirchlich um die Herstellung der Union bemüht, vorbehalten, erstmals eine theologische Begründung für die auch ihm nunmehr unausweichlich erscheinende staatliche Unterdrückung dieser Kirche zu entwickeln. Als Kaiser Honorius den Aufforderungen der katholischen Bischöfe nachkam und in zahlreichen Edikten seit 405 n. Chr. Angehörige der donatistischen Kirche systematisch ihrer bürgerlichen Rechte beraubte und ächtete, um Kleriker und Gläubige zwangsweise zum Eintritt in die katholischen Kirche zu bewegen, formulierte Augustinus den be-

---

[14] K. L. Noethlics, „Revolution from the Top? Orthodoxy and the Persecution of Heretics in Imperial Legislation from Constantine to Justinian", in: C. Ando / J. Rüpke (eds.), *Religion and Law in Classical and Christian Rome* (Stuttgart 2006) 115–125.

[15] Bischof Donatus um 346 n. Chr., bei Optatus, *c. Parmen. Donat.* III 3.

deutungsschweren Satz: *cogite intrare* – „Zwingt sie hereinzukommen!"[16] – und rechtfertigte diese folgenreiche Position auf der Basis seiner Gnadenlehre: Nur Gott habe die Macht, Menschen zu bekehren; um ihre unabdingbare Zugehörigkeit zur katholischen Kirche in einem Prozess des Erziehens und Ermahnens zu sichern, könnten aber auch Furcht und Zwang notwendig werden. In der Realität kam es allerdings ebenso zu Hinrichtungen und brutaler Gewaltanwendung in der Kirchenprovinz: Das kirchlicherseits erbetene staatliche Instrument der Zwangsbekehrung (das erst Generationen später auch auf Pagane und Juden angewandt werden sollte) hatte so erstmals auch eine theologische Theorie hervorgebracht, welche beanspruchte, Glaubenszwang rechtfertigen zu können.

Der kirchliche Rückgriff auf staatliche Institutionen zur Unterdrückung von ‚Häresien' war spätestens unter Theodosius I. etablierte Praxis. Ihre prägnanteste, auf die politische Durchsetzung der 'Orthodoxie' zielende Formulierung sollte diese intolerant-aggressive Auffassung dann in den Worten finden, die im Jahre 428 n. Chr. der Patriarch von Konstantinopel, Nestorius, öffentlich an Kaiser Theodosius II. richtete: „Gib mir die Erde frei von Häretikern, mein Kaiser, und ich werde Dir den Himmel stattdessen geben. Hilf mir, die Häretiker auszurotten, und ich werde Dir helfen, die Perser zu schlagen."[17]

4. Der Preis staatlicher Intervention: die Eskalation religiöser Konflikte

Die Wirkung der kaiserlichen Religionspolitik auf die Verhältnisse in den Städten und Gemeinden des Imperiums war zweifellos höchst unterschiedlich, abhängig vor allem von den dort herrschenden Verhältnissen, insbesondere den spezifischen lokalen religiösen Konstellationen und hieraus resultierenden Modalitäten religiöser Koexistenz – aber ebenso von den Zufällen kaiserlicher Intervention bzw. ihrer Mobilisierung durch einflussreiche Kreise. Konstantin etwa stieß mit der überraschenden politischen Privilegierung einer einzelnen Gemeinde im südlichen Palästina Entwicklungen an, welche in diesem Raum für Generationen unüberbrückbare Gegensätze zwischen den religiösen Gruppen schufen, die weitere Christianisierung tiefgreifend beeinflussten, insbesondere aber in Gaza und seinem Hinterland Konflikte aufbrechen ließen, welche zunehmend eskalierten und unter Julian und erneut unter den Theodosii in pogromartige Übergriffe auf die christliche Minderheit mündeten.

Der Kaiser verlieh nämlich Maiuma, dem Hafenort der reichen konservativen Handelsmetropole Gaza, Stadtrecht – also die politische und

---

[16] Augustin., *Ep.* 185,6 mit Lk 14, 23.

[17] Socr., *HE* VII 29,4.

wirtschaftliche Unabhängigkeit von Gaza –, nachdem eine Delegation der selbstbewussten abhängigen Gemeinde, deren Bevölkerung zuvor in großer Zahl zum Christentum konvertiert war, bei ihm vorstellig geworden war und unter Hinweis auf die Majorität der Christen in ihrem Heimatort die Unabhängigkeit vom heidnischen Gaza gefordert hatte.[18] Nicht nur bestimmten von nun an heftige Auseinandersetzungen zwischen Gaza und Constantia, wie das frühere Maiuma jetzt hieß, das regionale Geschehen, vor allem die kleine christliche Gemeinde Gazas selbst hatte den Preis für die politische, wirtschaftliche und gesellschaftliche Demütigung der nach Jerusalem bedeutendsten Stadt Palästinas und ihrer stolzen heidnischen Oberschicht zu bezahlen. Während die paganen Kulte und Feste der Stadt, insbesondere der weitberühmte Tempel des Marnas, unberührt von der rapide fortschreitenden Christianisierung Palästinas als Bollwerke der alten Ordnung blühten, wurde die unbedeutende Gemeinde weiter marginalisiert und schikaniert. Vor allem traf die Christen Gazas und Maiumas wenig später der neuerliche religionspolitische Umbruch im Reich in aller Härte: Kaiser Julians Programm der Restauration der alten Kulte hatte nicht nur zur Folge, dass Maiuma seine Eigenständigkeit wieder an Gaza verlor. Die heidnische Bevölkerung der Stadt fand sich zu systematischen Christenverfolgungen zusammen, brannte die bescheidene städtische Kirche nieder und massakrierte Gemeindeangehörige. Zahlreiche, auch angesehene christliche Familien wurden zudem aus umliegenden Siedlungen vertrieben, hier lebende Mönche verfolgt, Klöster und Eremitagen zerstört.[19]

Julians Politik, die auf eine Umkehrung der religiösen Entwicklung seit Konstantin zielte, aber nach dem Willen des Kaisers – der sehr wohl um den propagandistischen Wert von Martyrien für die christliche Sache wusste[20] – ohne Gewaltanwendung zum Erfolg kommen sollte, blieb angesichts des frühen Todes des jungen Herrschers ohne bleibende Wirkung. Sie gibt aber aufschlussreiche Hinweise auf das religiöse Klima der Zeit jener Jahre: In doppelter Weise dokumentiert sie eine Verschärfung des christlich-paganen Konfliktes (der zudem nun die innerchristlichen Aus-

[18] Sozom., *HE* II 5,7 mit ausführlichem Bericht. Zum Geschehen R. van Dam, „From Paganism to Christianity in Late Antique Gaza", *Viator* 16 (1985), 1-20; Hahn 2004, 195–197.

[19] Zahlreiche Details der Unterdrückung der Christen Gazas und der Verfolgung des lokalen Mönchtums spiegeln sich in Hieronymus' *Vita Hilarionis*. Hierzu F. R. Trombley, „Hellenic Religion and Christianization c. 370 – 529 A.D", I. ÉPRO 115, Leiden 1993, 205; Hahn 2004, 198-202. Erstrangige Informationen enthält daneben besonders auch das Kirchengeschichtswerk des Sozomenos, dessen Familie aus Bethelia, einer der großen Landstädte in der Umgebung Gazas stammte. Er berichtet, dass sein Großvater, der als erster Einwohner und offenkundig hochgestellter Bürger dieses Ortes – wohl erst gegen Mitte des 4. Jahrhunderts – mitsamt seiner und einer weiteren Familie zum Christentum konvertierte, von seinen Mitbürgern zur Flucht gezwungen wurde, und schreibt Vorkommnisse dieser Art dem „Zorn und der Dreistigkeit der Bevölkerung" zu.

[20] Greg. Naz., *or.* 4,57; vgl. Socr., *HE* III 12.

einandersetzungen überlagert). Zum einen verdeutlichen zahlreiche Hinweise in christlichen ‚Martyrien', dass diesen zuvor tatsächlich regelmäßig gewaltsame Übergriffe von Christen auf pagane Heiligtümer, Kultstatuen und Symbole vorausgegangen waren, die, anderweitig undokumentiert, nach Regierungsantritt des paganen Kaisers heidnische Vergeltungsakte nach sich zogen. Erst jetzt hören wir etwa von jenem Bischof Markos aus dem syrischen Arethousa, der unter Constantius „auf Grund der damals den Christen eingeräumten Freiheit einen Götzentempel zerstört hatte" und nun in grausamster (und *en detail* geschilderter) Weise von einem paganen Mob zu Tode gefoltert wurde.[21] Anti-pagane christliche Gewalt war somit ein weiter verbreitetes Phänomen unter Constantius II. (oder bereits zuvor), als dies die Quellenüberlieferung sonst vermuten ließe.[22]

Zum anderen bemächtigte sich aber auch die christliche Historiographie und Martyrologie in ungeschminkt polarisierender Absicht des paganen Kaisers und seines Restaurationsbemühens: Christliche Opposition gegen Julian wurde insgesamt in die Sprache der Märtyrerliteratur gefasst, allerdings in markant zugespitzter, aggressiver Weise. Nicht nur Widerstand gegen den Apostaten, sondern auch bewusste Provokationen gegen sein Regime wurden martyrologisch überhöht, die kurze Regierungszeit Julians in der christlichen Tradition zu einer Epoche massenhaften christlichen Martyriums stilisiert,[23] hierüber im Grunde der Martyriumsbegriff überhaupt transformiert: Konfessoren, also (über)lebende Zeugen der Glaubenswahrheit galten nun nicht weniger als echte Märtyrer, ja, man interpretierte es als hinterhältigen Zug und ausgesuchte Grausamkeit des Apostaten, so vielen zum Selbstopfer bereiten Christen die Krone des Martyriums verweigert zu haben.[24] Die Zahl der laut christlicher Überlieferung unter Julian vorgeblich zu Tode gekommenen Gläubigen ist stupend. Sie verdankt sich aber den Entstehungsbedingungen einer martyrologischen Literatur, die nun, angesichts der rapide gewachsenen Bedeutung lokaler Märtyrer und ihrer Kulte für die Identität jeder einzelnen Gemeinde, den ‚Samen des Martyriums' (Tertullian) gerade in einer Zeit

---

[21] Greg. Naz., *or.* 4, 88.

[22] T. D. Barnes, „Christians and Pagans in the Reign of Constantius", in: A. Dihle (Éd.), *L'Église et l'Empire au IVe siècle*. Entretiens sur l'antiquité classique 34 (Vandœuvres / Genève 1989) 301–337; Leppin 1999.

[23] Aufschlussreich sind hier die kurz nach dem Tod des Kaisers verfassten Reden Gregors von Nazianz gegen Julian (*or.* 4 und 5) und der enorme Stellenwert, den die Regierungszeit Julians in allen christlichen Kirchengeschichtswerken besitzt. Für eine kritische Sichtung der Martyrien in Antiocheia (bzw. deren Tradition) siehe Hahn 2004, 173–177. Eine umfassende Darstellung und Analyse der Martyriumsliteratur unter bzw. zu Julian bei H. Chr. Brennecke, *Studien zur Geschichte der Homöer. Der Osten bis zum Ende der homöischen Reichskirche*, Beiträge zur historischen Theologie 73 (Tübingen 1988) 114–152.

[24] Theodoret., *HE* III 17, 8; vgl. Greg. Naz., *or.* 4 (c. Iulian.), 83f. M. Gaddis, *There is No Crime for Those Who Have Christ: Religious Violence in the Christian Roman Empire*, The Transformation of the Classical Heritage 39 (Berkeley / Los Angeles / London 2005) 89.

beschwört, die mit der Apostasie zahlreicher Christen eine Kirche in eine Krise stürzte, die zu einem erheblichen Teil aus erst unlängst gewonnenen Mitgliedern bestand.

Doch wäre es naiv anzunehmen, jene Märtyrergeschichten unter Julian hätten allein der Stärkung der Gruppenidentität und dem inneren Zusammenhalt der lokalen Gemeinden gedient. Es ist nicht von der Hand zu weisen – und hierfür frappierende Parallelen aus dem Zusammenleben und der Tradition von religiöser Gewalt zwischen Muslims und Hindus im modernen Indien legen hiervon Zeugnis ab[25] –, dass diese im Gottesdienst zu Jahrestagen verlesenen Leidensgeschichten zugleich auch die Ablehnung, ja den Hass auf Andere zu befeuern vermochten, die Trennlinien zwischen Religionsgruppen vertiefen und die Gewaltbereitschaft jedenfalls einzelner Gruppen unter den Gemeindemitgliedern erhöhen konnten. Die unaufhörliche Selbstvergewisserung erlittenen Leides und Todes in einer Gemeinde und die damit einhergehende Mentalität von sich ständig erneuernden, in gewaltsame Formen gegossenen religiöser Unterdrückung und Konflikt ist nicht zu lösen von einer sukzessive zunehmenden latenten Gewaltbereitschaft der eigenen Gruppe – und sei es auch nur, um so für sich selbst ein Martyrium herbeizuführen.

In Nordafrika terrorisierten wandernde Gruppen bewaffneter fanatisierter Christen, Männer wie Frauen, welche als *circumcelliones* bekannt wurden, die Bevölkerung im Hinterland der Städte und Reisende auf den Landstraßen. Während zuverlässige Informationen zu diesem Personenkreis, ganz zu schweigen von den von ihnen verfolgten Zielen, jenseits rhetorischer Etikettierungen – Augustinus tituliert sie etwa als *genus hominum agreste* und hebt ihre *famosissima audacia und immania facinora* hervor[26] – kaum existieren,[27] so spielten doch jene *circumcelliones* in dieser Region über Jahrzehnte hinweg eine markante Rolle in den Auseinandersetzungen zwischen Katholiken und Donatisten. Diese suchten einander in der Öffentlichkeit mit jenen gewaltbereiten Fanatikern und von ihnen

---

[25] R. Puniyani, *Communal Politics: Facts Versus Myths* (New Delhi / London 2003); D. Ludden, *Making India Hindu: Religious Community, and the Politics of Democracy in India* (Delhi 2005); S. Kumar (ed.), *Demolishing Myths or Mosques and Temples?* (New Delhi 2008). Siehe auch C. Jürgenmeyer, „Koexistenz und Konflikt zwischen indischen Religionsgemeinschaften. Das Beispiel Ayodhya", in: W. Kerber (Hrsg.), *Religion: Grundlage oder Hindernis des Friedens* (München 1995) 79–164.

[26] Aug., *Liber de haeresibus* 69, 3 (*CCL* 476, 332).

[27] Eine glänzende Analyse der Quellenbasis für die in der Forschung verbreiteten weit überzogenen Schlussfolgerungen hinsichtlich der Rolle der Circumcellionen bietet B. Shaw, „Bad Boys: Circumcelliones and Fictive Violence", in: H. Drake (ed.), *Violence in Late Antiquity. Perceptions and Practices* (London 2006) 179–196. Siehe nun vor allem die monumentale Untersuchung von B. Shaw, *Sacred Violence: African Christians and Sectarian Hatred in the Age of Augustine* (Cambridge 2011) zum Phänomen religiöser Gewalt in den religiösen Auseinandersetzungen in Nordafrika, in der er die Eigenart und Bedeutung der Circumcellionen noch einmal umfassend kritisch untersucht.

begangenen Misshandlungen und Morden an Gläubigen und Klerikern in Verbindung zu bringen und so die Gegenseite vor dem Kaiser und der Provinzverwaltung zu diffamieren. Noch berüchtigter waren die Circumcellionen allerdings für ihre Affinität zum Martyrium: „Weil sie die Bezeichnung Märtyrer lieben und menschliches Lob mehr schätzen als göttliche Gnade, töten sie sich selbst: Nach einem Gebet begehen sie Selbstmord, indem sie sich von einer Anhöhe herunterstürzen, sich selbst verbrennen oder mit dem Schwert umbringen."[28]

Bereitschaft zum Martyrium und zu Gewaltanwendung gehen eine kaum aufzulösende Gemengelage ein, generieren extreme Verhaltensweisen von Einzelnen und von Gruppen und vermögen, auch jenseits eines solch bizarren ‚inspirierten' Selbstmord-Kultes, leicht den Rahmen einer Gesellschaft oder auch einer Kirchenorganisation zu sprengen – bleiben aber als *exempla* religiös motivierten Kampf- und Opferwillens im Bewusstsein der Öffentlichkeit dauerhaft präsent. Doch kann solche radikale Martyriums- und Konfrontationsbereitschaft ebenso den Nährboden für bewusste Eskalationen religiöser Konflikte bilden – nicht selten ausgelöst und gesteuert von charismatischen Führern, sei es Bischöfen wie Theophilos von Alexandreia oder Archimandriten wie Hypatios von Rufinianae.[29]

5. Das pagane Symbol und seine Zerstörung: das Serapeum von Alexandreia 392 n. Chr.

Das spektakulärste Ereignis religiöser Gewalteskalation in der Spätantike – in der kirchengeschichtlichen wie heidnischen Erinnerung gleichermaßen als Ereignis epochaler Tragweite im Verhältnis von Christentum und Heidentum wahrgenommen –, die Zerstörung des großen Serapis-Tempels in der ägyptischen Metropole Alexandreia im Frühjahr 392 n. Chr., entsprang genau jener brisanten Mischung von Provokation, Vergeltung, latenter Gewaltbereitschaft und Martyriumsideologie, welche reichsweit bereits eine Generation früher, unter Julian, zum Aufflammen religiöser Gewalt in vielen Städten des Imperiums geführt hatte. Damals hatte dies auch den arianischen Bischof von Alexandreia, Georg von Kappadokien, 362 n. Chr. in einem Gewaltexzess das Leben gekostet, nachdem er die pagane Bevölke-

[28] *Indiculus de haeresibus* 32 (F. Oehler, *Corpus haereseologicum* [Berlin 1856] I 295f.): *Nam amore nominis martyrii, et laudis humanae magis quam caritatis Christi cupidi, semetipsos interdum oratione facta aut praeciptio aut incendio aut, alio alios ad sui necem invitantes, gladio perimunt, quo violenter ex hac vita discedentes martyres nominentur.*

[29] Callinic., *V. Hypatii* 33, 5ff. Hypatios, der 434/5 n. Chr. von der geplanten Einrichtung Olympischer Spiele in Konstantinopel durch den amtierenden Stadtpräfekten hörte, drohte, auch um den Preis des Martyriums, die Eröffnung des Festes mit seinem und 20 seiner Mitbrüder Erscheinen gewaltsam zu verhindern und den Beamten persönlich zu attackieren.

rung der Stadt mit einer Drohung gegen den Tempel der alexandrinischen Tyche gegen sich aufgebracht hatte.[30]

Wie in fast allen dokumentierten Fällen ging der Anstoß in Alexandreia 392 n. Chr. von christlicher Seite aus, nachdem in den Jahren zuvor der einflussreiche *praefectus praetorio Orientis* Kynegios nicht nur in Syrien, wo ihm Libanios begegnet sein mag, sondern auch im Süden seiner Diözese Oriens, in Ägypten, Tempel geschlossen und Kulte unterdrückt hatte – aber, wie es scheint, Alexandreia von solchen Aktionen noch ausgenommen hatte. Bischof Theophilos' Angriff auf die Kulte Alexandreias im unmittelbaren Schlagschatten einer jüngst intensivierten diskriminierenden kaiserlichen Religionsgesetzgebung – umfassende Opferverbote waren erst im Sommer 391 n. Chr. reichsweit erlassen worden, die Zerstörung von Tempeln aber keinesfalls erlaubt oder gar befohlen worden – nahm so in einem religiös bereits aufgeheizten Klima seinen Anfang. Die Freilegung eines aufgelassenen Mithraeums und Bergung von Kultgegenständen, angeblich bei Ausschachtungsarbeiten für eine neue Kirche, nutzte der Bischof, um die heidnische Bevölkerungsgruppe mit der Zurschaustellung der Kultbilder im Rahmen einer christlichen Prozession zu verhöhnen und bis aufs Blut zu reizen. Die Eruption pogromartiger Gewalt gegen die Christen der Stadt war die erwartbare, vielleicht sogar kalkulierte Folge. Die sich nun anschließenden bürgerkriegsähnlichen Zustände – von einem Chronisten als *bellum apertum* bezeichnet –, die möglicherweise in einer (christlichen) Belagerung des Serapeumshügel im Süden der Stadt gipfelten, wurden der christlichen Berichterstattung zufolge von zahllosen Martyrien einfacher Christen begleitet: Die detaillierte Schilderung grausamer Folterungen bedient sich dabei auffällig der verfügbaren Versatzstücke der martyrologischen Tradition, und das gesamte Geschehen am Serapeum und später in der ganzen Stadt wird als authentische Heilsgeschichte dargeboten.[31]

Doch verrät vor allem das weitere Agieren des Bischofs und der ihm nun assistierenden kaiserlichen Beamten und Truppen – eine Autorisierung durch den Kaiser ist allerdings auszuschließen – die eigentlichen Ziele und generalstabsmäßige Planung des anti-paganen Feldzuges in der ägyptischen Metropole. Nach Einnahme, gründlicher Plünderung und systematischer Zerstörung des Serapeums wurde die dortige berühmte Kultstatue, das religiöse Symbol der Stadt des Serapis, in Einzelteile zerschlagen, diese in die verschiedenen Stadtviertel und das städtische Thea-

[30] Amm. Marc. XXII 11,1,3–8; Julian., *Ep.* 60 (Bidez); Epiphan., *Panar.* 76,1,3–5 (p. 341, Holl III); Greg. Naz., *or.* 21,16,1. 21,21; *Hist. aceph.* 2,3–6; Socr., *HE* III 2–3; Sozom., *HE* IV 30 und V 7; Philostorg., *HE* VII 2 (p. 77, Bidez / Winkelmann).

[31] Dies wird insbesondere in der – ausführlichsten und zeitgenössischen – Schilderung des Kirchenhistorikers Rufinus (*HE* XI 22; p. 1025 Z. 25–57 Mommsen) augenfällig. Vgl. weiter die detaillierte Ausgestaltung in der späteren Tradition, so Theodoret., *HE* V 23,4.

ter, den politischen Versammlungsraum der Alexandriner, verschleppt und an diesen Orten vor den Augen der Bevölkerung rituell verbrannt, die Stadt mithin vom alten Glauben exorziert. Es folgte die Zerstörung weiterer Tempel, quasi über Nacht die systematische Verstümmelung der alten religiösen Symbole im gesamten öffentlichen Raum, dann die Vertreibung von Teilen der intellektuellen paganen Elite der Gesellschaft und schließlich die Übernahme der sozialen und politischen Kontrolle der Stadt.[32]

Die Systematik des Vorgehens und seine ideologische Dimension, vor allem aber das zugrundeliegende ungeschminkt aggressive religiöse Selbstverständnis erschließt sich am deutlichsten durch eine Reihe kleinerer Maßnahmen, welche dem christlichen Triumph und der Vernichtung des Heidentums auch dauerhaften symbolischen Ausdruck verleihen sollten. Auf explizite Anordnung des Bischofs wurde eine Kultstatue des Bes, eine Gottheit mit Fratzengesicht und Phallus in der Missgestalt eines Krüppels, vor der Zerstörung bewahrt und öffentlich aufgestellt, „damit die Heiden später einmal nicht abstreiten können, solche Götter verehrt zu haben", wie Theophilos hierzu erklärte.[33] Das Nilometer, das heilige Instrument zur Messung des jährlichen fruchtbringenden Nilanstieges, wurde vom Serapeum in eine Kirche verbracht – aber auch verschiedene Kultstatuen in Kirchen als Putten aufgestellt, mithin sichtbar dem siegreichen Glauben dienstbar gemacht.[34] Der Serapeumshügel selbst, Ruine die er war, wurde zunächst, zur Erbitterung der paganen Bevölkerung, mit einer Kolonie Mönchen provisorisch besiedelt, mithin, in heidnischen Augen, tabuisiert, wenig später hier ein *martyrium* für eigens aus Palästina beschaffte wertvolle Reliquien Johannes' des Täufers errichtet und schließlich eine Kirche auf der Akropolis erbaut, welche den Namen des regierenden Kaisers erhielt.[35]

Die geschilderten Maßnahmen und der Umfang der Zerstörungen erhellen, dass in Alexandreia seitens der christlichen Machthaber der Stadt, Bischof und römischer Administration, ein umfassender Vernichtungsfeldzug gegen Heidentum und pagane Kulte geführt worden war, welcher

---

[32] Hierzu Hahn 2004, 89–101; Hahn 2008, 351–360.

[33] Socr., *HE* V 16,12f., der unter Berufung auf einen Augenzeugen hinzufügt, dass diese offene Verhöhnung ihrer Religion die Heiden am meisten erbittert habe.

[34] Zur Christianisierung des Kultes des Nils siehe umfassend A. Hermann, „Der Nil und die Christen", *JAC* 2 (1959), 30–69 und D. Bonneau, *La crue du Nil, divinité égyptienne à travers mille ans d'histoire (332 av.-641 ap. J.C.)* (Paris 1964) 421–439. Vgl. auch D. Frankfurter, *Religion in Roman Egypt. Assimilation and Resistance* (Princeton 1998) 42–46. Die ‚Christianisierung' der paganen Kultstatuen wird in einer Serie von Epigrammen des heidnischen alexandrinischen Epigrammatikers Palladas eindrücklich thematisiert: Material und Diskussion zuletzt bei Hahn 2008, 357–360.

[35] Eunap., *VS* VI 11,6 (p.39, Giangrande; p.472 Boissonade); Details der Prozession der Niederlegung der Märtyrerreliquien – bei welcher Theophilos eine überlieferte *Narratio integra aedificationis martyrii Iohannis Baptistae* hielt, bei Joh. v. Nikiu, *Chron.* 78, 46f. (p.75, Charles).

sich nichts weniger als die systematische Profanierung, Plünderung, Umwidmung oder Zerstörung der gesamten paganen Infrastruktur zum Ziel gesetzt hatte – aber nicht minder die christliche Inbesitznahme und unwiderrufliche Eroberung der Stadt für den einen wahren Glauben und den Christengott unübersehbar symbolisch zum Ausdruck bringen sollte.

Libanios hat diese verheerende Zerstörung des weitberühmten Serapis-Tempels und der übrigen blühenden Kulte von Alexandreia wohl noch erlebt, doch ist im überlieferten Werk keine Äußerung hierzu mehr bezeugt; eine zeitgenössische Schilderung aus paganer Feder ist uns nur bei Eunapios bewahrt.[36] Immerhin war unserem Autor zum Zeitpunkt der Abfassung von *Pro templis*, nur wenige Jahre zuvor, eine potentielle Gefährdung des Alexandriner Tempels wohl bewusst; dies indiziert sein frommer Wunsch, das Serapeum möge von Zerstörung verschont bleiben.[37] Umso mehr hätte man gewünscht, seine Wahrnehmung und Deutung der Ereignisse in Alexandreia 392 n. Chr. zu erfahren. Auf der Basis seines Credo, dass Tempel die Augen der Städte darstellten, war hier, in Ägypten, eine der bedeutendsten Städte der antiken Welt mitsamt ihrer über Jahrhunderte gewachsenen Traditionen, Religion und Kultur brutal geblendet, quasi zerstört worden.[38] Es steht wohl außer Zweifel: Spätestens mit den Ereignissen in Ägypten, von denen nicht nur die Nachricht, sondern auch flüchtige pagane Teilnehmer an den blutigen Unruhen und Vertreter des intellektuellen Lebens Alexandreias, die nun abrupt ihrer Wirkungsmöglichkeiten beraubt waren, unmittelbar nach Antiocheia gelangt sein werden, muss Libanios deutlich geworden sein, dass jene Welt und Kultur des *hellenismós*, in der er aufgewachsen war, die ihm Geborgenheit, Identität und auch eine Lebensgrundlage geboten hatte und für deren Erhalt und Verteidigung er sich in *Pro Templis* und anderen Reden immer wieder eingesetzt hatte, jedenfalls in religiöser Hinsicht keine Zukunft mehr besaß, vielmehr – mitsamt ihren baulichen und teils auch künstlerischen Zeugnissen – zum Untergang verurteilt war.[39]

[36] Eunap., *VS* 6,11,7 (p. 39, Giangrande; p.472 Boissonade) – dies allerdings nur eine Skizze, während die ausführliche Schilderung, wie Eunap erklärt, in seinem großen (verlorenen) Geschichtswerk enthalten war.

[37] Lib., *or.* 30 (*Pro templis*), 44 (im vorliegenden Band S. 68).

[38] Lib., *or.* 11 (*Antiochikos*), 125.

[39] Die Flucht paganer Intellektueller aus Alexandreia nach den blutigen religiösen Unruhen ist durch den Kirchenhistoriker Sokrates (*HE* V 16,2) gesichert, der in Konstantinopel bei zwei Beteiligten studierte, die sich nach der Niederschlagung der paganen Revolte in die Hauptstadt abgesetzt hatten: Der Grammatiker Helladios, vormals zudem Priester in der ägyptischen Metropole, brüstete sich sogar damit, eigenhändig Christen erschlagen zu haben.

6. Kontexte religiöser Polarisierung – Libanios, der schweigsame Zeuge

Libanios hat aber bereits vor jenen traumatischen Ereignissen in Alexandreia, und das in seinem eigenen Umfeld, den Schluss ziehen können, dass es kaum je einfache christliche Gläubige waren, welche, von religiösem Fanatismus oder gar Hass auf Andersgläubige getrieben, eine Polarisierung des religiösen Klimas in ihrem Lebensumfeld herbeiführten. In Antiocheia konnte der Sophist, nicht zuletzt in seiner eigenen Familie, welche Heiden und Christen umfasste, unmittelbar erfahren, dass unterschiedliche Glaubensüberzeugungen im alltäglichen Zusammenleben keine tiefere Bedeutung besitzen mussten – ein Sachverhalt, der ihm auch im täglichen Zusammenleben von Paganen, Juden und Christen in seiner Heimatstadt vertraut war. Ungebildete fanatische Mönche, mithin marginalisierte gesellschaftliche Außenseiter, bedeuteten ihm hingegen eine akute Gefährdung der öffentlichen Ordnung insgesamt und der paganen Heiligtümer im Umland im besonderen.

Doch benennt Libanios immerhin den Bischof der Stadt, Flavianos, als einen indirekt Mitschuldigen, wenn auch keinesfalls als treibende Kraft an der Störung des Friedens in der *chora* Antiocheias durch jene plündernden Asketen, wenn dieser Kirchenführer die gerechten Forderungen geschädigter Landleute, die sich an ihn um Hilfe wandten, abwies. Die außerordentliche Macht des antiochenischen Bischofs, Vorsteher immerhin einer der größten Lokalkirchen des Reiches, im nach Konstantinopel bedeutendsten politischen Zentrum der östlichen Mittelmeerwelt, war Libanios schmerzhaft bewusst. Doch Flavianos setzte, anders als so manche seiner Amtsbrüder in Syrien und anderen Provinzen des Imperiums – wie etwa Theophilos in Alexandreia – sein Gewicht nicht für gewaltsame Übergriffe auf pagane Kulte und konkurrierende Glaubensgemeinschaften in seiner Stadt ein. Demgegenüber ist festzuhalten, dass in nahezu allen bezeugten Fällen von religiösen Gewaltausbrüchen in urbanen Kontexten im 4. Jahrhundert der lokale Bischof als Beteiligter erwähnt, wenn nicht unmittelbar als treibende Kraft bezeugt ist.[40] In Auseinandersetzungen mit Heiden und Juden, häufiger noch aber im Konflikt mit konkurrierenden christlichen Gruppen der Stadt, ist regelmäßig er der Initiator und Führer der öffentlichen Konfrontation. Er ruft seine Gemeinde zu provokativen Prozessionen zusammen und führt sogar Übergriffe auf Tempel oder Synagogen selbst an. Sieht man von asketischer Gewalt gegen pagane Infrastruktur auf dem Lande ab, so geht religiöse Gewalt im 4. Jahrhundert, wenn sie von christlicher Seite ihren Anfang nimmt, fast immer von Angehörigen der kirchlichen Hierarchie und hier meist dem Bischof selbst aus.

---

[40] Fowden 1978 sowie auch der Beitrag von M. Wallraff im vorliegenden Band.

Nach den Umständen mancher besser dokumentierter Geschehnisse liegt es dabei häufig nahe, in solch kalkulierter Aggression – Libanios lässt uns hier allerdings markant im Stich – auf gezielte lokalkirchliche Strategien der Identitätsschärfung und der Abgrenzung der eigenen Gemeinde von konkurrierenden Gruppen zu schließen.

Libanios wird die teils blutigen Auseinandersetzungen zwischen den zeitweise vier konkurrierenden christlichen Gruppierungen (und ebenso vielen Bischöfen) in Antiocheia um den Besitz der städtischen Kirchen und die Kontrolle der christlichen Bevölkerung in seiner Heimatstadt genau verfolgt haben. Es leidet ebenso wenig Zweifel, dass er – selbst wenn er sie nirgends erwähnt – auch die Unterdrückungsmaßnahmen in seiner Heimatstadt über Jahrzehnte hinweg wahrnahm, mit denen die Zentralregierung sporadisch ein Ende des schwärenden Schismas zugunsten einer der Parteiungen zu erzwingen versuchte. In Antiocheia richtete sich, ein bemerkenswerter Zug des Zusammenlebens in der Stadt, der sie hierin etwa von Alexandreia, kaum aber von Konstantinopel unterscheidet, religiös motivierte Gewalt gegen Mitchristen, hingegen, soweit wir erkennen können, nie gegen Heiden oder, jedenfalls bis zum Ausgang des 4. Jahrhundert, gegen Juden.[41]

Libanios, daran ist kaum zu zweifeln, würde daher sicherlich ohne Zögern jenes durch den Historiker Ammianus Marcellinus überlieferte drastische Diktum Julians über innerchristliche Gewalt unterschrieben haben, welcher erklärt hatte, dass „keine Bestien den Menschen so gefährliche Feinde sind wie die Christen so oft in ihrem tödlichen gegenseitigen Hass."[42]

7. Antiocheia: die jüdische Herausforderung und ihre kirchliche Unterdrückung

In der pulsierenden polyethnischen und multireligiösen Metropole Antiocheia war Libanios aber auch unmittelbarer Teilnehmer und Zeitzeuge weiterer kultureller und religiöser Begegnungen, welche, ursprünglich von zwangloser Koexistenz geprägt, in eben den Jahren der Abfassung von *Pro Templis* zunehmend gezielter Polarisierung ausgesetzt waren – ein Umstand, den der Sophist allerdings nirgends dokumentiert, vielmehr, wie

[41] Zu den Konflikten und teilweise gewaltsamen Auseinandersetzungen zwischen konkurrierenden christlichen Gruppierungen in Konstantinopel und Alexandreia siehe nun umfassend B. Isele, *Kampf um Kirchen. Religiöse Gewalt, heiliger Raum und christliche Topographie in Alexandreia und Konstantinopel (4. Jh.). Jahrbuch für Antike und Christentum*, Ergänzungsband, Kleine Reihe 4 (Münster 2010); für die innerchristlichen Auseinandersetzungen im Rahmen des generationenlangen antiochenischen Schismas Hahn 2004, 157–161.

[42] Amm. Marc. XXII 5,4: ... *nullas infestas hominibus bestias ut sibi feralibus plerisque Christianorum.*

fast alle religiösen Fragen, literarisch ignoriert. Sein in die Jahre zwischen 388 und 393 datierender Briefwechsel mit dem hochkultivierten Repräsentanten der Juden Palästinas und des Orients, dem Patriarchen von Tiberias, veranschaulicht das feingesponnene weitläufige Netz der Sozial- und Patronatsbeziehungen, in das der jüdische Patriarch in Tiberias wie der heidnische Redner in Antiocheia eingebunden waren. Wir erfahren auch, dass Libanios bei Spannungen in der jüdischen Gemeinde Antiocheias, der bedeutendsten der jüdischen Diaspora dieser Jahre, in Tiberias zu intervenieren gebeten wurde, auf der Ebene der lokalen und provinzialen Eliten mithin ein vorurteils- und konfliktfreier, von gegenseitiger Wertschätzung getragener Umgang zwischen Angehörigen verschiedener Glaubensgruppen selbstverständlich war. Doch wissen wir, dass solch bemerkenswert vertrauter, religiös sogar dezidiert aufgeschlossener Umgang ebenso zwischen einfachen Gläubigen in der syrischen Metropole möglich, ja tatsächlich gängige Praxis noch im ausgehenden 4. Jahrhundert war.

Christen strömten ungeachtet kirchlicher Verbote zu den Festen der Juden, partizipierten am sozialen Leben und an religiösen Ritualen der Schwesterreligion und bezeugten auf diese Weise die außerordentliche Lebendigkeit und Anziehungskraft zeitgenössischen jüdischen Lebens für Christen und nicht weniger für Heiden.[43] Es ist kaum zu verkennen, dass eben dieses verbreitete Phänomen des ‚Judaisierens' von Christen nun den tieferen Antrieb für die in theodosianischer Zeit sich vielerorts lautstark Gehör verschaffende aggressive Rhetorik von Angehörigen der Kirchenhierarchie gegen jüdisches Leben, Synagogen, religiöse Feste und Praktiken darstellte.

Johannes Chrysostomos hielt 386 und 387 als Diakon der antiochenischen Kirche angesichts des bevorstehenden jüdischen Festzyklus eine Serie von Predigten, welche die enorme Anziehungskraft jüdischer Institutionen und Bräuche auf die Christen der Stadt dokumentieren, vor allem aber eine streckenweise gewalttätige, mit dem Duktus des übrigen homiletischen Werkes des Johannes ganz unvereinbare Rhetorik gegen das jüdische Leben in der gemeinsamen Vaterstadt entfalten. Die Denunzierung der jüdischen Synagogen als Lasterhöhlen und Brutstätten seelenzerstörender Dämonen, die Verunglimpfung der jüdischen Gläubigen als Gotteslästerer und Christusmörder und die Gleichsetzung der jüdischen religiösen Feste mit Bühnen moralischer und sexueller Ausschweifungen, welche Ton und Inhalt der Invektiven durchziehen, erreichen verschiedentlich ein zuvor unbekanntes Maß an Aggressivität, das sich sogar zu indirekter Auf-

[43] Für Aphrodisias siehe die eindrucksvollen, ins 4. Jahrhundert zu datierenden Befunde für die markante Anziehungskraft jüdischen Lebens auf Pagane – gerade auch in der Oberschicht – bei A. Chaniotis, „Zwischen Konfrontation und Interaktion: Christen, Juden und Heiden im spätantiken Aphrodisias", in: A. Ackermann / K. E. Müller (Hrsg.), *Patchwork* (Bielefeld 2002) 83–127.

forderung an die Gemeindemitglieder zur Anwendung physischer Gewalt versteigt.[44]

Die Aggressivität der chrysostomeischen Rhetorik erklärt sich dabei aus dem verzweifelten Bemühen des Diakons, seiner Gemeinde das Bewusstsein der grundlegenden Verschiedenheit des jüdischen und des christlichen Glaubens und des Symbolgehaltes der jeweiligen religiösen Praktiken deutlich zu machen, die zahlreichen Christen verloren gegangen ist. Angesichts der von Christen allgemein praktizierten religiösen Gemeinschaft mit Juden der Stadt, welche die Identität der Kirche und ihres Glaubens in Antiocheia (aber etwa auch in anderen Städten Syriens und Kleinasiens) in Frage stellt, gelten die Attacken des Chrysostomos der schleichenden oder faktischen Apostasie von Christen zur jüdischen Religion, der über synkretistische Tendenzen der Weg geebnet wurde. Die offene Aggressivität und Unversöhnlichkeit des christlichen Klerus gegenüber jüdischer Religionspraxis und jüdischen Mitbürgern speist sich nicht aus Selbstbewusstsein oder triumphalistischer Überheblichkeit oder dem Wissen um die eigene Stärke, sondern beruht angesichts der stupenden Ausstrahlung des zeitgenössischen Judentums vielmehr auf dem schmerzhaften Bewusstsein pastoraler Hilflosigkeit und Angst um den Fortbestand der Kirche.

Der Kampf um kultische und gesellschaftliche Abgrenzung der eigenen Herde von der jüdischen Bevölkerungsgruppe und ebenso um eine Marginalisierung des Judentums und seiner Trägerkreise wurzelte mithin tatsächlich in einer problemgeladenen ekklesiastischen Situation. Zehn Jahre später musste Chrysostomos das Fortdauern der angeprangerten Missstände konstatieren: Weiterhin nahmen Christen am jüdischen Fasten und am Sabbat teil und pilgerten zu den von Juden verehrten heiligen Stätten, darunter auch der Matrona-Synagoge in Daphne.[45]

Leider entzieht es sich unserer Kenntnis, unter welchen Unständen in möglicherweise eben diesen Jahren in Antiocheia eine auch von Christen eifrig frequentierte jüdische Verehrungsstätte, die Grabstätte der makkabäischen Brüder, von der lokalen Kirche in Besitz genommen und umgehend mit einer Märtyrerkapelle überbaut wurde.[46] Manches spricht dafür,

[44] Siehe z.B. *Hom. 1,4 adv. Iud.* (*PG* 48, col. 849), wo Johannes zur Anwendung beliebiger Mittel incl. Gewaltanwendung zur Abwendung drohender Gemeinschaft von Gemeindemitgliedern mit den „Christusmördern" auffordert.

[45] *Hom. 3,2 in Ep. ad Tit.* (*PG* 62, col. 679).

[46] Das früheste sichere Zeugnis über den christlichen Besitz der Stätte bieten die Predigten des Johannes Chrysostomos zum Jahresfest der Märtyrer, die zwischen 386 und 398 entstanden. 391 oder später spricht Augustin von der christlichen Basilika der Makkabäer, doch weder er noch spätere Autoren geben chronologische Hinweise. Joh. Chrys., *Hom. 1–3 de Maccabeis* (*PG* 50, col.617-628), insbesondere ebd. 1,1 (col.617). August., *Serm.* 300,6 (*PL* 38, col.1379). Weitere Zeugnisse bei M. Schatkin, „The Maccabean Martyrs", *VChr* 28 (1974), 97–113, 104. Zu den Problemen siehe auch J. Hahn, „The Veneration of the Macca-

dass diese Übernahme das Ziel verfolgte, dem ,Judaisieren' christlicher Gläubiger zumindest äußerlich ein Ende zu machen und die Verehrungsstätte zu diesem Zwecke zu christianisieren. Ob dies gewaltsam oder friedlich geschah, kann nicht mehr beantwortet werden. Außer Frage steht, dass diese Übernahme einer populären Verehrungsstätte reichsweit bekannter und von Juden wie Christen verehrter Märtyrer einen tiefen Einschnitt im religiösen Leben Antiocheias bedeutete.

Von gewaltsamem Vorgehen gegen jüdische Synagogen hören wir allerdings schon in diesen Jahren im syrischen Hinterland. Es muss in Antiocheia Tagesgespräch gewesen sein, als im Jahr 388 n. Chr. im 250 km östlich an der zum *caput Syriae et Orientis* führenden Fernhandelsstraße gelegenen Kallinikon der dortige Lokalbischof seine Gemeinde im Zuge einer Prozession schließlich gegen die örtliche Synagoge führen und diese niederbrennen ließ. Bemerkenswert sind dabei oft übersehene nähere Umstände dieser religiösen Konfliktkonstellation und des resultierenden Gewaltexzesses: Begangen wurde in Kallinikon just das Fest der Makkabäischen Märtyrer, und es eskalierte offenbar zunächst eine innerchristliche Auseinandersetzung: Der aufgebrachte ,orthodoxe' Mob versuchte, die lokale valentinianische Gemeinde zu attackieren. Erst nach dem Scheitern dieses Bemühens wandte er sich der jüdischen Synagoge zu und plünderte und brandschatzte diese: der erste bezeugte Fall einer christlichen Synagogenzerstörung in der Spätantike.[47]

Tatsächlich bedeuten die 380er Jahre einen fundamentalen Umbruch des religiösen Klimas im Imperium, der weit über die von Libanios beklagte Bedrohung der heidnischen Tempel im Umland Antiocheias hinausgeht: konkurrierende christliche Glaubensauffassungen und Gruppen – als ,Häretiker' gebrandmarkt –, Juden, Samaritaner und Pagane wurden von einem sich nun ,katholisch' definierenden Kaisertum marginalisiert. Die Initiative hierzu ging wesentlich allerdings von einer christlichen Seite aus, die sich massiv von der Existenz dieser religiösen Wettbewerber bedroht, ja allseits umstellt sah: „Wir kämpfen hier nicht nur gegen Juden,

bees in Fourth Century Antioch: Religious Competition, Martyrdom, and Innovation", in: G. SIGNORI (ed.), *Killing for the Faith – Dying for the Faith. The Books of Maccabees across the Centuries* (Leiden 2011) (im Druck).

[47] Siehe die Zusammenstellung der bekannten Synagogenzerstörungen bei J. JUSTER, *Les juifs dans l'empire romain. Leur condition juridique, économique et sociale I-II* (Paris 1914) 462–466 mit Anmerkungen. In Mailand löste der Zwischenfall, der Auftakt zu einer Serie ähnlicher Übergriffe andernorts sein sollte, eine schwere Krise zwischen Kaiser Theodosius und Bischof Ambrosius aus, als ersterer vom Bischof von Kallinikon den Wiederaufbau der Synagoge verlangte und Strafmaßnahmen gegen Beteiligte ankündigte. Unsere Kenntnis der Vorfälle von Kallinikon wie der Auseinandersetzungen in Mailand beruht auf Ambros., *Ep.* 40,6 (*PL* 16, col. 1103). Prägnant zu den Vorgängen (aber ohne Erwähnung des Festes wie auch der Valentinianer) N.B. MCLYNN, *Ambrose of Milan. Church and Court in a Christian Capital*, The Transformation of the Classical Heritage 22 (Berkeley / Los Angeles / London 1994) 298–305.

sondern gegen Heiden und viele Häretiker", erklärte Johannes Chrysostomos seiner Gemeinde im Jahr 386 oder 387.[48] Gesetze wie das des Gratian, Valentinian II. und Theodosius von 383 spiegeln exakt diese Ängste, wenn sie christliche Konvertiten zum Heidentum, Judentum oder Manichäismus mit der Konfiskation all ihres materiellen Eigentums bedrohen.[49]

Es muss dabei festgehalten werden, dass die Juden zum primären Opfer dieser Entwicklungen werden sollten. Die kaiserliche Gesetzgebung hatte bereits seit 321 n. Chr. begonnen, ihnen gegenüber Einschränkungen erlassen, so den Besitz oder doch die Bekehrung und Beschneidung christlicher Sklaven verboten sowie die Privilegien jüdischer Gemeindevertreter beschränkt.[50] Allerdings stand der staatliche Schutz der traditionell privilegierten jüdischen Gemeinden und ihrer Religionsausübung nie in Frage – lief nun allerdings, unter dem wachsenden Druck christlicher Eiferer aus Klerus, Mönchtum und Gemeinden, Gefahr, wirkungslos zu werden. So musste Theodosius I. in einem an den *comes Orientis* gerichteten Gesetz festhalten:

> Es ist hinreichend bestätigt, dass die Gruppe (*secta*) der Juden durch kein Gesetz verboten ist. Wir sind deshalb zutiefst betroffen, dass in einigen Orten ihre Versammlungen verboten worden sind. Deine Ehren soll deshalb nach Empfang dieses Gesetzes mit der nötigen Härte gegen die Exzesse jener vorgehen, die sich anmaßen, unter dem Namen der christlichen Religion (*sub Christianae religionis nomine*) illegale Taten zu begehen und versuchen, Synagogen zu zerstören und zu plündern.[51]

Nun sollte sich erweisen, dass der Kaiserhof dem Druck der Straße selbst dort nicht Einhalt gebieten konnte, wo – anders als im Falle von Heiden und ‚häretischen' christlichen Gruppen und ihren Verehrungsstätten – keinerlei Gesetz gewaltsames Vorgehen gegen Andersdenkende oder sakrale Räume erlaubte oder auch nur dem Anschein nach zu rechtfertigen vermochte. Eine dichte Folge von Gesetzen bemühte sich vergeblich, der aufkommenden Welle von Übergriffen auf Synagogen Einhalt zu gebieten, die vornehmlich in Syrien jetzt in christlichen Besitz gebracht und umgehend zu Kirchen geweiht oder aber sofort niedergebrannt wurden.

In Antiocheia wie in anderen Städten der Region – so Apameia, wo 391 n. Chr. mit finanzieller Unterstützung hochgestellter Juden aus dem be-

[48] *Hom. 7,3,3 adv. Iud.*

[49] *Cod. Theod.* XVI 7,3. F. Millar, „The Jews of the Graeco-Roman Diaspora between Paganism and Christianity, AD 312–438", in: J. Lieu / J. North / T. Rajak (eds.), *The Jews among Pagans and Christians in the Roman Empire* (London 1992) [97–123] 116f.

[50] Die einschlägigen Gesetzestexte sind in vorbildlicher Weise von A. Linder, *The Jews in the Roman Imperial Legislation* (Detroit, Mich. / Jerusalem 1987) zusammengetragen, in ihren historischen Kontext gestellt und kommentiert worden.

[51] *Cod. Theod.* XVI 8,9: *Iudaeorum sectam nulla lege prohibitam satis constat. Unde graviter commovemur interdictos quibusdam locis eorum fuisse conventus. Sublimis igitur magnitudo tua hac iussione suscepta nimietatem eorum, qui sub Christianae religionis nomine illicita quaeque praesumunt et destruere synagogas atque expoliare conantur, congrua severitate cohibebit.*

nachbarten Antiocheia noch eine neue Synagoge an prominenter Stelle im Stadtzentrum errichtet und eingeweiht worden war[52] – muss dieser religiöse Umbruch, diese fokussierte christliche Gewalt, völlig überraschend gekommen sein. Bald nach der Jahrhundertwende, jedenfalls vor 423 n. Chr., wurden in der syrischen Metropole Synagogen gesetzeswidrig geschlossen bzw. konfisziert.[53] Wie schon Jahrzehnte zuvor im Falle Kallinikons sah sich die imperiale Verwaltung, ja der Kaiser selbst, außerstande, diese Rechtsbrüche zu sanktionieren oder die Verluste doch zumindest zu kompensieren. Die Details dieses atemberaubenden Prozesses, der binnen einer Generation nach Chrysostomos' Predigten ein blühendes jüdisches Leben in Antiocheia in eine unterdrückte und entrechtete Existenz dieser Bevölkerungsgruppe transformierte, sind nicht dokumentiert: ein anti-jüdisches Pogrom samt Niederbrennung einer verbliebenen Synagoge ein halbes Jahrhundert später ist die dürftige Information zum antiochenischen Judentum, die uns später noch überliefert wird.[54]

Nur wenige Generationen nach dem Durchbruch von Mailand 313 n. Chr., welcher der christlichen Minderheitsreligion nach fast drei Jahrhunderten der Unterdrückung endlich – im Kontext einer Erklärung der allgemeinen freien Religionsausübung für die gesamte Reichsbevölkerung – hatte staatliche Anerkennung und Schutz zuteil werden lassen, hatten sich die politischen, religiösen und sozialen Verhältnisse in den Gesellschaften des Imperium Romanum so tiefgreifend gewandelt, dass jene Pluralität der Gottesverehrung, welche Licinius und Konstantin noch als Grundlage des künftigen Wohlergehens des römischen Staates bestimmt hatten, obsolet geworden war. In diesem Zeitraum hatte sich hingegen – gerade christlicherseits – eine Haltung religiöser Unduldsamkeit Bahn brechen können, welche das Existenzrecht anderer Kulte grundsätzlich bestritt und sogar deren gewaltsame Unterdrückung zu rechtfertigen, ja vielerorts in die Tat umzusetzen unternahm. Im christlichen Imperium war dabei nicht nur für pagane Kultausübung und Tempel kein Platz mehr: Religiöse Intoleranz und religiös motivierte Gewalt machten ebenso vor Mitchristen, wenn diese als Häretiker betrachtet wurden, und vor Angehörigen und Verehrungsstätten der christlichen Schwesterreligion nicht mehr halt.

---

[52] Zum Ende der Synagoge von Apameia bald nach 391 n. Chr. (spätestens 402 n. Chr.) siehe den archäologischen Befund bei B. Brenk, „Die Umwandlung der Synagoge von Apameia in eine Kirche", in: *Tesserae. Festschrift für Josef Engemann* (Münster 1991) 1–25.

[53] Evagr., *HE* I 13.

[54] Malal., *Chron.* XV 15 (p. 389f., Dindorf). Siehe auch G. Downey 1961, 499.

D. Anhang

Literaturverzeichnis

1. Abkürzungen

AJPh	*American Journal of Philology*
BCH	*Bulletin de Correspondance Hellénique*
CCL	*Corpus Christianorum. Series Latina.*
CIG	*Corpus Inscriptionum Graecarum*
CPG	*Corpus Paroemiographorum Graecorum*
CPh	*Classical Philology*
CQ	*Classical Quarterly*
IGR	*Inscriptiones Graecae ad res Romanas pertinentes*
JEA	*Journal of Egyptian Archaeology*
JRS	*Journal of Roman Studies*
PLRE	*The Prosopography of the Later Roman Empire*
RAC	*Reallexikon für Antike und Christentum*
RE	*Real-Encyclopädie der classischen Altertumswissenschaft*
RhM	*Rheinisches Museum für Philologie*
SC	*Sources chrétiennes*
TAPhA	*Transactions of the American Philological Association*
ZPE	*Zeitschrift für Papyrologie und Epigraphik*

2. Ausgaben, Kommentare und Übersetzungen

a. Libanios, Pro Templis

Gothofredus 1634 — Iacobus Gothofredus [Jacques Godefroy], *Libanii Antiocheni Pro Templis Gentilium non Exscindendis ad Theodosium M. Imp. Oratio* (Genevae 1634)

Reiske 1793 — J. J. Reiske, *Libanii Sophistae Orationes et Declamationes*, Vol. II (Altenburgi 1793) p. 144-204 (or. 28: *Pro templis*)

Foerster 1906 — R. Foerster, *Libanii Opera*, Vol. III (Leipzig 1906) p. 80–118 (or. 30: Pro templis)

van Loy 1933 — R. van Loy, „Le *Pro Templis* de Libanius", *Byzantion* 8 (1933) 7–39. 389–404

Norman 1977 — A. F. Norman, *Libanius, Selected Works*, 2 vol. (II: Or. 2, 50, 30, 45, 33, 23, 19, 20, 21, 22, 48, 49, 47) (London 1977)

Romano 1982 — R. Romano, *Libanio,* In difesa dei templi. *Introduzione, traduzione e note* (Napoli 1982)

González Gálvez 2001 — A. González Gálvez, *Libanio, Discursos* II (Madrid 2001)

b. Libanios, Weitere Werke

BLIEMBACH 1976 — Eva BLIEMBACH, *Libanius. Oratio 18 (Epitaphios). Kommentar* (§§ 111-308) (Diss. Würzburg 1976)

BRADBURY 2003 — Scott BRADBURY, *Selected Letters of Libanius from the Age of Constantius and Julian*. Translated with an introduction. Translated Texts for Historans 42 (Liverpool 2003)

CRISCUOLO 1994 — *Libanio. Sulla vendetta di Giuliano (or. 24). Testo, introduzione, traduzione, commentario e appendice*. A cura di U. CRISCUOLO. Koinonia. Collana di studi e testi 15 (Neapel 1994)

FATOUROS/KRISCHER 1979 — G. FATOUROS / T.KRISCHER, *Libanios, Briefe griechisch – deutsch*. In Auswahl herausgegeben, übersetzt und erläutert (München 1979) [= F./KR.]

FOERSTER 1903/1903/1915 — R. FOERSTER, *Libanii Opera*, Vol. I (Leipzig 1903); Vol. II (Leipzig 1903); Vol. VIII (Leipzig 1915)

HARMAND 1955 — *Libanius: Discours sur les patronages*. Texte traduit, annoté et commenté par Louis HARMAND. Publication de la Faculté des Lettres de l'Université de Clermont-Ferrand. 2e Série. Fasc.1 (Paris 1955)

MALOSSE 2003 — *Libanios, Discours, Tome IV : Discours*. Texte établi et traduit par Pierre-Louis MALOSSE (Paris 2003)

MARTIN / PETIT 1979 — J. MARTIN / P. PETIT, *Libanios, Discours Tome I* (*or.* 1) (Paris 1979)

NORMAN 1965 — A. F. NORMAN, *Libanius' Autobiography* (*Oration* I). Edited with Introduction, Translation and Commentary (Oxford 1965)

NORMAN 1969 — A. F. NORMAN, *Libanius, Selected Works*, 2 vol. (I: *The Julianic Orations* = *Or.* 13, 12, 14, 15, 16, 17, 18, 24) (London 1969)

NORMAN 1992 [= N.] — A. F. NORMAN, *Libanius, Autobiography and selected letters*, 2 vol. (London 1992)

NORMAN 2000 — A. F. NORMAN, *Antioch as a Centre of Hellenic Culture as observed by Libanius, translated with an introduction* (Liverpool 2000) (enthält Übersetzungen der Reden 11, 31, 62, 43, 36, 34, 42, 58, 3)

RUSSELL 1996 — D. A. RUSSELL, *Libanius, Imaginary speeches: a selection of declamations*. Transl. with notes (London 1996) (*decl.* 1–2, 6, 12, 22, 25–28, 31–33, 39, 42)

3. Sekundärliteratur (und Editionen anderer Autoren)

AMER u.a. 1982 — G. AMER / J. L. BISCOP / J. DENTZER-FEYDY / J. P. Sodini, „L'Ensemble Basilical de Qanawat (Syrie du Sud)", *Syria* 59 (1982) 257–275

AVENARIUS 2005 — M. AVENARIUS, *Der pseudo-ulpianische* liber singularis regularum. *Entstehung, Eigenart und Überlieferung einer hochklassischen Juristenschrift. Analyse, Neuedition und deutsche Übersetzung* (Göttingen 2005)

BARCELÓ 2004 — P. BARCELÓ, *Constantius II. und seine Zeit. Die Anfänge des Staatskirchentums* (Stuttgart 2004)

BARNES 1984 — T. D. BARNES, "Constantine's Prohibition of Pagan Sacrifice", *AJPh* 105 (1984) 69–72

BARNES 1993 — T. D. BARNES, *Athanasius and Constantius. Theology and Politics in the Constantinian Empire* (Cambridge, Mass. / London 1993)

BAUR 1929–30 — Ch. BAUR, *Johannes Chrysostomus und seine Zeit*, 2 Bde. (München 1929-30)

BENEDETTI 1981 — I. BENEDETTI, „Giuliano in Antiochia nell'orazione XVIII di Libanio", *Athenaeum* n. s. 59 (1981) 166–179

BENEDETTI MARTIG 1990 — I. BENEDETTI MARTIG, *Studi sulla guerre persiana nell'orazione funebre per Giuliano di Libanio*. Pubblicazioni della Facoltà di Lettere e Filosofia dell' Università di Pavia 55 (Firenze 1990)

BIDEZ 1940 — J. BIDEZ, *Kaiser Julian*. Deutsch von Hermann Rinn (München 1940) (Original: *La vie de l'empereur Julien* [Paris 1930])

BLECKMANN 2007 — B. BLECKMANN, „Einleitung", in: *Eusebius von Caesarea: De Vita Constantini – Über das Leben Konstantins*. Griechisch – Deutsch. Fontes Christiani 83. (Turnhout 2007) 96–106

BLECKMANN 2008 — B. BLECKMANN, „Constantius Gallus", *JbAC* 54 (2008) Sp. 231–237

BLEICKEN 1992 — J. BLEICKEN, *Constantin der Große und die Christen* (München 1992)

BONNER 1932 — C. BONNER, „Witchcraft in the Lecture Room of Libanius", *TAPhA* 63 (1932) 34–44

BOUFFARTIGUE 2002 — J. BOUFFARTIGUE, „L'image politique de Julien chez Libanios", *Pallas* 60 (2002) 175–189

BOWERSOCK 1978 — G. W. BOWERSOCK, *Julian the Apostate*, London 1978

BRADBURY 1994 — S. BRADBURY, „Constantine and the Problem of Anti-Pagan Legislation in the Fourth Century", *CPh* 89 (1994) 120–139

BRADBURY 2000 — S. BRADBURY, „A Sophistic Prefect: Anatolius of Berytus in the Letters of Libanius", *CPh* 95 (2000) 172–186

BRANDENBURG 2007/2008 — H. BRANDENBURG, „Magazinierte Baudekoration und ihre Verwendung in der spätantiken Architektur Roms des 4. und 5. Jh.", *Boreas* 30/31 (2007/2008) 169–189

BRANDT 2006 — Hartwin BRANDT, *Konstantin der Große. Der erste christliche Kaiser* (München 2006)

BREEN 1964 — Q. BREEN, „Francesco Zambeccari: His Translations and Fabricated Translations of Libanian Letters", *Studies in the Renaissance* 11 (1964) 46–75

BRENNECKE 1988 — H. Ch. BRENNECKE, *Studien zur Geschichte der Homöer. Der Osten bis zum Ende der homöischen Reichskirche*. Beiträge zur historischen Theologie 73 (Tübingen 1988)

BRINGMANN 2004 — K. BRINGMANN, *Kaiser Julian* (Darmstadt 2004)

BROWN 1972 — P. BROWN, „Sorcery, Demons and the Rise of Christianity: From Late Antiquity to the Middle Ages", in: DERS., *Religion and Society in the Age of Saint Augustine* (New York u.a. 1972) 119–146

BUTLER 1904 — H. C. BUTLER, *Architecture and other Arts* (New York / London 1904)

BUTLER 1907–1919 — H. C. BUTLER, *Publications of the Princeton University Archaeological Expeditions to Syria in 1904–1905 and 1909. Division II: Ancient Architecture in Syria, Section A: Southern Syria* (Leyden 1907–1919)

BUTLER 1907–1920 — H. C. BUTLER, *Publications of the Princeton University Archaeological Expeditions to Syria in 1904–1905. Division II: Ancient Architecture in Syria, Section B: Northern Syria* (Leyden 1907–1920)

BUTLER 1929 — H. C. BUTLER, *Early Churches in Syria* (Princeton 1929)

CABOURET 2002 — B. CABOURET, „Le gouverneur au temps de Libanios, image et réalité", *Pallas* 60 (2002) 191–204

CALLOT 1997 — O. CALLOT, „La christianisation des sanctuaries romains de la Syrie du Nord", *Topoi* 7/2 (1997) 735–750

CALLOT/MARCILLET-JAUBERT 1984 — O. CALLOT / J. MARCILLET-JAUBERT, „Hauts-lieux de Syrie du nord", in G. ROUX (Hrsg.), *Temples et Sanctuaires* (Lyon / Paris 1984) 185–202

CARRIÉ 1976 — J.-M. CARRIÉ, „Patronage et propriété militaires au IVe siècle. Objet rhetorique et objet réel du discours "Sur les patronages" de Libanius", *BCH* 100 (1976) 159–176

CHANTRAINE 1992 — Heinrich CHANTRAINE, „Konstantinopel – vom Zweiten Rom zum Neuen Rom", *Geschichte in Wissenschaft und Unterricht* 43 (1992) 3–15

CRIBIORE 2007 — R. CRIBIORE, *The School of Libanius in Late Antique Antioch* (Oxford 2007)

DAGRON 1968 — G. DAGRON, *L'empire romain d'Orient au IV siècle et les traditions politiques de l'hellénisme: le témoignage de Thémistius.* Travaux et mémoires 3 (Paris 1968)

DAGRON 1970 — G. Dagron, „Les moines et la ville. Le monachisme à Constantinople jusqu'au concile de Chalcédonie (451)", in: *Travaux et Mémoires du Centre de recherche d'histoire et civilisation byzantines* 4 (1970) 229–276

DAGRON 1974 — G. DAGRON, *Naissance d'une capitale. Constantinople et ses institutions de 330 à 451* (Paris 1974)

DELMAIRE 2004 — R. DELMAIRE, „La législation sur les sacrifices au IVe siècle", *Revue historique du droit français et étranger* 82 (2004) 319–332

DELMAIRE 2005 — R. DELMAIRE u.a., *Les lois religieuses des empereurs romains de Constantin à Théodose II (312–438).* Texte latin par Theodor MOMMSEN, traduction par Jean Rougé, introduction et notes par Roland DELMAIRE avec la collaboration de François RICHARD, Bd. 1: *Code Théodosien Livre XVI.* Sources chrétiennes 497 (Paris 2005)

DELMAIRE 2009 — R. DELMAIRE u.a., *Les lois religieuses des empereurs romains de Constantin à Théodose II (312-438).* Texte latin par Th. MOMMSEN, P. MEYER et P. KRÜGER, traduction par J. ROUGÉ et R. DELMAIRE, introduction et notes par R. DELMAIRE avec la collaboration de O. HUCK et L. GUICHARD, Bd. 2: *Code Théodosien I-XV, Code Justinien, Constitutions Sirmondiennes.* Sources chrétiennes 531 (Paris 2009)

DENNISTON — J. D. DENNISTON, *The Greek Particles* (Oxford ²1954)

DENTZER 1993 — J.-M. DENTZER, „Siedlungen und Kirchen in Südsyrien", in: E. M. RUPRECHTSBERGER (Hrsg.), *Syrien. Von den Aposteln zu den Kalifen.* Ausstellungskatalog Linz (Mainz 1993) 82–101

DENTZER-FEYDY 1986 — J. DENTZER-FEYDY, „Décor architectural et développement du Hauran dans l'antiquité", in: J.-M. DENTZER (Hrsg.), *Hauran I* (Paris 1986) 261–309

DENTZER-FEYDY 2003 — J. DENTZER-FEYDY, Le sanctuaire, in: J. DENTZER-FEYDY / J.-M. DENTZER / P.-M. BLANC (Hrsg.), *Hauran II. Volume I Texte, Volume II Planches,* (Beyrouth 2003) 40–109

DENTZER-FEYDY u.a. 2007 — J. DENTZER-FEYDY / M. VALLERIN / T. FOURNET / R. et A. MUKDAD (Hrsgg.), *Bosra aux portes de l'arabie*, (Beyrouth 2007)

DOWNEY 1961 — G. DOWNEY, *A History of Antioch in Syria from Seleucus to the Arab Conquest* (Princeton, NJ 1961)

ERNESTI 1998 — J. ERNESTI, Princeps christianus *und Kaiser aler Römer. Theodosius der Große im Spiegel zeitgenössischer Quellen*. Paderbroner Theologische Studien 25 (Paderborn u.a. 1998)

ERRINGTON 1997 — R. M. ERRINGTON, „Church and State in the First Years of Theodosius the Great", *Chiron* 27 (1997) 21–72

ERRINGTON 2006 — R. M. ERRINGTON, *Roman Imperial Policy from Julian to Theodosius* (Chapel Hill 2006)

ERTEL/FREYBERGER 2008 — Ch. ERTEL / K. S. FREYBERGER, „Das Heiligtum von Baitokaike (Hössn Soleiman): Ein lokales Kult-, Markt- und Heilzentrum in Phönizien aus hellenistischer Zeit", *Kölner Jahrbuch* 41 (2008) 731–777

FATOUROS/KRISCHER 1983 — G. FATOUROS / T. KRISCHER (Hrsgg.), *Libanios* (Darmstadt 1983)

FELGENTREU 2004 — F. FELGENTREU, „Zur Datierung der 18. Rede des Libanios", *Klio* 86 (2004) 206–217

FESTUGIÈRE 1959 — André-Jean FESTUGIÈRE, *Antioche païenne et chrétienne. Libanius, Chrysostome et les moines de Syrie*. Bibliothèque des Écoles Françaises d'Athènes et de Rome 194 (Paris 1959)

FOERSTER/MÜNSCHER 1925 — R. FOERSTER / K. MÜNSCHER, „Libanios", *RE* XII 2 (1925) 2485–2551

FOWDEN 1978 — G. Fowden, „Bishops and Temples in the East Roman Empire", *Journal of Theological Studies* 29 (1978) 53–78

FRANCESIO 2004 — M. FRANCESIO, *L'idea di Città in Libanio*. Geographica Historica 18 (Stuttgart 2004)

FREND 1990 — W. H. C. FREND, „Monks and the End of Greco-Roman Paganism in Syria and Egypt", in: *Cristianesimo nella Storia* 11 (1990) 469–484

FREYBERGER 1989 — K. S. FREYBERGER, „Das Tychaïon von as-Sanamaïn", *Damaszener Mitteilungen* 4 (1989) 87–108

FREYBERGER 1993 — K. S. FREYBERGER, „Der „Peripteraltempel" in Qanawat. Ein Arbeitsbericht", *Damaszener Mitteilungen* 7 (1993) 63–79

FREYBERGER 1998 — K. S. FREYBERGER, *Die frühkaiserzeitlichen Heiligtümer der Karawanenstationen im hellenisierten Osten* (Mainz 1998)

FREYBERGER 2000 — K. S. FREYBERGER, „Im Licht des Sonnengottes. Deutung und Funktion des sogenannten 'Bacchus-Tempels' im Heiligtum des Jupiter Heliopolitanus in Baalbek", *Damaszener Mitteilungen* 12 (2000) 95–133

FREYBERGER 2005 — K. S. FREYBERGER, „Zur Urbanistik von Kanatha in severischer Zeit: Die Bewahrung des Bestehenden", in: D. KREIKENBOM / K.-U. MAHLER / Th. M. WEBER (Hrsgg.), *Urbanistik und städtische Kultur in Westasien und Nordafrika unter den Severern* (Mainz 2005) 131–147

FREYBERGER 2009a K. S. FREYBERGER, „Das Heiligtum in Baitokaike (Hössn Soleiman): Chronologie, Funktion und Bedeutung", *Archäologischer Anzeiger* (2009/2) 265–292

GIRARDET 1998 K. M. GIRARDET, „Die Konstantinische Wende und ihre Bedeutung für das Reich", in: E. MÜHLENBERG (Hrsg.), *Die Konstantinische Wende* (Gütersloh 1998)

GIRARDET 2006 K. M. GIRARDET, *Die konstantinische Wende. Voraussetzungen und geistige Grundlagen der Religionspolitik Konstantins des Großen* (Darmstadt 2006)

GIRARDET 2010 K. M. GIRARDET, *Der Kaiser und sein Gott. Das Christentum im Denken und in der Religionspolitik Konstantins des Großen*. Millennium-Studien 27 (Berlin / New York 2010)

GUALANDI 1959 G. GUALANDI, „Privilegi imperiali e dualità legislativa nel Basso Impero alla luce di alcuni testi di Libanio", *Archivio giuridico* 156 (1959) 5–34

HAHN 2004 J. HAHN, *Gewalt und religiöser Konflikt. Studien zu den Auseinandersetzungen zwischen Christen, Heiden und Juden im Osten des Römischen Reiches (von Konstantin bis Theodosius II.)* (Berlin 2004)

HAHN 2006 J. HAHN, „‚Vetustus error extinctus est'. Wann wurde das Sarapeion von Alexandria zerstört?", *Historia* 55 (2006) 368–383

HAHN 2008 J. HAHN, „The Conversion of the Cult Statues: The Destruction of the Serapeion 392 A.D. and the Transformation of Alexandria into the ‚Christ-Loving City'", in: J. HAHN / St. EMMEL / U. GOTTER (eds.), *From Temple to Church: Destruction and Renewal of Local Cultic Topography in Late Antiquity*. Religions in the Graeco-Roman World 163 (Leiden 2008) 335–366

HAHN 2011 J. HAHN (Hrsg.), *Spätantiker Staat und religiöser Konflikt. Imperiale und lokale Verwaltung und die Gewalt gegen Heiligtümer in der Spätantike*. Millennium-Studien (Berlin / New York 2011)

HEATHER /MONCUR 2001 P. HEATHER / D. MONCUR, *Politics, Philosophy and Empire in the Fourth Century. Select Orations of Themistius*. Translated with an Introduction. Translated Texts for Historians 36 (Liverpool 2001)

HORSTER 1998 M. HORSTER, „Ehrungen spätantiker Statthalter", *L'antiquité tardive* 6 (1998) 37–59

ISELE 2010 B. ISELE, *Kampf um Kirchen. Religiöse Gewalt, heiliger Raum und christliche Topographie in Alexandria und Konstantinopel (4. Jh.)* (Münster 2010)

JALABERT/MOUTERDE 1939 L. JALABERT / R. MOUTERDE, *Inscriptions Grecques et Latines de la Syrie. Tome II Chalcidique et Antiochène N°s 257-698* (Paris 1939)

KASTER 1983 Robert A. KASTER, „The Salaries of Libanius", *Chiron* 13 (1983) 37–59

KASTER 1988 Robert A. KASTER, *Guardians of Language: The Grammarian and Society in Late Antiquity* (Berkeley u. a. 1988)

KRAFT 1974 H. KRAFT (Hrsg.), *Konstantin der Große* (Darmstadt 1974)

KRAUSE 1987 J.-U. KRAUSE, *Spätantike Patronatsformen im Westen des Römischen Reiches*. Vestigia. Beiträge zur Alten Geschichte 38 (München 1987)

LASSUS 1932 — J. LASSUS, „Deux églises cruciformes du Hauran", *Bulletin d'Orient* 1 (1932) 1–45

LEE 2007 — A. D. LEE, „Traditional Religions", in: LENSKI 2007, 159–182

LENSKI 2002 — N. LENSKI, *Failure of Empire: Valens and the Roman State in the Fourth Century AD* (Berkeley 2002)

LENSKI 2007 — N. LENSKI (ed.), *The Cambridge Companion to the Age of Constantine* (Cambridge 2006)

LEPPIN 1999a — H. LEPPIN, „Constantius II. und das Heidentum", *Athenaeum* 87 (1999) 457–480

LEPPIN 1999b — H. LEPPIN, „Steuern, Aufstand und Rhetoren. Der Antiochener Steueraufstand von 387 in christlicher und heidnischer Deutung", in: H. BRANDT (Hrsg.), *Gedeutete Realität. Krisen, Wirklichkeiten, Interpretationen (3. – 6. Jh. n. Chr.)* (Stuttgart 1999) 103–123

LEPPIN 2003 — H. LEPPIN, *Theodosius der Große. Auf dem Weg zum christlichen Imperium* (Darmstadt 2003)

LIEBESCHUETZ 1972 — J.H.W. LIEBESCHUETZ, *Antioch. City and Imperial Adminstration in the Later Roman Empire* (Oxford 1972)

LITTMANN/MAGIE Jr./STUART 1910–1921 — E. LITTMANN / D. MAGIE Jr. / D. REED STUART, *Publications of the Princeton University Archaeological Expeditions to Syria in 1904–1905 and 1909. Division III: Greek and Latin Inscriptions, Section A: Southern Syria Part 2–7* (Leyden 1910–1921)

LIZZI 1996 — R. LIZZI, „La politica religiosa di Teodosio I. Miti storiografici e realtà storica", *Rendiconti della classe di scienze morali, storiche e filologiche dell' Accademia dei Lincei* ser. 9, vol. 7 (1996) 323–361

MALOSSE 1995 — P.-L. MALOSSE, „Les alternances de l'amitié: Julien et Libanios (349–363 et au-delà)", *Revue de Philologie* 69 (1995) 249–262

MALOSSE 2001 — P.-L. MALOSSE, „Enquête sur la date du Discours LIX de Libanios", *Antiquité Tardive* 9 (2001 [2002]) 297–306

MALOSSE 2002 — P.-L. MALOSSE, „Le modèle du mauvais empereur chez Libanios", *Pallas* 60 (2002) 165–174

MANGO 1999 — C. MANGO, *Le développement urbain de Constantinople (IVe – VIIe siècles)*. Travaux et mémoires du Centre de Recherche d'histoire et civilisation de Byzance, Collège de France. Monographies 2 (Paris 1990)

MAREK 2000 — Ch. MAREK, „Der Dank der Stadt Amisos an einen *comes* unter Theodosius II.", *Chiron* 30 (2000) 367–387

MATTHEWS 1989 — J. F. MATTHEWS, *The Roman Empire of Ammianus* (London 1989)

MATTHEWS 2010 — J. F. MATTHEWS, „The Letters of Symmachus", in: DERS., *Roman Perspectives. Studies in the social, political and cultural history of the First to Fifth Centuries* (London 2010) 215–253 (erweiterte Fassung des Beitrags in: J. W. BINNS (ed.), *Latin Literature of the Fourth Century* [London 1974] 58–99)

MESSERER 1953 — H. E. MESSERER, *Die Zentralbauten des Hauran: das Kuppelproblem* (Damaskus 1953)

MILLAR 1993 — F. MILLAR, *The Roman Near East* (Cambridge, Mass. 1993)

NASH 1962 — E. NASH, *Pictorial Dictionary of Ancient Rome I. II* (Wiesbaden 1962)

NESSELRATH 2006 — H.-G. NESSELRATH, *Platon, Kritias, Übersetzung und Kommentar* (Göttingen 2006)

NESSELRATH 2008 — H.-G. NESSELRATH, „Libanios", *RAC* 23 (2008) 29–61

NESSELRATH 2011 — H.-G. NESSELRATH, „Libanios und die Mönche", in: B. R. SUCHLA (Hrg.), *Von Homer bis Landino. Beiträge zur Antike und Spätantike sowie zu deren Rezeptions- und Wirkungsgeschichte. Festgabe für Antonie Wlosok zum 80. Geburtstag* (Berlin 2011) 243–267

NOCK 1954 — A. Darby NOCK, „The Praises of Antioch", *JEA* 40 (1954) 76–82

NOCK 1957 — A. Darby NOCK, „Deification and Julian", *Journal of Roman Studies* 47 (1957) 115–123; auch in: DERS., *Essays on Religion and the Ancient World*, Bd. 2 (Oxford 1972) 833–846

NOETHLICHS 1981 — K.-L. NOETHLICHS, *Beamtentum und Dienstvergehen. Zur Staatsverwaltung in der Spätantike* (Stuttgart 1981)

NOETHLICHS 1986 — K.-L. NOETHLICHS, „Heidenverfolgung", *RAC* 13 (1986) Sp. 1149–1190

NOETHLICHS 2003 — K.-L. NOETHLICHS, „Baurecht und Religionspolitik: Vorchristlicher und christlicher Städtebau der römischen Kaiserzeit im Lichte weltlicher und kirchlicher Rechtsvorschriften", in: G. BRANDS / H.-G. SEVERIN (Hrsgg.), *Die spätantike Stadt und ihre Christianisierung* (Wiesbaden 2003) 179–197

NORDEN 1958 — E. NORDEN, *Die antike Kunstprosa. Vom VI. Jahrhundert v. Chr. bis in die Zeit der Renaissance II* (Darmstadt ^{5}1958 = 1923XX)

OLINDER 1974 — B. OLINDER, *Porticus Octavia in circo Flaminio* (Stockholm 1974)

O'MEARA 2003 — D. O'MEARA, *Platonopolis: Platonic Political Philosophy in the Late Antiquity* (Oxford 2003)

PACK 1951 — R. A. PACK, „"Curiales" in the Correspondence of Libanius", *TAPhA* 82 (1951) 176–192; auch in: FATOUROS / KRISCHER 1983, 185–205

PETERSON 1935 — Erik PETERSON, *Der Monotheismus als politisches Problem. Ein Beitrag zur Geschichte der politischen Theologie im Imperium Romanum* (Leipzig 1935)

PETIT 1951 / 1983 — P. PETIT, „Sur la date du *Pro Templis* de Libanius", *Byzantion* 21 (1951) 285-310, in deutscher Übersetzung („Zur Datierung von Libanios' Rede ‚Pro templis'") wieder abgedruckt in: FATOUROS / KRISCHER 1983, 43–66

PETIT 1955 — P. PETIT, *Libanius et la vie municipale à Antioche au IVe siècle apr. J.-C.* (Paris 1955)

PETIT 1957a — P. PETIT, *Les étudiants de Libanius* (Paris 1957)

PETIT 1957b — P. PETIT, „Les sénateurs de Constantinople dans l'oeuvre de Libanius", *L'Antiquité Classique* 26, 1957, S. 347–382, in deutscher Übersetzung wieder abgedruckt in: FATOUROS / KRISCHER 1983, 206–247

PETIT 1975 — P. PETIT, „L'Empereur Julien vue par le sophiste Libanios", in: R. BRAUN / J. RICHER (Hrsgg.), *L'Empereur Julien. De l'histoire à la legende (331–1715)* (Paris 1978) 67–87

PETIT 1994 — P. PETIT, *Les fonctionnaires dans l'oeuvre de Libanius. Analyse prosopographique*. Annales Littéraires de l'Université de Besançon 541. Centre de Recherches d'Histoire ancienne 134 (Paris 1994)

PLATNER 1929 — S. B. PLATNER, *A Topographical Dictionary of Ancient Rome* (Rom 1929)

PRENTICE 1908 — W. K. PRENTICE, *Greek and Latin Inscriptions. Part III of the Publications of an American Archaeological Expedition to Syria 1899–1900* (New York / London 1908)

PRENTICE 1908–1922 — W. K. PRENTICE, *Division III, Greek and Latin Inscriptions in Syria, Section B: Northern Syria* (Leyden 1908–1922)

REBENICH 1989 — S. REBENICH, „Beobachtungen zum Sturz des Tatianus und des Proculus", *ZPE* 76 (1989) 153–165

RESTLE 1971 — M. RESTLE, „Hauran", in: *Reallexikon zur byzantinischen Kunst* 2 (1971) 962–1033

RESTLE 1989 — M. RESTLE, „Les monuments chrétiens de la Syrie du Sud", in: J.-M. DENTZER / W. ORTHMANN (Hrsg.), *Archéologie et Histoire de la Syrie II* (Saarbrücken 1989) 373–384

ROBERT 1948 — L. ROBERT, *Hellenica, recueil d'epigraphie, de numismatique et d'antiquitès grecques*, Bd. IV: *Epigrammes du Bas-Empire* (Limoges 1948)

ROSEN 2006 — K. ROSEN, *Julian. Kaiser, Gott und Christenhasser* (Stuttgart 2006)

SALIOU 2006 — C. SALIOU, „Antioche décrite par Libanios: la rhétorique de l'espace urbain et ses enjeux au milieu du quatrième siècle", in: E. AMATO (Éd.), *Approches de la troisième sophistique. Hommages à Jacques Schamp*. Collection Latomus 296 (Brüssel 2006) 271–283

SANDWELL 2005 — I. SANDWELL, „Outlawing Magic or Outlawing Religion?: Libanius and the Theodosian Code as Evidence for Legislation against Pagan Practices in the Fourth Century AD", in: W. V. HARRIS (ed.), *Understanding the Spread of Christianity in the First Four Centuries*, (Leiden 2005) 87–123

SCHLANGE-SCHÖNINGEN 1995 — H. SCHLANGE-SCHÖNINGEN, *Kaisertum und Bildungswesen im spätantiken Konstantinopel*. Historia. Einzelschriften 94 (Stuttgart 1995)

SCHLANGE-SCHÖNINGEN 2007 — Heinrich SCHLANGE-SCHÖNINGEN (Hrsg.), *Konstantin der Große und das Christentum* (Darmstadt 2007)

SCHMID / STÄHLIN 1924 — W. Schmid / O. Stählin, *Wilhelm von Christs Geschichte der griechischen Litteratur*, 6. Auflage, Zweiter Teil, Zweite Hälfte (München 1924) 990–1000

SCHNEIDER 2007 — H. SCHNEIDER, *Eusebius von Caesarea, De Vita Constantini. Übersetzt und kommentiert* (Turnhout 2007)

SCHOULER 1984 — B. SCHOULER, *La tradition hellénique chez Libanios* (Paris 1984)

SCHULZ 1961 — F. SCHULZ, *Geschichte der römischen Rechtswissenschaft* (Weimar 1961)

SCOTT 1999 — R. T. SCOTT, „Vesta, Aedes", in: *Lexicon Topographicum Urbis Romae* 5 (1999) 125–128

SEECK 1890 — O. SEECK, „Das sogenannte Edikt von Mailand", *Zeitschrift für Kirchengeschichte* 12 (1890) 381–386

SEECK 1906 — O. SEECK, *Die Briefe des Libanius zeitlich geordnet*. Texte und Untersuchungen zur altchristlichen Literatur und Geschichte N. F. 15 (Leipzig 1906)

SIEVERS 1868 — G. R. SIEVERS, *Das Leben des Libanius ... aus dem Nachlass des Vaters* [G. Sievers] (Berlin / Leipzig 1868)

SLOOTJES 2006 — D. SLOOTJES, *The Governor and his Subjects in the Later Roman Empire. Mnemosyne* Suppl. 275 (Leiden / Boston 2006)

STENGER 2009 — J. STENGER, *Hellenische Identität in der Spätantike. Pagane Autoren und ihr Unbehagen an der eigenen Zeit*. Untersuchungen zur antiken Literatur und Geschichte 97 (Berlin / New York 2009)

STRUBE 1993 — Ch. STRUBE, *Baudekoration im Nordsyrischen Kalksteinmassiv. Band I Kapitell-, Tür- und Gesimsformen der Kirchen des 4. und 5. Jahrhunderts n. Chr.* (Mainz 1993)

SWAIN 2004 — S. SWAIN, „Sophists and Emperors: the case of Libanius", in: S. SWAIN / M. J. EDWARDS (Hrsgg.), *Approaching Late Antiquity. The transformation from Early to Late Empire* (Oxford 2004) 355–400

TILLEMONT 1720 — L. S. LE NAIN DE TILLEMONT, *Histoire des Empereurs, et des autres princes qui ont regné durant les six premiers siècles de l'Église* V (Paris 1720)

VAN DAM 2007 — R. VAN DAM, *The Roman Revolution of Constantine* (Cambridge 2007)

VAN NUFFELEN 2006 — P. VAN NUFFELEN, „Earthquakes in A.D. 363–368 and the Date of Libanius, *Oratio* 18", *CQ* n.s. 56 (2006) 657–661

VANDERSPOEL 1995 — J. VANDERSPOEL, *Themistius and the Imperial Court. Oratory, Civic Duty, and Paideia from Constantius to Theodosius* (Ann Arbor 1995)

VOGLER 1979 — C. VOGLER, *Constance II et l'administration imperiale* (Strassburg 1979)

VOGÜÉ 1865–1877 — C. J. Melchoir, marquis DE VOGÜÉ, *Syrie Centrale: architecture civile et religieuse, du Ier au VIIe siècle* (Paris 1865–1877)

WADDINGTON 1870 — W. H. WADDINGTON, *Inscriptions grecques et latines de la Syrie* (Paris 1870)

WALLRAFF 1997 — M. WALLRAFF, *Der Kirchenhistoriker Sokrates. Untersuchungen zu Geschichtsdarstellung, Methode und Person* (FKDG 68) (Göttingen 1997)

WALLRAFF 2011 — M. WALLRAFF, „Die antipaganen Maßnahmen Konstantins in der Darstellung Eusebs", in: HAHN 2011, 7–18

WIEBE 1995 — A. WIEBE, *Kaiser Valens und die heidnische Opposition* (Bonn 1995)

WIEMER 1994 — H.-U. WIEMER, „Libanius on Constantine", *CQ* n.s. 44 (1994) 511–524

WIEMER 1995a — H.-U. WIEMER, *Libanios und Julian, Studien zum Verhältnis von Rhetorik und Politik im vierten Jahrhundert n. Chr.* (München 1995)

WIEMER 1995b — H.-U. WIEMER, „Die Rangstellung des Sophisten Libanios unter den Kaisern Julian, Valens und Theodosius. Mit einem Anhang über Abfassung und Verbreitung von Libanios' Rede „Für die Tempel" (*Or.* XXX)", *Chiron* 25 (1995) 89–130

WIEMER 1996a — H.-U. WIEMER, „War der 13. Brief des Libanios an den späteren Kaiser Julian gerichtet?", *RhM* 139 (1996) 83–95

WIEMER 1996b	H.-U. WIEMER, „Der Sophist Libanios und die Bäcker von Antiocheia", *Athenaeum* n. s. 84 (1996) 527–548
WIEMER 1998	H.-U. WIEMER, „Ein Kaiser verspottet sich selbst: Literarische Form und historische Bedeutung von Kaiser Julians „Misopogon"", in: Peter KNEISSL / Volker LOSEMANN (Hrsgg.), *Imperium Romanum. Studien zu Geschichte und Rezeption. Festschrift für Karl Christ zum 75. Geburtstag* (Stuttgart 1998) 733–755
WIEMER 2003	H.-U. WIEMER, „Vergangenheit und Gegenwart im Antiochikos des Libanios", *Klio* 85 (2003) 442–468
WIEMER 2011	H.-U. WIEMER, „Für die Tempel? Die Gewalt gegen heidnische Heiligtümer aus der Sicht städtischer Eliten des spätrömischen Ostens", in: HAHN 2011, 159–186
WINTJES 2005	J. WINTJES, *Das Leben des Libanios* (Rahden / Westfalen 2005)
WOLF 1951	P. WOLF, *Vom Schulwesen der Spätantike. Libanius-Interpretationen* (Offenburg 1951)

4. Abbildungsnachweis

Abb. 1.2.4	CALLOT 1997, 735–750 Abb. 1.2.5.6.8-11
Abb. 3	M. CALLOT / MARCILLET-JAUBERT 1984, 196 Abb. 4
Abb. 5	3 D-Modell, erstellt von S. FRANZ und V. HINZ nach geodätischen Plänen von T. WUNDERLICH/K. SCHNÄDELBACH, TU-München
Abb. 6a.15a.16a.b	VOGÜÉ 1865–1877, Taf. 19.18.8.9
Abb. 6b	AMER u.a. 1982, 282 Plan 2
Abb. 7.15b	Fotos K. S. FREYBERGER
Abb. 8	Entwurf und Zeichnung: Ch. ERTEL
Abb. 9	DENTZER-FEYDY u.a. 2007, Plan S. 144
Abb. 10	R. FARIOLI CAMPANATI, „Le ricerche della missione archeologica italo-siriana nel quartiere N-E.", *Felix Ravenna* 145–148 (1993–1994) [97–232] 109 Abb. 9
Abb. 11.12.14	RESTLE 1971, Abb. 11.10.13
Abb. 13	BUTLER 1907–1919, 328 Abb. 299
Abb. 17	Foto H. BEHRENS, DAI-Rom dig
Karte 1.3	J. DENTZER-FEYDY / J.-M. DENTZER / P.-M. BLANC (Hrsgg.), *Hauran II. Volume I Texte, Volume II Planches* (Beyrouth 2003) 1f. Taf. 1.2
Karte 2	CALLOT / MARCILLET-JAUBERT 1984, 186 Abb. 1

Digitale Bildbearbeitung: D. GAUSS, DAI-Rom.

Stellenregister (in Auswahl)

Namensregister

Die Autoren dieses Bandes

Prof. Dr. Okko Behrends, von 1975 bis 2007 Inhaber des Lehrstuhls für Römisches Recht, Bürgerliches Recht und Neuere Privatrechtsgeschichte an der Juristischen Fakultät der Georg-August-Universität Göttingen, ist heute an dem neugegründeten Institut für Rechtsgeschichte, Rechtsphilosophie und Rechtsvergleichung tätig. Mitglied der Akademie der Wissenschaften zu Göttingen seit 1982 und Ehrendoktor der Juristischen Fakultät Stockholm (2009), war er Andrew-Dickson-White Professor at Large der Cornell University 2003 – 2009, Bok Visiting International Professor an der University of Pennsylvania Law School 2010 und Lord Simon Visiting Professor an der School of Arts, Histories & Cultures der University of Manchester 2011. Sein gegenwärtiges Forschungsinteresse gilt dem Verhältnis von Religion und Recht sowie der Bedeutung der hellenistischen Philosophie für die Ausformung der antiken römischen Jurisprudenz und der von ihr geprägten Lehren der europäischen Rechtswissenschaft.

Schriftenauswahl: *Die römische Geschworenenverfassung. Ein Rekonstruktionsversuch* (Göttingen 1970); *Der Zwölftafelprozess. Zur Geschichte des römischen Obligationenrechts* (Göttingen 1974); *Institut und Prinzip. Siedlungsgeschichtliche Grundlagen, philosophische Einflüsse und das Fortwirken der beiden republikanischen Konzeptionen in den kaiserzeitlichen Rechtsschulen*. Ausgewählte Aufsätze. Band I und II (Göttingen 2004); *Mommsens Glaube. Zur Genealogie von Recht und Staat in der Historischen Rechtsschule* (Göttingen 2005); *Scritti «italiani», con un' appendice «francese», una nota di lettura di Cosimo Cascione ed una postfazione dell'Autore* (Napoli 2009).

Prof. Dr. Klaus S. Freyberger ist zur Zeit wissenschaftlicher Direktor an der Abteilung Rom des Deutschen Archäologischen Instituts. Seine Forschungsschwerpunkte liegen vornehmlich auf der antiken Topographie und Siedlungsgeschichte in Syrien und Rom. Aktuelle Forschungsprojekte sind die städtischen Zentren der Kaiserzeit in Südsyrien, besonders Qanawat, hellenistische und kaiserzeitliche Tempelbauten in der östlichen Mittelmeerwelt sowie republikanische und kaiserzeitliche Repräsentationsbauten auf dem Forum Romanum in Rom.

Schriftenauswahl: *Die frühkaiserzeitlichen Heiligtümer der Karawanenstationen im hellenisierten Osten. Zeugnisse eines kulturellen Konflikts im Spannungsfeld zweier politischer Formationen* (Mainz 1998); (Hrsg.), *Kulturkonflikte im Vorderen Orient an der Wende vom Hellenismus zur römischen Kaiserzeit* (Rahden 2003).

Prof. Dr. Johannes Hahn ist ordentlicher Professor für Alte Geschichte an der Universität Münster. Seine Forschungsinteressen liegen vor allem in der Kultur-, Religions- und Sozialgeschichte der römischen Kaiserzeit und der Spätantike, der Kulturgeschichte des frühen Hellenismus sowie der antiken Naturwissenschaften und der antiken Philosophie.

Schriftenauswahl: *Der Philosoph und die Gesellschaft. Selbstverständnis, öffentliches Auftreten und populäre Erwartungen in der hohen Kaiserzeit* (Stuttgart 1989); *Alexander in Indien* (Stuttgart 2000); *Gewalt und religiöser Konflikt. Die Auseinandersetzungen zwischen Christen, Heiden und Juden im Osten des Römischen Reiches (von Konstantin bis Theodosius II.)* (Berlin 2004); (Hrsg.), *Spätantiker Staat und religiöser Konflikt. Imperiale und lokale Verwaltung und die Gewalt gegen Heiligtümer* (Berlin / New York 2011).

Prof. Dr. Heinz-Günther Nesselrath ist Inhaber des Lehrstuhls für Klassische Philologie (Gräzistik) an der Georg-August-Universität Göttingen. Seine Forschungsschwerpunkte liegen vornehmlich im Bereich der attischen Komödie, der Zweiten Sophistik (vor allem Lukian)

und der Spätantike. Zur Zeit arbeitet er u.a. an einer kritischen Ausgabe der Hymnen und Satiren des Kaisers Julian Apostata.

Schriftenauswahl: *Lukians Parasitendialog. Untersuchungen und Kommentar* (Berlin / New York 1985); *Die attische Mittlere Komödie. Ihre Stellung in der antiken Literaturkritik und Literaturgeschichte* (Berlin / New York 1990); *Platon und die Erfindung von Atlantis* (Leipzig / München 2002); *Platon, Kritias, Übersetzung und Kommentar* (Göttingen 2006).

Prof. Dr. Martin Wallraff ist seit 2005 Ordinarius für Kirchen- und Theologiegeschichte an der Universität Basel. Seine Interessen liegen vor allem in der Religionsgeschichte der Spätantike, der Geschichte der kirchlichen Historiographie und der Liturgiegeschichte. Er leitet die Forschungsstelle „Iulius Africanus".

Schriftenauswahl: *Der Kirchenhistoriker Sokrates. Untersuchungen zu Geschichtsdarstellung, Methode und Person* (Göttingen 1997); *Christus Verus Sol. Sonnenverehrung und Christentum in der Spätantike* (Münster 2001).

Prof. Dr. Hans-Ulrich Wiemer ist Inhaber des Lehrstuhls für Alte Geschichte an der Friedrich-Alexander-Universität Erlangen-Nürnberg und korrespondierendes Mitglied des Deutschen Archäologischen Instituts. Seine Forschungsschwerpunkte liegen vor allem in der Geschichte des Hellenismus und der Spätantike.

Schriftenauswahl: *Libanios und Julian. Studien zum Verhältnis von Rhetorik und Politik im vierten Jahrhundert n. Chr.* (München 1995); *Rhodische Traditionen in der hellenistischen Historiographie* (Frankfurt a. Main 2001); *Alexander der Große* (München 2005); *Staatlichkeit und politisches Handeln in der römischen Kaiserzeit* (Berlin 2006); (zusammen mit Hans Beck), *Feiern und Erinnern. Geschichtsbilder im Spiegel antiker Feste* (Berlin 2009).

SAPERE

Scripta Antiquitatis Posterioris
ad Ethicam REligionemque pertinentia

Schriften der späteren Antike
zu ethischen und religiösen Fragen

Lieferbare Bände nach Bandnummern:

XVIII *Libanios:* Für Religionsfreiheit, Recht und Toleranz

Libanios' Rede für den Erhalt der heidnischen Tempel

Eingeleitet, übersetzt und mit interpretierenden Essays versehen von Heinz-Günther Nesselrath, Okko Behrends, Klaus S. Freyberger, Johannes Hahn, Martin Wallraff und Hans-Ulrich Wiemer

2011. XI, 276 Seiten. ISBN 978-3-16-151002-1 Broschur;
ISBN 978-3-16-151003-8 Leinen.

XVII *Synesios von Kyrene:* Polis – Freundschaft – Jenseitsstrafen

Briefe an und über Johannes

Eingeleitet, übersetzt und mit interpretierenden Essys versehen von Katharina Luchner, Bruno Bleckmann, Reinhard Feldmeier, Herwig Goergemanns, Adolf Martin Ritter, Ilinca Tanaseanu-Doebler

2010. XI, 243 Seiten. ISBN 978-3-16-150654-3 Broschur;
ISBN 978-3-16-150655-0 Leinen.

XVI *Plutarch:* On the daimonion of Socrates

Human liberation, divine guidance and philosophy

Edited by Heinz-Günther Nesselrath. Introduction, Text, Translation and Interpretative Essays by Donald Russell, George Cawkwell, Werner Deuse, John Dillon, Heinz-Günther Nesselrath a.o.

2010. X, 225 Seiten. ISBN 978-3-16-150137-1 Broschur;
ISBN 978-3-16-150138-8 Leinen.

XV *Joseph und Aseneth*

Herausgegeben von Eckart Reinmuth. Eingeleitet, ediert, übersetzt und mit interpretierenden Essays versehen von Eckart Reinmuth, Stefan Alkier, Brigitte Boothe, Uta B. Fink, Christine Gerber, Karl-Wilhelm Niebuhr u.a.

2009. XI, 280 Seiten. ISBN 978-3-16-150161-6 Broschur;
ISBN 978-3-16-150162-3 Leinen.

XIV *Cornutus:* Die Griechischen Götter

Ein Überblick über Namen, Bilder und Deutungen

Herausgegeben von Heinz-Günther Nesselrath, eingeleitet, übersetzt und mit interpretierenden Essays versehen von Fabio Berdozzo, George Boys-Stones, Hans-Josef Klauck, Ilaria Ramelli und Alexei V. Zadorojnyi

2009. X, 259 Seiten. ISBN 978-3-16-150071-8 Broschur; ISBN 978-3-16-150072-5 Leinen.

XIII *Dion von Prusa:* Der Philosoph und sein Bild

Herausgegeben von Heinz-Günther Nesselrath, eingeleitet, ediert, übersetzt und mit interpretierenden Essays versehen von Eugenio Amato, Sotera Fornaro, Barbara E. Borg, Renate Burri, Johannes Hahn u.a.

2009. XI, 317 Seiten. ISBN 978-3-16- 149440-6 Broschur; ISBN 978-3-16-149441-3 Leinen.

XII *Rufus of Ephesus:* On Melancholy

Edited by Peter E. Pormann. Introduction, Text, Translation and Interpretative Essays by Philip J. van der Eijk, Vivian Nutton, Peter E. Pormann, Thomas Rütten, Peter-Klaus Schuster, Simon Swain a.o.

2008. XV, 332 Seiten. ISBN 978-3-16-149759-9 Broschur; ISBN 978-3-16-149760-5 Leinen.

XI *Der apokryphe Briefwechsel zwischen Seneca und Paulus*

Zusammen mit dem Brief des Mordechai an Alexander und dem Brief des Annaeus Seneca über Hochmut und Götterbilder

Eingeleitet, übersetzt und mit interpretierenden Essays versehen von Alfons Fürst, Therese Fuhrer, Folker Siegert und Peter Walter

2006. X, 215 Seiten. ISBN 978-3-16-149130-6 Broschur; ISBN 978-3-16-149131-3 Leinen.

X *Plutarch:* Dialog über die Liebe

Amatorius

Eingeleitet, übersetzt und mit interpretierenden Essays versehen von Herwig Görgemanns, Barbara Feichtinger, Fritz Graf, Werner G. Jeanrond und Jan Opsomer

2006. X, 323 Seiten. ISBN 978-3-16-148824-5 Leinen.